【记忆丛书·地方文革】

"北决扬"资料集

"Bei Jue Yang" Data Sets (II)

（下卷）

李晓航 编注

By Li Xiaohang

美国华忆出版社

Remembering Publishing. USA

Copyright © 2025 by Remembering Publishing, LLC. USA

ISBN： 978-1-68560-192-8　(Paperback)
　　　　978-1-68560-193-5　(eBook)
Remembering Publishing, LLC
RememPub@gmail.com

"Bei Jue Yang" Data Sets (Volume II)

By Li Xiaohang

"北决扬"资料集（下卷）

李晓航　编注

出　　版：美国华忆出版社
版　　次：2025 年 6 月　第一版　第一次印刷
字　　数：365 千字

All Rights Reserved.
No part of this book may be reproduced in any form or by any electronic or mechanical means, including information storage and retrieval systems, without permission in writing from the publisher. The only exception is by a reviewer, who may quote short excerpts in review.

作品内容受国际知识产权公约保护，版权所有，侵权必究

内容简介

本书是武汉"北决扬"一案的文献资料集,汇集了"北决扬"成员的文稿和言论,湖北清查"北决扬"的有关指示、讲话和文章,以及"北决扬"主要成员构成情况和活动大事记。

正文共分三部分,第一部分收录有关"北决扬"言论方面的文稿,包括鲁礼安、冯天艾等"北决扬"成员写的评论、宣言、声明、调查报告、通讯、口号、自供等,支持和帮助"北决扬"的有关人员在清查期间写的交待,以及"巴河一司"王仁舟的有关言论;第二部分收录中央、湖北省革委会领导人关于"北决扬"问题的指示、讲话和有关文件,以及关于"两清"(清查"五·一六"和"北决扬")运动的材料;第三部分选编揭发、批判"北决扬"的部分有代表性的文章。

本书编者整理的《"北决扬"大事记》《"北决扬"主要成员简介》《<湖北日报><长江日报>刊载的批判"北决扬"文章篇目》,作为附录放在正文后面。

本书收录的大量原始资料,全面、真实地反映了"北决扬"的思想脉络、活动方式和生存状态,记录了当时青年学生对文革运动的观察与思考,是研究"北决扬"问题的基础性资料,对研究文革时期的群众思潮、群众组织和群众运动具有重要参考价值。

下卷目录

第二部分

曾思玉同志谈"北斗星学会" 579
　　（一九六七年十二月四日）

曾思玉同志谈《扬子江评论》 580
　　（一九六八年八月二十二日下午）

武汉军区曾思玉、刘丰同志批判浠水巴河一司 582
　　（一九六七年十一月至十二月）

在省革委会毛泽东思想学习班座谈会上曾思玉等首长
批判反革命分子王仁舟 585
　　（一九六八年九月八日）

总理批判《扬子江评论》 592
　　（一九六九年五月二十七日）

中共中央对武汉问题的指示 594
　　（一九六九年九月二十七日）

刘丰同志在湖北省革命委员会扩大会上关于"北斗星学会"
"决派"及《扬子江评论》问题的讲话 596
　　（一九六九年十月三日）

曾思玉同志在湖北省革命委员会扩大会上的发言 617
　　（一九六九年十月二十七日）

张体学同志在湖北省革命委员会扩大会上的发言 638
　　（一九六九年十月二十七日）

关于清查"五·一六""北、决、扬"问题 646
　　（一九七二年五月十七日）　中共湖北省委

战斗口号报 651
　　（一九七三年三月二十八日）　赴军区攻"曾刘办"代表团
关于湖北"两清"工作中的错误问题（草稿）............................ 653
　　（一九七四年三月十四日）　中共湖北省委
揭发林彪死党刘丰破坏"两清"的罪行和省委个别
　　主要领导人"两清"中的方向路线错误（材料之一）.......... 655
　　（一九七四年）
我们怎么办？——兼评"六条"... 663
　　（一九七四年三月二十日）　杜则进
冲破一切阻力，杀向批林批孔战场！.................................... 682
　　（一九七四年三月三十日）
这也算是揭发？！... 686
　　（第九号简报）（一九七四年四月二日）
　　赴军区攻"曾刘办"代表团
战斗还没有结束... 700
　　（第十号简报）（一九七四年四月）赴军区攻"曾刘办"代表团
向党中央毛主席的汇报材料关于刘丰、曾思玉在湖北、
　　武汉地区向无产阶级文化大革命反攻倒算的罪行材料........ 705
　　（一九七四年四月四日）
"两清的大方向错光了"的反动实质是什么？..................... 718
　　（一九七四年四月十九日）　长航系统革命职工批林批孔学习班
我们和两赵一王的分歧——评"两清"的大方向....................... 721
　　（一九七四年六月十日）
　　中国人民解放军第三五○六工厂批林批孔宣传站
中央领导同志关于湖北问题的指示要点................................ 726
　　（一九七四年五月二十一日）
中国共产党湖北省委员会关于处理"北、决、扬"一案的批复.. 729
　　鄂文[1979]70号

第三部分

揭穿鲁礼安玩弄的又一个新阴谋 735
 （一九六六年九月十八日）
 红卫兵华中工学院教务处"八一"战斗队

评反革命跳梁小丑鲁礼安 740
 （一九六八年六月十五日）《新华工》报评论员

新华工革命委员会红代会、红司（新华工）发言人关于反动的
 资产阶级流派"决派"及其反动刊物《扬子江评论》的
 严正声明 762
 （一九六八年八月十五日）

无产阶级专政万岁！
 ——专批《扬子江评论》 765
 （一九六八年八月十五日）

新华工革命委员会通告 770
 （一九六八年八月二十三日） 革人字 64 号

新华工革命委员会清理阶级队伍办公室、保卫组通告 772
 （一九六八年八月二十三日）

评资产阶级反动流派
 ——"决派" 774
 （一九六八年八月二十五日）
 《狂妄报》编辑部 《新一中》编辑部

把反动流派——决派押上历史的绞刑架
 ——兼评《扬子江评论》的反动政治方向（摘录）............. 784
 （一九六八年八月二十五日）
 《新湖大》报编辑部 《新湖大》杂志编辑部

在新华工"深入开展三忠于活动向阶级敌人猛烈开火
 誓师大会"上黄石铁山革命工人代表的讲话 792
 （一九六八年八月二十七日）

新湖大革命委员会 关于撤销贾培培革委会常委、委员职务的
　　决定 795
　　（经校革委会一九六八年八月三十一日扩大会议通过）

图穷匕首见
　　——评决派思潮及其喉舌《扬子江评论》................. 798
　　（一九六八年八月二十七日）
　　《新华工》报编辑部　新华工革命造反广播台编辑部

彻底埋葬决派所鼓吹的反动的"多中心论"
　　——二评决派思潮及其喉舌《扬子江评论》................. 808
　　（一九六八年九月六日）
　　《新华工》报编辑部　新华工革命造反广播台编辑部

驳所谓"反考"
　　——三评决派思潮及其喉舌《扬子江评论》................. 813
　　（一九六八年九月十日）
　　《新华工》报编辑部　新华工革命造反广播台编辑部

是"老造反派受压"吗？
　　——四评决派思潮及其喉舌《扬子江评论》................. 818
　　（一九六八年九月十日）
　　《新华工》报编辑部　新华工革命造反广播台编辑部

炮打毛主席司令部的小丑往哪里跑
　　——再评《扬子江评论》的反动政治方向................. 827
　　（一九六九年九月九日）
　　《新湖大》报编辑部　《新湖大》杂志编辑部

齐下扬子捉龟鳖
　　——评"决派"及其喉舌《扬评》................................. 838
　　（一九六九年十月八日）　华中工学院革命大批判小组

坚决捍卫新生的红色政权——省、市革命委员会
　　——二论彻底批判《扬子江评论》的反动思潮................. 857
　　（一九六九年）　湖北大学　卫红章

《"百舸争流"创立宣言》批判... 865
　　（一九六九年十月八日）　征腐恶

顾建棠同志在湖北省革命委员会扩大会上的发言...... 867
　　（一九六九年十月十七日）

胡厚民同志在湖北省革命委员会扩大会上的发言...... 881
　　（一九六九年十月二十二日）

彻底清算"决派"前台黑指挥朱鸿霞的反革命罪行...... 930
　　（一九七〇年三月十日）

关于巴河一司基本情况的调查...... 949
　　（一九六七年十二月十五日）　鄂军支发字11号

武汉地区无产阶级革命派关于"巴河一司"
　无理封闭《湖北日报》的联合声明...... 961
　　（一九六七年十二月二十二日）

坚决镇压反革命政治狂人王仁舟...... 963
　　（一九六八年九月十八日）
　　《新湖大》报编辑部　《新湖大》杂志编辑部

揭发、控诉反革命坏头头王仁舟的滔天罪行
　（批斗反革命坏头头王仁舟大会上的发言）...... 978
　　（一九六九年十二月）　武汉热电厂　张复华

揭发胡厚民在浠水巴河大搞资本主义复辟的罪行...... 990
　　（一九六九年）　浠水县巴河　张新民

附录一　"北决扬"大事记　李晓航...... 1009
附录二　"北决扬"主要成员简介...... 1049
附录三　《湖北日报》《长江日报》刊载的 批判"北决扬"
　　　　文章篇目...... 1051
附录四　主要参考文献...... 1067
后　记...... 1070

第二部分

曾思玉同志谈"北斗星学会"

(一九六七年十二月四日)

……专县的同志提了个建议,武汉地区的造反派不要到专县去。

前一个时期到下面一树旗就打架,打死了人还拉到武汉来亮尸,还引农民进城搞武斗。文化革命搞了一年多,还在丑化文化大革命。武汉是开放城市,搞亮尸,人家一看,你搞什么文化大革命呀!尸拉回去,现在来了一百多人把红旗大楼围起来驻起来,还说为农民运动兴起说话(编者按:这是指北斗星学会会长鲁××[1]。他曾写了一篇题为《为浠水农民发言——展望中国农民运动的兴起》的文章,荒谬地把臭老保浠水巴河一司抬尸进城称作"中国农民运动的兴起"的象征),那你就说吧,看你怎么说。(刘丰政委插话:他们还狂妄地说:"我们要解决毛主席没有解决的农民问题"。)这些人长了脑袋,没有用脑子。他们反对毛主席,就要走向反面去。农民种田,工人做工,学生读书,你来这里,中央一再指示,你又不是不知道!

现在出现了一些奇离古怪的组织,例如,什么"北斗星学会"。有没有这个组织?(答:有!)到会发起的有十一个单位。有个文工团"独立寒秋"[2]参加了,三个人就有一个右派。叫什么?(答:白桦。)同志们,你们组织有没有右倾?他们的宣言的情调啊,哎哟哟,我不敢作结论。我把他们的宣言、一个、二个,对照主席的书,一字一字的批判。同志们,他们搞这个干什么?还搞什么"联防",搞的不好,就要出问题。同志们,希望大家去作工作。

刘丰政委:现在武汉市有一些反动组织,这个军、那个军的,有的地方还出现了皇帝。(摘自曾、刘首长在毛泽东思想学习班的讲话)

根据武汉新湖大革命委员会宣传部主办的《新湖大通讯》1967年12月16日第74期刊印。

---

1 指鲁礼安。据鲁礼安在他的回忆录《仰天长啸———一个单监十一年的红卫兵狱中吁天录》中说,"北斗星学会"的会长是冯天艾。
2 "独立寒秋",即武汉军区文工团白桦等成立的造反组织。

曾思玉同志谈《扬子江评论》[1]

（一九六八年八月二十二日下午）

同志们，你们看过《扬子江评论》没有？（有的答：看过。）《扬子江评论》极其反动，是向以毛主席为首、以林副主席为副的无产阶级司令部进攻，制造反革命舆论，为资本主义复辟鸣锣开道。主编是冯天艾，华工四年级学生，是敢死队的副队长。敢死队队长是现行反革命分子鲁礼安，现已逮捕法办。他有一篇反动透顶的文章，有一张反动图。他反对毛主席，反对以毛主席为首、林副主席为副的无产阶级司令部，谁反对毛主席就打倒谁，谁反对以毛主席为首、林副主席为副的无产阶级司令部就全党共讨之，全国共诛之。（众呼口号）受蒙蔽的群众要赶快反戈一击，谁受了欺骗，跟着人家跑了，要坦白，坦白从宽，抗拒从严，反戈一击有功，同志们要掌握政策，不要顺藤摸瓜，到处抓小鲁礼安。他的口号报原来没有看，这次一看就看出问题来了，说什么"钢九·一三在混浊的扬子江水中揪出武汉变色龙"，变色龙是谁？他就是指台上的我本人，还说"会呼风唤雨"，我的态度：第一，这是对我的污蔑攻击，我坚决反对！第二，我没呼风唤雨的本事，我要能呼风唤雨，我就把牛鬼蛇神统统淹死干净！同志们，对反动的"多中心论"要痛加批判，要狠抓阶级和阶级斗争，《扬子江评论》说，钢九·一三封《长江日报》的大方向完全没有错，我说大错特错了，（众呼口号）同志们，有些头头头脑膨胀，晕头转向，以为自己很得力，《扬子江评论》是用糖衣裹着的炮弹。同志们，九·一三是中央点了名的，要把《扬子江评论》和九·一三的广大群众区分开来，广大群众是好的，是要革命的，要把群众和个别坏头头区别开来，和混进组织的坏人区别开来，我这样一提，是不是九·一三也坏

---

[1] 1968年8月22日下午，湖北省革委会主任、武汉军区司令员曾思玉在省革委会毛泽东思想学习班、省革委会各专业会议上发表讲话，这是讲话中关于《扬子江评论》的一段话。

了? 九·一三是中央点名的,九·一三就是九·一三,坏人就是坏人,当然也要帮助九·一三,提高九·一三,有的人不听招呼,听小道消息,小道消息要统统封闭!正道不走走邪道,《长江日报》你说封得对,《长江日报》要传达毛主席、党中央的声音,你封就封锁了毛主席的消息,群众要看报,你对个什么?!毛主席教导我们:"**凡是错误的思想,凡是毒草,凡是牛鬼蛇神,都应该进行批判,决不能让它们自由泛滥。**"[2] 要深入开展大批判,完成各条战线上的斗批改任务。王任重、宋侃夫[3]、刘惠农[4]人还在,心不死,我们已经派人去北京把宋、刘拉回来斗倒斗臭。他们人在心不死,如孟夫唐、王盛荣、卜盛光、刘真、张华、李守宪、杨光华、李明[5]、军内还有李迎希[6]也在搞鬼,要把这几个黑手揪出来和群众见面。告诉同志们这些黑手中央已经批准了。要把他们批倒批臭,但是要文斗,不要武斗,同志们,我们要区分两类不同性质的矛盾,对敌狠,对己和。

根据武汉红代会红司新北中通讯编辑部 1968 年 9 月出版的《三新中总通讯》和 1968 年 8 月 25 日出版的《新湖大》联合版(批判《扬子江评论》专号)刊印。

---

2 引自《在中国共产党全国宣传工作会议上的讲话》(1957 年 3 月 12 日),《毛泽东著作选读》(甲种本·下),人民出版社,1964 年 6 月,第 515 页。
3 宋侃夫,1909 年出生,江西萍乡人。武汉市委书记处第一书记,1972 年 12 月至 1983 年 11 月任湖北省委书记。1991 年去世。
4 刘惠农,1912 年出生,江西万载人。武汉市委书记处书记,文革中受到批斗。1973 年 1 月恢复工作,任武汉市委常委、武汉市革委会副主任。1997 年 9 月去世。
5 李明,湖北省水利厅厅长。
6 李迎希,1902 年 4 月出生,河南商城人。武汉军区副政委兼参谋长。1981 年 5 月去世。

武汉军区曾思玉、刘丰同志批判浠水巴河一司

（一九六七年十一月至十二月）

文化大革命搞了一年多，把死尸抬到街上，是丑化文化大革命的。这决不是好人办的事情。这种人群众不答应，法律不允许。

一九六七年十二月一日在湖北军区毛泽东思想学习班黄冈小组学院座谈会上的讲话（摘录）

浠水造反派提到巴河地区一部分人把死尸抬到武汉游行的问题。

曾司令员说："这事我们知道。一百多人在红旗大楼住。现在有的地方把农民搞到城市来，是错误的。中央七月十三日发了通知。解放前城市不是我们的，毛主席提出农村包围城市，是伟大的战略方针和政治路线。这次文化大革命，刘邓资产阶级司令部被我们砸乱了，城市是无产阶级司令部所在地，再搞农村包围城市，不就是包围无产阶级司令部吗？现在到武汉和外地闹的人那是不按毛泽东思想办事的。文化大革命搞了一年多，把死尸抬到街上，是丑化文化大革命的。人家犯错误，你们造反派不要跟着犯，人家打架，你们不要跟他们打，左派要做说服教育工作。对保守组织要做思想工作，不要搞对立的情绪，经过一年多文化大革命，群众聪明得很，会起来的，群众是会跟毛主席走的。"

一九六七年十二月一日在湖北军区毛泽东思想学习班黄冈小组学院座谈会上的讲话（摘录）

……你们要"警司"（即武汉警备司令部）拿出权威来，我们是有责任的。究竟什么时候行使，我们有自己的打算。对坏人是要专政的。文化大革命搞了一年多了，他们还在那里乱来，这决不是好人办的事情。中央不要引农民进城嘛，农民要生产嘛，大家要吃饭穿衣嘛，把农民引进城，这种作法不是好人。现在棉花都掉在地下，丰产

不丰收，破坏生产，这种人群众不答应，法律不允许，把死尸抬进城，你不是丑化文化大革命嘛？谁高兴呀？美帝、苏修特务高兴！有的人就蛮得意，你去搞吧，要犯错误的，人家要联合，你去搞分裂，人家要搞大联合，你搞另一套，肯定要犯错误。

　　一九六七年十一月二十四日接见三新代表时的讲话纪要

　　……湖北一年四季在于冬，冬天搞起来了，明年吃饭穿衣就有办法。你们要从全局考虑，从三千二百万人口考虑。前不久有人来城里亮尸，搞武斗，这是丑化无产阶级文化大革命。尸拉回去，现在又来一百多人，把红旗大楼围起来，住起来，还说为农民运动兴起说话，那你就说吧，看你怎么说。（刘丰政委插话：还说："我们要解决毛主席没有解决的问题。"……）这些人长了脑袋，没有用脑子。他们反对毛主席就要走向反面，中央指示你听不听。

　　一九六七年十二月四日在武汉军区办的各革命组织主要负责人学习班上的讲话

　　浠水巴河上次搞了武斗，打死几个人，无产阶级文化大革命搞了一年多，把死人抬到武汉市来亮尸，丑化无产阶级文化大革命，煽动农民进城，我们做工作，他们不听，不信你试试看吧！现在又来武汉办什么二十世纪六十年代农民运动讲习所，说什么六十年代中国农民问题没有解决，还写什么大幅标语，调动农民进城，这是很错误的，是违背了中央指示。农民运动，一九二七年毛主席就写了《湖南农民运动考察报告》，就是讲的农民问题。我们伟大领袖毛主席早就解决了这些问题，他说什么六十年代没有解决农民问题。我说这种人长了脑袋，没有脑子。同志们，可不能这样干的。他们把大批农民引进城，这是别有用心的人在那里搞鬼。看他住多久，好象他比毛主席高明，这种人势必要走到反面。有的人洋洋得意，有的人是脑子发热，有的是坏人在后面搞鬼。这种人我们也用不着害怕，那些做小动作的人是肩部的太阳的。将来会整到自己头上来的，是搬起石头打自己的脚的。

　　一九六七年十二月十六日在湖北军区毛泽东思想学习班全体学

员座谈会议上的讲话摘录

　　巴河问题，前天打了一架，这是支流，矛盾存在嘛！我们看到发表社论、联合声明，一看到形势不对就要打架，我们急忙派部队去制止。前天一打就放枪打死了一个人，打的都是群众，幕后策划者没有打倒。他跑不远，群众不是阿斗，搞了一年多的文化大革命嘛！我们解放军页挨了打，打不还手，天下就没这好的军队。现在搞这样事的人没有好结果。你来武汉就天塌下来吗？武汉还存在，群众的觉悟在提高。你搞打砸抢，搞经济主义，群众就不要你的。前几天抢纸烟、火柴、毛巾，都是坏人在搞鬼，阶级斗争一到关键时刻，坏人总是要搞鬼，形势越来越好，不管有什么曲折，刮起什么歪风，群众用毛泽东思想会识破的。还有解放军保卫文化大革命，形势是越来越好的，你们认为怎么样？（答：好）你们是本地人，我是小学生，看形势要看本质主流，这要十分警惕，形势就是这样，要沉住气，做工作。

　　一九六七年十二月二十七日在武汉军区毛泽东思想学习班第一期结业时的讲话

　　根据浠水革联第四办公室、巴河钢总指 1968 年 8 月编印的《有关浠水巴河一司部分材料》刊印。

在省革委会毛泽东思想学习班座谈会上
曾思玉等首长批判反革命分子王仁舟

（一九六八年九月八日）

时间：一九六八年九月八日下午二时-晚上十二点三十分

地点：武汉军区礼堂

参加会的首长：武汉军区司令员兼省革委会主任曾思玉同志、省革委会副主任张体学同志、武汉军区副司令员李化民同志、省军区司令员赵复兴同志、副司令员王根元同志、副政委张竟同志、张洪同志，还有省革委会副主任饶兴礼[1]同志等。

浠水革联代表发言后，王仁舟接着发言，他对浠水地区武斗、一司拒不交枪等问题百般进行抵赖，当他说到："后来我（从学习班）回去了"时……

王根元副司令员：什么后来回去了，是跑走了的嘛！

张竟副政委：什么这回搞武斗才亲自出马，以前在幕后，现在跑到幕前来了！胡说什么"四大不是万能的"，这就是指挥武斗的理论根据！

李化民副司令员：是真的群众不交枪还是你啊？你提出这一代不交枪，下一代不交枪，永远不交枪。难道还想搞一辈子武斗？

曾司令员：来！（拿起王仁舟私设牢房、关不同观点的人所用的牌子和抗拒交枪盗用毛主席语录的语录牌子）我来给大家念几个"牌子"：这个牌子上写的是"人民的武装，一支枪、一颗子弹，都要保存，不能交出去。"[2]严重的打着红旗反红旗。这是私设牢房，关不同观点的人用的牌子（示众）。

---

1 饶兴礼，1925年出生。中共党员，湖北省革委会副主任。
2 这段语录与原文有出入，原文是："人民的武装，一枝枪、一粒子弹，都要保存，不能交出去。"见《关于重庆谈判》（1954年10月17日），《毛泽东选集》第4卷，人民出版社，1966年7月，第1107页。

李副司令员：说什么"'七·三''七·二四'布告没有提上交民兵武器"，难道民兵武器是你个人的武器？公开对抗"七·三""七·二四"布告，公开反对交枪，你是造谁的反啊？（群众：回答！快回答！快回答！）你站在哪一个阶级立场，对谁专政啊？其他同志再不能够同他一路走了！

赵复兴司令员：你回答！

王仁舟：（狡辩）

李副司令员：你亲自布置的，还说群众不交枪，你还要狡辩。

张洪副政委：王老头要交枪，你说王老头是叛徒。

李副司令员：人家要交枪，你要杀人家，你杀什么人呢？！

王副司令员：王仁舟提出要搞一个"红色根据地"，搞什么"红色根据地"，是搞独立王国！

李副司令员：巴河一司发军装、军衣是你搞的吗？

曾司令员：有没有这回事情？

王仁舟：……有这回事。

李副司令员：你搞武斗这长时间，规模这么大，你这个钱从哪儿来的？

赵复兴司令员：赶快回答！回答！！（群众：回答！赶快回答！！站起来！站起来！！）站起来，让大家看一看！（王仁舟站起）坐下去！

王仁舟：（胡扯）

饶兴礼同志：我问你一件事情，你们私设的监狱到底有几个？几多房子？我们有两个解放军走到你们监狱去了，你说我们的解放军冲击你们的监狱。一个监狱押你们内部反对你的，两个监狱管制"革联"的，"望天湖"的一号头头反对你把搞了一万块钱的坏人当头头，你很不满，你就把他关进牢里去了，我们把他找到了，牢"牌子"就是他给我们的。什么"农村包围城市""战争解决问题。"这是打着红旗反红旗。

王仁舟：（胡扯）

张洪副政委：你自己狠狠打了一个老婆婆又怎么说呢，我来念一念（念王仁舟的反动言行录）。

饶兴礼同志：和我们毛泽东思想宣传队去的两个解放军，一个干部,去看牢房,你说他们冲击了你的监狱,把他们扣留几个小时,一句话也不准说,剥夺发言权,真厉害!真威风!

张洪副政委:谁给你的权利私设公堂?!

王仁舟:(胡扯)

曾司令员:第一次见面啊!久闻"大名"!你怎么开除的啊?!

王仁舟:上级把我没有办法,开除送回生产,还是作人民内部矛盾处理。

曾司令员:回家后干什么啊?!

王仁舟:(胡扯)

曾司令员:那么你一点责任也没有啊?!

曾司令员:算了,你不讲了,你三天三晚也讲不完,你在"三中"会上讲了些什么啊?!

王仁舟:(胡扯)

曾司令员:不用你说,我再念几段,(拿着王仁舟反动言行录念)"现在我们党内文件,都不提两条腿走路了,肯定行不通。""不能同时并举,同时并举就要一蹦一跳的了。"攻击党的总路线是恶毒的、反动的。还说"你们好好搞,我们夺权要从公社夺到区,从区夺到县、一直夺到北京在北京建立一个联络站,和毛主席背靠背……。"你去年抬六具死尸到武汉游行,有没有这回事?还冲击湖北军区、武汉军区,封湖北日报,我说是丑化无产阶级文化大革命。我这里材料一大堆,我是没有材料不讲话的啊!搞什么"农民运动讲习所"。(念中共中央有关不准挑动农民进城的文件)你做的符合不符合中央的方针政策?大家把他做的事与中央指示精神对照对照。

王仁舟:(胡扯)

曾司令员:你不要讲,办什么"农民运动讲习所",挑动浠水、广济、黄枚(梅)、圻(蕲)春等地农民,以"农村包围城市""武装夺取政权",还胡说什么"解决毛主席没有解决的农民问题"。同志们!你们读了毛主席的书,农民问题毛主席解决了没有?毛主席解决农民问题你还不知在那里,土地革命、抗日战争、解放战争、人民公社,不是我们伟大领袖毛主席解决农民问题吗?!现在是什么人的天下?夺什么人的权?夺谁的权?这个问题你是怎么也抵赖不了的。

封湖北日报、长江日报、人民日报、解放军报，这不是封闭党中央的消息吗？封闭毛主席的声音吗？叫他不要搞，他写大字报《敬告×××大人》，还散发了《×××，你要走哪条路？》(注：这两篇大毒草分别载于《巴驿》第四期、《五洲星火》第二十期)。×××指那一个？就是指的我本人。这里材料多，(在场群众气愤地站起来)同志们不要着急，请同志们坐下。现在在对待"七·三""七·二四"布告问题上，他又跳出来了，说什么"武装革命群众，中央军委对民兵武器规定可以把武器分给民兵保管，没有说收缴民兵武器"。歪曲中央指示精神，公开抵制、反对"七·三""七·二四"布告，说什么"提出上交一切武器弹药是阶级敌人的大阴谋"，说什么"敌人利用'七·三''七·二四'布告镇压造反派"，我们要收缴武器就变成了敌人？你就是共产党？我们就是国民党？恰恰相反！你是国民党！我们是共产党！你至少是牛鬼蛇神！没有改造好的地、富、反、坏、右！"七·三""七·二四"布告是毛主席亲自批发的，你对无产阶级司令部根本没有感情，"七·三""七·二四"布告是对敌人的嘛！你当然痛心，就是对准你这些人的！说什么"文斗不能解决问题"，说"这是赫鲁晓夫修正主义那一套"，还说什么"有阶级斗争存在就有武斗"，"要我们上交武器，是敌人的理论。"好啊！我们是敌人，同志们承认不承认？(群众：不承认！混蛋！)好！不承认！他就是反革命理论。还说什么"四大不是万能的，武斗是万能的。"同志们答复，不要他答复，他答复不了的。反动不反动啊？！(群众：反动！)十六条说得很清楚：**要用文斗，不用武斗**。他说"必须通过枪杆子解决问题"，这不是完全和毛主席相对抗吗？

　　说巴河地区阶级斗争激烈、尖锐，阵线分明，斗争确实复杂啊！中央早就说得很清楚：要文斗，不要武斗，不准戴高帽子，搞变相武斗。武斗是阶级敌人喜欢的，我们搞文化大革命，有我们的伟大领袖毛主席，中国人民解放军，亿万革命群众，帝、修、反怕得要死，恨得要命。你看他谈到"我们是抢的黄冈军分区的民兵武器，不是解放军的装备，不必上交"。黄冈有人在这儿嘛！(黄冈军分区董司令员：巴河一司8月24日抢武器摔了五十个手榴弹，十七个战士受伤，我们的后勤处长也被打伤了。)说什么"枪这一代不交，下一代不交，永远不交,不但不交,还要创造。"(张体学同志插话:我讲了二十分钟的话,说我是大糊涂虫,我一点也不糊涂,我才不糊涂!我明白得很!"七·三""七·二四"布告是毛主席亲自批发"照办"的,他不执行,打死这么多贫下中农,恰恰没有打死你。)再讲一个例子,"革命组织要交枪,革命人民要乘凉",他胡说"这不是糊涂虫,也是有阴谋",这是指谁?指的我嘛!还说这是"小资产阶级市民要求""和平主义""阶级斗争熄灭论。"好吧!我把这几句话交给群众,让大家辩论辩论,群众要交枪就是糊涂虫吗?你怎么对待群众啊?!是"小资产阶级市民要求"?同志们,武汉当时三天大刮抢枪歪风,打死无辜群众无法计算,解放军的飞机打坏六架,群众不敢出来,难受!王仁舟你尝一下,大热天把你关到屋子里看你么样?我们从来不讲"阶级斗争熄灭论",我们最讲阶级斗争。解放军就是保卫祖国、保卫祖国领海、领空的。(拿着《无产阶级文化大革命全面胜利万岁》社论念)这社论上说得很清楚嘛!保卫祖国、保卫祖国领海、领空。王仁舟打着"红旗"反红旗,是毒辣的,后面还有后台,混淆两类不同性质的矛盾,搞反动的"多中心论",搞独立王国。一司群众发动起来了,他就完蛋了。同志们不要着急,他还胡说"湖北省其它县搞武斗,是狗咬狗的斗争,浠水阵线分明,是正义武斗。"同志们,你们都是狗啊!什么狗咬狗啊!混蛋逻辑!你们承认吗?(群众:不承认!)当然不能承认啊!承认了你们就变成了四条腿。(张竟副政委插话:还说"杀一半也没有什么",他自己讲的。浠水有多少人啊?(革联:68万人)68万人,杀一半就是34万人,那还了得,文化大革命打死34万那还了得!我说这是他的阶级本质决定的。再讲一个例子:他说"浠水以县为战略单位"。60多万人,和一个小国家一样,那不是独立王国吗?(张洪副政委:还有王仁舟万岁啊!)说什么"以县为战略单位",战略单位在北京,在毛主席身边,你要以县为战略单位,是搞独立王国。说"要重新组织抢枪运动"。王仁舟很早还说了:"巴河一司有权,保护'新农村',以后中央推广,……国庆节我们上天安门。"反动透顶!反动透顶!(很愤怒地)你上天安门只有美帝、蒋介石、苏修高兴。不讲你们不知道,他完全是赫鲁晓夫的代理人、刘少奇的代理人、资产阶级的代理人,是典型的反革命分子。怪不得武汉抢枪这么多，这么凶，根子在武汉还是巴河？有黑后台。可以肯定，中国还是我们中国人民的国家，还是毛主席的天下。（群众激动地高呼：毛主席万岁！万万岁！！谁反对毛主席，我们就打倒谁！谁反对毛泽东思想，我们就打倒谁！）这次无产阶级文化大革命，是我们伟大领袖毛主席亲自发动和领导的，毛主席语录《再版前言》指出："毛泽东思想是在帝国主义走向全面崩溃，社会主义走向全世界胜利的时代的马克思列宁主义。"这是林副主席教导的，我们说天安门讲话的是我们的伟大领袖毛主席。（群众呼口号：永远忠于毛主席！永远忠于毛泽东思想！永远忠于毛主席的革命路线！）你看嘛！还可以讲一个问题，巴河办"新农村"，欺骗群众，说什么"办公共食堂没有枪能行吗？"你看！多么厉害啊！把大家搞到一起吃饭，要"武装夺取政权""农村包围城市"，口口声声说我们是阶级敌人，同志们承认不承认啊？！（群众：不承认！）我们是要革命的！（气愤地）要把社会主义革命进行到底！要把世界革命进行到底！他还说什么"巴河一司要是没有几支破枪早就没有了，没有枪，这次还不能来这里谈判。"你跟谁谈判？（愤怒地）专门靠枪杆子！你们（对群众）是来谈判的啊？（群众：学习毛泽东思想的）毛主席教导我们说："**办学习班是个好办法，很多问题可以在学习班得到解决。**"[3]大家是来解决问题的，学习毛泽东思想的，他把我们当敌人，反过来他自己是敌人。他讲什么"革命人民要武装，不然人民要遭殃"，什么时代？现在是毛泽东思想时代，他就是挑动群众斗群众的罪魁祸首，他打着红旗反红旗啊！（**张体学同志插话**：刚才曾司令员念的"语录"，他们一司小孩都会念，毒害群众不交枪！把不同观点的群众抓进牢里，第几号、几号都有，私设公堂。）从这些事情可以看出这个人是什么人，他们表态是什么人，你们学习班的同志回去好好议论议论，不要他讲！他又胡扯，又是乱讲一套！现在不是"答记者问"的时候。

张克勤和他的关系是很密切的，张在武钢公开反对毛主席，巴河一司跳的这么凶，与他是有关系的，他现在在北京卫戍区温司令员那里。

3　引自1968年2月5日《人民日报》《解放军报》社论《华北山河一片红》。

张体学同志：时间到了,现在去吃饭,每个人两个面包一碗水,现在是 6 点半,吃完饭就开会。

(根据记录整理,未经首长审阅)

根据新湖大革委会、武汉红代会新湖大总部 1968 年 9 月 18 日编印的《新湖大》第 101 期刊印。

总理批判《扬子江评论》[1]

（一九六九年五月二十七日）

……现在查出来，确实有坏人，阶级敌人跳出来了，你们和他们要划清界限。他们要起来为他们翻案。坏人跳出来了这是好事。你们晓得不晓得。26号就是最近，给有些坏人翻案。有一种叫"决派"也跳出来了。你们知道吗？（众：知道）工人[2]你们知道吗？为"决派"翻案，为"决派"头子鲁礼安翻案，鲁礼安那里的？（张立国、郭保安：我们学校的学生）还为现行反革命分子鲁礼安、冯天艾的反动刊物《扬子江评论》翻案，说历史宣判了《扬子江评论》无罪，冯天艾那里的？（张、郭：是华工学生）啊，也是新华工的。《扬子江评论》是反动的，他们批评市工代会在反复旧斗争中有右倾思想。你们"左"了，他们说你们有右倾思想。（曾思玉：第四期他挑拨钢新关系）你们在家里的同志也批判为右倾机会主义了，他们在那里捣乱。曾思玉同志谈要三钢三新团结，不能搞两派对立，我们同几个学校同志们座谈，他们坚决不同意打内战，他们说钢新一定要团结，那很好。"决派"一些人说不应该提"反复旧"，应当提"落实政策"，这就露出了他们的狐狸尾巴了。他们还说："你们不应该把反复旧胜利的希望寄托在会谈上。"我们这是"会谈"吗？二年前我们和内蒙谈，他们有极"左"情绪，说是"国共谈判"，我们问他们：到底谁是国民党？谁是共产党？过去有些反动的说法是"国共会谈"，一种说法是"延安""西安"的问题，他（《扬评》）说："不要妥协，不要只局限于打倒张体学。"那就不光是打倒张体学，他们还要打倒一批。武汉除了《扬子江评论》这一反动刊物外，还搞了另一个刊物叫《百

---

[1] 1969年5月27日晚，中央首长在北京接见湖北省、武汉市革委会部分常委和"九大"代表，周恩来、陈伯达、康生、谢富治、黄永胜作了指示。这是周恩来指示的一部分。

[2] 指"决派"写的《工人阶级现在需要什么》一文。

舸争流》，还写了一个反动的创立宣言。在浠水搞了巴河一司。(龙铭鑫[3]：巴河一司头子王仁舟是一个反革命分子）为现行反革命分子王仁舟翻案，这些牛鬼蛇神都出来了。……

（摘自中央首长 1969 年 5 月 27 日接见湖北省、武汉市革命委员会代表的讲话）

根据湖北大学革命委员会政宣部 1969 年 9 月编印的《把反动刊物〈扬子江评论〉拿出来示众》刊印。

---

3 龙铭鑫，1942 年出生。中共党员，文革前为湖北大学学生，文革中为"新湖大"一号勤务员、湖北大学革委会主任、湖北省革委会常委。文革后被开除党籍。

中共中央对武汉问题的指示

（一九六九年九月二十七日）

湖北省革命委员会，并武汉市革命委员会：

（一）毛主席批示**照办**的中央"五·二七"指示[1]、"七·二三"布告[2]、"八·二八"命令[3]，必须在湖北全省、武汉全市坚决地、无条件地、不折不扣地执行。有的反革命分子到现在还逍遥法外，扰乱革命秩序，破坏"五·二七"指示、"七·二三"布告和"八·二八"命令的落实，这是绝对不能容许的。

（二）根据现在看到的材料，在武汉市出现的所谓"北斗星学会""决派"这类地下组织，幕后是由一小撮叛徒、特务、反革命分子假借名义、暗中操纵的大杂烩。那些反革命分子的目的，是妄图推翻无产阶级专政和社会主义制度，破坏无产阶级文化大革命，搞反革命复辟。他们不择手段，制造谣言，散布各种反革命的流言蜚语，混入群众组织进行挑拨离间，大刮经济主义、无政府主义的妖风。对这类反革命的地下组织，必须坚决取缔。

（三）所谓《扬子江评论》，是一些叛徒、特务、反革命分子幕后操纵的反动刊物，肆无忌惮地大量放毒，必须查封。《扬评》的主要编写人员，应由湖北省革命委员会责成有关机关审查，按其情节轻重，分别严肃处理。

（四）对老反革命修正主义分子王盛荣、国民党反革命将领干毅、[4] 老国民党特务周岳森等犯，必须立即逮捕，依法惩办。

---

1 指1969年5月27日《中共中央同意"湖北省革命委员会关于解决武汉'反复旧'问题的报告"》，宣布"反复旧"运动"是不合毛主席关于革命大联合、革命三结合和一元化领导的教导的。"
2 即1969年7月23日《中国共产党中央委员会布告》。
3 即1969年8月28日《中国共产党中央委员会命令》。
4 干毅，1913年出生，浙江青田县人。华中工学院教授，文革初被打成"反动学术权威"，受到批判，后被打成"北决扬"的后台而遭长期监禁。1976年出狱，获平反。

（五）必须号召广大工人群众、贫下中农、革命干部，以无产阶级的革命精神和国家主人翁的姿态，狠抓革命，猛促生产，严格遵守劳动纪律和劳动制度，大反特反无政府主义，积极同破坏生产和消极怠工的现象作斗争。

（六）共产党员、共青团员、革命干部和一切革命分子，都必须增强无产阶级党性，克服资产阶级派性，反对一切宗派主义、山头主义的派性组织。特别是共产党员更必须按照无产阶级党性办事，成为抓革命、促生产、促工作、促战备的模范，成为加强、巩固革命大联合和革命三结合的模范。

（七）中央决定在北京开办湖北省和武汉市的毛泽东思想学习班，具体的人数、名单，由省革命委员会讨论提出，报请中央批准。

（八）希望湖北省各级革命委员会更高地举起毛泽东思想伟大红旗，落实我们伟大领袖毛主席提出的各项无产阶级政策，落实党的"九大"提出的各项战斗任务，进一步做好政治思想工作，调动绝大多数群众的积极性和创造性，团结起来，争取更大的胜利。

中共中央
一九六九年九月二十七日

根据中发[69]67号文件刊印。

刘丰同志在湖北省革命委员会扩大会上关于"北斗星学会""决派"及《扬子江评论》问题的讲话

（一九六九年十月三日）

同志们：

中央九月二十七日对武汉问题的指示，是一个极为重要的文件。据我们知道这个文件是经过我们伟大领袖毛主席批准的。这是伟大领袖毛主席、林副主席和党中央对我们的最大关怀。曾思玉同志已经向大家作了传达。我个人完全拥护，坚决照办，认真落实。我们相信，党中央这一个重要指示的贯彻落实，将把我们湖北和武汉的文化大革命大大推向前进，将使湖北和武汉地区的革命和生产出现新的局面，夺取新的更大胜利。

为了更好地贯彻执行中央的指示，我今天发表一点意见，讲一讲反革命地下组织"北斗星学会""决派"及其反革命喉舌《扬子江评论》的问题。

中央指示指出：

"根据现在看到的材料，在武汉市出现的所谓'北斗星学会''决派'这类地下组织，幕后是由一小撮叛徒、特务、反革命分子假借名义、暗中操纵的大杂烩。那些反革命分子的目的，是妄图推翻无产阶级专政和社会主义制度，破坏无产阶级文化大革命，搞反革命复辟。他们不择手段，制造谣言，散布各种反革命的流言蜚语，混入群众组织进行挑拨离间，大刮经济主义、无政府主义妖风。对这类反革命的地下组织，必须坚决取缔。"

1　1969 年 10 月 3 日至 28 日，湖北省革委会召开扩大会议，传达贯彻中央"九·二七"指示，全省地市以上群众组织头头被扩大到会，参会人员 2000 余人。会议以揭批"北决扬"为主题，将造反派的活动归结为"北决扬"的活动，但"北决扬"的骨干和"幕后操纵者"未按惯例押到会场批斗。70 余人在大会上发言。造反派头头们在高压下放弃抵抗，卸甲招安。

"所谓《扬子江评论》,是一些叛徒、特务、反革命分子幕后操纵的反动刊物,肆无忌惮地大量放毒,必须查封。《扬评》的主要编写人员,应由湖北省革命委员会责成有关机关审查,按其情节轻重,分别严肃处理。"

"对老反革命修正主义分子王盛荣、国民党反革命将领干毅、老国民党特务周岳森等犯,必须立即逮捕,依法惩办。"

自从反革命地下组织"北斗星学会""决派"和反动刊物《扬评》出笼的那一天起,我们武汉地区的广大革命群众,就高举毛泽东思想的伟大红旗,同这一小撮叛徒、特务、反革命分子,进行了针锋相对的坚决斗争。公安机关军管会于九月十九日依法逮捕了老反革命修正主义分子王盛荣、国民党反革命将领干毅、老国民党特务周岳森,九月二十日,依法逮捕了《扬评》的部分主要编写人员和部分幕后操纵者冯天艾、蔡万宝、甘勇[2]、周凝淳[3]、张志扬[4]、童丹[5]、马业成[6]、田国汉、严琳[7]等九人,连同去年逮捕的鲁礼安共十三人。从而,粉碎了这一小撮阶级敌人向无产阶级的猖狂进攻,取得了对敌斗争的重大胜利,保卫了无产阶级专政,保卫了无产阶级文化大革命。

我们逮捕的仅仅是浮在水面上的一些人,而且这只是一部分,还不是全部。有些人,我们还要看一看。

为了使广大革命群众充分认识"北斗星学会""决派"和《扬评》的反革命本质,彻底清算他们的反革命罪行,彻底肃清他们的流毒,我讲几点看法。因为他们的反动文章很多,几十万字,所有观点都批

2　甘勇,武钢耐火材料厂合同工,文革中被定为"北决扬"骨干分子,被长期监禁。1979年12月获释,后死于车祸。
3　周凝淳,武汉二七区手管局业余学校代课老师。因"北决扬"案被长期监禁。在狱中患精神分裂症,保外就医。
4　张志扬,武钢第三业余中学代课老师,因"北决扬"案被长期监禁。1976年12月获释。后为海南大学美学研究所所长。
5　童丹,武汉长虹小学代课老师,喜写诗。因"北决扬"案被监禁十年。1979年12月获释,在一刻字社工作。
6　马业成,黄石铁山的工人。因"北决扬"案被监禁十年。1979年12月获释,回原单位工作。
7　严琳,武汉市二轻局再生橡胶厂合同工,工造总司"铁军"二号头头,"六·一七战团"一号头头。在"两清"中被指"北决扬"的打手,遭监禁十一年。1979年12月获释。2006年去世。

判到是有困难的，今天只能批判一下它的反革命纲领和一部分主要观点，供同志们参考，供同志们批判它作个引子。准备讲五点：

一．"决派"及《扬评》的反革命历史
二．"决派"及《扬评》的反革命罪行
三．"决派"及《扬评》的反革命纲领
四．"决派"及《扬评》的反革命班底
五．"决派"及《扬评》必须彻底批判

（一）"决派"及《扬评》的反革命历史

反革命的地下组织"北斗星学会""决派"及其反动刊物《扬子江评论》，是在武汉地区无产阶级文化大革命取得了决定性的胜利，革命正在胜利发展的大好形势下，一小撮叛徒、特务、反革命分子，为着分裂革命队伍，破坏无产阶级文化大革命，妄图推翻无产阶级专政和社会主义制度，搞反革命复辟，而拼凑起来的反革命大杂烩。

所谓的"北斗星学会"，成立于一九六七年十一月七日。当时，湖北、武汉广大革命群众，为落实伟大领袖毛主席视察三大区的最新指示，掀起了轰轰烈烈的革命大联合和革命三结合的高潮，准备成立省、市革命委员会，完成向叛徒、内奸、工贼刘少奇在湖北省和武汉市的代理人王任重、宋侃夫之流夺权的历史任务。正在这两个阶级、两条道路、两条路线激烈搏斗的关键时刻，一小撮阶级敌人不甘心于自己的灭亡，他们从阴沟里爬了出来，打着"红旗"反红旗，大耍反革命两面派，以极其阴险狡猾的手段，欺骗和蒙蔽一部分群众，拼凑了这个反革命地下组织，叫做"北斗星学会"，并发表了一个反动透顶的反革命《宣言》。这个所谓的"北斗星学会"就是"决派"的前身；这个所谓的《宣言》就是他们的第一个反革命纲领。

反革命地下组织"决派"，成立于一九六七年十二月三十一日。当"北斗星学会"的反革命面目很快被广大革命群众揭露后，我们于十二月四日点了它的名，使它声名狼藉，感到混不下去了。这些家伙经过一番密谋策划、乔装打扮后，摇身一变，成立了所谓"决派联络站"。（曾思玉同志："决派"的活动到黄石去了，巴河一司的王仁舟在黄石也有活动。叫你们黄石的常委都来，在你们那里消消毒。）发表了两个《宣言》、一个《章程》和《条例》，制定了一整套反革命纲领和计划。到一九六八年的五月，我们又点了"决派"的名，这一伙狡猾的反革命分子，又经过一番密谋策划，采取"卷旗不倒旗"的反革命应变手法，宣布"解散决派联络站"，而少数顽固分子，便麇集于《扬评》编辑部，继续从事反革命活动。

毛主席教导我们："**凡是要推翻一个政权，总要先造成舆论，总要先做意识形态方面的工作。革命的阶级是这样，反革命的阶级也是这样。**"[8]反动刊物《扬子江评论》就是"北斗星学会""决派"的反革命喉舌，就是这一小撮叛徒、特务、反革命分子，为制造反革命舆论而搞起来的。这个反动刊物创刊于一九六七年十二月二十五日，它的前身叫《扬子江》，一九六七年九月就出现了。《扬评》的反革命活动，大体分为三个时期：第一个时期是一九六七年十二月到一九六八年五月，它大肆刊登"北斗星学会""决派"的反革命《宣言》、《纲领》、《章程》，极力地鼓吹所谓的"决派思潮"。第二个时期是一九六八年八、九月间，它连篇累牍地发表了极为反动的"四评"，疯狂地攻击我们党中央的负责同志，炮打以毛主席为首、林副主席为副的无产阶级司令部。第三个时期即今年五月到七月底，它以各种名义发表了十多篇反动文章，极力为错误的所谓"反复旧"运动制造"理论"根据，炮打"三红"。它这一个时期的反动文章，同志们可能看到了，就贴在汉口水塔下，它有个打手队保镖，严琳是队长，只准他们放毒，不准群众复（覆）盖，不准群众批判，谁要是去复（覆）盖、去批判，他们就行凶打人，连解放军指战员，他们都敢打。这时，他们的罪恶活动达到了登峰造极、无以复加的地步，他们的反革命面目也完全暴露无遗了。

从"北斗星学会"到"决派"，又到《扬评》编辑部，这就是这个反革命地下组织的反革命历史。他们的反革命喉舌《扬子江评论》，从一九六七年十二月二十五日发表《创刊词》到一九六八年八月发表"四评"，又到今年七月二十三日发表《革命的潮流是阻挡不住的》

---

8 引自《在八届十中全会上的讲话》（1962 年 9 月 24 日），《中国共产党中央委员会关于无产阶级文化大革命的决定》，1966 年 8 月 9 日《人民日报》。

止，还不算他们以后搞的反革命口号报，在这一年零七个月中，他们先后发表了五十多篇反革命大毒草，散布了大量的毒素，干尽了反革命勾当，对人民犯下了滔天罪行，（曾思玉同志：破坏了抓革命、促生产、促工作、促战备。）我们提出批判，有人反对，他们抵制批判，专门开黑会布置进行抵制。

（二）"决派"及《扬评》的反革命罪行

伟大领袖毛主席在《将革命进行到底》这篇光辉著作中指出："盘踞在大部分中国土地上的大蛇和小蛇，黑蛇和白蛇，露出毒牙的蛇和化成美女的蛇，虽然它们已经感觉到冬天的威胁，但是还没有冻僵呢！"[9]反革命地下组织"北斗星学会""决派"及其反革命喉舌《扬评》，就是这样的一批"蛇"，这样的一批"毒蛇"。他们从出笼之日起，就不择手段，制造谣言，散布各种反革命的流言蜚语，肆无忌惮地大量放毒，混入群众组织进行挑拨离间，大刮经济主义、无政府主义的妖风，妄图推翻无产阶级专政和社会主义制度，破坏无产阶级文化大革命，搞反革命复辟。一年多来，他们表演的已经够充分的了。下面，我把他们的反革命罪行，拣主要的讲一讲：

一、极力鼓吹所谓"决派思潮"，为反革命复辟制造舆论。在广大革命群众坚决执行毛主席视察三大区的最新指示，巩固和发展革命的大好形势的时刻，他们跳了出来，另立山头，制造分裂，建立起反革命的地下组织，发《宣言》，制《纲领》，立《章程》，拟《条例》，鼓吹所谓"决派思潮"，攻击伟大的毛泽东思想，鼓吹要建立一个什么"决派"党，妄图取代伟大的中国共产党，他们反对中国共产党，要他们的"党"，为颠覆无产阶级专政，为搞反革命复辟鸣锣开道。

二、煽动"夺军权"，妄图毁我伟大长城。正当广大军民热烈响应毛主席的伟大号召，深入开展热烈的拥军爱民运动的时候，他们拚命污蔑和攻击毛主席亲自缔造和领导的、毛主席和林副主席直接指挥的伟大的人民解放军，煽动抓"军内一小撮"，疯狂叫嚣"夺军权"，妄图毁我伟大长城。（曾思玉同志：王仁舟这个反革命坏头头就公开

9　引自《将革命进行到底》（1948年12月30日），《毛泽东选集》第4卷，人民出版社，1966年7月，第1316页。

的讲,要权嘛,要军权嘛!)大家知道,军权是在我们伟大领袖毛主席、林副主席和党中央手里的嘛,他们要夺军权,夺谁的权哪?真是恶毒。

三、大搞分裂活动,破坏革命大联合和革命三结合。正当广大革命群众遵照毛主席的伟大指示,掀起革命大联合和革命三结合的高潮,向党内一小撮走资派夺权的时候,他们急不可耐,疯狂叫嚣要"打破行业",打破"城乡界限",大搞分裂活动,煽动资产阶级派性,破坏革命大联合和革命三结合,破坏无产阶级的夺权斗争。他们还支持反革命坏头头王仁舟煽动农民进城,在武汉搞抬尸游行。(曾思玉同志:丑化无产阶级文化大革命。)

四、鼓吹"二次革命论",反对新生的革命委员会。在我们全省广大军民遵照毛主席关于"**革命委员会好**"的伟大指示,热烈欢呼省市革命委员会胜利诞生的时候,他们对这个新生的红色政权怕得要死,恨得要命,恶毒污蔑革命委员会是"折中主义的产物",袭用了"资产阶级国家体制",公开反对毛主席关于"**革命委员会好**"的伟大指示,鼓吹"二次革命论",狂叫要"摧毁"革命委员会。

五、煽动抢枪,挑动群众组织打内战。去年春,当社会上出现了一股抢枪武斗的歪风,他们极力加以鼓吹,说什么"抢枪运动开始了人民武装的英勇尝试",中央五月二十八日发了指示,我们动员群众交枪,他们却说"放下武器"就是"犯罪",(曾思玉同志:那个反革命头头王仁舟说,"不但不交,还要制造"。)煽动继续抢夺人民解放军的武器、弹药、装备,挑动群众组织打内战。

六、鼓吹"造反派受压论",破坏清理阶级队伍工作。当广大革命群众遵照毛主席"**认真搞好斗、批、改**"[10]的伟大指示,深入清理阶级队伍,稳、准、狠地打击一小撮阶级敌人的时候,他们恶毒咒骂积极参加清队工作的革命群众,鼓吹"造反派受压论",大刮翻案风,为一小撮阶级敌人鸣冤叫屈,公开为反革命分子鲁礼安、反革命坏头头王仁舟和一切牛鬼蛇神翻案,破坏清理阶级队伍工作。

七、鼓吹所谓反"考派"斗争,疯狂攻击无产阶级司令部。正当

---

10 转引自1968年8月21日《人民日报》《解放军报》社论《团结起来,共同对敌》。

广大革命群众,奋起批判反动的资产阶级"多中心即无中心论"的时候,他们接过革命的口号,假借名义,造谣污蔑,提出所谓反"第二中心",反"考茨基派",疯狂攻击党中央的领导同志,炮打以毛主席为首、林副主席为副的无产阶级司令部,破坏全国人民这个唯一的领导中心。

八、鼓吹"反复旧"运动,狂热地煽动向无产阶级反夺权。正当广大军民热烈欢庆党的"九大"胜利召开,革命和生产都取得了伟大胜利,热烈响应毛主席"**团结起来,争取更大的胜利**"的伟大号召的时刻,他们大叫"全国自上而下的复旧",他们用极其恶毒的语言攻击我们这次无产阶级文化大革命是"一次极不彻底的革命"。他们所谓的"彻底"是什么呢?说穿了,就是"怀疑一切,打倒一切",他们上台,牛鬼蛇神上台,反革命复辟。为此,他们极力煽动错误的所谓"反复旧"运动,大刮经济主义、无政府主义妖风,提出要搞"第二次政权大革命",(曾思玉同志:还有"农村包围城市","武装夺取政权"。)煽动向无产阶级进行反夺权,破坏革命和生产。现在看来,把我们的斗、批、改至少推迟半年。(曾思玉:还要多啊!)已经六个月了,还没有完全停,破坏了毛主席的伟大战略部署,经济上损失也很大。(曾思玉:中央叫我们去解决问题,他们说是"重庆谈判"。)什么是中央,他们认为他们就是"中央",只有他们说了算才行。搞得从武汉到农村,抢劫、杀人、投机倒把就都出现了。

九、鼓吹反动的"工团主义",破坏革命委员会的一元化领导。伟大的工人阶级遵照毛主席"**工人阶级必须领导一切**"的伟大指示,登上上层建筑斗、批、改的政治舞台,林副主席说:这是六十年代的伟大历史事件。他们却极力加以歪曲和篡改,大肆贩卖"工团主义"这个反革命修正主义黑货,拚命鼓吹"工代会监督革委会",(曾思玉同志:就是向无产阶级进行反夺权。非法夺权一律无效。)妄图把工代会凌驾于一切之上,制造多中心,破坏革命委员会的一元化领导。我们从中央回来以后,要求部队把工作做细一些,总想等待一些人觉悟,但是阶级敌人认为我们是软弱。我们在军内规定了"五不",他们认为我们是怕他们。他们还在搞不提"反复旧"口号的"反复旧",还在继续"夺权",向无产阶级夺权。他们四出串连,到处开黑会,学校也开，工厂也开，他们认为只有他们聪明，我们都是傻瓜，（曾思玉同志：九月串联，十月大干啰！群众已经脱离的差不多了，脱离光了，光屁股了，成了"光杆司令"了，他们还不知道，还在做梦。）社会渣滓还是有的。

十、煽动搞不提"反复旧"口号的"反复旧"，运动，破坏"五·二七"指示的落实。我们敬爱的伟大领袖毛主席亲自批示"**照办**"的中央"五·二七"指示的发布，纠正了武汉的错误的"反复旧"运动，受到了广大群众的热烈拥护，参加"反复旧"运动的多数头头和群众，听毛主席的话，坚决纠正错误，团结对敌。这些同志对毛主席是有深厚的无产阶级感情，毛主席说了，他们就照办。这一伙家伙却公开对抗，极力煽动，说什么"身后已是万丈深渊"，"目前不战斗，便是毁灭"，提出"两军相逢勇者胜"，并提出什么"顾全大局朝前看"，"总结经验继续干"，发出"破釜沉舟，背水一战"，"勇敢前进，决不后退"等绝望嚎叫，煽动少数人对抗中央，坚持错误，搞不提"反复旧"口号的"反复旧"运动，破坏"五·二七"指示的落实。

总之，这个反革命地下组织"北斗星学会""决派"及其反革命喉舌《扬评》，在无产阶级文化大革命中，一次又一次地向无产阶级猖狂进攻，破坏毛主席的每一个伟大战略部署，它们的反革命矛头，始终指向伟大领袖毛主席，指向伟大的毛泽东思想，指向毛主席的革命路线，指向毛主席为首、林副主席为副的无产阶级司令部，指向新生的红色政权革命委员会，指向伟大的人民解放军，指向革命干部和广大革命群众，是一个罪恶累累的、地地道道的反革命派。

吴焱金[11]来了没有？（台下答：没有。）开会的时候，他总是有事，有病不来，"反复旧"的时候，他日日夜夜开会、讲演，一点病也没有。是市革委会副主任啊，要代表群众，代表人民，一定要注意啊！（曾思玉同志：现在发现武汉有个特点，凡是遇到政治交锋的时候，有些人就有病。有的是真有病，那是另外一回事，有的是思想病、政治病，装病。想躲风，想混关，这一次是混不了的，躲不过的，过了

---

11 吴焱金，1944年出生。文革前为武汉无线电元件厂工人，文革中为武汉"工造总司"一号勤务员、武汉市革委会副主任。1977年6月在市革委会办学习班隔离审查时跳楼致残。1983年被判刑8年。

今天,过不了明天,总有一天会把你看穿的。下午,把吴焱金叫来。)

(三)"决派"及《扬评》的反革命纲领

伟大领袖毛主席教导我们:"世界上一切革命斗争都是为着夺取政权,巩固政权。而反革命的拚死同革命势力斗争,也完全是为着维持他们的政权。"[12]"北斗星学会""决派"及《扬评》编辑部是一个有组织、有纲领、有计划、有目的的反革命地下组织,有一条反革命黑线贯穿着他们反革命活动的全过程。他们的根本目的,就是妄图推翻无产阶级专政和社会主义制度,破坏无产阶级文化大革命,搞反革命复辟。尽管他们玩弄反革命两面派的手法,抄写了许多动听的革命词句,但却无法掩盖他们反革命的狰狞面目和狂妄野心。他们有一整套的反革命理论,概括起来就是:反对新生的革命委员会,重建他们所谓的"崭新的国家机器";反对中国人民解放军,重建他们所谓的"人民武装";反对中国共产党,重建他们所谓的"决派"党。这就是他们反革命的黑"纲领"。对于这个反动透顶的"三个反对""三个重建",必须彻底批判,坚决打倒。在这个问题上,我们做了很多工作,也教育了很多人,但有极少数人,并不认为我们是爱护他们,这些人思想反动,他们拚命保护这个反革命组织,但对新生的红色政权却是另一种感情。对这个反革命黑"纲领",我讲几点:

一、我们要誓死捍卫新生的红色政权,彻底粉碎这一小撮反革命分子妄图颠覆新生的革命委员会的罪恶阴谋。

毛主席教导我们:"革命的根本问题是政权问题"[13]。林副主席指示我们:"永远不要忘记了政权。"我们要永远牢记这个伟大真理,誓死捍卫我们的无产阶级政权。过去,叛徒、内奸、工贼刘少奇及其在湖北的代理人王任重之流,从右的方面散布"阶级斗争熄灭论",妄图麻痹人民的革命意志,使之丧失阶级警惕,以便达到他们篡党、篡政、篡军的罪恶目的。"决派"及《扬评》中的一小撮反革命分子则

---

12 引自《今年的选举》(1933 年 9 月 6 日),见《毛主席语录索引》,1970 年,第 464 页。
13 转引自 1967 年 8 月 13 日《人民日报》社论《青海高原的凯歌》。

从极"左"的方面,袭用托洛茨基反动的"不断革命论",冒充毛主席的无产阶级专政下继续革命的伟大学说,公开提出要搞"第二次政权大革命",妄图推翻新生的红色政权——革命委员会,为已经被打倒的阶级敌人招魂、翻案。这些难道是几个小孩子能说出来的话?!他们的文章,很多都和王明骂我们的文章一样,(曾思玉:修正主义的传声筒。)这说明他们在收听敌台广播,他们文章的很多句子就是王明的。(曾思玉同志:现在还有张国焘。)现在,苏修把张国焘也搞去了。(曾思玉同志:要发动工人、贫下中农、红卫兵,把收听敌台广播的搞出来,禁止收听。)他们反对无产阶级专政的主要反动论点有三个:

第一,否定我们国家的无产阶级专政性质,胡说什么"二十年来,中国社会形成了新的官僚资产阶级。"这不但是对我们国家性质的极大歪曲,而且是对伟大领袖毛主席亲自缔造的伟大的社会主义国家政权的恶毒攻击。大家知道,在伟大领袖毛主席的英明领导下,全国军民从一九二一年起到一九四九年,经过二十八年英勇卓绝的斗争,终于推翻了压在中国人民头上的帝国主义、封建主义、官僚资本主义三座大山,夺取了政权,建立了人民民主专政即无产阶级专政的政权。建国以后的二十年来,在我国占统治地位的是无产阶级专政,不是资产阶级专政。这是任何人都抹煞不了,也歪曲不了的。为了进一步巩固无产阶级专政,保证我们的政权永不变色,伟大领袖毛主席亲自发动和领导了无产阶级文化大革命,并指出:"**无产阶级专政条件下革命的主要对象是混入无产阶级专政机构内部的资产阶级代表人物,是党内一小撮走资本主义道路的当权派。**"[14]毛主席这一英明指示,既明确地规定了无产阶级文化大革命的斗争方向,也同时指出了党内走资本主义道路的当权派只是一小撮人。绝不能因为出了一小撮走资派就怀疑和否定我们国家的无产阶级专政性质。关于这个问题,《红旗》杂志在一九六七年第十期为纪念《关于正确处理人民内部矛盾的问题》发表十周年的社论中作过详细的论述,社论指出:"我们的国家是伟大的无产阶级专政国家。我们的党是伟大的、光荣的、

---

14 转引自 1967 年 5 月 18 日《人民日报》《红旗》杂志编辑部文章《伟大的历史文件》。

正确的党。十七年来，在我们党内占统治地位的，是以毛主席为代表的无产阶级革命路线，在我国占统治地位的，是无产阶级专政，不是资产阶级专政。近几年来也是这样。这是完全必须肯定的。党内走资本主义道路的当权派，只是一小撮人。无产阶级专政变成资产阶级专政的，只是某些部分的问题，而决不是全体。我国无产阶级文化大革命，就是要部分改善无产阶级专政，加强无产阶级专政。有人提出'彻底改善无产阶级专政'的口号，这是错误的。有些别有用心的人，要彻底否定过去的一切，彻底打倒过去的一切，他们的目的，就是要由此导致推翻无产阶级专政，实行资产阶级专政。""决派"及《扬评》散布的"中国社会形成了新的官僚资产阶级"这个反动谬论，就是这种别有用心的反革命分子制造的反革命舆论，他们把我们的一切都说成坏的，包括我们的政权，包括我们的社会，包括我们的干部，包括我们的工作，其目的就是妄图推翻我们的无产阶级专政和社会主义制度。武锅就是这样，一千多干部，许多好的干部他就不让解放，（曾思玉：怀疑一切，打倒一切，唯我独"左"，唯我独"革"，他站出来，他就要把人家都打倒，他就这个道理。）不打倒，他就上不了台。（曾思玉：就这个道理嘛！）

　　第二，否定革命委员会是无产阶级专政的权力机构，污蔑革命委员会是"因袭资产阶级的国家体制"，并疯狂地叫嚣要"彻底摧毁"革委会，重建一个他们所谓的"崭新的国家机器"，就是资产阶级专政的国家。大家知道，新生的革命委员会，是我国亿万革命群众在文化大革命中的一个创举，是毛主席革命路线胜利的产物，实现了毛主席提出的革命的"三结合"，使无产阶级专政的国家机构更加适应社会主义经济基础的需要，以进一步巩固无产阶级专政，防止资本主义复辟。革命委员会，不仅同旧时代剥削阶级的官僚机构本质上截然不同，而且是毛主席对马克思主义国家学说最新的伟大发展。我国人民和世界革命人民，无不称赞**革命委员会好**。但"决派"及《扬评》的一小撮反革命分子，对这个新生的红色政权，怕得要死，恨得要命，绞尽脑汁进行种种污蔑，这完全是为着他们颠覆革命委员会作反革命舆论准备。很明显，他们要重建的所谓"崭新的国家机器"，必然是一个维护剥削阶级利益，对无产阶级和广大革命人民实行残酷压迫的反革命政权。他们不喜欢我们的政权。(曾思玉:他们想当"维持会长"。)他们的政权是个什么政权?是个镇压人民群众的政权。群众要说话,他们就打人,翻门槛,匕首相见。

第三,否定还有阶级存在的社会中实行无产阶级专政的必要性,极力歪曲和篡改马列主义的家学说,故意抽掉阶级内容,背离时代背景,说什么国家是个"祸害",并胡说什么"走资派正是从这个'祸害'中产生出来的"。从这个反动谬论出发,他们提出现在就要消灭国家。这一种论调完全是从新老修正主义垃圾堆中拣来的破烂货,是对马克思主义国家学说的极大的歪曲。大家知道,走资派的产生,是阶级斗争的反映,是"被敌人腐蚀侵袭,分化瓦解,拉出去,打进来"的结果。只有通过加强无产阶级专政,最后消灭了阶级,从而也消灭产生走资派的阶级根源。不错,马克思曾经说过"国家是个'祸害'"。但是,马克思所说的这个"祸害"是指资产阶级专政的国家,因为它是剥削、压迫、镇压劳动人民的。列宁透彻地发挥了马克思的国家学说,他说:"国家是个阶级概念。""在国家还是一个资产阶级对无产阶级施用暴力的机器的时候,无产阶级的口号只能有一个:破坏这个国家。而在国家成了无产阶级国家的时候,在它成了无产阶级对资产阶级施用暴力的机器的时候,我们就要完全地和无条件地主张坚强的政权和集中制。"可见,掌握在无产阶级手里的国家,不但不是什么"祸害",而且正象毛主席在《为什么要讨论白皮书》这一光辉著作中所教导我们的:"对于胜利了的人民,这是如同布帛菽粟一样地不可以须臾离开的东西。这是一个很好的东西,是一个护身的法宝,是一个传家的法宝,直到国外的帝国主义和国内的阶级被彻底地干净地消灭之日,这个法宝是万万不可以弃置不用的。"[15]毛主席在《论人民民主专政》中又教导我们:"我们现在的任务是要强化人民的国家机器,这主要地是指人民的军队、人民的警察和人民的法庭,借以巩固国防和保护人民利益。"[16] "决派"及《扬评》现在就要消灭国家,

---

15 引自《为什么要讨论白皮书》(1949 年 8 月 28 日),《毛泽东选集》第 4 卷,人民出版社,1966 年 7 月,第 1439-1440 页。

16 引自《论人民民主专政——纪念中国共产党二十八周年》(1949 年 6 月 30 日),《毛泽东选集》第 4 卷,人民出版社,1966 年 7 月,第 1413 页。

妄想我们放弃对阶级敌人的专政，以便他们畅行无阻地复辟资本主义。这是白日做梦，痴心妄想！

二、提高警惕，擦亮眼睛，坚决打击这一小撮阶级敌人毁我伟大长城的破坏活动。

毛主席教导我们："没有一个人民的军队，便没有人民的一切。"[17]林副主席指示我们："军队是复辟不复辟诸因素中的重要因素的重要因素，中心的中心，关键的关键。"枪杆子底下出政权。枪杆子底下也巩固政权。这也是一个千真万确的真理。同志们可以读一读毛主席写的光辉著作《〈共产党人〉发刊词》。一切阶级敌人，在反党、反社会主义、反毛泽东思想、反对无产阶级专政的时候，总是把矛头指向人民解放军。刘少奇在民主革命时期就曾经提出，要把我们的军队"统一""整编"给国民党。彭德怀、贺龙、罗瑞卿猖狂进行反党活动，也是首先篡夺军权。王、关、戚在文化大革命中大抓"军内一小撮"，其罪恶目的也在于妄图毁我长城。"决派"及《扬评》正是刘少奇及其小爬虫王、关、戚的门徒，他们反对无产阶级专政，也是首先把矛头对准我们伟大的人民解放军，公然提出重建他们所谓的"人民武装"，（曾思玉同志：不是"人民武装"，是"皇协军"。）实际上是建立蒋介石的军队、汪精卫的军队，妄图"武装夺取政权"。（曾思玉同志：办不到。）

他们恶意歪曲毛主席发出的"向党内一小撮走资本主义道路的当权派夺权"的伟大号召，别有用心地说："夺权的问题归根到底是一个'夺军权'的问题"，（曾思玉同志：好大的口气。）公然提出向无产阶级司令部"夺军权"的反革命口号。大家知道，我们的军队，是毛主席亲自缔造和亲自领导、毛主席和林副主席亲自指挥的人民军队，她无限忠于毛主席，无限忠于毛泽东思想，无限忠于毛主席的革命路线，是无产阶级的军队，是工农子弟兵。我们的军权，是牢牢地掌握在伟大统帅毛主席、副统帅林副主席和党中央手里的。谁要夺

---

17 引自《论联合政府》（1945年4月24日），《毛主席语录》，总政编，1967年，第89页。

军权，我们就打倒谁。

"决派"及《扬评》蓄意歪曲马克思关于"根绝常备军"的口号，妄图反对伟大的人民解放军。马克思在《法兰西内战》一文中曾经提到"根绝常备军"。他的原话是："**公社的第一道命令就是废除常备军而代之以武装人民**"。他还说："**常备军……，是起源于君主专制时代，当时它充当了新兴资产阶级社会反对封建制度的有力武器。**"很清楚，马克思主张废除的是资产阶级的常备军，并不是无产阶级的军队。马克思不但不主张废除无产阶级的军队，而且强调要建立一支为无产阶级服务的军队。马克思在《纪念国际成立七周年》一文中进一步阐明了他的上述论点，马克思说："**无产阶级专政的首要条件就是无产阶级的军队。**""决派"及《扬评》盗用马克思的论点，抽去阶级内容，加以歪曲，就是妄图掩盖其反对人民解放军的罪恶行径。关于人民军队的历史作用和她在无产阶级专政中的地位，我们伟大领袖毛主席英明地指出："**人民解放军永远是一个战斗队。就是在全国胜利以后，在国内没有消灭阶级和世界上存在着帝国主义制度的历史时期内，我们的军队还是一个战斗队。对于这一点不能有任何的误解和动摇。**"[18]现在，国内外阶级斗争极其尖锐、复杂，美帝、苏修和各国反动派正在疯狂地扩军备战，现在，在我国北边的国境线上，苏修囤积着重兵，上百万的军队，随时可能对我国发动侵略战争。因此，伟大统帅毛主席向我们发出"**要准备打仗**"的伟大号召，在这种情况下，他们疯狂反对人民解放军，就是配合帝、修、反的反华活动，妄图使我国沦为美帝、苏修的殖民地，他们完全是一伙十足的汉奸、走狗、卖国贼。

林副主席指示我们："中国人民解放军是毛泽东思想武装起来的队伍，是全心全意为人民服务的队伍，因而是战无不胜的队伍。"为人民服务，是我军唯一的宗旨。几十年来，我军在毛主席、林副主席的英明领导下，同国内外的敌人进行了英勇顽强、艰苦卓绝的斗争，建立了丰功伟绩，在无产阶级文化大革命中，高举毛泽东思想伟大红旗，又立下了新的不朽功勋。伟大领袖毛主席、林副主席对中国人民

---

18 引自《在中国共产党第七届中央委员会第二次全体会议上的报告》（1949年3月5日），《毛主席语录》，总政编，1966年版，第90—91页。

解放军无比关怀,无比信赖,向全国人民发出了"**向解放军学习**"的伟大号召。我们一定要深入开展"**拥军爱民**"活动,进一步加强军民团结,坚决粉碎一小撮阶级敌人反对人民解放军,挑拨和破坏军民关系的反革命阴谋,保卫我们的伟大长城。

三、谁反对伟大领袖毛主席,谁反对伟大的中国共产党,我们就坚决打倒谁。

毛主席教导我们:"**领导我们事业的核心力量是中国共产党。指导我们思想的理论基础是马克思列宁主义。**"[19]用马克思列宁主义、毛泽东思想武装起来的中国共产党,是毛主席亲自缔造和抚育成长起来的,是无产阶级的先锋队。几十年来,国内外的一切阶级敌人,都拚命地反对我们伟大领袖毛主席,恶毒地诬蔑和攻击我们的党。党内各个时期"左"右倾机会主义路线的代表人物和反党分子,从陈独秀、张国焘、王明,直到大叛徒、大内奸、大工贼刘少奇等一小撮反革命修正主义分子,也都是丧心病狂地反对毛主席,反对毛泽东思想,反对毛主席的革命路线,妄图窃取党的领导权,改变党的性质。"决派"及《扬评》的一小撮反革命分子继承了国内外阶级敌人的反革命衣钵,公然提出要以所谓的"决派思潮"代替战无不胜的毛泽东思想,以所谓的"决派"代替伟大的中国共产党。真是狂妄之极,反动透顶。(曾思玉同志:什么"决派思潮""决派"党,是反革命思想,反革命党。)

《扬评》说,我们的党成了"社会民主党"。这完全是胡说八道,恶毒污蔑。谁都知道,现在世界上高举起马克思列宁主义伟大旗帜的首先是中国共产党,国际共产主义运动的中心就在北京,毛主席就是当代最伟大的马克思列宁主义者。《扬评》这样无耻地诬蔑和诽谤我们伟大的党,完全是出于他们反革命的本能,完全说明了这一小撮反动透顶的家伙对我们的党怀有刻骨的阶级仇恨。

更加令人不能容忍的是,他们还恶毒地攻击我们伟大领袖毛主

---

[19] 引自《中华人民共和国第一届全国人民代表大会第一次会议开幕词》(1945年9月15日),《毛主席语录》,总政编,1966年版,第1页。

席和伟大的毛泽东思想,狂妄地提出今后几十年要由他们来主宰中国和世界的命运。(曾思玉同志:那就要亡党、亡国、亡头了,同志们要清醒头脑。)他们在《"北斗星学会"创立宣言》中写道:"北斗,北斗,未来几十年的中国、世界,将是谁主沉浮!"[20]不久,他们就在"决派"的《宣言》里直截了当地供认:"未来几十年","决派思潮,必将上升为思想上的统治地位","决派则将……成为政治上的统治力量。"他们就是这样明目张胆地要以反动的"决派思潮"代替伟大的毛泽东思想,要以反动的"决派"集团取代伟大、光荣、正确的中国共产党。我们的时代,是以伟大的毛泽东思想为旗帜的时代。谁反对伟大领袖毛主席,谁反对战无不胜的毛泽东思想,反对伟大的中国共产党,谁就是反革命,我们就坚决打倒谁,就坚决专他的政。

(四)"决派"及《扬评》的反革命班底

"北斗星学会""决派"及《扬评》编辑部是一个反革命地下组织,一个货真价实的反革命"裴多菲俱乐部"。它的"幕后是由一小撮叛徒、特务、反革命分子假借名义,暗中操纵的大杂烩"。

我们先看看前台的、浮在水面的几个头头,实际不只这几个,大的还在后面。

一号头头鲁礼安,华中工学院学生,所谓的"鲁克思",是一个恶毒攻击我们伟大领袖毛主席的现行反革命分子。(曾思玉同志:武汉还搞了个"营救鲁礼安代表团"营救呢!这是站在什么立场上,为什么人办事呀?!)

二号头头冯天艾,华中工学院学生,一九六八年七月二十九日在武汉开的反革命黑会就是他负责召集的。他恶毒攻击我们的党中央,攻击解放军,去年发表的极其反动的"四评",就是他写的。

杨秀林,武汉大学学生,文化大革命前,就因攻击我们伟大领袖,咒骂我们社会主义制度,并企图外逃投敌,清理阶级队伍中定为现行反革命分子。

蔡万宝,无机盐厂临时工,他父亲当过日本特务机关情报员,是

---

20 这句话在《"北斗星学会"宣言》中的原文是:"北斗、北斗,未来几十年的中国,世界将是谁主沉浮!"

个劳改犯；他本人曾公然疯狂地叫嚷要推翻我们的无产阶级专政和社会主义制度，是个"职业"的反革命分子。

甘勇，武钢耐火材料厂合同工，自称"甘克思"，其父两次被判刑劳改；他本人一贯思想反动，一九五九年就因盗窃被判处劳动教养三年。

他们的几个骨干分子，不仅本人是反革命分子，就是他们的家庭都有许多严重问题。他的有名干将郭仲藩，是一个恶毒攻击毛主席和毛泽东思想的"右派"学生，曾劳改十个月。另一名骨干李希久，他的父亲是国民党县党部常委。再一名骨干成员袁建疆，他父亲也是被判刑劳改而病死的坏家伙。

在"决派"及《扬评》幕后操纵的，也是浮在水面上的，有老修正主义分子，有国民党反革命将领，有老国民党特务，有老反革命分子。他们为"决派"及《扬评》出谋划策，传授反革命经验。举几个例子说一下：

王盛荣，是从苏联回国的所谓"二十八个半"的一员，几十年来都是疯狂反对毛主席的老反革命修正主义分子，是教条主义时期反对毛主席的得力打手。（曾思玉同志：是个小丑。）他给鲁礼安等人亲自传授反革命经验，要他少搞些"冲冲打打"，多搞"恐吓"手段，散布反革命的"多可论"[21]，他的解释是："原则这个东西嘛，可大可小，可肥可瘦，可方可圆，可长可短，可宽可窄，可有还可无嘛！"（曾思玉同志：他这个人一条腿伸得很长，伸到了军区文工团。文工团的白桦，成立"北斗星学会"就有他。王盛荣一条腿，可以到处窜。）搞大联合时，我们在滨江开会，人家一伙子在蛋厂，专门同我们唱对台戏，搞对立。

还有国民党台湾城防司令部少将参谋长干毅，老国民党特务周岳森，和黄石铁山的反革命分子马业成。

---

21 多可论，指王盛荣在与鲁礼安唯一的一次面谈中，说"原则这东西嘛，可大可小，可长可短，可肥可瘦，可方可圆，可有还可无嘛！"文革中鲁礼安听说赋闲在家的王盛荣是井冈山时期就投身革命的老红军、"二十八个半"之一，便与他的几位同学一起去王盛荣的住宅拜访他，向他请教中共党史问题，在闲聊中，王盛荣随性说了这段话。后王盛荣因此被定为"北决扬"的"幕后操纵者"，他的这段话被称为"多可论"，受到批判。

直接操纵"决派"及《扬评》的，还有几个十分阴险狡猾的反革命分子：一个是二七区手管局业余学校代课教员周凝淳，地主兼资本家出身；再一个是武钢第三业余中学代课教员张志扬，父亲是历史反革命；另一个是武汉长虹小学代课教员童丹，父亲是劳改犯。这些家伙都是坚持反动立场，对我党和人民怀有刻骨仇恨，疯狂反对社会主义的反革命分子，他们经常给"决派"及《扬评》编辑部灌输反动思想，散布反革命谣言，散布反动的"多变论"。诡称他们发现了"世界历史和中国历史有个十年一大变的新规律"。这些家伙干尽了坏事，成立"北斗星学会"是他们点的头，"决派"的名称是他们给取的，《扬评》的一些重要会议他们亲自主持，《扬评》的一些反动文章他们亲自修改。

这就是他们的反革命班底。除了这些人以外，还有没有呢？现在还不能说没有了。最近还有人讲："前三皇，后五帝，胜利以后杀功臣，朱元璋炮打功臣楼。"（曾思玉同志：可以肯定说有一窝子。）我们一定要把幕后的一小撮叛徒、特务、反革命分子统统挖出来。（曾思玉同志：严琳那个打手队，限他们三天把枪统统交出来，少一条也不行。）有他们，哪有人民说话的权利，四大的权利。谁敢动他们，一动，他就翻门槛，匕首相见，据说他们有不少手枪。（曾思玉同志：肯定有嘛！"七・二三"布告讲的这么严格，他就是不执行。）这需要我们"吴司令"去做做工作。（曾思玉同志：潘洪斌[22]不在家，在家也要他去做工作。）

（五）"决派"及《扬评》必须彻底批判

伟大领袖毛主席教导我们："**凡是错误的思想，凡是毒草，凡是牛鬼蛇神，都应该进行批判，决不能让他们自由泛滥。**"

"北斗星学会""决派"及其反革命喉舌《扬评》，在广大革命人民面前，已经表演得够充分了，它的反革命面目也暴露得够彻底了。广大革命群众坚决要求对它进行彻底批判，肃清其流毒，而且已经行

---

22 潘洪斌，1932年出生。武汉市三轮摩托车厂（一说是"武汉市第六紧固件厂"）工人，中共党员，"工造总司"勤务组成员，湖北省革委会常委。1977年起被关押五年，后免予起诉。2002年去世。

动起来，口诛笔伐，展开了革命的大批判。我们坚决支持广大革命群众的这个革命行动。

我们同"北斗星学会""决派"及《扬评》的斗争，是无产阶级同资产阶级的斗争，是巩固无产阶级专政和反对无产阶级专政的斗争，是革命同反革命的斗争。有的人却说："《扬评》是几个十七、八岁的青年搞的，是小将犯错误"，用不着"大动干戈""小题大做"。这种说法，第一，不符合事实，第二，即使是十七、八岁的，但他们搞反革命活动，也是不能允许的。甚至还有人说："批判《扬评》，就是压制造反派"。这种说法更是荒谬的，这是对革命造反派莫大的侮辱。《扬评》是反动刊物，怎能和革命造反派联系起来呢？批判反动刊物，怎能说成是压制造反派呢？这是两回事嘛！说这种话的人如果不是别有用心的话，至少也是一个政治上已经麻木不仁的糊涂虫，"**阶级和阶级斗争的存在是一个事实；有些人否认这种事实，否认阶级斗争的存在，这是错误的。**"[23]我们要牢记毛主席"**任何时候都不可忘记阶级斗争，不可忘记无产阶级专政**"[24]的教导，在当前正在深入开展的革命大批判中，必须奋起毛泽东思想的千钧棒，对反动透顶的"北斗星学会""决派"及《扬评》进行彻底批判，坚决把这一场极其严肃的政治斗争进行到底！

遵照中央"九·二七"指示，现在我们宣布：取缔"北斗星学会""决派"这一类反革命地下组织；查封反动刊物《扬子江评论》；对其幕后操纵的一小撮叛徒、特务、反革命分子实行无产阶级专政。同时，放手发动群众，把"北斗星学会""决派"及《扬评》批倒批臭，彻底肃清其流毒。"我们的方针就是把毒草化为肥料，通过革命大批判，使人们在各个领域中都能分清什么是马克思主义、列宁主义、毛泽东思想，什么是修正主义，什么是社会主义，什么是资本主义，什么是香花，什么是毒草，什么是革命，什么是反革命，深刻地认识以

---

23 引自《中国共产党在民族战争中的地位》（1938 年 10 月），《毛泽东选集》第 2 卷，人民出版社，1966 年 7 月，第 491 页。

24 转引自《中共中央关于目前农村工作中若干问题的决定（草案）》（1963 年 5 月 20 日），1967 年 11 月 24 日《人民日报》文章《把农村办成毛泽东思想大学校》引用了这条语录。

刘少奇为代表的反革命修正主义的危险性,提高阶级觉悟和两条路线斗争的觉悟,以便在这些毒草或者类似的毒草用化了装的另一种形式出现时,广大的革命群众能够及时地识别它们,自觉地批判它们,揭露它们。"[25]最近有个口号报,很反动。(曾思玉同志:还是这一些家伙搞的,不管七变八变,还是这一伙子。)我们提出批判《扬评》,有人反对,不批。"八·二八"命令下来,有个反革命分子写了一张反革命大字报,我们一提,有人就说那是个造反派头头,压造反派了;叫讨论镇压一批反革命分子和杀人凶犯,有人就说不行啊,这些人都是造反派啊!你站在什么立场上嘛!?替什么人说话呢!?

伟大领袖毛主席教导我们:"**政策和策略是党的生命,各级领导同志务必充分注意,万万不可粗心大意。**"[26]

我们在批判和处理"北斗星学会""决派"及《扬评》的时候,一定要认真执行毛主席的各项无产阶级政策,严格区分和正确处理敌我之间和人民内部之间这两类不同性质的矛盾,打击面要小,教育面要宽,要团结大多数群众,最大限度地孤立和打击一小撮最顽固的敌人。

我们党的政策历来是:坦白从宽,抗拒从严,首恶必办,胁从不问,受蒙蔽无罪,反戈一击有功。

"北斗星学会""决派"及《扬评》中,死心塌地的反革命分子只是极少数。对于这些极少数的顽固分子,我们必须发动广大革命群众,彻底揭露其反革命罪行,把他们斗倒斗臭,实行无产阶级专政。对于其中的一般骨干分子,只要他们能够彻底交待其反革命活动,低头认罪,改过自新,仍然给予改恶从善的机会。对于一些受蒙蔽而跟着做了一些坏事的人,主要是教育他们提高觉悟,划清界限,团结起来,共同对敌。但是,决不允许任何人以任何借口压制群众的批判。

在批判"北斗星学会""决派"及《扬评》时,我们要提高革命警惕,严防一小撮阶级敌人乘机挑拨离间、造谣破坏、制造混乱。(曾

---

[25] 引自1969年8月25日《人民日报》《红旗》杂志、《解放军报》社论《抓紧革命大批判》。

[26] 引自《关于情况的通报》(1948年3月20日),《毛泽东选集》第4卷,人民出版社,1966年7月,第1241页。

思玉同志:准备他杀人放火,出现了就按"七·二三"布告、"八·二八"命令办。)要知道他们有长期的反革命经验,"**他们老是在研究对付我们的策略,'窥测方向',以求一逞。**"我们务必不要上当。我们要认真地吸取经验教训,自觉地克服宗派主义、山头主义、小团体主义、无政府主义、自由主义、个人主义等各种错误思想和错误倾向,增强无产阶级党性,加强党的领导,加强革命性、科学性和组织纪律性,加强集中统一,巩固和发展革命大联合和革命三结合,加强革命委员会一元化领导,团结一致,共同对敌,把革命大批判的烈火烧得更旺,把"北斗星学会""决派"及《扬评》批深批透,批倒批臭。

在批判"北斗星学会""决派"及《扬评》时还要注意不要扩散毒素。华工、湖大的批判文章我看了一些,引证他们的话不要太多,希望你们注意检查一下。各单位写的批评《扬评》的大字报,一律贴在本单位,不要搞到大街上去。

伟大领袖毛主席说:"捣乱,失败,再捣乱,再失败,直至灭亡——这就是帝国主义和世界上一切反动派对待人民事业的逻辑。他们决不会违背这个逻辑的。"[27] 反革命地下组织"北斗星学会""决派"及其反革命喉舌《扬子江评论》,在其存在的一年多的时间内,做了那么多的坏事,广大革命群众是不会饶恕他们的。他们的命运,将同他们的老祖宗刘少奇及陶铸、王任重之流一样,以捣乱开始,以灭亡告终,他们绝对逃脱不了这个命运。

同志们,我们要高举毛泽东思想伟大红旗,进一步巩固无产阶级专政,把社会主义革命进行到底!

(根据记录整理,未经本人审阅)

根据湖北省革命委员会印发的铅印材料刊印。

---

[27] 引自《丢掉幻想,准备斗争》(1949年8月14日),《毛泽东选集》第4卷,人民出版社,1966年7月,第1423页。

曾思玉同志在湖北省革命委员会扩大会上的发言

(一九六九年十月二十七日)

同志们:

我们省革命委员会扩大会议,是从十月三日开始的,已经开了二十五天,就要结束了!参加这次会议的有在汉的中共中央委员和候补委员,有省革命委员会的委员和赴京参加国庆观礼的代表,有各地区、市、大型厂矿和部分大专院校革命委员会的常委,还有武汉市三代会的成员,共到会一千多人。

在大会上有七十位同志发了言,在小组会上同志们做了多次发言,大家都揭发和批判了"北斗星学会""决派"和《扬子江评论》的反革命罪行。现在,趁大会快要结束的机会,我讲几点意见。

一、对这次会议的看法

我们这次会议,中心任务是传达、贯彻、落实党中央"九·二七"指示。党中央九月二十七日对武汉问题的指示,是伟大领袖毛主席和他的亲密战友林副主席和以毛主席为首、林副主席为副的党中央对我省广大军民的最大关怀、最大支持、最大鞭策,是解决湖北和武汉问题的强大的武器,我坚决拥护。刘丰政委遵照党中央"九·二七"指示,对反革命地下组织"北斗星学会""决派"和反动刊物《扬子江评论》进行了批判,我完全同意。我们的会议高举毛泽东思想伟大红旗,以阶级斗争为纲,对一小撮阶级敌人的反革命罪行进行了深入地揭发,对阶级敌人所散布的反动思潮进行了有力地批判,到会同志受到一次深刻的毛泽东思想教育,提高了阶级斗争觉悟和两条路线斗争的觉悟。会议发展是正常的、健康的,会议开的是好的,是成功的,收获是很大的。

(一)会议以中共中央"九·二七"指示为武器,揭开了反革命地下组织"北斗星学会""决派"和反动刊物《扬子江评论》的盖子,找到了湖北省和武汉市问题的根子。"北斗星学会""决派"和《扬评》是由一小撮叛徒、特务和反革命分子幕后操纵的,其中有老反革命修正主义分子王盛荣,有国民党反革命将领干毅,有老国民党特务周岳森,还有反革命分子鲁礼安、冯天艾、田国汉、严琳等人。这一帮子反革命分子,干了大量的反革命勾当,罪恶累累,十恶不赦。大家怀着对阶级敌人的刻骨仇恨,对这一小撮阶级敌人进行了大揭发、大批判,揭发得很深刻,批判得很有力,剥开了他们的画皮,清算了他们的罪行,给了阶级敌人以致命的打击。通过对这一小撮阶级敌人的揭发、批判,正如同志们说的:"不揭不知道,一揭吓一跳。"大大提高了阶级斗争和路线斗争的觉悟。

(二)会议遵照毛主席**"要斗私,批修"**[1]的教导,对我们革命队伍中存在的各种错误倾向和错误思想,进行了严肃的、说理的、恰如其分的批评。有些犯了严重错误的同志,经过同志们的耐心诚恳的教育,触及了灵魂,总结了经验,接受了教训,得到了挽救,他们表示了改正错误的决心,我们表示欢迎。对毛主席忠不忠,要看行动,要用实践来检验一切。许多同志的发言讲的很好,特别是桂美和、游银松、邱成春等同志,他们对伟大领袖毛主席和林副主席有着深厚的无产阶级感情,他们代表了工人和贫下中农,说出了广大革命群众的心里话,对到会的同志们很有教育。

(三)会议批判了资产阶级派性和反动的"多中心即无中心论"。使到会同志增强了无产阶级党性,进一步加强了革命队伍的团结。这对进一步巩固和发展革命大联合、革命三结合和加强革委会的一元化领导,都将起到积极作用。

(四)会议以大量事实说明了在革委会内部两个阶级、两条路线的斗争也是十分尖锐、激烈的。极少数别有用心的人,钻进革委会千方百计破坏无产阶级文化大革命,这次会议对他们进行了严肃的批判,使到会的同志明辨了是非,划清了界限,从而在毛泽东思想基础上,加强了革委会内部的团结,为加强革委会的一元化领导,真正做到"统一认识,统一政策,统一计划,统一指挥,统一行动"[2],打

---

[1] 引自《视察华北、中南和华东地区时的重要指示》(1967年)。
[2] 毛泽东在七千人大会上的讲话(1962年1月30日),转引自《人民日报》

下了一个良好的基础。

（五）会议遵照毛主席关于在无产阶级专政条件下继续革命的伟大学说，分析了当前阶级斗争形势，总结了革委会成立一年多来阶级斗争的经验教训，促进了思想革命化。许多同志表示决心，要紧跟伟大领袖毛主席，做一个永远忠于毛主席、永远忠于毛泽东思想、永远忠于毛主席革命路线的无产阶级革命战士。

总之，这次大会是革委会成立后开得很好的一次会议，是一个紧跟毛主席伟大战略部署的大会，是一个狠抓阶级斗争、路线斗争的大会，是一个"**团结起来，争取更大的胜利**"的大会，是一个活学活用毛泽东思想的大会。这个会议的胜利，是毛泽东思想的胜利，是毛主席革命路线的胜利。

我们相信，通过这次会议，对在湖北全省、武汉全市坚决地、无条件地、不折不扣地贯彻、落实党中央的"五·二七"指示、"七·二三"布告、"八·二八"命令和"九·二七"指示，彻底解决湖北省和武汉市的问题，调动绝大多数群众的积极性和创造性，落实毛主席的各项无产阶级政策，完成党的"九大"提出的各项战斗任务，更好地执行毛主席的"**提高警惕，保卫祖国**"[3]"**要准备打仗**"的伟大指示，都将起到巨大的推动作用，我们湖北省和武汉市的革命和生产，必将会出现一个新的高潮。

是不是所有到会的同志都是这样认识的呢？不是的。有个别人对这次会议是不满意的，不服气。我们说会议开得好，他们说，"不见得"，他们是准备翻案的，他们现在就在搞翻案活动。有的人对一小撮阶级敌人不揭、不批，对自己所犯的一系列严重错误不做自我批评，有的人至今还为反革命地下组织"北斗星学会""决派"和反动刊物《扬评》辩护，态度十分恶劣，引起了到会同志的义愤。昨天晚上，还有人在小组会上公开为反革命分子鸣冤叫屈，（刘丰同志插话：这可不是认识问题了，这是一个立场问题。）他站在敌人一边，为敌人说话。我们把话说在前头，现在广大革命群众的毛泽东思想更多

《红旗》杂志、解放军报1969年元旦社论《用毛泽东思想统帅一切》。

3　引自《1953年给公安部队首届功臣模范代表会议的题词》，1953年8月11日《新华社新闻稿》第292页。

了，眼睛更亮了，辨别是非的能力更强了，谁如果继续伙同敌人办坏事或者会后搞翻案活动，那只能是搬起石头砸自己的脚，是决没有好下场的。

二、认清阶级斗争的长期性、复杂性

毛主席教导我们："无产阶级和资产阶级之间的阶级斗争，各派政治力量之间的阶级斗争，无产阶级和资产阶级之间在意识形态方面的阶级斗争，还是长期的、曲折的，有时甚至是很激烈的。"[4]

林副主席在"八·九"重要讲话中一针见血地告诉我们说，武汉"这里是阶级斗争最尖锐、最激烈、最紧张的地方。"

有的同志有一种天真的想法，似乎无产阶级文化大革命取得了伟大的胜利，阶级斗争就结束了。这是阶级斗争熄灭论的一种表现。阶级斗争没有结束，还要长期斗下去。

武汉是和平解放的，许多事实证明，和平解放不和平。在无产阶级文化大革命运动中，一小撮阶级敌人的破坏活动是很猖狂的，反革命地下组织"北斗星学会""决派"和反动刊物《扬评》的出笼、放毒，就是这种尖锐、激烈、紧张的阶级斗争的表现。这个由一小撮叛徒、特务、反革命分子操纵的反革命大杂烩，打着"红旗"反红旗，肆无忌惮地大量放毒，制造谣言，散布各种反革命流言蜚语，大刮反革命经济主义和无政府主义妖风，唯恐天下不乱，妄图推翻无产阶级专政和社会主义制度，搞反革命复辟。这一小撮阶级敌人，已经表演了将近两年的时间，表演得够充分了。人证、物证、旁证都有，它的的确确是一个货真价实的反革命大杂烩。要人证，我们逮捕了老反革命修正主义分子王盛荣、国民党反动将领干毅和老国民党特务周岳森，还有反革命分子鲁礼安等人。要物证，有他们的几十篇反动文章。要旁证，有同志们揭发的大量事实。王盛荣是个什么人呀？我们早就告诉了同志们，他是一个老反革命修正主义分子，早在中央苏区时，他就是反对毛主席的，这次文化大革命他又干尽了坏事，（体学同志插话：文化大革命中抢档案，就是王盛荣、卜盛光搞的。）他们

---

[4] 引自《关于正确处理人民内部矛盾的问题》（1957年2月27日），《毛泽东选集》第5卷，第388页。

也起来造反，造谁的反呀！（刘丰同志插话：这个人一贯反对毛主席、反对毛泽东思想，现在查明他是二十八个半其中的一个。）是造无产阶级的反。

这个反革命大杂烩一出笼，我们就看清了它的反革命面目，就向同志们敲了警钟。我们说它是由一小撮反革命分子幕后操纵的反革命派，有的人就是听不进，他们说不是反革命分子搞的，都是一些十七、八岁的娃娃干的。在幕前活动的是有一些受蒙蔽的青年学生，为他们刷标语，抄大字报。（刘丰同志插话：这些人头脑里毛泽东思想太少了，也是有错误的。）希望他们反戈一击。对这个反革命大杂烩决不能轻视，据现在了解，不仅在武汉，而且与外地的反革命分子也有联系。（刘丰同志插话：我提醒大家，王任重原来的一个秘书叫马美田，现在在北京，还在插手武汉，搞破坏活动。）应当指出，有些人已经陷进去了，而且帮了敌人不少忙，王盛荣是怎么跑到齐齐哈尔去的？就是有人通过铁路系统送走的嘛！

这个反革命大杂烩所散布的反动思潮，流毒很广，危害很大，有些人中毒是很深的，有的人当了它的吹鼓手、应声虫，有的人甚至成了它的代言人和保护伞。武汉地区阶级斗争的几次反复，就是在这一小撮阶级敌人的煽动下搞起来的。这几次反复所造成的损失是惊人的。在政治上，严重干扰了毛主席的伟大战略部署，破坏了斗、批、改的正常发展，刮起了一股为阶级敌人翻案的妖风；在组织上，破坏了革命的大团结，破坏了革命的大联合、革命的三结合，破坏了革委会的一元化领导，助长了宗派主义、山头主义；在思想上，一度造成了一些人的思想混乱，助长了无政府主义等反动思潮的泛滥；在经济上，破坏了抓革命，促生产，促工作，促战备。

这几次反复，一小撮阶级敌人为什么能够煽动得起来呢？一个重要的原因就是我们有些同志头脑里毛泽东思想很少，阶级斗争觉悟不高，他们分不清什么是革命，什么是反革命；分不清什么是香花，什么是毒草。正如毛主席教导我们的："**我们的人眼睛不亮，不善于辨别好人和坏人。我们善于辨别在正常情况之下从事活动的好人和坏人，但是我们不善于辨别在特殊情况下从事活动的某些人**

们。"[5]对于"北斗星学会""决派"、《扬评》的反革命活动,我们有些同志长期以来不觉悟,划不清界限,居然到了对阶级敌人的反革命活动恨不起来的程度,甚至公开为阶级敌人辩护,拒不批判。因此,不仅与阶级敌人有思想上的共鸣,而且有行动上的一致,跟着阶级敌人一起反对革委会、反对解放军、反对革命干部,帮了敌人的忙,办了许多使亲者痛、仇者快的事,起到了敌人所不能起到的作用。

两年来活生生的阶级斗争的现实告诉我们,资产阶级派性是一个非常反动的东西,"敌人利用派性,派性掩护敌人","北斗星学会""决派"、《扬评》中的一小撮反革命分子,之所以能够长期进行反革命破坏活动,而又能长期逍遥法外,就是因为我们革命队伍中有些人的头脑里还有浓厚的资产阶级派性。这些人办事不从党性出发,一切都以资产阶级派性为标准,他们不是为工人、贫下中农服务,而是为他那一派、为他那个小山头服务,认友为敌,认敌为友。混淆黑白,颠倒是非,被敌人利用,给了敌人以可乘之机。大家揭发了很多事实嘛!你们那个工代会已经成了《扬评》的防空洞。我们一定要认真活学活用毛泽东思想,斗私批修,狠抓世界观的改造,彻底克服资产阶级的派性,轻装上阵,积极地开展对敌斗争。

三、要认真接受教训

两年来阶级斗争的现实,给我们的教训是很深刻的,大家发言中已经讲了很多,我们应当从中接受些什么教训呢?

(一)要念念不忘阶级斗争。社会主义社会还是一个有阶级的社会,在这个阶段还存在着阶级斗争,我们在工作中、在生活中一定要遵照毛主席关于"**要用阶级和阶级斗争的观点,用阶级分析的方法去看待一切、分析一切**"[6]的教导去做。阶级和阶级斗争的观点,阶级分析的方法是一个很重要的问题,我们必须学会它、掌握它、运用它,否则,就要犯大错误。正如林副主席指示我们的:"阶级和阶级斗争是阶级社会所有现象的总的根源。离开了这个总根源去观察社

---

5 引自《关于胡风反革命集团的材料》,人民出版社,1955年6月,第2页。
6 转引自1967年6月25日《解放军报》发表的文章《正确对待两种不同性质的当权派》。

会现象，就观察不出来，就会观察错了。"

阶级斗争是客观存在的，是不以人们意志为转移的，一小撮阶级敌人是决不会甘心死亡的，时刻都想复辟资本主义制度。"树欲静而风不止"，你不斗他，他要斗你，你不打他，他要打你，你不杀他，他要杀你。我们一定要念念不忘阶级斗争。念念不忘无产阶级专政，在思想里要有敌情观念，决不可放松阶级警惕。

"北斗星学会""决派"、《扬评》是一帮子不拿枪的阶级敌人，他们明目张胆地公开提出"三个反对""三个重建"的反革命纲领，他们反对中国共产党，要建立他们的所谓"决派"党；他们反对中国人民解放军，要建立他们的所谓"决派"武装；他们反对我们的红色政权，要建立他们的所谓"决派"的国家机器。这一伙反革命的胃口相当大啊！他们的罪恶目的，就是妄图推翻无产阶级专政，复辟资本主义制度，把我们伟大的社会主义祖国拉回到殖民地、半殖民地的道路上去，让我们劳动人民再吃二遍苦、受二遍罪。他们这个反革命纲领，不只是一个反革命复辟的阴谋，已经有了反革命复辟的行为，反革命分子王仁舟，在浠水的巴河就是按这一套搞的。

毛主席教导我们："**凡是要推翻一个政权，总是要先造舆论，总要先做意识形态方面的工作。革命的阶级是这样，反革命的阶级也是这样。**"林副主席指示我们："资产阶级搞颠覆活动，也是思想领先，先把人们的思想搞乱。""北斗星学会""决派"、《扬评》正是这样干的。他们为了混淆视听，转移我们的斗争目标，达到他反革命的目的，就利用我们同志头脑中的资产阶级派性，制造了一个极其反动的"阶级斗争论"，他们把社会分成所谓"造反阶级"和"保守阶级"，这样，地、富、反、坏、右不见了，牛鬼蛇神没有了，一小撮叛徒、特务、死不改悔的走资派和其他一切反革命分子也都不是敌人了。那么谁是敌人呢？按照他们的反革命谬论，敌人就是一度站错队的革命群众。我们有些同志是中了这个毒的，而且中得很深，他们对阶级敌人不恨，对阶级兄弟不亲；他们自己不搞阶级斗争，也不准别人搞阶级斗争，如果谁要斗争混入群众组织的坏人，就大肆叫嚷："你们压制造反派"，拚命为敌人叫屈，想方设法为敌人翻案。他们对阶级斗争没兴趣，他们的兴趣就是压制一度站错队的阶级兄弟。这种行动是革命吗？不，完全不是革命行动，是一种犯罪行动。毛主席教导我们："有些人当了保守派，犯了错误，是认识问题。有人说是立场问题，立场问题也可以变的嘛。站队站错了，站过来就是了。"[7]我们一定要正确对待群众。现在是应该清醒的时候了，要狠抓阶级斗争，再不要搞资产阶级派性了，如果继续按反革命大杂烩的反革命谬论搞下去，那就有把自己推到绝路上去的危险。

（二）要紧跟毛主席的伟大战略部署。林副主席在党的"九大"政治报告中指示我们："我们党的全部历史，证明了一条真理：离开了毛主席的领导，离开了毛泽东思想，我们党就受挫折，就失败；紧跟毛主席，照毛泽东思想办事，我们的党就前进，就胜利。"我们要永远记住这条真理。对毛主席紧跟不紧跟，对毛主席的指示照办不照办，是一个根本立场、根本态度问题，是一个革命、不革命的问题，是一个大是大非问题。

在这次大会上，大家总结了不少紧跟毛主席伟大战略部署的甜头，背离毛主席伟大战略部署的苦头。总结出的共同教训是：要听毛主席的，不能听某一派头头的；要按毛主席指引的方向走，不能跟着某一派头头干。我们的无产阶级文化大革命，是伟大领袖毛主席亲自发动和领导的，每一个阶段干什么、解决什么问题，都有安排，都有部署，都有最新指示。我们有些同志，陷入资产阶级派性，头脑膨胀，像害了浮肿病一样，对毛主席的指示听不进去，采取实用主义态度，以个人口味为标准，对我有利的就执行，否则就阳奉阴违，拒绝执行。对小道消息却津津有味，不仅学，而且还照办，结果总是犯错误，犯了错误还不服气。有的人张口就是"造反"。在冲击反动路线的时候，向资产阶级造反，那是革命的，大方向是对的，现在进到斗、批、改阶段，你造革委会的反，大方向错了，你不服气还要犯更大的错误。也有人说："怎么搞的，现在一搞就犯错误"，好像不可理解。其实并不难理解，你所以犯错误，就是因为没有紧跟毛主席的伟大战略部署，迷失了方向，走到邪路上去了。你不按毛主席指引的方向走，而让阶级敌人牵着鼻子走，怎么能不犯错误呢！？要在革命斗争中，

7　引自《视察华北、中南和华东地区时的重要指示》（1967年）。

为人民做一点有利的事情，起一个螺丝钉的作用，做一个人民勤务员，就要紧跟毛主席，对毛主席的指示要不折不扣的照办，只有这样，才有可能不犯错误，或少犯错误。

（三）要"三相信""三依靠"。毛主席教导我们："**要相信和依靠群众，相信和依靠人民解放军，相信和依靠干部的大多数。**"[8]有的同志至今还没有解决这个问题。他们不相信党，不相信革命委员会，不相信人民解放军，不相信革命干部。相信谁呢？他们只相信他自己，只相信和他臭味相投的一伙子人。还是王、关、戚鼓吹的那一套，唯我独"左"，唯我独革，怀疑一切，打倒一切，老子天下第一，他自以为只有他最"左"，实际上他最右；他自以为只有他最革命，实际上他最不革命。在大会上朱洪霞同志揭发的胡厚民的那个"三个长期斗争论"，即所谓：革与保的斗争是长期的；革委会中新老干部的斗争是长期的；钢新两派的斗争也是长期的。这是王、关、戚的反革命谬论。这一套反革命谬论是很恶毒的，他散布了一种互不信任、互相敌视的情绪，是一株反对毛泽东思想的大毒草，必须批判。毛主席要我们"三结合""三依靠"，他来一个"三个长期斗争"。毛主席要我们"**团结起来，争取更大的胜利**"，他要搞分裂主义，而且还要长期分裂下去。这个所谓"三个长期斗争"的反革命谬论，不只是胡厚民一个人有，恐怕那些私字严重、资产阶级派性严重、有个人野心的人都有。他们大搞反动的工团主义，大搞反动的"多中心"，大搞反动的山头主义、宗派主义，大搞"工代会"凌驾于一切之上，大搞向无产阶级进行反夺权，总是把矛盾指向革委会、指向解放军、指向革命干部，是有思想根源的，根源就是这个所谓"三个长期斗争"的反革命谬论。我劝那些被私字迷了心窍、有个人野心的人，还是早一点回头好。坚持反动立场不改，迟早是要被人民唾弃的。有的同志已经掉到泥坑里去了，我们还是要拉，实在拉不上来，那就只能怪他们自己了。

（四）要斗私批修，认真改造世界观。林副主席指示我们："要把自己当作革命的一份力量，同时又要不断地把自己当作革命的对

8　转引自《红旗》杂志1967年第6期社论《热烈响应拥军爱民的号召》。

象。革命,也得革自己的命。不革自己的命,这个革命是搞不好的。"批评与自我批评是我们党的三大作风之一,真正的革命者,是不怕批评的,因为批评、自我批评是帮助自己不断进步的有力武器。但是,奇怪的是有些自称是世界上最革命的人,他们既怕别人对他的批评,也怕作自我批评。因为据说,如果一搞批评和自我批评,他就垮台了。他们为了拒绝批评和自我批评,就制造了两块挡箭牌。领导上如果批评他一下,他就说:"你对造反派没感情";如果群众批评他一下,他就说:"老保翻天"。简直是老虎屁股摸不得,一摸就蹦三丈高。这种人十个就有十个是私心杂念很重的人,而且是犯了很多错误的人。这些人坚持错误不改,还有一种极端错误的论调:说什么"反正我是人民内部矛盾,你能把我么样?"持这种论调的同志,他们不懂得,"**如果犯错误的人坚持错误,并扩大下去,这种矛盾也就存在着发展为对抗性的东西的可能性。**"[9]我们要永远作一个革命者,永远跟着毛主席干革命,就必须认真活学活用毛主席著作,用毛主席关于在无产阶级专政条件下继续革命的理论武装自己。认真斗私批修,不断清除自己头脑中的灰尘。做到亮私不怕丑,斗私不怕痛,敢于刺刀见红。用毛泽东思想铸造自己的灵魂,用毛泽东思想把自己头脑这个阵地占领下来,改造过来,把自己改造成"**一个高尚的人,一个纯粹的人,一个有道德的人,一个脱离了低级趣味的人,一个有益于人民的人。**"[10]

四、要认真执行党的政策

毛主席教导我们:"**政策和策略是党的生命,各级领导同志务必充分注意,万万不可粗心大意。**"我们在处理反革命地下组织"北斗星学会""决派"和反动刊物《扬评》时,必须坚决执行毛主席的无产阶级政策。我们党的政策历来是:坦白从宽,抗拒从严,首恶必办,胁从不问,受蒙蔽无罪,反戈一击有功。一定**要严格区分和正确处理**

---

9 引自《矛盾论》(1937年8月),《毛泽东选集》第1卷,人民出版社,1966年7月,第310页。
10 引自《纪念白求恩》(1939年12月21日),《毛泽东选集》第2卷,人民出版社,1966年7月,第621页。

两类不同性质的矛盾。**打击面要小，教育面要宽。**要给出路。既要反对右的倾向，对阶级敌人不能手软，也要防止"左"的倾向，不要心血来潮，忘乎所以，乱搞一气。一定**要重证据，重调查研究，严禁逼、供、信。**[11]对阶级敌人要打得稳、打得准、打得狠，在准字上狠下功夫，不要搞扩大化。

在具体工作中，要切实注意下列几点：

（一）要把"北斗星学会""决派"和《扬评》的问题与"反复旧"的问题，加以区别。前者是敌我矛盾，后者是人民内部矛盾。这是两类不同性质的矛盾，不可混淆。

（二）要把"北斗星学会""决派"和《扬评》的成员与有"决派"反动思潮的人，加以区别。对前者要他们检查交待，检举揭发，搞清问题，划清界限。对后者只要在思想上肃清流毒就行了，不能以"决派"成员对待。

（三）要把"北斗星学会""决派"和《扬评》的幕后操纵者、骨干分子和主要编写人员与一般成员，加以区别。对幕后操纵的一小撮叛徒、特务、反革命分子，必须依法惩办；对其骨干分子，主要编写人员，根据其罪恶大小和他们本人的认罪态度，审查清楚，分别严肃处理。对受蒙蔽的一般成员，只要本人坦白交待，划清界限，反戈一击，允许他们改正错误，一律不作敌我矛盾处理。

（四）思想批判从严，组织处理从宽。对"北斗星学会""决派"和《扬评》的成员，问题严重的，都必须充分发动群众，进行严肃批判。但在组织处理时要慎重，不要乱戴帽子，特别是不准随便抓人，抓人一定要报省专政机关批准。

（五）要警惕一小撮阶级敌人利用我们处理"北斗星学会""决派"和《扬评》的问题，制造谣言，挑拨离间，搞策反和破坏活动，大字报不要上街，大批判专栏要在本单位里搞，在进行批判时，要注意不要扩散毒素。

五、当前的工作任务

---

11 引自《对一个报告的批示》（1968年12月1日），《人民日报》《红旗》杂志《解放军报》1969年元旦社论《用毛泽东思想统帅一切》引用了这条语录。

我们当前的工作任务是：高举毛泽东思想伟大红旗，高举"九大"团结、胜利的旗帜，落实毛主席的各项无产阶级政策，落实"九大"提出的各项战斗任务，深入开展活学活用毛泽东思想的群众运动，**认真搞好斗、批、改，抓革命、促生产、促战备**，进一步巩固无产阶级专政，**提高警惕，保卫祖国，准备打仗，团结起来，争取更大的胜利**，为伟大领袖毛主席争光，为伟大的社会主义祖国争光。

当前的工作：

（一）认真落实中共中央"五·二七"指示、"七·二三"布告、"八·二八"命令和"九·二七"指示。

伟大领袖毛主席亲自批示"**照办**"的中共中央"五·二七"指示、"七·二三"布告、"八·二八"命令和中共中央"九·二七"指示，是毛主席的最新战斗号令，是毛主席的伟大战略部署，是我们当前的行动纲领，必须坚决地执行，无条件地执行，不折不扣地执行。"九·二七"指示讲了，"有的反革命分子到现在还逍遥法外，扰乱革命秩序，破坏'五·二七'指示、'七·二三'布告、'八·二八'命令的落实，这是绝对不能容许的。"

"五·二七"指示下达后，指出所谓的"反复旧"是错误的，有的人就是不执行，他明里不搞，暗里搞，使这个指示不能落实。党中央发布的"七·二三"布告、"八·二八"命令，也不能很好的落实。有的单位，毛主席的声音、党中央的声音被封锁，不能同广大群众见面。

为什么党中央的一系列指示、布告、命令不能畅通无阻地贯彻落实呢？我看哪，一个是一小撮叛徒、特务、死不改悔的走资派和反革命分子在捣鬼，在破坏；再一个是群众组织中混进了坏人，他们利用资产阶级派性，破坏毛主席的伟大战略部署。他们制造了许多谬论，抵制、破坏党中央一系列指示、命令、布告的落实，而我们有些资产阶级派性十足、个人主义严重的人，也跟着他们叫喊。这次大会上，大家揭发的大量事实，充分说明了这个问题。

第一个谬论，即所谓的"无关论"。他们说，"七·二三"布告是对山西的，"八·二八"命令是对边疆的，"与我们这里无关"。"九·二七"指示,明明是对武汉的,他们也说是对"北斗星学会""决派"和《扬评》的,也说"与我无关",他们不让传达贯彻,要传达贯彻,他说你是"实用主义"。当然,我们不希望他是"北斗星学会""决派"、《扬评》的人,但"决派"的反动思潮对你有影响没有?"北斗星学会""决派"、《扬评》的目的是妄图推翻无产阶级专政和社会主义制度,破坏无产阶级文化大革命,搞反革命复辟,这也与你无关吗?"七·二三"布告,是因为一小撮阶级敌人和坏头头破坏无产阶级文化大革命,为了打击这一小撮阶级敌人的破坏活动,保卫无产阶级专政,保卫无产阶级文化大革命,党中央发了这个布告,要求全国各地都要贯彻执行,为什么与你无关?"八·二八"命令,是党中央根据当前形势,为了反对帝、修、反的侵略,保卫社会主义祖国而发布的战斗号令,他也说与我无关。保卫祖国与你无关,保卫无产阶级专政与你无关,把无产阶级文化大革命进行到底与你无关,毛主席的指示,党中央的命令,都与你无关,到底什么与你有关?你还是不是共产党员?是不是共青团员?还是不是中国人?提出和散布这种"无关论"的人,不是别有用心的人,也是个政治上麻木不仁的糊涂虫。这些人,对毛主席、对林副主席没有无产阶级感情,对党中央没有无产阶级感情,对革命人民没有无产阶级感情。好吧!过去你说"无关",现在,党中央在"九·二七"指示上写得清清楚楚:"毛主席批示**照办**的中央的'五·二七'指示、'七·二三'布告、'八·二八'命令,必须在湖北全省、武汉全市坚决地、无条件地、不折不扣地执行。"写了"湖北全省、武汉全市",再不能说"无关"了吧?这个文件也发到了全国,与全国都有关。现在,又有人说:"这个文件,毛主席没有批示照办,是假的。"这些家伙真是混账透顶。老实告诉这些反动透顶的家伙,你们如果继续顽抗,革命人民决不会让你们长期逍遥法外的。

　　第二个谬论,叫做"造反派受压论"。这是一小撮至今还逍遥法外的叛徒、特务、反革命分子,反对清理阶级队伍而制造出来的。可是有人也跟着叫嚷。谁压了造反派?压了那里的造反派?跟着叫喊的人,你们有没有阶级观点。是不是进行过阶级分析,你们站在什么立场上,替什么人说话?革命造反派在无产阶级文化大革命中,建立了伟大功勋,这是必须肯定的,毛主席、林副主席都作了高度的评价,这是任何人也抹煞不了的。但这个伟大功勋,首先应该归功于我们伟大领袖毛主席,应该归功于林副主席,归功于党中央和中央文革,我们不能都记在自己的账上。你们敢说在群众组织中就没有混进个别的坏人?在这二十多天的大会上,大家揭发了大量的事实,说明混入群众组织中的个别坏人,一直在兴风作浪,进行破坏活动,中共中央"九·二七"指示和一系列指示、布告、命令中,都讲了混入群众组织中的一小撮阶级敌人和坏头头的反革命罪行,把这些坏人揭发出来,清理出去,是一件大好事。(刘丰同志插话:那个甄别平反委员会,从一号勤务员到最后一个勤务员,他们的公开身份都是钢工总的,或是钢二司、钢九·一三、三司革联的,他们打的是造反派的旗号,但干的是坏事,是专门搞翻案活动的,是专门为坏人翻案的。)"北斗星学会""决派"中的反革命分子,就钻进我们群众组织,进行挑拨离间,大搞反革命活动嘛!把这些坏家伙揭发出来,清理出去,使革命队伍更纯洁,怎么能说是压造反派呢?根本不是那么一回事。那是给造反派脸上抹黑嘛!是给坏人说话嘛!我们贯彻执行党中央"五·二七"指示、"七·二三"布告、"八·二八"命令和"九·二七"指示,有人也说是"压造反派",简直是胡说八道。真正的革命造反派,广大的工人、贫下中农、革命干部,是最听毛主席的话的,执行党中央的战斗号令最坚决的。把执行中共中央的指示、布告、命令说成是"压造反派",进行抵制的人,他们不可能是造反派,不可能是一个革命者。希望同志们分清敌我,明辨是非,站稳阶级立场,不要听信这些谬论。

  第三个是,"政策不落实论"。对所谓的"反复旧"问题,中共中央"五·二七"指示下达以后,我们作了大量工作,本来可以很好解决的。可是有人反对,阳奉阴违,一直对抗,使"五·二七"指示不能很好落实。他们提出了这个"政策不落实论",以此为借口,煽动少数人坚持错误,搞不提"反复旧"的"反复旧"。所谓"八区工代会"就是这样搞的嘛!工代会的第二套班子也是这样搞的嘛!有人说,"反复旧"只是口号错了,要提"落实政策"。所说"反复旧"就是把矛头指向革命委员会,指向人民解放军,指向革命干部的,不仅口号错了,内容也错了,错光了。现在批判"北斗星学会""决派"、《扬评》,我们说不能和"反复旧"问题混淆起来,因为这是两类不同性质的矛盾。但作为错误思潮来讲,这股思潮是要批判的,决不能让它自由泛滥,我们要用毛泽东思想占领一切阵地。有人也在口头上说"反复旧"错了,错了就改嘛!为什么总是在那里搞小动作呢?这些人也说"落实政策",他们并不是真正关心政策落实。他们所谓的"你们要落实政策",说穿了,一是要坏人上台,而是为自己的错误辩护,三是要当官,一句话,就是要"权",要当个"委员"。(刘丰同志插话:要当常委,有的还要当副主任,还要当主任哩!)要不到,就搞小山头,把工代会凌驾于革委会之上,就搞反夺权。到现在还在搞嘛!十月二十三日,沙市[12]出现的大字报,就说明还在搞嘛!这是不能容许的。

这次会议以后,各地区、武汉、黄石市,也要召开会议,认真传达、贯彻中共中央"九·二七"指示,进一步落实"五·二七"指示、"七·二三"布告、"八·二八"命令。湖北全省、武汉全市所有基层单位,都要以中共中央"九·二七"指示为武器,充分发动群众,相信和依靠群众,调动绝大多数群众的积极性,彻底解决各地区、各单位、各部门的问题。我建议,各级革委会的负责同志和参加这次会议的国庆观礼代表回去以后,要把中共中央"九·二七"指示直接同广大群众见面,认真传达贯彻,坚决执行,一个一个单位地解决问题。

(二) 抓紧革命大批判。

伟大领袖毛主席教导我们:"凡是错误的思想,凡是毒草,凡是牛鬼蛇神,都应该进行批判,决不能让它们自由泛滥。""我们现在思想战线上一个重要任务,就是要开展对于修正主义的批判。"[13]各级革命委员会要遵照毛主席的教导和中央两报一刊社论的精神,把革命大批判切实抓起来,抓紧、抓好。

---

[12] 沙市,位于长江中游荆江北岸。1996年12月改为荆州市沙市区。
[13] 引自《在中国共产党全国宣传工作会议上的讲话》(1957年3月12日),《毛泽东选集》第5卷,第418页。

革命大批判的锋芒,要指向三个方面:第一,要进一步批判刘少奇及其在湖北、武汉的代理人王任重、宋侃夫的反革命修正主义。这些家伙人还在,心不死,至今阴魂不散,还在捣鬼。我们必须彻底批判,肃清他们的流毒。第二,要批判党内、革命队伍内部违反毛泽东思想的各种错误倾向和错误思想。第三,要批判社会上的资本主义倾向。

当前,要放手发动群众,彻底批判"北斗星学会""决派"和《扬评》。这次会议揭开了这个问题的盖子,找到了根子,我们要抓住要害,狠狠批判。彻底批判他们的反革命纲领和他们的鼓吹的"怀疑一切,打倒一切"、反动的"多中心即无中心论"、反动的"工团主义"、无政府主义和经济主义等反动思潮,要批深批臭,肃清流毒。不许任何人抵制和压制群众的革命大批判。

(三)认真搞好斗、批、改。

毛主席教导我们:"建立三结合的革命委员会,大批判,清理阶级队伍,整党,精简机构、改革不合理的规章制度,下放科室人员,工厂里的斗、批、改,大体经历这么几个阶段。"毛主席提出这些任务已经很早了,由于运动出现反复,推迟了我们斗、批、改的进程,现在,要按照毛主席的指示,一个一个工厂,一个一个学校,一个一个公社,一个一个单位,深入细致地、踏踏实实地、合理地完成斗、批、改的各项任务,把上层建筑领域中的社会主义革命进行到底。

今冬明春,凡是没有搞好清理阶级队伍的单位,一定要抓紧,搞好,搞彻底。这是斗、批、改中的一项极其重要的任务,必须抓得很紧,决不能走过场,不能松劲。如果阶级敌人搞翻案,坏人又嚣张起来,再兴风作浪,就按照林副主席教给我们的办法:"发动群众把他们再一次斗倒就是了。"

清理阶级队伍大体完成的单位,要适时转入整党建党工作,并要进行整团的工作。要遵照毛主席关于党的建设的伟大理论,按照新的党章,根据省革委会整党建党工作座谈会精神,做好这项工作。

根据中央历次指示的精神,我们再一次重申:凡是非法夺权的,一律无效,必须立即无条件地交回革委会;任何重拉队伍,另立山头,都是非法的,必须强令解散;一切私藏的枪支、弹药,必须立即全部上交,隐藏不交者,查出来,一律以法论处。

(四)加强革命委员会的建设。

毛主席教导我们:"革命委员会要实行一元化的领导,打破重叠的行政机构,精兵简政,组织起一个革命化的联系群众的领导班子。"[14]

各级革命委员会,都要遵照毛主席的教导,狠抓思想革命化。这是我们政权建设的根本。要组织革委会的全体人员,认真活学活用毛泽东思想,学习毛主席关于无产阶级专政下继续革命的伟大学说,经常开展批判和自我批评,要永远忠于毛主席,永远忠于毛泽东思想,永远忠于毛主席的革命路线,坚持用无产阶级党性掌好权,用好权,全心全意为人民服务。

要加强革命的团结。革命委员会的成员要把自己置于革委会之中。革命干部代表、军队代表、革命群众代表,要同心协力,三股绳拧成一股劲,认真搞好斗、批、改,把无产阶级文化大革命进行到底。

要加强革命的组织纪律性。革委会在工作中,要实行民主集中制,充分发扬民主,集中正确意见,在毛泽东思想基础上,做到"**统一认识,统一政策,统一计划,统一指挥,统一行动**",实行一元化的领导。

革命委员会的一切成员,都要注意参加集体生产劳动,密切联系群众,防止沾染官僚主义习气。新老干部都要永远保持谦虚谨慎、不骄不躁、艰苦奋斗的优良作风,要防止糖衣炮弹的袭击。有个县革委会的副主任结婚,大收财礼,群众写了一首打油诗:"张三要结婚,忙坏一批人;茶瓶收音机,到处开后门;厚礼一份份,思想添灰尘。主席著作丢一边,看你革命不革命?"这样搞群众是有意见的,告状告到这里来了。(刘丰同志插话:要让这些人掌权,资本主义就要复辟了。)这个县的革命领导干部带头送礼嘛!我看这里头有鬼,起码也是怕鬼,不讲原则。这就是糖衣炮弹嘛!我劝同志们,特别是青年同志们注意这个问题。

---

[14] 转引自1968年3月30日《《人民日报》《红旗》杂志、《解放军报》社论《革命委员会好》。

各级革命委员会还要搞好组织革命化。毛主席教导我们:"**政治路线确定之后,干部就是决定的因素。**"[15]林副主席说:"领导班子很重要,领导班子就是政权,就是国家机器。""我们的领导班子,应该是永远忠于毛主席,永远忠于毛泽东思想,永远走毛主席革命道路的人组成。"在干部问题上,只搞思想革命化,不搞组织革命化不行。从揭发的大量事实看,有的单位领导班子是不纯的,权掌握在什么人手上,值得研究,有的就是坏人掌权,好人受气。我们要遵照毛主席批示"**照办**"的《中共中央关于增补、调动、撤换各级革命委员会成员的通知》,逐步地解决这个问题,使革命委员会更加巩固、充实和完善,保证我们的政权牢牢掌握在真正的马克思主义者手里。

(五)掀起工农业生产新高潮。

我们要坚决贯彻毛主席"**备战、备荒、为人民**"[16]和"**抓革命,促生产,促战备**"的伟大方针,狠抓革命,猛促生产,大战第四季度,掀起社会主义建设新高潮,为伟大领袖毛主席争光,为伟大的社会主义祖国争光。

工业战线,要热烈响应首都钢铁公司的革命倡议,深入开展社会主义革命竞赛,大搞技术革新,增加产量,提高质量,降低成本。武钢,中央负责同志经常督促,我们一定要抓上去。湖北、武汉各主要工厂,都要抓上去。"北斗星学会""决派"和《扬评》散布的无政府主义、经济主义流毒要肃清。对煽动工人消极怠工、破坏生产的坏头头,要坚决予以打击。一切离开生产岗位的职工,都要回到生产岗位上去,擅离生产岗位不回去的,不管什么人,都要实行纪律处分,扣发工资,直至开除。我们要遵照毛主席的教导:"**自力更生,艰苦奋斗**"[17],"**鼓足干劲,力争上游,多快好省地建设社会主义。**"[18]现在要

---

15 引自《中国共产党在民族战争中的地位》(1938年10月),《毛泽东选集》第2卷,人民出版社,1966年7月,第492页。
16 转引自《中国共产党第八届十一中全会总结》,1966年8月14日《人民日报》。
17 转引自《红旗》杂志1967年第13期文章《决不允许把社会主义企业拉到资本主义邪路上去》。
18 转引自《中共八大二次会议关于中央委员会工作报告的决议》,1958年5月

准备打仗，如果不把生产搞好，那就是对人民犯罪。

现在，不但工业要抓上去，农业也要抓上去，要开展"**农业学大寨**"的群众运动，要反对资本主义倾向，反对自发势力，反对破坏集体经济。要把冬播抓好，要把水利抓好，要完成和超额完成粮、棉、油征购任务。

交通运输、财贸各个方面都要抓上去，保证工农业发展的需要。工业要支援农业，城市要支援农村，进一步加强工农联盟。

在"九·二七"指示中，毛主席、林副主席和党中央号召我们：广大工人群众、贫下中农、革命干部，要以无产阶级革命精神和国家主人翁的姿态，狠抓革命，猛促生产，严格遵守劳动纪律和劳动制度，大反特反无政府主义，积极同破坏生产和消极怠工的现象作斗争。共产党员、共青团员、革命干部和一切革命的同志，特别是共产党员，更必须按照无产阶级党性办事，成为抓革命、促生产、促工作、促战备的模范，成为加强、巩固革命大联合和革命三结合的模范。我们要最坚决地响应这个伟大号召。

（六）提高警惕，保卫祖国，准备打仗。

当前，帝、修、反正在加紧扩军备战，加紧勾结，阴谋侵略我们伟大祖国。现在是大敌当前，大敌压顶，压到我们头上来了。帝、修、反大搞军事演习，修正主义摆开打仗的架势，这是干什么啊？就是要准备打仗。我们不要存有任何幻想松劲情绪。要坚决执行毛主席"**提高警惕，保卫祖国**""**要准备打仗**"的指示。现在，在我们这里和平麻痹思想是不少的，有的人认为打不起来，或者是打不到这里来；有的认为，大仗打不起来，小仗轮不着打。这些想法是错误的，我们要有充分准备，有备无患嘛！

人民解放军是一个战斗队，又是一个工作队、生产队。一定要做好打仗的准备，同时还要搞生产，做群众工作。三支两军工作一定不能松劲，要努力搞好。搞好文化大革命，就是最好的战备。

我们要进一步搞好军民团结。坚决批判"北斗星学会""决派"

27日《今日新闻》。

《扬评》反对人民解放军,挑拨军民关系,破坏军民团结的反革命罪行,深入开展拥军爱民活动,加强军民团结。

要做好城市人民防空教育和防空准备工作,防止敌人突然袭击。各专县也要抓好这项工作。

要准备疏散城市人口。要把下乡知识青年的工作做好,不要成天往城内跑。休息的干部,要动员他们离开大城市。有的工厂,准备疏散一部分到各地区去,先给同志们打个招呼,思想上有个准备。现在城市人口要清理一下,闲散人口,没有户口的和非法落户的,都要动员他们到乡下去。

要加强民兵工作,认真搞好民兵"三落实",要教育民兵随时准备参军、参战,支援国防,维护社会革命秩序。

要在广大革命群众中,深入进行战备思想教育,教育他们认清形势,认清帝、修、反的侵略本质,提高革命警惕,克服和平麻痹思想,对战争有充分的思想准备。

总之,我们要用战备的观点观察一切,要用战备的观点检查一切,要用战备的观点落实一切。

(七)加强团结,共同对敌。

毛主席教导我们:"国家的统一,人民的团结,国内各民族的团结,这是我们的事业必定要胜利的基本保证。"[19]

毛主席在"九大"的开幕式上,号召我们:"**团结起来,争取更大的胜利**"。毛主席关于加强革命团结的指示,是无产阶级专政条件下继续革命的伟大纲领,是今后一切工作的指导方针。搞好团结,是党的大事,国家的大事,世界革命的大事。不仅是当前斗、批、改的需要,也是把社会主义革命和社会主义建设进行到底的需要,是备战的需要,是埋葬帝、修、反,实现世界一片红的需要。

团结就是力量,团结就是胜利,我们一定要加强军民团结,军政团结,人民的团结,团结一切可以团结的力量,共同对敌。

毛主席是我们党的最高领袖,毛泽东思想是永远的普遍真理。谁

---

19 引自《关于正确处理人民内部矛盾的问题》(1957年2月27日),《毛泽东著作选读》(甲种本•下),人民出版社,1964年6月,第443页。

反对毛主席，反对毛泽东思想，全党共诛之，全国共讨之。

同志们，我们一定要紧跟毛主席，紧跟党中央，紧密团结在以毛主席为首、林副主席为副的党中央的周围，**下定决心，不怕牺牲，排除万难，去争取胜利。**

（根据记录整理，未经本人审阅）

根据湖北省革命委员会办事组 1967 年 10 月 27 日印发的铅印材料刊印。

张体学同志在湖北省革命委员会扩大会上的发言

（一九六九年十月二十七日）

同志们：

我们这次会议开了二十多天，传达了党中央"九·二七"指示，曾司令员、刘政委讲了话，很多同志在大会上发了言，大家同仇敌忾，一致愤怒声讨反革命地下组织"北斗星学会""决派"及其反革命喉舌《扬子江评论》的一小撮阶级敌人所犯下的滔天罪行。

在这里，我首先表示：热烈拥护党中央的"九·二七"指示，坚决地、不折不扣地贯彻执行，全面落实。我完全同意曾司令员、刘政委的多次讲话，建议各地区、各单位认真传达，贯彻落实。我完全拥护对反革命分子王盛荣、田国汉、严琳等十三人逮捕法办。

这次会议很重要，开得很好，开得很成功。是一次很好的活学活用毛泽东思想的大会，是一场很严肃的两个阶级、两条道路、两条路线的斗争。这场阶级斗争表现很激烈、很尖锐。给我们上了一堂最生动、最深刻的阶级教育课。这一课上的非常好，使同志们头脑更清了，眼睛更亮了，阶级觉悟更高了，对敌斗争的信心更强了。毛主席说："阶级斗争，一抓就灵。"[1]通过这次会议，将使我省的革命和生产形势发生一个新的变化。

曾司令员、刘政委讲了很多问题，讲的很好，我只说点小小意见，供大家参考。

一、牢记毛主席的伟大教导："千万不要忘记阶级斗争。"[2]毛主席说："在拿枪的敌人被消灭以后，不拿枪的敌人依然存在，他们必然地要和我们作拼死的斗争，我们决不可以轻视这些敌人。如果我们

1　转引自《中共中央关于目前农村工作中若干问题的决定（草案）》（1963年5月20日）。

2　转引自1966年6月6日《解放军报》社论《高举毛泽东思想伟大红旗，把无产阶级文化大革命进行到底》。

现在不是这样地提出问题和认识问题，我们就要犯极大的错误。"³今天结合我们这次会议重新学习毛主席这一教导，感到更加亲切。

我们回顾一下，省革命委员会成立二十二个月以来，曾经出现两次大的反复。每次反复都是把矛头指向伟大的人民解放军，指向新生的革命委员会，指向革命领导干部，指向广大革命群众。严重地干扰了毛主席的伟大战略部署，破坏了革命大联合和革命三结合，破坏了抓革命、促生产、促工作、促战备，干扰了斗、批、改的正常进行。为什么多次出现反复呢？通过这次大会得到了回答，找到了根源。就是大会所揭发的"北斗星学会""决派"和《扬子江评论》中的一小撮不拿枪的阶级敌人干的。他们钻进群众组织，在资产阶级派性掩护下，以合法地位，鼓吹他们的极"左"思潮，散布他们的反革命纲领，挑动群众斗群众，干尽了坏事，犯下了滔天罪行。

省革命委员会成立以后，我们有些人自觉或不自觉地为"决派"和《扬子江评论》帮了不少忙。"决派"、《扬子江评论》鼓吹重建他们所谓的"崭新的国家机器"，而有些人则总是把矛头指向革命委员会，甚至有的进行反夺权，"决派"、《扬子江评论》鼓吹重建他们所谓的"人民武装"，而有些人则拚命抢夺解放军的枪，搞武斗队，"决派"、《扬子江评论》鼓吹重建他们所谓的"决派"党，而有些人则拚命搞工团主义，以工代会代替一切，领导一切，凌驾一切之上。这一切，不是起到了敌人所不能起的作用吗？

我们从大会揭发还看到，湖北、武汉有那么一小撮叛徒、特务、死不改悔的走资派和个人野心家纠集在一起，打着"红旗"反红旗，混进了所谓"红抗""优抚委员会""甄别平反委员会""革干联"⁴等组织。他们是几套班子一套人马。他们与"决派"、《扬子江评论》有密切的联系。"决派"、《扬子江评论》的黑后台反革命分子王盛荣，就是"甄别平反委员会"等组织的幕后操纵者。他们混进这些组织，目的是搞资本主义复辟。"红抗"中的一小撮叛徒、死不改悔的走资

3　引自《毛主席语录》，总政编，1966年版，第15页。
4　革干联，全称"武汉地区革命干部联络站"，成立于1967年5月19日，是支持造反派的干部组织，成员为武汉市党政机关干部，薛朴若为一号勤务员。武汉各区、各系统和湖北省部分地区支持造反派的干部大都成立了革干联。

派,以造反为名,保护自己过关。他们今天打倒这个,明天打倒那个,其目的是转移斗争方向,从中浑水摸鱼。"优抚委员会"的实质是煽动和支持武斗,破坏文化大革命。"甄别平反委员会"的政治目的,是给卜盛光、刘德胜、李守宪等一小撮叛徒、特务平反,给一群牛鬼蛇神翻案。所谓"革干联",不论左翼或右翼,其中有一伙野心家在那里搞鬼。在省、市革委会成立之前,他们削尖了脑袋往里钻,他们预先分好了工,谁在省,谁在市,谁当第一把手,谁当助手,企图夺取省、市革委会的大权,搞资本主义复辟。(曾思玉同志插话:把这些家伙搞回武汉来斗。)省革委会成立以后,这伙人的贼心还不死,到处煽动破坏。有一次孟夫唐说:"这次结合不上,看来军队对我是有意见的。"发泄对曾、刘首长和军队的不满。他的话不多,用心是很恶毒的。他的话对一些革命意志衰退、觉悟不高的人和资产阶级派性十足的人是起作用的。这些家伙在一起,互相吹捧,迷惑群众。(曾思玉同志插话:把电视组织起来,播送批斗实况,使大家都看得到。)张华吹捧孟夫唐说:"孟老在文化大革命中表现很突出,很有影响。"刘真吹捧"孟夫唐是武汉造反派的优秀代表。"这是对我们造反派最大的诬蔑。卜盛光说"孟老人老心红。"我说他年老心黑,他手上有人民的血债,杀了我们共产党员。杨光华吹捧孟夫唐:"孟老为人正派,工作有办法,十七年来一贯表现好。"孟夫唐自己也恬不知耻地说:"我造反是没有带私字的。"张华还吹捧刘真说:"我要向刘真学习,学习刘真的造反精神";吹捧卜盛光说:"卜老斗争性强,很有见解";吹捧谢甫生说:"谢老年老资格老,有斗争水平。"这一小撮人,互相吹捧的目的,就是挖空心思,想尽一切办法想往革委会里钻。但是,用毛泽东思想武装起来的广大革命群众,识破了他们的阴谋,使他们的阴谋未能得逞。我们湖北省、武汉市革命委员会终于在激烈的阶级斗争中胜利诞生了。这是毛泽东思想的伟大胜利。但是,必须指出:在我们革委会中,有的领导干部和群众代表是受了他们的影响,中毒是很深的,陷的是不浅。有的人老是与曾、刘首长同床异梦,思想格格不入,而对孟、刘、张[5]、王、关、戚总是恨不起来,对"决

---

5 孟、刘、张,指孟夫唐、刘真、张华三人。

派"、《扬子江评论》批不起来，甚至有人为他们叫好，为他们辩护。所以，每次社会上有什么思潮，总是首先在革委会内部表现出来，每次社会上有什么反复，总是首先从革委会内部反映出来。极个别人已经滑到敌我不分，认敌为友，成为他们在革委会中代言人的地步。如果再不觉悟，是非常危险的。

通过这次会议揭发、批判，使这一小撮阶级敌人暴露在光天化日之下。今后还会不会有反复呢？阶级斗争是不以人们的意志为转移的，有阶级存在，就有阶级斗争，因此阶级斗争的反复是会有的。为什么？一是阶级敌人不甘心他们的灭亡，他们还要作垂死挣扎，进行捣乱破坏；二是有的人私字严重，经常脑子里想着一个权字，争权争利，要名誉要地位；三是我们工作中的缺点错误是会经常发生的。这些缺点错误是我们前进中不可避免的。但是阶级敌人总是常常对我们前进中的缺点错误，攻其一点不及其余，乘机破坏捣乱。但是，只要我们牢记毛主席关于"**千万不要忘记阶级斗争**"的教导，狠抓阶级斗争，深入开展革命大批判，过细地做好工作，乘胜前进，发展大好形势，今后就是出现了反复，也将一次比一次小。如果坏人起来闹翻案，再嚣张起来怎么办？那就按照林副主席在"九大"政治报告中指示的办法：发动群众把他们再一次斗倒就是了。

二、三结合的革命委员会必须实行一元化的领导。新生的红色政权没有一元化的领导就不能发挥其权威。我们省革命委员会，曾思玉司令员是班长，刘丰政委是副班长，我和其余的副主任、常委都是小小的战斗员，在正副班长的带领下，统一行动。不然的话，我们这个班的动作就不会整齐一致，就不能很好地执行战斗任务。要搞好我们这个班子，最根本的就是在毛泽东思想的指引下，同心同德，坚决维护革委会的权威，维护一元化的领导。过去一年来，有些人做的许多事情恰恰违背了一元化领导的原则。我们必须引以为戒，吸取教训。

大家知道，曾司令员、刘政委是毛主席、林副主席选派来的主持武汉军区和省革委会工作的。可是有些人老是抱着怀疑不信任的态度，甚至提出了极端错误的口号："一看、二帮、三轰、四揪、五打倒"，"给×××种牛痘，防止出天花"，"×××是穿新鞋走老路"等等，把矛头老是对着曾、刘，对着军队。一年多的时间证明，曾、刘是遵照伟大领袖毛主席教导办事的,是紧跟伟大领袖毛主席的,对毛主席和党中央的指示、方针、政策执行是坚决的,处理和解决问题是稳重的,原则性是强的。我们对待这样的正副班长还能不相信吗?我们要坚决信任,坚决维护曾、刘的权威。这就是支持和维护革委会的一元化的领导。

过去有些人,口头上说维护革委会的权威,而行动上是拆革委会的台。他们表现在对待革委会的军代表不相信,对待已结合的革命领导干部不积极支持。他们从资产阶级派性看待干部,不是我这一派的干部,就想方设法把他搞臭。去年把姜一同志揪去几个月,使他结合了无法工作。当时,揪姜一并不是目的,而是手段。他们那样做,实际上是给革委会施加压力,是做给曾、刘看的,给中央看的,给毛主席看的。因此说,揪姜一同志是错误的,问题是严重的。姜一同志的结合,是中央提出来的,是毛主席保的干部,(曾思玉同志插话:毛主席见了就问,你们结合姜一了没有,我们说结合了,他说好。)可是老揪着不放。如果像这样下去,张三一派揪一个,李四一派揪一个,三揪两揪,革委会不就架空了吗?革委会哪还有什么权威?

我们今天回过头来看看,毛主席要保的干部,有些人偏要打,偏要揪;按照毛主席革命路线该打倒的人,不但不揪不打,而且还要保护起来。这是什么道理?到底对什么人亲,对什么人恨。毛主席教导我们:"**对敌人要狠,对自己要和。**"[6] "**谁是我们的敌人?谁是我们的朋友?这个问题是革命的首要问题,也是文化大革命的首要问题。**"[7] 我们要问这些人,你们对毛主席的教导是怎样理解的,又是怎样执行的,不是看得很清楚嘛!这是大是大非问题,是不是真正贯彻执行毛主席的无产阶级革命路线的问题。

在我们革委会中有一些群众代表和个别领导干部,不是按照毛主席的教导办事的。毛主席说:"**站队站错了,站过来就是了。**"[8] 而

---

6 引自《在中央招待留守兵团学习代表时的演说》(1944年9月18日),1944年9月23日《解放日报》。

7 转引自《中国共产党中央委员会关于无产阶级文化大革命的决定》(1966年8月8日通过)。

8 引自《视察华北、中南和华东地区时的重要指示》(1967年)。

他们对待站错队的群众,不是正确对待,而是视如仇敌。由于他们这样做,使混进群众组织的一小撮坏人,对我们的阶级兄弟进行阶级报复,使许多群众遭到毒打,有的残废,有的死亡。我们能不感到痛心吗?两个农民代表的发言,对杀人凶手进行了血泪的控诉,我们全场的同志都表示痛心。可是有个别人不在乎,我要问你,对劳动人民还有没有一点感情?

有些人的行动说明,完全违背了伟大领袖毛主席的教导,他们不是三相信,三依靠,而是三怀疑,三反对。这是对毛主席的态度问题,是对以毛主席为首、林副主席为副的党中央的态度问题。有些人所以犯错误,就是因为没有按毛主席教导办事的结果。他们采取资产阶级小政客的作风,当面一套,背后一套,口是心非,两面三刀,结党营私,争权谋利。这样的人十个就有十个要垮台。我们党的历史上,如张国焘、高岗、饶漱石、彭德怀、贺龙、罗瑞卿等人,都没有好下场。

我们三结合的革命委员会,不论是军队干部、地方干部、群众代表,都要坚持原则。凡是符合毛泽东思想的事,就大力支持;凡是违犯毛泽东思想的事,就坚决抵制。我们过去为了使群众代表和少数干部少犯错误和不犯错误,经常给大家打招呼,但是有的人听不进去,不仅听不进去,还认为我们搞小动作。根据大会揭发,到底谁在搞小动作,不是很清楚了吗?有的人总把我们当作他们的对立面,怀疑一切,打倒一切,当面一套,背后一套,见人说人话,见鬼说鬼话。他们把我们当成"糊涂虫",自以为很聪明,结果老犯错误。曾司令员在去年常委扩大会上讲,你们群众代表都垮了,我们就不光彩了。曾、刘经常讲,叫大家引起注意,就是听不进去。一讲到《扬子江评论》和孟、刘、张等一小撮人的时候,有些人就说:"这些人我们早就了解,和我们没有关系。"到底有没有关系,揭发的材料,铁证如山。阶级敌人总想把资产阶级派性严重的人拉过去,为他们达到破坏革委会的目的效劳。这样的教训太深刻了,千万不要再上当了。我希望一些群众代表和个别领导干部,再不能与革委会离心离德,同床异梦。一定要维护革委会的一元化领导,同心同德,好好当一名人民勤务员,不要辜负党和人民的期望。

三、要充分发挥地方干部的骨干作用。我们老干部在革委会中发挥骨干作用的一项很重要的任务,就是要带好班,交好班。怎样带呢?就是一举一动,一言一行,按照毛泽东思想办事,按照党的原则办事,处处以身作则,艰苦奋斗,敢于负责,敢于挑重担子,做好样子。交什么呢?交毛泽东思想,交毛主席的革命路线,交犯错误的经验教训。我们要交好班,首先要带好班,带班是交班的基础。我们要靠毛泽东思想掌好权,用好权,交好班。我们要遵照毛主席关于无产阶级革命事业接班人的五条标准,对新干部不断地加强培养教育,不断地加强他们的思想革命化,只有这样,才能使我们的无产阶级政权真正掌握在可靠人的手里。这是保证我们国家永不变颜色的大问题。

但是,在革委会中有一些早站出来的领导干部,沾染上了资产阶级派性,不是坚持"三条原则""九个一样",而是亲一派,疏一派,甚至支一派,压一派。有少数人长期陷在资产阶级派性之中不能自拔。有了资产阶级派性,就没有无产阶级党性。他们工作不大胆,腰杆子不硬,情绪消沉,精神不振。在原则问题上,旗帜不鲜明,该讲的不讲,既不敢批评自己,又不敢批评别人,丧失了党的原则和立场。这样的领导干部不可能把事情办好。群众对这类干部的评价是:"好事没有干,坏事干了不少。"上午曾司令员讲了监利[9]和黄梅的问题。由于个别领导干部资产阶级派性严重,致使这两个县的革命大联合和革命三结合不能巩固发展,革命委员会不能行使权力。这样的领导干部怎样能起骨干作用呢,怎样能团结带领广大革命群众进行战斗呢?这些干部中的资产阶级派性流毒很深,害人不浅。所以说,他们既是受害者,又是害人者。现在应该清醒清醒了。再不觉悟,就像毒蛇缠身,最后把你缠死。

列宁说:"**犯错误对一个先进阶级的战斗的党并不可怕,可怕的是坚持错误,虚伪地不好意思承认错误和纠正错误。**"毛主席说:"**有错误就改,改了就好。**"遵照列宁和毛主席的教导,犯了错误的同志要高姿态检讨。历史上没有一个检讨的人垮台的。我们有个别干部一直坚持错误,总认为自己是最革命的,自己是一贯正确的,把自己放在一个不适当的地位。所以,他对革命群众、革命干部和人民解放军

---

9 监利,即监利县,位于湖北省中南部,隶属荆州地区。

是没有感情的。我批评一个人,我说同志呀,要想一想,如果没有伟大领袖毛主席亲自缔造、亲自领导的人民解放军,艰苦奋斗,推翻三座大山,我们的工人、农民早就全完了,那有今天的胜利,那有今天强盛的中华人民共和国。在这里,我希望全省进一步开展"**拥军爱民**"活动,加强军民团结。我们要爱护人民解放军象爱护自己的眼睛一样,谁反对解放军,我们就打倒谁。我们领导干部要成为"**拥军爱民**"的模范。总之,我希望各级领导干部,要努力活学活用毛泽东思想,提高阶级觉悟和两条路线斗争觉悟,加强无产阶级党性,充分发挥骨干作用,团结和带领广大革命群众,完成毛主席和党中央交给我们的各项战斗任务。

同志们,我们的工作很多,任务很重,特别是现在苏修社会帝国主义正在疯狂地准备发动对我国的侵略战争。因此,我们要团结起来,准备打仗,搞好"**抓革命,促生产,促工作,促战备。**"为伟大的领袖毛主席争光,为社会主义祖国争光!

(根据记录整理,未经本人审阅)

根据湖北省革命委员会办事组 1969 年 10 月 27 日印发的铅印材料刊印。

关于清查"五·一六""北、决、扬"问题

（一九七二年五月十七日）

中共湖北省委

遵照中央[1969]67号、[1970]20号、[1971]20号、[1971]13号文件精神，全省从一九六九年下半年陆续开始清查"五·一六""北、决、扬"。根据中央"九·二七"指示，取缔了反革命地下组织"北斗星学会""决派"，查封了反动刊物《扬评》，拘留审查了其主要编写人员。揭发批判了"五·一六""北、决、扬"在湖北犯下的反革命罪行，查清了一些重大案件，挖出了坏人，批判了极"左"思潮，提高了广大群众的阶级斗争和路线斗争觉悟。培养锻炼了骨干队伍，挽救了一批犯错误的好人，孤立、打击了一小撮阶级敌人。推动了斗、批、改，促进了抓革命、促生产，发展了大好形势，巩固了无产阶级专政。

总之，两年多来，由于各级党委重视，放手发动群众，领导与群众相结合，专案工作与群众运动相结合，积极内查外调，努力落实党的政策，清查工作取得了明显成绩。大方向是正确的，主流是好的。存在的主要问题是，在清查"五·一六""北、决、扬"工作问题上"搞过了一点"。但也有的单位对清查工作抓得不紧，决心不大。从全省范围看，有的"五·一六""北、决、扬"的骨干分子和幕后操纵者还没有挖出来。

通过清查，领导上掌握了一些重大问题的重要线索，为进一步查清湖北、武汉地区历次阶级斗争反复和路线斗争的内幕，弄清"五·一六""北、决、扬"组织的来龙去脉，深挖其骨干和幕后操纵者，创造了有利条件。毛主席教导说："**路线是个纲，纲举目张。**"[1]各单位

---

1 引自《在外地巡视期间同沿途各地负责人谈话纪要》（1971年8月-9月），转引自《人民日报》《红旗》杂志、《解放军报》1972年元旦社论《团结起来，

必须坚持进行思想和政治路线方面的教育，认真读马列的书，读毛主席的书，学习和执行毛主席的一系列指示、党中央的有关文件，严格区分两类不同性质的矛盾，**有反必肃，有错必纠**，认真落实党的政策，发扬成绩，纠正缺点错误，夺取这场斗争的更大胜利。

一、在解决清查"五·一六""北、决、扬"工作"搞过了一点"的问题上，要认真落实党的政策。必须遵照毛主席关于宽大为怀，整人要少，打击面要小的教导，采取措施，认真纠正。从试点情况看，应掌握以下几点：

（一）对有"五·一六""北、决、扬"问题的人，根据党的有关政策，区别情况，分别处理：（1）参与"五·一六""北、决、扬"有组织的阴谋、破坏活动的坏头头、主谋者和幕后操纵者，从全省范围来讲，是个别的，应继续进行审查，抓紧搞清问题，根据罪行情节和认罪态度，按照党的政策，参照北京六厂二校的经验，进行正确处理。对个别证据确凿、罪行严重、态度顽固、拒不交代的，要从严处理；对坦白交代、检举揭发、悔改好的，应从宽处理。（2）参加"五·一六""北、决、扬"犯有严重错误的，是极少数，应在查清问题后，根据其错误情节和检查态度，作适当处理。对个别错误情节较重、群众意见大、态度又不好的，可酌情给予组织处分；情节较轻、态度好的，一般应免予处分。这种人，一般说来，应占绝大多数。（3）受骗上当和受蒙蔽参加"五·一六""北、决、扬"犯有极"左"思潮错误的，主要是提高认识，划清界限，总结经验教训，自己教育自己。（4）既有"五·一六""北、决、扬"问题，又有其他问题的，那个问题重就以那个问题为主，是什么犯罪性质定什么罪，是什么性质问题按什么性质问题处理。

（二）对于经过组织审查而没有参加"五·一六""北、决、扬"，也没有其他罪行或错误的被审查对象，应做好思想政治工作，消除怨气，增强团结。

（三）做法：（1）党委要反复学习毛主席的指示和中央有关文件，提高认识，统一思想，加强集体领导，正确认识和解决清查"五·一

争取更大的胜利》。

六""北、决、扬"工作"搞过了一点"的问题。对重点人的问题要抓紧调查研究,弄清问题。(2)采取办学习班的方法,深入进行思想和政治路线教育,提高领导和骨干的认识,统一思想,明确做法,做好群众的思想政治工作,发挥骨干、群众的积极性。(3)在揭发批判林陈反党集团的反革命罪行中,注意结合批判"五·一六""北、决、扬"的反革命罪行和极"左"思潮,提高觉悟,划清界限,排除"左"、右干扰,防止一小撮阶级敌人煽动破坏。(4)通过办学习班、开座谈会、个别谈话等方法,教育那些被审查的人正确对待清查工作,正确对待群众,正确对待自己,增强党的观念,防止在新形势下犯新的错误。(5)在做好思想工作的基础上对那些被审查的人的某些应该而又可以解决的若干具体问题,按照党的政策规定,合理解决,不歧视,不另眼看待。

解决清查"五·一六""北、决、扬"工作"搞过了一点"的问题,由省、武汉市进行试点,总结经验,再行推广。

二、进行重点清查。为了进一步查清林陈反党集团及其干将刘丰、王、关、戚、"五·一六""北、决、扬"破坏武汉地区文化大革命的罪行,深入进行两条路线斗争教育与阶级斗争教育,省委正根据不同对象,举办不同形式的毛泽东思想学习班。以中央[1972]12号文件为纲,认真学习毛主席一系列指示和中央一系列文件,深入开展革命大批判,进行思想和政治路线方面的教育。在提高路线觉悟的基础上弄清问题,区别两类不同性质的矛盾,落实政策。方针是:提高认识,弄清问题,划清界限,惩前毖后,治病救人,放下包袱,轻装上阵,团结起来,争取更大的胜利。对问题尚未彻底弄清、矛盾性质尚未最后肯定的人,应根据上述方针,认真做这项工作。这样做,利于把绝大多数犯错误的人挽救过来,利于"**把敌人营垒中被裹胁的人们,过去是敌人而今日可能做友军的人们,都从敌人营垒中和敌人战线上拉过来**"[2],利于壮大我们的队伍,最大限度地孤立和打击一小撮最顽固的阶级敌人。

各地区和黄石市派人参加省办的毛泽东思想学习班工作,了解

---

2 引自《论反对日本帝国主义的策略》(1935年12月27日),《毛泽东选集》第1卷,人民出版社,1966年7月,第140页。

情况,总结经验,为下一步重点清查做准备。目前各地、市均不办学习班。以后是否办?如何办?待省学习班结束后再定。地、市范围内个别有罪行的关键人物,经地、市委批准,可按照省学习班的方针,搞一两个人的试点。没有清查对象的可以不办。

加强内查外调工作,重证据,重调查研究,做到互相协作,全面规划,统一调查。把关键问题和重要情节调查清楚,取得人证、物证和旁证。已分到各地市、参加这次省学习班者(包括干部、工人、学生),各地市应积极协助工作,以便尽快搞清问题。

三、清理大事件。从各单位排列大事件的情况看,问题不少。各单位应根据中央[1971]13号文件和省委工作会议纪要精神进行一次清理,今后"大事件"一律改称"重大案件"。

(一)凡属"五·一六""北、决、扬"阴谋策划、制造的事件,应列为重大案件,报省批准。过去列的大事件,该保留的改为重大案件,报省批准;该取消的报原批准单位批准;搞清的,提出处理意见,报省批准后处理。

(二)凡因"五·一六""北、决、扬"问题而处理的重大案件,应根据中央[1970]20号、[1971]13号文件精神,本着**"有反必肃,有错必纠"**的方针,进行复查,并将结果报省。

(三)重大案件和专案结合,由各级清查"五·一六""北、决、扬"专案办公室具体负责。

四、落实党的政策。清查"五·一六""北、决、扬",是一场严肃的阶级斗争。各级党委必须加强领导,建立和健全清查领导班子,把清查工作列入党委议事日程,分工负责人抓,认真落实党的政策。中央[1970]20号文件指出:揭露"五·一六"反革命阴谋集团,重点应当是揭露它的骨干分子和幕后操纵者。中央[1971]13号文件指出:必须集中力量抓"五·一六"反革命集团的一系列罪行。核实罪行首先分清是非。重证据,重调查研究,防止逼、供、信。处理罪行要分出坏头头、主谋者和幕后操纵者,要区别主犯、从犯和被胁从、受蒙蔽的人。要区别敌我和人民内部两类不同性质的矛盾。坚持**"坦白从宽,抗拒从严""一个不杀、大部不抓""给出路"**等政策。至于现行反革命主犯和重大刑事犯,当然不在此例。关于骨干分子和幕后操纵者的具体政策标准，条件具备时，省里将根据中央指示，参照北京六厂二校的做法，拿出几个标杆来。凡处理"五·一六""北、决、扬"分子的问题一律报省批准。毛主席的政策、中央上述文件、一九四三年八月十五日中共中央关于审查干部的决定、姚文元同志的《评陶铸同志的两本书》等，是我们清查"五·一六""北、决、扬"斗争的锐利武器，要认真学习，坚决执行。

在清查工作中，要**有反必肃，有错必纠**，既防止扩大化，又防止一风吹。"一打三反"和清查"五·一六""北、决、扬"，既有联系，又有区别，不能把二者混淆起来。要严格区分两类不同性质的矛盾，稳、准、狠地打击一小撮阶级敌人。

中共湖北省委员会
一九七二年五月十七日

根据 1972 年 5 月 17 日中共湖北省委办公室印发的鄂发[1972]35号文件刊印。

战斗口号报

(一九七三年三月二十八日)

赴军区攻"曾刘办"代表团

1. 批林批孔是全党、全军、全国人民的头等大事!
2. "三办"是大抓"5·16""北决扬",整干部、正群众,镇压革命造反派的黑指挥部!
3. 曾思玉、刘丰是在湖北破坏军党、军政、军民关系的罪魁祸首!
4. 马兆昆、刘杰等人必须向全省人民低头认罪,揭发曾、刘,交待"三办"的一切罪行!
5. "三办"是曾、刘破坏军政、军民关系,分裂革命队伍,向文化大革命反攻倒算的黑指挥部!
6. 炸开"三办"彻底查清扣压中发(70)20号文件[1]的内幕!
7. "三办"是右倾翻案妖风的黑据点!
8. 炸开"三办"是揭开湖北、武汉两个阶级、两条路线斗争的关键!
9. "三办"凌驾于党、政、军、各级机关之上,是曾、刘推行"克己复礼"极右路线的黑指挥部!
10. 军民团结如一人,试看天下谁能敌!
11. 全省、全市、军、民团结起来,将批林批孔运动进行到底!
12. 不炸开"三办"阶级斗争盖子,我们誓不罢休!

赴军区攻"曾刘办"代表团单位名称

武汉重型机床厂　武汉锅炉厂　武昌造船厂　六机部安装公司

---

[1] 即《中共中央关于清查"五·一六"反革命阴谋集团的通知》(1970年3月27日)。

武汉电信局

　　武汉汽车配件厂　武汉胶管厂　武汉搪瓷厂　湖北柴油机厂武汉客车制配厂

　　汉阳油脂化工厂　长办　武汉卷烟厂　武汉制药厂　中国人民银行武汉分行

　　华中工学院　武汉纺织器材厂　硚口一商业局　人民汽车公司武汉钢铁公司

　　3506工厂　武汉绒布厂　武汉橡胶厂　东西湖区　武昌车辆厂武汉建工局

　　武昌自来水公司　武汉装卸公司　武汉玻璃厂　市汽运公司省汽修　武汉汽灯厂

　　武汉国棉二厂　六棉　武汉市造纸印刷公司系统

一九七三年三月二十八日

根据铅印传单刊印。

已向中央请示,未复之前先向干部传达,待中央复示后,按中央指示办。

关于湖北"两清"[1]工作中的错误问题(草稿)[2]

(一九七四年三月十四日)

中共湖北省委

一、毛主席亲自发动和领导的批林批孔运动,在我省城乡已迅速展开。目前,广大革命群众、革命干部和革命知识分子,以无产阶级的革命精神投入战斗,投入批判林彪效法孔老二"克己复礼"妄图复辟资本主义的滔天罪行,结合湖北两个阶级、两条道路的斗争实际,深入批判林彪在湖北的代理人刘丰的反革命罪行,形势一派大好。

二、中央指示清查"5·16""北、决、扬"是完全正确的。但是,林彪死党刘丰和曾思玉同志违背中央指示精神,在很多单位把在无产阶级文化大革命中带头冲击资产阶级反动路线的群众组织头头和积极分子当作"5·16""北、决、扬"清查。由于清查批斗的面大、时间长,致使很多单位结合到革委会的群众代表,有的撤职、有的靠边,所造成的后果是十分严重的。这实质上就是否定了无产阶级文化大革命中出现的新生事物。这是方向路线错误,是林彪死党刘丰的干扰破坏。同时,曾思玉同志要负责任。毛主席早在一九七一年十一月就向曾思玉同志指出:"你那里有'北、决、扬',要注意政策,我跟你讲了,你不相信,你又搞过了一点。"可是,曾思玉同志不但不认真贯彻落实毛主席的这一指示,反而在一九七二年五月十八日全省政工会上,不讲"搞过了一点"的错误,又提出"继续清查反革命阴

1　1971年3月1日,中共武汉军区委员会、中共湖北省革委会核心小组根据《中共中央关于建立五·一六专案联合小组的决定》,建立湖北省驻军和地方"五·一六""北决扬"专案联合小组,全省清查"五·一六""北决扬"运动全面展开。"两清"重点地点是武汉,武汉"两清"重点对象是"北决扬"。
2　这个文件时称"六条",适合造反派口味,被中央制止,未正式下发。

谋集团""5·16"和反革命地下组织"'北、决、扬'的幕后策划者和操纵者",致使错误不能迅速纠正,政策不能落实。

三、曾思玉同志在十次路线斗争中犯了方向路线错误。同时在"两清"工作中犯了方向路线错误。九届二中全会以后,他不认真批陈,"九·一三"事件以后,不积极发动群众批判,他在"两清"中,搞扩大化,混淆两类不同性质的矛盾,整群众。

四、遵照毛主席的指示,在纠正"搞过了一点"的过程中省委对曾思玉同志的错误虽然有过斗争,但斗争不力,对落实政策没有提高到路线高度来认识,抓得不紧,措施不力,也有责任,"两清"中犯了方向路线错误的责任,应由林彪死党刘丰和曾思玉同志负责。各级党委和军代表是没有责任的,搞专案的人员更没有责任。

五、要牢牢掌握批林批孔这个中心,坚决纠正"两清"中的方向路线错误,省委和各级党委要和群众在一起,深入揭发批判林彪及其在湖北的代理人刘丰的罪行,对曾思玉同志所犯的方向路线错误,也要放手揭发批判。"5·16""北、决、扬"是反革命地下组织,应本着有反必肃、有错必纠的原则,认真地核实材料,落实政策,决不能一风吹,要警惕和打击一小撮阶级敌人,乘落实政策之机,掀起翻案妖风。要严格区分和正确处理两类不同性质的矛盾,不能整群众,不能搞资产阶级派性,不能"翻烧饼",要加强军政、军民之间的团结,加强群众之间的团结,做到团结95%以上的干部和群众,把仇恨集中到林彪及其死党刘丰的身上,狠揭猛批他们的罪行。

六、各级党委和领导干部要站在批林批孔运动的前列,深入到群众中去,同群众一起战斗,带头学、带头批,大胆的领导运动,要充分发挥革委会和工会、贫协、共青团、妇联等群众组织的积极作用,"抓革命、促生产、促工作、促战备"。更好地贯彻执行毛主席的革命路线,巩固和发展无产阶级文化大革命的伟大成果,团结起来,争取更大的胜利!

中共湖北省委,一九七四年三月十四日
铁路工人转抄,一九七四年三月十八日

根据武汉铁路工人转抄的刻印件刊印。

揭发林彪死党刘丰破坏"两清"的罪行和省委个别主要领导人[1]"两清"中的方向路线错误(材料之一)

(一九七四年)

省委《关于湖北"两清"工作中的错误问题》(草稿)中指出:"中央指示清查'五·一六''北、决、扬'是完全正确的。但是林彪死党刘丰和省委个别主要领导人违背中央指示精神,在很多单位把在文化大革命中带头冲击资产阶级反动路线的群众组织的头头和积极分子当作'五·一六''北、决、扬'清查。由于清查、批斗的面大,时间长,致使很多单位结合到革委会的群众代表有的撤职,有的靠边,所造成的后果是十分严重的。这实质上就是否定了无产阶级文化大革命中出现的新生事物。这就是方向路线错误,是林彪死党刘丰的干扰破坏。同时,省委个别主要领导人要负责。"

下面的材料很不全,由于我们路线觉悟不高,一些提法也可能不够准确,供同志们批判参考。

一、乘清查"五·一六""北、决、扬"之机,混淆两类不同性质的矛盾,镇压革命造反派。

(一)中央"九·二七"指示明确指出:"在武汉出现的所谓'北斗星学会''决派'这类地下组织,幕后是由一小撮叛徒、特务、反革命分子假借名义,暗中操纵的大杂烩。……对这类反革命的地下组织,必须坚决取缔。""所谓《扬子江评论》,是一些叛徒、特务、反革命分子幕后操纵的反动刊物,肆无忌惮地大量放毒,必须查封。"

一九六九年十月,省革委会召开扩大会,林彪死党刘丰在会上作了《关于"北斗星学会""决派"及〈扬子江评论〉的问题》的讲话,又作了一次发言。省委个别主要领导人在会上也作了发言,他们蓄意

---

[1] 指曾思玉。

混淆两类不同性质的矛盾,把矛头指向革命群众组织的头头和积极分子。

刘丰在讲话中列举了"决派"及《扬评》的十大罪状,其中有:"鼓吹'反复旧'运动","煽动不提'反复旧'口号的'反复旧'运动"等。

(注:"北、决、扬"的罪行是必须清算的,但是刘丰别有用心,蓄意混淆敌我矛盾,搅乱阶级阵线,为大整革命群众制造反革命舆论。比如:"反复旧"问题,中央"五·二七"指示中明确指出:"反复旧"是错误的,属于人民内部矛盾;"对参加反复旧的革命群众组织的头头,也不要歧视他们,认识了错误,接受教训,改了就好。"刘丰蓄意把人民内部矛盾的认识问题与"北、决、扬"的罪行混同起来,实际上是破坏"五·二七"指示,把矛头指向革命造反派的头头与群众。)

刘丰在会上大肆诬蔑革命群众组织的头头是"人妖颠倒,敌我不分,被阶级敌人牵着鼻子走","一味搞带有封建色彩的'友情为重'","自己屁股上有屎","当了阶级敌人的庇护所,成为阶级敌人的代言人","与敌人同流合污,越陷越深,不能自拔","起了帝、修、反所起不到的作用"。省委个别领导人说:"不仅与阶级敌人有思想上的共鸣,而且有行动上的一致。"

刘丰说:"不少单位的领导班子是两条心,两股劲,有少数人,……争权夺利,大搞分裂。"

省委个别主要领导人说"……,有的就是坏人掌权,好人受气。"

(注:矛头指向革委会中的群众代表。)

刘丰在列举"北、决、扬"十大罪状后,别有用心地问:"吴炎(应为"焱",下同。——本书编者注)金(注:武汉市革委会副主任、群众代表)来了没有?开会的时候,他总是有事,有病,不来。'反复旧'的时候,他日日夜夜开会,讲演,一点病也没有……。"省委个别主要领导人连忙插话:"现在发现武汉有个特点,凡是遇到政治交锋的时候,有些人就有病,……是思想病,政治病,装病,想躲风，想混关，这一次是混不了的，躲不过的，过了今天，过不了明天，总有一天会把你看穿的。下午，把吴炎金叫来。"

省委个别主要领导人说："他们（注：指革命群众组织的头头）所说的，你们要落实政策，说穿了，一是要坏人上台，二是为自己错误辩护，三是要当权。一句话，就是要'权'，要当个'委员'。（刘丰插话：要当常委，有的还要当副主任，还要当主任哩！）要不到，就搞小山头，把工会凌驾于革委会之上，就搞反夺权，到现在还在搞嘛！"

刘丰说："估计可能有少数人，出了会场，过不了几天，会搞翻案的，搞翻案怎么办？那就再批，一定要把他批倒批臭。""我们逮捕的仅仅是浮在水面上的一些人，而且这只是一部分，还不是全部，有些人，我们还要看一看。"

（注：把清查反革命地下组织、篡改、歪曲为清查革命群众组织，借清查"北、决、扬"之名，行整革命群众之实，反攻倒算，手狠心毒。）

（二）一九七〇年中央发出二十号文件（即三·二七通知），其中明确指出："现在，清查'五·一六'的斗争已经展开，有些单位已出现了扩大化的倾向，'五·一六'是一个秘密的反革命阴谋集团，目前有的单位在过去公开的群众组织中也大抓'五·一六'……"，并强调指出："这种扩大化的情况，各级党组织，各级革委会，各级军管会、军代表，各工、军宣队负责同志必须引起特别警惕和注意。"但是，一九七〇年四月八日，刘丰在贯彻"三·二七"通知的县以上革委会负责同志会上的讲话中却有意对抗说："我们贯彻'九·二七'指示决心是大的，步子是稳的，方向正确，成绩很大，没有出现扩大化的倾向……个别单位出现这个问题，我们发现后立即纠正了。"

省委个别主要领导人再次在这个会上说："我们发现个别单位'权'不在我们手里或不完全在我们手里，基本上是坏人当道，好人受气。"

刘丰在这个会上还说："在文化大革命中受极'左'思潮影响的犯错误的群众，……必须发动群众进行批判。""胡厚民这个人，非常阴险毒辣,个人野心大得很,他要夺无产阶级的权,是个坏头头。"

(注:这些都是明目张胆地破坏二十号文件的贯彻。)

(三)一九七〇年六月三日刘丰和省委个别主要领导人"指示":"当前运动,一切服从省革委会批斗胡厚民、×××、李湘玉[2]大会,下面可做准备,……各地也要这样办。"

一九七〇年六月中旬,全省开广播大会,批斗胡厚民等。

一九七〇年七月刘丰和省委个别主要领导人来到宜昌[3],省委个别主要领导人在宜昌地区整党建党会议上讲了话,继续混淆敌我,大整革命群众。省委个别领导人说:"这些没有改造好的地富反坏右,世界观没有改造好的人(注:混淆敌我,把矛头指向造反派头头),他总是要捣蛋的,我说你捣蛋呀,我就要斗,把你斗倒斗臭。……我看×××、胡厚民在这个地区有毒素,恐怕没有脱离关系,……不管是刘少奇的毒,×××的毒,还有什么人的毒,他们在那里放毒,就到那里消毒,那个捣乱,那个倒霉,我就不同你客气。""如果不老实的话,那就要实行无产阶级专政,你不搞,他就要捣鬼,挑拨党政军民关系(刘丰插话:现在还有鸣冤叫屈的,翻案的,……还有人讲了朱洪霞都没有事,当了人大代表,我杨德光群众都'谅解'了,中央首长都'信任'。……就这么几个人,这几个人的名字我都有。……)所以,……放那些人掌权,那就是吃二遍苦,受二遍罪。"

(注:林彪死党刘丰和省委个别主要领导人一致把矛头指向结合进革委会的群众代表,要从思想上把这些同志搞臭,从组织上把他们搞垮,每到我区一次,都要点刘德光[4]等同志的名一次。)

---

2 李湘玉,一作"李想玉",1938年出生。文革前卫武汉机械总厂电焊工,文革中为武钢"九·一三"一号勤务员、武汉市革委会副主任、武汉市总工会副主任。文革后被撤销一切职务,关押十余年,定为"犯严重政治错误",免于刑事处分。1994年去世。
3 宜昌,位于鄂西长江中上游交界处。
4 刘德光,宜昌地区造反派头头。

二、在党的九届二中全会以后，刘丰和省委个别主要领导人不批陈，"九·一三"事件后不批林，揪出刘丰后不批林、不批刘，捂盖子，保自己，转移斗争大方向。

九届二中全会以后，刘丰不向省委和各级党委传达二中全会两条路线、两个司令部的斗争情况，并且歪曲事实，掩盖真相，只是笼统地讲"受了骗，上了当，起了哄，放了炮。"张体学同志在省党的核心小组和省军区党委常委会上，介绍了二中全会的一些情况，他唯恐露了马脚，竟进行追查。

一九七一年二月，毛主席批评军委座谈会"开了一个月，还根本不批陈。"[5]刘丰当时在会上不但不执行毛主席的重要指示，却吹捧几员"大将"是"发扬民主的好榜样"，"值得学习"等等。同年三月，刘丰在县、团以上干部会上传达时说："军委办事组就那么几个人，日日夜夜地工作，我们那有什么意见"，散布"批还是批了，对四员大将，我们怎么批得起来呢？就像郭建光批沙奶奶一样。"公开对抗毛主席的指示。在此同时，在省积代会，他却向革命造反派猖狂反攻倒算。

一九七一年二月十五日，省委个别主要领导人要各地"大造声势，大造舆论"，"报刊要发动批判，省党代会也准备进行批判，把'五·一六''北、决、扬'揭深批透，批倒批臭。""大批判，批极'左'，就是为'一打三反'运动开路，扫清障碍的。"同时，他们还把矛头指向革命造反派的头头，说"极'左'思潮，对群众来说是认识问题，带头的就不同，干扰毛主席革命路线，破坏无产阶级文化大革命。"甚至还提出："对反动的极'左'思潮可以批判，群众确实发动起来了，本单位确实无重点，肃清了流毒就可以了。"同时，发出了《关于'五·一六''北、决、扬'反动观点举例》二十一条，供各地大批判用，其中有这样一些观点，如"一年造反，三年挨斗，过河拆桥"；"造反是一家，讲友情，讲义气"等等。

5　引自《关于批陈整风运动重点在批陈的批语》（1971 年 2 月 19 日），《建国以来毛泽东文稿》第 13 册，中央文献出版社，1998 年 1 月，第 206 页。

（注：这时已逐级传达伟大领袖毛主席的《我的一点意见》光辉文献，刘丰和省委个别领导人不根据这个批陈整风的纲领性文件，组织革命大批判，深入批陈整风，却提出什么批极"左"，大整革命造反派，要害就是不批陈，捂盖子，转移斗争大方向，否定文化大革命，保自己。）

一九七一年三月二十五日，省委个别领导人对当前运动的"指示"说："……我们要给群众撑腰，号召群众大胆检举，……要把群众长期敢怒不敢言的状况改变过来……总之，要大揭大批，要开动员大会，大造声势，大造舆论。"

（注：挑动群众斗群众，继续镇压革命群众。）

一九七一年三月七日，刘丰和省委个别主要领导人"指示"：运动的"指导思想总起来三句话，即一个中心（当前'一打三反'就是挖'五•一六''北、决、扬'），三个文件（……），一个注意（……）。"继续对抗批陈整风运动。

一九七一年八月，毛主席巡视外地在武汉讲了党内两条路线两个司令部斗争问题，在传达中央[1971]57号文件时，刘丰才讲毛主席在武汉作过讲话，但他不认真传达毛主席重要指示的内容，只讲一些过程，表白自己，在第十次路线斗争的关键时刻，刘丰封锁毛主席的极其重要指示，真是罪大恶极。

一九七一年九月十三日凌晨，林贼叛党叛国的事件发生后，周总理给省委个别领导人打电话，并且说可以告诉刘丰，刘丰知道后，竟说"不是吧，要是他损失太大了。"事后他心怀鬼胎，一反常态，重新穿上空军制服，九月十六日和十八日，他两次观看影片《野猪林》，寄托哀思。中央[1971]57号、65号文件下达后，刘丰极力压制群众对林彪反党集团的揭发批判。他公开叫嚷："不能说林彪是一贯反毛主席"，"'八•九'讲话是正确的"，"林彪检查了不但不会降低威信，而会提高威信。"后来中央解决武汉问题，揪出刘丰，省委个别主要领导人躺倒几天。此后，他捂盖子，不批林，不批刘，以批极"左"为名，行批文化大革命之实。直到一九七二年五月，省委个别主要领导人还说："要彻底批判林彪反党集团以及王、关、戚等破坏党的团结，阴谋分裂我们党和军队的罪行，肃清其流毒。"闭口不谈批判林彪在湖北的死党刘丰，肃清其流毒。

三、省委个别主要领导人对抗毛主席关于清查"北、决、扬"的指示，继续坚持错误路线，越滑越远。

一九七一年十一月，伟大领袖毛主席对省委个别主要领导人指示："你那里有'北、决、扬'，要注意政策，我跟你讲了，你不相信，你又搞过了一点。"[6]

一九七二年一月五日，省委个别主要领导人在省委工作会议总结中说："湖北也有极少数'五·一六''北、决、扬'没挖出来，有的人白天是人，夜晚是鬼，有血债一定要还的。""对批斗对象要采取领导和群众相结合，实行群众专政。宜昌对刘德光的办法就很好嘛！"

一九七二年五月十八日，省委个别主要领导人在省政工座谈会上说，要"继续清查反革命阴谋集团'五·一六'和反革命地下组织'北、决、扬'的幕后策划者和操纵者。"根据他的意图写的省委[1972]40号文件《批转全省政治工作座谈会纪要》中说："我省政治工作的大方向是正确的，主流是好的。但是，也存在着缺点、错误。比如：……在清查'五·一六''北、决、扬'工作问题上'搞过了一点'，但也有的单位对清查工作抓得不紧，决心不大，从全省范围看，有的'五·一六''北、决、扬'的骨干分子和幕后操纵者还没挖出来，……""成绩与缺点、错误相比，是九个指头和一个指头的关系。……不能把我们工作中的缺点、错误，同林彪一伙的反革命修正主义路线混为一谈。"文件指出，要"进一步加强领导，继续有组织有步骤地开展清查'五·一六''北、决、扬'的斗争。"

一九七二年八月三十一日，省学习班负责同志在学习班班长会议上讲："批林整风就包括了清查'五·一六''北、决、扬'，……"。"×司令员从北京打电话讲了，要我们排除'左'、右干扰，要稳准狠，对原则问题，要像猛虎，敢于斗争……。"

---

6 这是1971年11月20日晚，毛泽东接见来京参加武汉地区座谈会的武汉军区和湖北省党、政负责人曾思玉、王六生、刘建勋等时，对曾思玉讲的一段话。

一九七三年三月三日，省委个别主要领导人来到宜昌，在地市机关干部会上作了讲话，还说："这样并不是说，对极'左'思潮不要批了，极'左'思潮还是要批，对搞派性的还是要批，对搞无政府主义的还是要批。""你们宜昌地区有个刘德光，他还捣乱的话，就警告他，要群众监督劳动改造。如果他还要违法乱纪，还要闹事的话，那就要采取无产阶级专政。现在什么时候了，你还在捣乱，你要捣乱的话就是破坏大好形势，干扰和破坏批林整风，罪责难逃。……你来搞吧，你搞就是犯罪，你本来罪过够大了，得到党的政策宽大处理。"

（注：这是颠倒是非，混淆黑白，自己破坏批林整风，反给革命群众组织的头头加上种种罪名，欺骗干部和群众，帐要算在刘丰和省委个别主要领导人身上！）

根据宜昌地区批林整风运动期间印发的打印材料刊印。

我们怎么办？
——兼评"六条"[1]

(一九七四年三月二十日)

杜则进[2]

【编者按】：这是杜则进的第三篇文章。自本刊发表杜则进的《炮打曾思玉》《省、市委怎么办？》以来，广大读者的反映是热烈的，有响应，有建议，也有讨论。杜则进文章的专栏，除武汉外，湖北各专县在不断发展。《杜则进写作小组》希望广大读者多提批评意见，并提供材料、情况通过武汉橡胶厂转来。

我们在《省、市委怎么办？》里，提出了一系列问题。同时，就目前湖北、武汉地区有关展开批林批孔运动迫在眉睫的问题，向省委领导同志提了五条意见。

我们高兴地看到，许多读者给我们写来了一封封热情洋溢的信件，支持我们的五点意见。"三厂一局[3]敦促省委积极批林批孔代表团"，"十八单位促省委、提意见代表团"，向省委领导人提意见时，对我们的五条意见表示坚决的支持。三月十八日夜，省委姜一书记、赵修[4]书记对"五条"表示："同志们的意见是很好的，有些意见可以

---

1 六条，即 1974 年 3 月 14 日中共湖北省委印发的《关于湖北"两清"工作中的错误问题（草稿）》。
2 杜则进，"斗则进"的谐音，"批林批孔"开始后武汉出现的写作小组，成员有《湖北日报》总编辑龙梅生、湖北省地质局干部马车、武汉橡胶厂"工造总司"头头杨业龙、武汉市江岸区建筑公司"钢工总"一号头头唐济源等。所写系列文章矛头针对曾思玉、刘丰领导的"两清"运动。
3 三厂一局，即武汉锅炉厂（刘丰蹲点该厂）、武汉重型机床厂（曾思玉蹲点该厂）、武昌造船厂和武汉电信局。
4 赵修，1921 年出生，河北井陉人。1964 年 9 月任湖北省副省长。1972 年 12 月至 1977 年 4 月任湖北省委书记（当时设有第一书记）。1975 年 7 月至 1979 年 6 月任武钢党委第二书记。1992 年 1 月去世。

答复,有些意见我们带回去,省委讨论后,再给同志们答复。"对此,我们是同意的。

前几天,奔腾的长江浪花照常飞溅,可是,武汉三镇却薄薄地笼罩着一层阴霾。极少数人又沿袭老办法动武啦,甚至发展到非法绑架省委赵辛初[5]书记、赵修书记、武钢党委第一书记李振江等领导同志,有了集结武斗人员,拦劫车辆的恶劣苗头。在我们革命队伍内部,对一些原则性问题的看法和行动,也有一些分歧……

"前途是光明的,道路是曲折的"[6],这是历史发展的规律。如果当斗争出现暂时的曲折时,就悲观失意,丧失斗志,徘徊观望,是非模糊,这种情绪实际上是小资产阶级摇摆性的反映。有矛盾,有斗争,是客观存在,想回避是回避不了的。只有坚决斗争,善于斗争,才能使矛盾向有利于革命的方面转化。如果有谁以为革命是一帆风顺的短途旅行,不经任何曲折和斗争,即可到达预期的目的,那么,用鲁迅的话来讲:"就不但不是革命者,简直连投机家都不如了。"

《西游记》里有个孙悟空,在太上老君的八卦炼丹炉中被浓烟烈火炼了七七四十九天,最后不仅没有被炼化掉,却反而炼出了一付(副)钢筋铁骨和一双"火眼金睛"。无产阶级革命战士也应当是这样,只要我们坚定地站在无产阶级立场上,任何困难险阻,逆风迷雾,都是可以战胜的。不经风雨,不见世面,不在阶级斗争、路线斗争的风浪中经受锻炼和考验,是培养不出真正的革命战士来的。

现在,湖北、武汉地区复杂的阶级斗争、路线斗争的现实状况摆在我们面前,一个严峻的课题摆在面前——我们怎么办?

一、革命烈火越烧越旺

"快把那炉火烧得通红,趁热打铁才能成功!"

国际歌里这句朴实的工人语言,表达了广大的批林批孔战士的

---

[5] 赵辛初,1915年3月出生,湖北黄梅县人。1973年6月至1975年5月任湖北省委书记(当时设有第一书记)、湖北省革委会副主任。1991年11月去世。

[6] 引自《关于重庆谈判》(1945年10月17日),《毛泽东选集》第4卷,人民出版社,1966年7月,第1109页。

战斗豪情，概括了当前湖北、武汉批林批孔运动的形势，也是百年前第一代工人造反派对于我们现在应当怎么办的伟大号召。统一认识，是统一行动的前提和基础。我们现在应当怎么办？要解决好这个问题，前提和基础是要统一我们对这个问题的认识。为此批判地分析一下前段我们已经做的一些事情，是大有益处的。

一年以前，林彪反党集团的不大也不小的一员干将方铭，为了给自己一伙壮胆，曾经气势汹汹地叫道："一小撮阶级敌人掀起一次又一次反复，一共八次，每次都失败了。八比零，这就是结果。"所谓"八比零"，反映了湖北、武汉的什么事实呢？第一，说明湖北武汉的造反派是硬骨头，斗争从来也没有停息过，我们一次又一次地向林彪、刘少奇的反革命修正主义路线的堡垒，发起英勇的冲锋；第二，说明湖北、武汉深入批林整风展开批林批孔，阻力何等大，反动的儒家堡垒何等顽固，斗争何等艰巨。"八比零"，方铭之流高兴得太早了！时隔不久，一批反潮流的战士，发扬大无畏的无产阶级造反精神，冲破了曾思玉等的高压政策，砸烂了那些阻挡革命的条条框框，再一次地杀了出来，锋芒所向，直指林贼在湖北代理人刘丰等四条汉子。反潮流战士的斗争不是孤立的，不是偶然的，也不是突如其来的。这一斗争的大方向是完全正确的，冲破了当时湖北武汉的"万马齐喑"的局面。引起了曾思玉之流的惊恐和反扑，鼓舞了广大革命群众的斗志。这个历史功绩不容抹煞。

党的十大以后，更多的同志响应十大号召杀了出来。革命大字报多了，大鸣大放的火力强了，同时大辩论也开始了，形成了新局面。

今年以来，在毛主席亲自发动和领导下，在党中央一再战斗动员下，从基层工厂到省市上层，以工人造反派为骨干，大批大批的杀向批林批孔的战场，革命烈火越烧越旺！

经过斗争，我们取得了一些初步的成果。胡厚明、李湘玉、王锦铭[7]、魏绳武[8]、田国汉等同志放了出来，开始了新的战斗。我们革命

7　王锦铭，1930年出生。文革前为武汉市低压锅炉厂工人，文革中为"工造总司"勤务组成员兼联络部长、武汉市革委会常委。文革中入狱多年。2006年去世。

8　魏绳武，1930年出生。中共党员，文革前为武汉市农委副科长，文革中为武

群众固有的"四大"合法权利,在湖北、武汉得到初步确认。省市委阶级斗争和路线斗争的盖子,正在揭开之中。以赵辛初、王克文[9]同志为代表的省市一批革命领导同志站在运动前列,同我们广大革命群众一道共同战斗。革命大批判专栏如雨后春笋,有分量的文章、大字报接踵发表。

毛主席说:"再有几个月的时间,整个形势将会变得更好。"

这一科学论断,完全适用于我们湖北、武汉当前的批林批孔运动。湖北、武汉的群众发动虽然还不充分,但进展还是比较快的。基本因素有五条:一、毛主席亲自发动和领导的批林批孔运动,党中央一系列指示,更加鼓舞和支持了广大革命群众敢于反潮流的革命精神,明确了方向;二、经过无产阶级文化大革命,毛主席的革命路线深入人心,广大人民群众的路线觉悟提高了,识别能力变灵了,反修观念增强了;三、广大革命造反派经受了正反两面的锻炼,小结了自己的经验教训,造反精神更强烈,斗争水平更高级,政策界限更明确,能够比较自觉地排除种种干扰,牢牢拿握批林批孔,批刘揭曾的斗争大方向;四、革命领导干部有了文化大革命的经验教训,认识到反潮流不仅仅在于群众,也在于领导,这次站出来的革命领导干部,比文化大革命初期要多得多,一冶党委公开声明造反、声明支持反潮流,就是个可喜的开端;五、广大无产阶级革命派更加团结。原来站错队的群众,多数开始认识到大势所趋,感到了走老路的危险,有的已经站了过来,有的思想斗争激烈。真正跟着韩宁夫和极少数坏人跑的,毕竟是少数,并必将继续分化。

光看到形势有利的面是不够的,还应当看到形势不利的一面,这才是唯物的态度。

运动存在着阻力,顽固派是客观存在。省委书记赵辛初同志身体不好,为搞好批林批孔运动,夜以继日的坚持工作。同样身为省委书

汉市直机关造反组织"机关红司"一号勤务员、武汉市革委会常委,持钢派观点。

9 王克文,1917年出生。武汉市副市长、市委书记处书记。1973年1月至1977年11月任武汉市委第一书记、市革委会主任。1993年去世。

记的孔庆德、潘振武[10]和韩宁夫,据我们所知所见,身体都壮实,我省批林批孔群众运动一起来,这三位同时病倒,你说怪也不怪?什么病呢?没有讲。我们的诊断:慢性中毒,急性发作。长期以来,这三位中孔孟病毒甚深,中林贼尸毒甚深,群众起来促,他们又拒医拒药,一身冷汗之后就急性发作了。上行下效,政治气候病,向下蔓延。举长办为例,五名主要领导人,都以养病之名跑个净光。有的领导人,不守岗位,玩忽职责,故意煽动经济主义和无政府主义,制造混乱,给运动施加压力。

省委常委讨论湖北"两清一批"问题时,赵辛初等领导同志旗帜鲜明,明确提出湖北的"两清一批"是个方向路线错误问题。可是有的人却硬着头皮顶,不肯认错,经过斗争,承认了扩大化,就是死不承认方向路线错误,一直僵持到最后,这样做的目的,是层层设置障碍,阻止运动深入发展。

破坏运动的新动向,极少数人蒙藏群众,组织了专业武斗班子,进驻武汉饭店等据点。他们提的口号是"拼到底",扬言"决一死战,只当'7·20'死了的。"极少数人,开始搞有组织有计划的恐怖行动,冒犯国法,挺而走险。他们制造了民生路工艺大楼的严重流血事件。"百万雄师"变种,所谓"工农兵"[11],在一小撮坏头头指挥下,纠合数十名暴徒,出动消防车,于三月十八日晚,公然在太平洋路拦劫省委负责同志坐(座)车,由于革命群众的保护,赵修同志等脱险,省委负责干部李处长和金秘书被绑架,首长座车被劫,紧接着在三月十九日,所谓"工农兵"一批暴徒,冲进武钢一招待所,毒打招持所负责人,把省委书记赵辛初、赵修同志,武钢党委书记李振江同志等六人,强行予以绑架拖走。这样严重政治事件,行动之迅速,指挥之紧凑,消息之灵通,说明此事件是有组织、有内线、有后台的。不彻底查清此事件的来龙去脉,我们决不罢休!"百万雄师"那个长期坚持错误不改的头头,原是个贪污犯,受到刘丰尝(赏)识,明抓实保,刘丰揪出后,韩宁夫书记于去年驱车到机电局,指示提拔,将这个头

---

10 潘振武,1908年出生。武汉军区副政委,湖北省革委会副主任。1988年9月去世。

11 工农兵,垮台的百万雄师的变种。

头提为人武部付（副）部长。同时韩宁夫和曹正科，用炮打毛主席的政治谣言，当面为这个头头打气，专门布置为"7·20"翻案。联想到这段旧案，看看这么几个人破坏运动的疯狂劲头，谁是后台，谁在操纵，谁在支持，大家心里是有数的。但是一切倒行逆施，"克己复礼"的反动派都决没有好下场！谁敢破坏批林批孔运动，我们就坚决发动群众打倒你。

应当指出，批林批孔运动积极分子队伍，步调还不够一致。因而火力还不够集中，这有历史的原因。同时，也是省市委领导不力的表现，这个问题急需解决。

各级党委领导不力，根本原因是刘丰四条汉子，推行了一条修正主义政治路线，同时推行了一条修正主义的组织路线。我们认为修修补补是无济于事的。

正是在这样的背景下，省委出了"六条"，即《关于湖北"清查5·16北决扬"工作中的错误问题》。"六条"可以说代表了当前湖北省委的正式态度，是一个值得重视的文件。六条应该如何看？我们应当怎么办？

六条公布之后，引起了社会上的各种不同的反映，有的说他是大毒草；这种看法主要来自林彪死党代表的极右势力、同时也来自小部分长期顽固地坚持错误路线不改的人。

在我们革命队伍内部，有极少数长期受林彪死党迫害较深的同志，他们的革命造反精神很强，对事物的是非反映很敏锐，他们在对"六条"提出了许多正确的无可非议的修改意见的同时，也不自觉地用感情代替了政策，把"六条"的缺点、错误看过了头，上纲称为"黑六条"，这种看法是错误的，但持这种看法的同志，只要经过细致的说理工作，看法是不难改变的。

还有一些同志，这里主要是指一些基层领导同志，他们说什么"省委表态了，'两清'的方向搞错了，担子有上边的人担了，我们没事了"。持这种想法的同志，当然就不会起来揭林彪死党和错误路线的盖子了，也不会正确地总结自己的经验教训了。我们说这种态度显然是不正确的。

那么对"六条"到底怎么看呢？

我们认为：省委的"六条"总的来看，前进了一大步，主流是好的，大方向是对头的，这是一个可喜的现象，也是一个良好的开端。"六条"的产生，是广大革命群众对省委不断促进和推动的结果。是赵辛初、姜一、赵修、王克文等革命领导干部，贯彻毛主席革命路线、作耐心细致的工作，坚持原则，坚持斗争，所取得的一个初步成果。只要广大革命群众对省市委继续促下去，只要省市广大革命领导同志沿着这个良好的开端加速步伐朝前走下去。湖北、武汉这个不大不小的老大难，终究是有办法解决的。我们衷心希望省市领导同志不要辜负毛主席、党中央的亲切关怀，不要辜负全省人民的殷切期望。

但"六条"站得不高，没有充分面对湖北"两清一批"恶果严重的基本事实，不敢承认绝大多数都整错了，不敢指明湖北"两清一批"是对文化大革命的反攻倒算，更不敢触及错误路线所造成的既成事实，公开维护"两清一批"搞的"权利再分配"，整个文件，措辞含糊、文字躲闪，没有提出改正错误的有力措施，大帽子下面开小差，根本对组织路线上的错误不沾边，所以说"六条"的改良主义气味甚浓，应当修改成为革命的战斗的文件。

举个例子来说：

单位	挖决派时总人数	群众组织人数	挖决派人数	所占百分比
新华瓦楞厂	240	60	34	56%
武汉机床厂	1700	800	600	75%
武汉汽配厂	2800	2000	1600	80%

现在落实的结果，一个决派也没有！

这样的情况调查，各厂大同小异。我们认为，一切当从实际出发，"六条"应立在事实之上，附列材料，有上述那种全省性的统计一般材料，也有电讯局汤玉莲之死那样典型的材料，这样作将使得这个文件的指导思想明确起来。

"六条"只提"两清"不提"一批"，采取了回避问题的态度。"两清"与"一批"不可分割，湖北的批极左思潮就是批无产阶级文化大革命，打击面更大，包括几乎所有的革命造反派群众。"一批"是"两清"的基础，这个账不算不行。

"六条"中讲形势只吹不批，不讲运动的阻力和破坏，只能起到麻痹广大革命群众斗志的作用。

"六条"有些地方自相矛盾，既承认"两清"方向路线错了，又讲什么决不能一风吹，"翻烧饼"，这是什么意思？貌似全面，实则中庸。我们认为：搞错了的东西必须一风吹！颠倒了的历史必须翻过来！

"六条"怕落实政策时坏人翻案，实质上是怕群众，没有解放至今受压的革命群众的决心，当前最大的右倾翻案妖风，就是否定无产阶级文化大革命。"六条"不提这个是严重的政治错误，对当前为"7·20"翻案的妖风实际上起着纵容和保护的作用，弄不好仍会引起挑动群众斗群众的恶果！"六条"不加分析地提发挥革委会的作用，发挥工、青、妇作用，实质维护了"两清一批"搞的权利（力）再分配。在这里应当肃清刘丰一伙不讲路线，大念权字经的余毒。

我们对"六条"的初略分析，可以看出省委拟定"六条"的指导思想，不是放手发动群众。主要目标不是放在揭省、市的盖子上。"六条"已经上报中央。三厂一局"十八单位"武汉广大革命群众，都对"六条"提出了系统的看法和意见，提交省委认真研究，上报中央，反映真实情况。

我们应当怎么办呢？我们作为批林批孔运动的积极分子，应当放手发动群众，揭开省、市委阶级斗争和路线斗争的盖子。只有放手发动群众，革命烈火才能越烧越旺，只有揭开省、市盖子，才能集中火力、步调一致，趁热打铁。下面还要深入讨论这个问题。

二、当务之急是什么

毛主席说："在任何一个地区内，不能同时有许多中心工作，在一定时间内只能有一个中心工作，辅以别的第二位、第三位的工作。"[12]当前批林批孔运动深入发展，什么是湖北武汉的当务之急，即什么是我省我市批林批孔运动的中心工作？有各种不同的回答。

有的同志讲，当前的中心工作是解放仍然受压的造反派，在这个前提之下，有的讲当务之急是放杨道远同志，因为曾思玉之流最怕杨

---

12 引自《关于领导方法的若干问题》（1943年6月1日），《毛泽东选集》第3卷，人民出版社，1966年7月，第856页。

道远同志;有的同志讲关键是放任爱生同志,这是对待站出来的革命领导干部问题,曾思玉一伙最头疼;也有的同志讲,当前的中心工作应是反击右倾翻案妖风,妖风不止,运动难进;还有的同志讲,当前的中心工作是"六条"的问题。总之,有很多的讲法,这些讲法都对,但不完全对。作为战役中心来讲,都可以成立,但也有个主次先后,作为战略中心来讲,这些就不全面了。过去,刘丰四条汉子向文化大革命反攻倒算,中心工作是"两清一批"。"六条"把"两清一批"作为当时湖北的一项工作看待,是形而上学的观点,是不利于揭盖子的。刘丰四条汉子当时的口号是:以"'一打三反'(即搞'两清一批')带动其他各项工作",也就(是)说整党建党要以"两清一批"为依据;干部下放要以"两清一批"为基础、为依据;精简机构要以"两清一批"为基础、为依据。所谓"火线整党""火线下放""火线提拔"之类就是了,重点很突出,以利刘丰一伙全面否定无产阶级文化大革命的伟大胜利,"两清一批"就是当时的战略中心。

当前的战略中心是什么?我们认为:放手发动群众,揭开省、市盖子,是湖北、武汉的当务之急。只有群众发动得越广泛越深入,省、市盖子才揭得开,也只有盖子真正揭开了,群众的发动才有力量,这是一个问题的两个方向(面),相辅相成的。解放造反派也好,痛击右倾翻案也好,促省委评"六条"也好,都应该围绕着这个战略中心,也只有站(在)这一战略高度来看待问题,这些重要战役才打得好,才有利于全局的推动。

我们发动群众的工作做得怎样?武汉要比专县好一些,专县发动群众还很差,例如襄樊[13],有的发电厂在围墙上加修电丝网,防止所谓冲击和串连。湖北日报"内部参考",今年二月二十日还在说什么,襄樊的牛鬼蛇神借批林批孔之机跳了出来活动,点了原造反派头头张××[14]的名,继几年前的老调子骂他是坏头头,与"六条"中所

---

13 襄樊,即襄樊市,位于鄂西北,1958年划归襄阳专区,1979年改由省直辖,2010年更名为襄阳市。
14 张永善,1930年出生,湖北襄阳人。1967年3月,襄阳军分区以"反革命夺权"罪名将张永善抓捕并批斗。6月,张永善被释放。后任襄阳地区革委会常委。1971年1月,被定为"反革命坏头头",受到批斗。

谓"反对翻案"互为佐证,值得我们注意,为什么专县运动迟迟搞不起来。宜昌市现在一些工厂,只准许在同班同组内部搞运动,专县的条条框框、清规戒律还有待打破。我们建议省里组织三结合的批林批孔宣传队,到专县去做发动群众的工作。在武汉工厂的发动比其他战线要好些,还存在着一些死角,就是工厂也不是都动了,动了的工厂人数也还多为少数。中国科学院武汉分院就规定科室与科室之间不准串连,屁话不少。认为武汉群众已发动得不错,那是自欺欺人的。只能讲有个初步发动,还需要费大气力。我们的一切工作,我们的一切言谈行动,都必须是有利于发动群众、反修防修的历史任务,只有发动亿万革命群众,首先是工人群众,才有保障完成。不放手发动群众,指望少数人蛮干不行,指望几个头头跳上跳下更不行。**"从来就没有什么救世主,全靠我们自己"**,让我们都来做发动群众的工作,重点是发动工人群众,这是夺取批林批孔斗争胜利的根本保证。

　　省市盖子揭得怎么样?我们看法是很差。曾思玉未走以前,谈不到他揭盖子。曾思玉走了以后[15],揭盖子的斗争还面临很大阻力。我们认为,盖子基本上还没有揭开,但已不甚严密,四处冒气了。为什么讲省市阶级斗争和路线斗争的盖子还没有揭开?我们可以提几个问题:林贼"571工程纪要"讲武汉为借用力量,要借用什么人?哪几个人?之间有什么联系?又是什么根据可以借用?不清楚。刘丰、曾思玉等在九届二中全会上,为什么那样清楚林彪一伙的主攻方向?事先怎样联系、策划的?事后怎样向他们布置撤退的?不清楚。王维国到武汉来带来了谁的什么指示?同方铭密商结果是什么?方铭又同刘、曾之间如何共谋的?不清楚。黄、吴、李、邱、叶等几员干将,或亲来或派人来武汉,同刘丰、曾思玉之间传达了什么?策划了什么?不清楚。林立果到武汉搞小联合舰队,由哪些方面组成?据点在哪里?任务是什么?不清楚。刘丰四条汉子整群众,打击革命造反派,整体学等革命干部,背景是什么?同林贼的反革命政变阴谋的关系怎样?不清楚。这些问题不揭开,盖子怎么能讲揭开了。

　　再谈几个例子说说,都是湖北对抗中央的。

---

15 指1973年12月八大军区对调,曾思玉离开武汉到济南军区任职。

中央"5·27"指示明确指出,"反复旧"是认识问题,中央首长讲,湖北领导对群众组织教育不足,对新生力量爱护较差有关。可是曾思玉在省三次党代会上报告中讲:"'反复旧'是阶级敌人搞的,与帝修反遥相呼应",把造反派打成了帝修反的别动队,公开对抗中央。

一九七〇年,刘丰、曾思玉之流欺骗中央,汇报现已挖出了两万个"北、决、扬",中央首长说:"两万人就带有群众性了,与造反组织挂钩是不行的,一联系就不得了"。刘丰,曾思玉讲中南汽车制造厂700多人有150个决派。中央首长说:"这个材料要打个问号,把这作为原始材料,自己骑上虎,自己还要下虎的。"曾思玉回来后扬言说:"我不是骑虎,是骑马,能上能下。"公然与中央唱对台戏。

毛主席批示的70年20号文件,反对扩大化,湖北开会时,刘丰说:"湖北不存在扩大化的问题,是右倾问题,20号文件,联系湖北是抓得不够。"方铭叫道:"你们怕什么?要杀头杀我的头!"反动气焰嚣张,炮打毛主席、党中央,罪恶滔天!

一九七一年13号文件,指明"5·16"主要在北京。曾思玉看了后讲"不仅武汉有'5·16'、黄石都有",大唱反腔。

略举几例,充分说明当时湖北武汉的领导权,不在毛主席手里,不在无产阶级手里。这样一些严重问题都还没有揭开,为什么韩宁夫至今不揭?为什么不举办张玉华[16]、马兆昆[17]、刘智等知情人[18]学习班,责令其交待揭发,所谓军区三办必须砸开内幕,我们认识到,揭省市盖子是很艰苦的斗争,阻力和障碍还很多。我们要集中火力,万炮齐轰,坚决炸开湖北省的铁盖子。

要集中精力打好这一场硬仗,就必须发挥革命的权威,解决好组织领导问题。目前各级领导机构,由于刘丰等推行修正主义组织路线的结果,难以发挥有效的统一指挥的革命领导作用,这个问题要解决。要注意充分发挥革命领导干部的作用,领导和群众都要吸取文化

---

16 1916年出生,山东文登人。1967年任武汉军区副政委兼政治部主任,1970年至1976年任湖北省委书记。2017年9月去世。

17 马兆昆,1923年11月出生。武汉军区后勤部政委,武汉军区"三办"负责人(1968年8月至1969年11月)之一。

18 指主导"两清"的刘丰倒台和曾思玉调离武汉后,武汉军区对"两清"情况了解知情的人。

大革命初期干群对立的教训，要真正发挥批林批孔积极分子的骨干作用，一个三结合的有群众拥护的有革命权威的对运动实行统一指挥的领导机构，必须从省市到基层，建立和健全起来，这是打大战役的极重要保证。其他形式的组织领导，或者行不通，或者不现实，我们认为：一个党委领导下的作战司令部，是一个较好的办法。

要集中精力打好这一仗，还必须捏紧我们的拳头，整齐批林批孔积极分子的队伍，达到步调一致。文化大革命期间，湖北山头林立，加上刘丰、曾思玉一伙的挑拨破坏，是有一些旧帐，决不可去纠缠。加上湖北这次发动群众开始时，头头、干部都不出来，所以比较分散，形成某些新的问题。我们认为，只要目标一致，问题不难解决，我们应当记住文化大革命和"两清一批"中刘丰一伙挑拨离间各个击破的血的教训。我们要捏成一个拳头，打击敌人才有力量。

只要我们整齐步伐，统一指挥，充分发挥革命权威，放手发动群众，揭开省市盖子，这一当前的战略中心任务，是能够完成的，这一仗必将打胜！

三、捏紧拳头，集中火力

我们怎么办？叫做捏紧拳头，集中火力。我们口号是：发动群众揭盖子。

为什么要这么办？怎样才能办到？在这个口号下要打些什么战役？欢迎同志们和我们共同讨论，这里说说我们的意见。

捏紧拳头，就是批林批孔的积极分子要团结，一切真正愿意参加批林批孔的同志要团结。在斗争中团结的人越多越好。这种团结，应该是阶级的团结，路线的团结，原则的团结。团结就是力量，马克思说："**革命应当是团结的，巴黎公社的伟大经验这样教导我们。**"五个手指伸开打人是不疼的，捏紧的拳头打出去才有劲，现在批林批孔积极分子队伍，基本上是团结的，基础较牢，人心所向，但是还存在着分散主义的倾向，个别同志之间还有些摩擦，这样支流的方面也不容忽视。

集中火力，就是要集中优势兵力打歼灭战，饭要一口一口吃，仗要一场一场的打，我们要克服那种毕其功于一役的左派幼稚病。"**在**

战略上我们要藐视一切敌人，在战术上我们要重视一切敌人。"[19]我们不仅要敢于斗争，敢于革命，还要善于斗争，善于革命，我们要善于抓住本质，抓住主要矛盾，不被某些支流问题所牵制，不被某些假象蒙混，目前我们的力量有些分散，火力还不够集中，需要大力解决。

怎样才能够捏紧拳头，集中火力呢？我们认为有以下几条：

第一条，要有一个统一的明确的斗争目标，统一认识，首先要统一到一个共同的斗争目标上去。批林批孔是一场反修斗争，是政治大革命，目的是巩固无产阶级专政，坚持继续革命，是继续解决中国走社会主义道路，还是走资本主义道路的问题。我们当前的目标，就是要巩固和发展无产阶级文化大革命，把思想上的路线搞正，把政治上的路线搞正，把组织上的路线搞正，对刘丰一小撮推行的反革命修正主义路线，要彻底揭露，深入批判，肃清流毒，保证湖北武汉沿着毛主席革命路线的金光大道胜利前进，这个斗争目标，我们不能停留在口头，必须贯彻于行动，防止把个别的具体斗争目标代替这个总的目标。

目标一致，就要有一个战斗口号，它既从湖北实际出发，又符合于中央精神。我们建议：发动群众揭盖子，批刘揭曾肃流毒，作为我们当前的战斗口号，是不是大家都能接受这个口号，可以讨论，但总要有一个战斗口号来整齐队伍，统一步调。

要目标一致，我们就要学习，掌握战斗的武器。无产阶级文化大革命中培养出来的新（生）力量之所以有战斗力，就是靠多学习，书本和实际都要学，靠的是马列主义、毛泽东思想的真理。这个长处万不可丢掉。只有多学习，才能方向明，才能识别真假，才能牢记我们斗争的总目标，才能避免那种**"记住了我党的具体的个（各）别的工作路线和政策，忘记了我党的总路线和总政策"**[20]的危险倾向。如果我们总是热衷于大场面，热衷于放空炮，就有可能给运动的全局带来损害。

---

19 引自《毛泽东同志论帝国主义和一切反动派都是纸老虎》，人民出版社，1958年，第26页。
20 引自《在晋绥干部会议上的讲话》（1948年4月1日），《毛泽东选集》第4卷，人民出版社，1966年7月，第1259页。

要目标一致，还必须出以公心，改造我们本身的世界观。鲁迅说过:"我们战线不能统一，就证明我们的目标不能一致，或者只为了小团体，或者还其实只为了个人，如果目的都在工农大众，那当然战线也就统一了。"我们应当拿这段教育经常对照一下自己，警惕、警惕自己。

第二条，要有一个坚强的领导核心。要打仗就得有一个战斗指挥部，形成领导核心实行统一指挥。这个领导核心，首先是应该具有革命的权威，要有广泛的群众基础，要有代表性，要老中青三结合。有的人讲，各级党委已经建立了，还谈什么领导核心问题干什么呢？我们认为：党委领导我们拥护，而且争取，我们这里讲的战斗指挥部是在党的领导之下的。但是原封不动地维持现有各级领导机构，不能适应当前批林批孔伟大斗争的需要，而且也是行不通的。我们认为：从省到基层，建立批林批孔办公室，把一切参加批林批孔的积极力量统一起来，是一个可行的办法，这应当是有革命权威的领导机构，指挥批林批孔的各项战斗，靠目前状况的革命委员会不行，靠目前状况的工、青、妇群众组织更不行。

这个领导核心应当有革命领导干部参加为骨干，刘丰胡说什么："支派的干部十个有十个是坏人"。我们要反其道而行之，对于支持革命造反派的革命领导干部，对于站在批林批孔运动前列的革命领导干部，我们就要支持、就要拥护。我们坚决支持省委书记赵辛初同志，姜一同志，赵修同志，市委书记王克文同志，站到运动的前列来，大胆领导，解放思想，和我们并肩作战，我们坚决要求放回革命领导干部任爱生等同志，同我们继续战斗在一起。

这个领导核心应当以革命造反派的代表为主体。刘丰等四条汉子污蔑造反派头头是"野心家"，把造反派头头搞臭搞垮，甚至整疯整死。这些同志路线斗争觉悟较高，反对修正主义最快，又经过了正反两个方面的锻炼，有了一定经验，这些同志参加领导核心，具有代表性，能加强战斗性，这些同志在各单位，各系统的批林批孔运动中，打了先锋，起了带头作用，群众基础比较好。在吸收这些同志参加领导核心时，不一定局限于已经参加三结合的那些群众代表，对于具有反潮流精神的批林批孔运动积极分子的代表，也应当吸收参加。

这是一件大事,应当抓紧办。没有一个坚强的领导核心,团结是一句空话,集中火力更不可能。

第三条,要打好基础。我们应当做扎实的工作,把各单位首先是工厂的广大革命群众都发动起来。军队的基础是连队,打仗的基本单位也是连队。连队不抓好,打仗就没有力量。各个工厂各个单位也是我们这场批林批孔斗争中的连队,我们应该切实抓好。上层建筑的斗争和基层单位的斗争,必须有机地结合起来。认为单位的运动没有什么搞头,专门浮在外面,这种想法是有害的。认为只有依靠外援才能搞单位的运动,这种想法也是错误的。我们对广大工农群众必须信任,要相信绝大多数群众是拥护批林批孔的。基层单位不仅必须抓好,而且能够抓好。

基础打好了,捏紧拳头才粗壮,集中的火力才强大。斗争中形成的领导核心才有革命的权威。这项重要工作是我们决不可以忽视的。

第四条,要组织一个统一的大行动来进行引导。什么行动呢?游行吗?不能一天到晚游行,只能造造声势。静坐吗?办法不够积极,我们需要进攻。我们认为:开一个三委扩大会是可取的,在《省市委怎么办》一文中已提出来了。三委扩大会,除了扩大到专、市、县、厅、局、区各大型单位的负责人之外,要大量地请批林批孔积极分子参加。主题就是批林批孔,批刘揭曾,揭开省市盖子。这个三委扩大会是一个全省、市集中的大战场。本身就是捏紧拳头集中火力的大战役。通过这场大战役,对于统一斗争目标。形成坚强的领导核心,打好基层的战斗,会有一个大的推动。省市开了以后,下面层层开,全省运动必将出现一个新局面。

以这个集中战场为中心,反击右倾翻案妖风,争取受政治迫害的造反派同志的解放,革命大批判,对典型事件的调查等等,都要深入开展,所有这些斗争都不能离开揭省市盖子的中心。这样,既轰轰烈烈,又扎扎实实,既有主攻方向,又是全面开火。还有什么顽固的堡垒攻不破呢?

如果省里不干,怎么办?我们促。促不动呢?我们自己干、边干边促。有毛主席领导,有党中央指路,我们什么也不怕!但我们对现在的省委也要有个基本的信任,不是刘丰、曾思玉那个时候了,主要负责人赵辛初等同志我们应该信任,同时形势也大大向前进了,带着花岗岩脑袋去见上帝的人毕竟是极个别的。

上面说的四条,我们认为是办得到的。办这四条不是目的,而是手段。战斗任务是艰巨繁重的。但是拳头捏紧了,火力集中了,盖子揭开了,我们的斗争就更有力量,我们就能夺取批林批孔新的更大的胜利。

四、出以公心,勇往直前

有反动,必有革命,有复辟,就有反复辟的斗争;有保守,才产生革新。

毛主席说:"世界上总是这样以新的代替旧的,总是这样新陈代谢,除旧布新或推陈出新的。"[21] 人类社会,正是在这种"**新陈代谢除旧布新或推陈出新**"的过程中发展和前进的。

新生力量是革命的未来和希望,历史上每一次伟大的革命运动总要涌现出许许多多新生力量来。历史的发展,总是长江后浪推前浪,一代新人胜旧人。

林彪之流朝思暮想的是搞"克己复礼",出自他们的反革命本性,他们对新生力量是深恶痛绝,刻骨仇恨的。湖北的刘、曾、方、张也是极力扼杀,反对新生力量的。信手拈来两个小例,以说明问题:

其一,一次郑州铁路局革委会召开常委会,通知武汉铁路分局群众代表参加,刘丰、方铭得知此事后,连"首长"的"尊严"也顾不得了,在电话上破口大骂:"什么长委短委,统统是乌龟王八旦!"

其二,林贼死党王维国窜到武汉来阴谋活动,方铭悻悻地对他说:"谁叫你们把王××捧得那么高?我们这里把朱洪霞、张立国、吴焱金、李湘玉斗的斗、批的批、关的关,看他们老实不老实。"

今天,历史的结论开始写了,到底谁是"乌龟王八旦"?!

在自然界和人类社会中,新生事物总是不断的否定、战胜、取代旧事物,这是普遍的,不可抗拒的客观规律。整个自然界和人类社会的发展史,就是一部新生事物发展、壮大与旧事物不断衰亡的历史。

---

21 引自《矛盾论》(1937年8月),《毛泽东选集》第1卷,人民出版社,1966年7月,第299页。

无产阶级文化大革命中涌现出来的一批新生力量，是无产阶级专政下继续革命深入发展的必然产物，符合人类社会发展的客观规律，代表着历史前进的方向。

有人说：从来的法家都没有好下场、法家只能当垫路石。

我们认为，这是一种混淆阶级观、历史观的错误论点。如果说古代的革新派少正卯和当代的革命造反派，都是不同历史时期的法家的话，那么，少正卯等人的被杀并不影响社会的前进，尽管孔老二亲自驱赶牛拖的木轮车四处奔走游说，阻拦奴隶起义，依旧是竹篮打水一场空。

历史上的法家的变革斗争，之所以有时遭到挫折，甚至失败，只是当时还没有新的生产力和新的生产关系，没有新的阶级力量，没有先进的政党的正确领导。这样就使得这种变革陷入失败，总是在革命中和革命后被地主、贵族、资产阶级篡夺了革命的果实，当作他们改朝换代的工具。

今天，在我们伟大的社会主义祖国，在无产阶级专政的历史条件下，当代的法家力量面临着一派空前大好形势，具备了人类历史上任何时期所不可能有的优越条件。毛主席关于无产阶级专政下继续革命的学说，从实质上说，是保护、支持、鼓励勇于革命的当代法家力量的。

毛主席他老人家，以大无畏的革命精神，为我们树立了光辉的典范。"十大"党章中写入了"**反潮流是马列主义的一个原则。**"在毛主席亲自发动和领导的批林批孔运动中，随着对"尊儒反法"思想的批判步步深入，主张革新的法家思想日益为广大革命群众掌握，革命的新生力量，得到毛主席信任，受到人民的爱护。在毛主席革命路线指引下，我们的斗争必将取得伟大的胜利。

革命已经向纵深发展，我们的同志越是在这种大好形势下，越发要头脑冷静，不要忘乎所以。那些被打倒了的地、富、反、坏、右和一切反革命分子，当年是尊奉着"礼不下庶人"的原则的，今天却也常常会给往日的"庶"人送"礼"，烟酒宴席，金钱美女，封官许愿，尽力投你所好。他们送小"礼"，是为了谋大"利"，想获取的是整个失去的"天堂"。我们的同志千万不要被这种拌着蜜糖的砒霜毒害了。

只要他们的"变天"梦一旦如愿以偿，他们就决不会这样"礼节周到"，而是把脸一翻，象座山雕、胡传魁那样用手枪、刺刀来索"礼"了。我们回顾回顾历史，是有很多东西可以借鉴的。

在阶级社会里，每一个人都打上了阶级的烙印，任何人的"造反"都不是抽象的，是有其阶级性和阶级内容的。马克思说过："**人的本质并不是单个人所固有的抽象物。在其现实性上，它是一切社会关系的总和。**"宋代农民造反起义的梁山泊一百零八将，都是封建社会的反抗者，但由于他们每个人的阶级烙印不同，他们被"逼上梁山"，造反的过程和反抗的程度也就不同，革命性也就不同。贫农出身的李逵口口声声要打倒"鸟皇帝"；小官吏出身的宋江则盼望"招安"，图个"一官半职"；而大地主大商人出身的卢俊义盼望"招安"的心情就更迫切，希望早日离开水泊梁山，结束这动荡的草莽生活，回到他那豪华富丽的大庄园中。

我们的同志要有彻底革命精神，不能半途而废，不能稍有一点成绩就"功成名就"，"踌躇满志"起来。要狠批林贼的"三保——保产、保官、保命"，"千里做官，为了吃穿"的反动谬论，在改造客观世界的同时，不断改造自己的主观世界。结合在各级党委、革委会、工青妇的同志，要为毛主席革命路线而掌权，为人民而掌权。只有深深扎根在人民群众之中的无产阶级革命者，才有移山倒海的力量，才能永远立于不败之地，才能在社会主义革命和社会主义建设的广阔天地里纵横驰骋，才能成为耸立云霄的高山。那些蜷缩在蜗牛壳里与广大人民群众为敌的反动分子，不管他们自视多高，"韬晦"多深，窃取的权力多大，反革命的手段多毒辣，他们终究是"泥足巨人"，一旦人民起来斗争，他们就成为一抔黄土，土崩瓦解。

林彪是分裂工人阶级队伍的罪魁祸首，他挑动群众斗群众，所犯下的罪行罄竹难书。刘、曾、方、张四条汉子忠实地推行林彪路线，他们挑动"钢新之争"，挑动整站错队的阶级兄弟，挑动站错队的群众起来为"百万雄师"翻案，挑动群众斗干部，挑动干部整群众，制造反动的"误会论"，向无产阶级文化大革命反攻倒算。

他们对"钢派"说："你们是坚强的钢铁队伍，新派是小资产阶级，'工造'是卖烧饼油条的……，没有'三钢'，就没有解放军。"

他们对"新派"说:"你们大方向掌握得好,讲究政策,我们不依靠你们依靠谁?钢派里面牛鬼蛇神多,组织不纯,不讲政策……"。

他们对"钢""新"两派说:"你们还吵什么?'百万雄师'要翻案,组织了地下联络站,成立了七十四师救国军,我们张政委的汽车被人家枪子穿了个洞呀"。

他们对站错队的群众又说:"'七·二〇'是王力搞的鬼,△△△和△△同志受了蒙蔽,'七·二〇'是一箭双雕,你们受了压……"。

他们的这些反革命两面派手法可谓毒矣!我们上过他们的当,吃过他们的亏。"**历史上曾经有过几次表现了大的骄傲,都是吃了亏的。**"毛主席语重心长地说:"**全党同志对于这几次[大的]骄傲,几次错误,都要引[以]为鉴戒。**"[22]历史的经验告诉我们,力量从团结来,胜利从斗争来。我们诚恳地、迫切地、强烈地呼吁:"同志们,在毛主席革命路线的基础上团结起来,捏成一个拳头,集中火力,批刘揭曾、揭开湖北、武汉阶级斗争、路线斗争的盖子。我们要认真重温毛主席在文化大革命中的一系列重要指示,要节约闹革命。要抓革命、促生产,肩挑两付(副)重担。要狠狠打击一小撮阶级敌人和流氓阿飞的破坏活动,以利于促进批林批孔的迅猛发展。总之,要排除干扰,牢牢掌握斗争大方向,把批林批孔运动进行到底,胜利一定是属于我们的。

英特纳雄耐尔,就一定要实现!

一九七四年三月二十日

根据武汉十八厂 1974 年 4 月翻印的《炮打曾思玉:省市委怎么办?我们怎么办》(杜则进)刊印。

---

[22] 引自《学习和时局》(1944 年 4 月 12 日),《毛泽东选集》第 3 卷,人民出版社,1966 年 7 月,第 902 页。

冲破一切阻力，杀向批林批孔战场！

（一九七四年三月三十日）

在伟大领袖毛主席亲自发动和领导下，一场群众性的深入批林批孔的政治斗争，正在全国蓬蓬勃勃地兴起。广大的工农兵以无产阶级的革命精神投入战斗，有力地发挥了主力军的作用，革命的知识分子和革命干部也积极行动起来，发扬了敢于反潮流的革命精神，迎着风浪奋勇前进，批出了一片大好形势。

资产阶级野心家、阴谋家、叛徒、卖国贼林彪是地地道道的孔老二的信徒。林彪尊儒反法，大搞孔孟之道，大骂秦始皇，孔子要"复礼"，林彪要复辟，目的都是一样的，开历史倒车。因此，批林批孔必须从两条路线斗争的高度深入地批判林彪的反革命修正主义路线的极右实质，挖掉林彪及历史上一切反动派开倒车、搞复辟的思想基础。批林批孔，这是当前现实的阶级斗争和路线斗争，也就是一场前进与倒退、复辟与反复辟的政治斗争和思想斗争，也是最生动、最实际的思想和政治路线方面的教育，是反修防修，巩固无产阶级专政的大事，是保卫无产阶级文化大革命伟大胜利成果的大事，是党的大事，是无产阶级整个阶级的大事，是我们亿万工农兵群众的大事。

然而，时至今日，在全省一派批林批孔大好形势下，省市委主要负责同志仍按兵不动，他们不抓批林批孔，却拚命把斗争矛头指向广大工农兵群众，他们开动《长江日报》等宣传机器，把曾、刘、张在湖北武汉犯下的一系列罪行统统推到广大工农兵头上，妄想把轰轰烈烈的批林批孔的群众运动镇压下去，是可忍，孰不可忍！

回顾湖北武汉市无产阶级文化大革命的历史，我们可以看到，湖北省的主要负责人是坚决执行，还是阳奉阴违地执行毛主席的革命路线？

一九六六年，反革命修正主义分子王任重，为了扑灭无产阶级文化大革命的熊熊烈火，气势汹汹，对革命群众搞秋后算账，继而张体学大抓南下一小撮，执行了刘少奇的资反路线。刘丰在林彪的指使下，伙同王力、张昭剑[1]制造了"七•二〇"事件，实行一箭双雕，妄图谋害伟大领袖毛主席未遂，刘丰因为效忠主子林彪有功，连升五级，飞黄腾达。"七•二〇"后王力垮台了，从沈阳调到武汉的曾思玉同刘丰狼狈为奸，死死捂住"七•二〇"真相的盖子，严密封锁中央首长揭发"七•二〇"事件真相的讲话和处理这一事件的指示。把"七•二〇"严重政治事件的大帽子始终压到湖北武汉百万人民头上。一九六八年，刘丰对朱洪霞讲："百万雄师钻进来了，打着你们的旗号闹翻案，你们垮台，我们也完蛋了！"于是，发动了把矛头完全指向群众的、极其残酷的所谓"三反一粉碎"运动，向广大工农兵和贫下中农进行反攻倒算，至使湖北、武汉革命人民和贫下中农死伤残十八万四千余人。

一九六九年"九•二七"指示下达后，曾思玉、刘丰借挖"北、决、扬"之名，大搞扩大化，再次把矛头指向群众，行保护一小撮反革命分子过关之实。一九七一年十一月，伟大领袖毛主席向曾思玉指出，"你那里有'北、决、扬'，要注意政策，我跟你讲了，你不相信，你又搞过了一点"。一九七〇年中央20号文件，关于清"5•16"不要搞扩大化的指示下达，曾、刘封锁中央指示不予传达。一九七三年，张体学同志逝世，赵辛初主持湖北省委工作，由于赵辛初刚来湖北，根本不了解湖北两清工作的实际情况，到处表态，信口开河，制造派性，挑动群众斗群众，一会（儿）说大字报不准上街，一会儿又号召党、团员蒙[2]撕大字报，昨天说不要看大字报，今天又说大字报是革命的要欢迎，大耍两面派手法。他支一派，保自己的乌纱帽；压一派，进一步捂湖北省阶级斗争的盖子。他对抗党的基本路线，不抓批林批孔，却长期围绕"两清"问题打转转，妄图全盘否定"两清"和清队的伟大成果，全盘否定解放军支左的大方向，全盘否定全省人

---

1 张昭剑，1923年出生，河北栾城人。"七•二〇"事件前任陆军29师8199部队政委，"七•二〇"事件后任空降兵第15军即7250部队副政委兼武汉警备区副政委，1968年9月至1972年10月任陆军第17军政委，兼任武汉市革委会副主任。2008年3月去世。

2 蒙，即"蒙住""盖住"之意，文革中的群众组织常用己方观点的大字报覆盖对方的大字报。

民贯彻执行中央"五·二七"指示、"七·二三"布告、"八·二八"命令、"九·二七"指示和贯彻中央3、5、6号文件的伟大成绩,他以解决"两清"问题为名,保护真正的"北、决、扬"一小撮出笼,在很短的时间里,搞出了所谓省委三条、七条、六条等文件,这些文件前后矛盾、互相矛盾、出尔反尔、反复无常,尽管广大工农兵、革命干部思想不通,他硬是逐级往下贯。不仅如此,他还以各种手段压制思想不通的群众,他开动宣传机器,利用《长江日报》等党的喉舌,大发社论、评论,煽动派性,分裂工人阶级队伍的团结,完全把矛头指向广大革命群众,硬把"两清搞过了一点"的问题,说成是大方向完全错了,口头上领导担责任,实际上把责任全部推到群众头上。不仅如此,他们还指使公安机关大批放人,不仅把挖决时中央"九·二七"指示中点名要逮捕法办的老国民党特务周岳森等人放掉,并冠上老地下党员的贵(桂)冠,而且把贯彻3、5、6号文件清出的坏人也统统放掉,放掉刽子手王仁舟时,激起了浠水县广大贫下中农的无产阶级义愤。总之,不管好人坏人,一律给予政治上的解放。而对曾经积极贯彻中央各项文件、指示的广大工农兵、革命干部实行高压政策。广大工农兵群众找赵辛初反映情况,他当面表态,"同志们找省委反映情况是完全应该的,这不是绑架",而背地里要两面手段,指使人向中央汇假报,中央办公厅下达三点电话指示[3],还没有付印,赵辛初就立即以省委16号文件的名义,要下面不过夜的传达,而中央关于批林批孔的文件的传达都没有这么及时,其目的完全是为了镇压群众。在镇压群众的紧锣密鼓声中,《长江日报》充当了急先锋。这个《长江日报》自文化大革命以来,一直挑动群众斗群众,完全不要党性,只要派性,时而左得出奇,时而右得发晕。文化大革命初期,它大登"二·八声明"之类的派性传单,挑动群众斗群众,"两清"期间,它大发社论、评论,要广大工农兵群众起来"挖地三尺","深挖细找"……。批判群众、批判文化大革命的文章,一个月就发了二

---

3 1974年3月21日,中共中央办公厅针对武汉地区一部分群众抓走正在武钢作报告的湖北省省委书记赵辛初等人的举动和汉口武圣路发生侮辱妇女的事件作出三点指示:"一、随便抓走赵辛初等人是完全错误的;二、'七·二〇'事件不能翻案;三、流氓在街上侮辱妇女要认真严肃处理。"

十七篇，杀气腾腾，恨不得把广大革命群众一口吞掉。如今，又是这个《长江日报》连篇累牍地大发议论，把"两清"工作中责任全部推到广大工农兵身上，更恶毒地是借打击流氓阿飞为名，又一次别有用心的把勇于批林批孔的广大工农兵打成"反革命"……。

总而言之，赵辛初等人的全部精力，都集中在挑动群众斗群众上，对于批林批孔至今按兵不动，上欺中央，下压群众，拚命捂湖北地区阶级斗争的盖子。

为此，我们强烈呼吁全省广大工农兵战友、红卫兵小将、革命的知识分子和革命干部同志们，一致行动起来；强烈敦促省市委必须召开有地、县领导同志、各方群众代表参加的研究湖北武汉地区批林批孔运动的扩大会议，揭开省市委阶级斗争的盖子，狠揭猛批林彪、刘丰在湖北武汉地区犯下的滔天罪行；强烈要求省委立即传达一九七一年十一月中央关于解决武汉地区问题的一系列指示，公布刘丰的罪行和张昭剑的检查，不达目的，誓不罢休！

"金猴奋起千钧棒，玉宇澄清万里埃。"[4]广大的工农兵战友、红卫兵小将、革命的知识分子和革命干部同志们，让我们高举革命大批判的旗帜，发扬"五不怕"的反潮流革命精神，斗字当头，在批林批孔的战场上团结起来，狠批林彪的修正主义路线，狠批孔孟之道，狠批"克己复礼"，为落实党的十大精神，进一步巩固无产阶级专政而努力奋斗吧！

湖北省新华印刷厂革命工人印
一九七四年三月三十日

根据铅印传单刊印。

4　毛泽东《七律·和郭沫若同志》。

这也算是揭发？！

(第九号简报)[1]
(一九七四年四月二日)

赴军区攻"曾刘办"代表团

第八号简报已经报道了徐建[2]关于"三办"概况的交待，予（预）告了刘志[3]、马兆昆、徐建的揭发交待材料将登载在第九号简报上。然面，编起九号简报来，却是非常难，原因就在于，从上午十点到下午五点多，都是他们在讲，六七个钟头的东西，很是庞杂，长而且空洞；他们互相补充、打岔，不说挂一漏万，也是挂一漏十，实在难以记录；我们编简单了，会使群众失望，编详细一点吧，力不从心。反正尽我们的努力来编这期简报吧。

在他们揭发之前，沈复立[4]同志首先提出了我们的要求，他说：言必信，行必果，讲了就要做到。时间抓紧，问题集中，你们就谈谈曾刘是怎样通过你们这个机构推行"克己复礼"、否定文化大革命的极右路线搞复辟、搞倒退的罪行，想到那里就讲到那里吧。

首先，刘志交持了从七二年四月十二日开始的省办"毛泽东思想学习班"的问题。他说：

这时刘丰已经揪了出来，曾上了贼船，陷得很深。毛主席指出"又

---

1 1973年底八大军区司令员对调、曾思玉离开武汉后，为了敦促武汉军区新任首长解决曾刘"搞过了一点"的问题，一批造反派组成"赴军区攻'曾刘办'代表团"，于1974年4月1日到军区召开由军区首长和造反派代表参加的座谈会，揭批曾刘，让"两清"执行部门军区"曾刘办"的马兆昆、刘志、徐建交待"扩大化"问题。座谈会情况以简报形式向社会公布。
2 徐建，武汉军区"三办"工作人员。
3 刘志，武汉军区政治部副主任，"湖北省清查'五·一六''北决扬'专案办公室"主要负责人、武汉军区"三办"负责人之一。
4 沈复立，一作"沈复礼"，1938年出生。中共党员，武汉锅炉厂技术干部，"钢工总"勤务组成员、武汉锅炉厂革委会副主任、武汉市革委会常委、中共九大代表。文革后被关押六年。

搞过了一点"，省政工组要调查"又搞过了一点"的情况，就借"三办"的人，我去了，调查了四个单位（水电学院、武机、化四院、孝感柴油机厂），打击面太宽了，向省委写了个报告，曾思玉在报告的上头批示了，我讲的不是原文，是观点，第一个意思是，你们挑选的单位不典型，不能代表湖北的情况；还有一个意思，不同意打击面宽了。他在封皮上写的密密麻麻的，原件在省里。对主席讲"**又搞过了一点**"采取抗拒的态度。

经过调查，我们协助政工组写了一个35号文件[5]，五月十七日下发的。这个文件的根据是四个单位的调查，原"联办"大事件组的汇报以及一些地区座谈的情况。这些情况说明打击面、批的面、清的面、五不准学习班的面都宽了。荆州在万人以上，层层列大事件，直到公社，冲人武部也算大事件，所谓指挥者、组织者牵涉进去，就办学习班，一个荆州地区有这多人，全省有多少，就可想而知。省里专案，立案批斗的有九十余起。专案立多了，批斗宽了，挂的久了。起草35号文件，强调①解决"**又搞过了一点**"，要试点，②要搞重点清查。重点清查的面也宽了。重点清查的思想来自于曾思玉，曾指示要重点清查。省里在揪出刘丰后，省委工作会议有个纪要，（在）曾的思想指导下，除了多了、宽了、久了以外，他说有些单位该清查的还没有查出来，要继续清查，清查其幕后指挥者和操纵者。③要对过去的大事件进行一次清理。过去的一系列大事件一律以中央13号文件为准，凡是"5·16"的有罪行的，作为重大案件，进行清理（不再叫大事件了），报省里批准，过去报的不符合重大案件的，各单位撤消（销），报省里备案，凡是要定份子的，下面无权，报省里批准，地市县一律不准再办学习班，各地区有一、两个要办的，可以报省里批准。首义路的学习班，就是省里办的重点清查的学习班。罪行是曾的。

有人揭发有个"武汉'5·16'分团"，我和王一夫等人就办学习班，对外的名义是"毛泽东思想学习班"，我们搞了方案，报告给曾批了。省委3月1日在省委二楼会议室开了常委会，王一夫念了计

5　35号文件，即1972年5月17日中共湖北省委办公室印发的鄂发[1972]35号文件《关于清查"五·一六"、"北、决、扬"问题》。

划，我们提的名单要少些，曾又添了一些人，别的负责人也加了名单，结果搞了八十三个对象。胡、任、杨、孟夫唐都去。搞三片，批斗过的放在小学习班，其它的放在大学习班，有单干的，有互助组，有合作社，实际上是根据曾的意图挖林陈死党，搞清武汉反复的内幕，查清幕后指挥者、操纵者，方针是"提高觉悟，弄清问题……团结起来，争取更大的胜利"的九句话，三十几个字，调子定了，领导掌握。在红旗饭店办了骨干训练班，同志们的《一百条》[6]材料属实，只有一句话有点出入，其它都是事实。集训骨干后，就开学了，要曾参加，曾说："我去，抬高了他们的身价。"他对造反派头头的态度是仇恨的，思想是反动的，他不去，也不让体学同志去（徐建：体学同志答应去，他不叫体学去）。曾说，"北决扬""5·16"，武汉肯定有，谁是指挥者，谁是操纵者要清查。因为是清查，所以有重点，这也是曾的意思，名单是他批准的，其中有朱洪霞同志（徐建：体学看了名单，不同意这样搞）。我们在动员时也提出上挂下联，和林彪、刘丰联，提出批极左，实质是整干部、整群众，当然，我们讲的是冠冕堂皇。后来，报纸上提出批林整风。我们就把四个步骤改为两步，一是批林，二是整风（上挂下联批极左）。主席讲"**又搞过了一点**"，解决"**又搞过了一点**"时，我们觉得学习班也要解决"**又搞过了一点**"的问题，所以，搞了个第三阶段：总结提高。72年9月曾思玉的秘书写了个纸条说主席对清查"5·16"有指示："**反革命'5·16'阴谋集团是一个秘密组织，数量很少，很快就发现了，揭发的早，头子关起来了，不要乱挖，面不要太宽了。批判还是要批判的，但不要搞逼、供、信，逼、供、信靠不住**"。学习班把这些人抽得来，就是整干部，整群众。落实政策时，省里提出付廉、王彩珠[7]等三个人，我们添了胡启生，张耀忠[8]，胡启生解除监护就了事，省里对胡启生通过了，

---

6 指1974年3月15日武汉造反派以"勐正茂"（"少正卯"的谐音）名义整理的《林彪反党集团死党刘丰、活党曾思玉在湖北推行林彪的"克己复礼"极右路线的初步材料（一百条）》。

7 王彩珠，华中师范学院学生，中共党员，文革中为"钢二司"勤务组成员、华中师范学院革委会主任、武汉市革委会常委。1973年7月任省妇联副主任。文革后患癌症去世。

8 张耀忠，1938年出生。文革前为武汉列电基地工人，中共党员，文革中为

给了警告处分,对张耀忠没通过。夏帮银是中央委员,也在清查之列。

学习班结束后,又写了报告。曾问:朱洪霞、张立国表现怎样呀?我们汇报了,他在报告上写道:"根据毛主席的教导,处理人要采取慎重态度,回革委会当付(副)主任。胡、任、杨要继续审查,是敌我矛盾的性质。"后来我们把这两句划掉了才报给北京。

总而言之,学习班的问题,我是站在错误的、曾思玉的路线立场上,重点清查,也不重点,80多人怎么是重点,完全是当敌我矛盾,是继续贯彻林彪路线,扼杀新生力量,为搞复辟作准备。

落实政策定标杆,王彩珠交待他是决派,分工抓汉阳,召集中学生,几百人,所以定他是犯了严重政治错误,他现在是省妇联的负责人。(代表们说:不说假话办不成大事。)

文件不在手里,只是根据回忆的轮廓。

接着马兆昆作了交待,首先他就打招呼:我先讲事,批放在以后批。

我是68年8月20日左右到"三办",69年11月初离开。先说三个大事:

一、一个大事,根据大军区付(副)司令员李化民的布置,让我们整了杨道远、朱洪霞、胡厚民、彭勋、郭保安的材料,时间是在68年12月,李化民给我讲,我给徐建讲,整了黑材料后,上送给曾、刘、张玉华、李化民等人,曾见了材料,大发脾气,说:"谁叫你整的?"我又不好顶,我找李化民,李化民的气很大,他说:"是他们讲的,怎么又不认帐?"(郑参谋长插话:这个情况很重要,68年就开始在整造反派了。)

二、"反复旧"问题。"反复旧"对不对,当时我们没有底,下面反映情况,我们不好表态,就反映给张玉华,张给刘丰打了电话,刘丰讲:他们闹不起来,闹起来也没有什么,让他们暴露。

三、"九・二七"文件是怎么形成的。那时我在"三办",通知我到党办去开会,我去晚了,当时有个北京来的人,我不认识,文件草

"钢工总"勤务组成员、武汉市革委会常委。

稿是他带来的,他叫朱胡宁,是冶金部付(副)部长(郑参谋长:是冶金部军管会付(副)主任啊)。我是中途到会,曾、刘、张玉华全在,前一段我不清楚,只听见他们说对文件没意见。

第二个问题,关于"两清"问题

简单经过有两个阶段,70年上半年是一个阶段,71年上半年是另一个阶段。贯彻"9·27"后,开了省扩大会议,一千五百多人去北京办学习班,省里、市里、区里也办了,全省传达贯彻,1月17日,从北京学习班传来:"北决扬"的根子是"5·16",武汉是"5·16"的大后方、仓库、保险柜。材料上说是陈伯达讲的,我们也不知道是谁讲的。

"3·27"通知,就是20号文件,省里开地区一级会议,曾刘在会上讲:"湖北不存在扩大化的问题",所以,文件就没有向下传达。

6月3日,北京学习班回来后,当时准备搞三批一转,批任、胡、李。本来要传达中央领导同志的讲话的,曾、刘、张玉华不许传达。

71年列大事件问题,层层列大事,主要是对中央首长的讲话没有理解。中央公安会议后,据13号文件精神,我们成立了联合清查小组,军队和地方,我当小组长。研究了两件,一是成立会议,二是研究我省怎么搞。我省大事件列了十五个,中央牵扯武汉的有六个,报省委批准了,6月初批的,7月我就走了,休养了。

联合清查办公室,我到这里之前,就有专案,是刘丰、张玉华、方铭搞的,"9·27"指示上抓的几个人,就是根据他们掌握的专案。

……

四、关于朱洪霞当人大代表的问题,从主席到其它中央首长,都要保证他当四届人大代表,曾刘不愿他当,由于主席和中央指示,不得不执行。可是在执行过程中,搞了小动作。体学同志是同意朱洪霞同志当人大代表。曾刘要我去说,不让说中央有指示,只说朱洪霞有了一些进步,经过给广大群众做工作,省委研究同意他当四届人大代表。另一个小动作,因为长期整朱洪霞同志,在群众中影响很坏,对于他当代表,思想不通,组织服从,我收集意见,其中有个生产队的反映说,只有一个地主分子同意他当人大代表。这个例子,我就到处说,我的话,是曾思玉要我讲的。

我同意大家的意见，曾思玉是上了贼船的。下没下？他连上贼船都不同意，可见他是对抗中央的。

刘志继续交待揭发说：我谈谈两清中曾思玉所犯的方向路线错误。

从"三办"角度上看，曾对张玉华是非常信任的，用曾刘的话讲，张玉华负责，他们就感到放心、满意。张玉华是跟曾刘跟得最紧的，关系最密切的，知情最多的，关系极为密切。他们的所作所为，他们的关系超越两个党委之上的。他们三个人一嘀咕，张就去传达，去贯彻，最积极，最忠实。张玉华是分工抓"三办"的，是我们的顶头上司，张玉华从来未认真听过"三办"向他汇报工作，他总是一进门就他讲，最后走出门还是他讲。

湖北的两清工作原来说不请，我们是想揭一揭，从"三办"的角度。刘丰是死党，曾思玉是活党、活党思想又回潮，到底是活党思想回潮，是下了贼船又上了，还是根本就未下船，还要看看事实。刘丰是死党，曾思玉走了，揭开湖北武汉阶级斗争盖子，把十次路线斗争深入一步的关键人物就是张玉华。

全部活动不知道，就"三办"方面的问题作个初步揭发。"三办"在两清中犯的方向路线错误，就是推行林彪"克己复礼"的极右路线。揭曾刘，曾刘与张玉华分不开。他们借"两清"之名，推行错误路线，搞的最凶的，有三个高潮，几个高潮中间还不断加温；还有三个会议，半月一小会，一月一中会，一季度一大会，一直贯到省委学习班。搞垮革委会，打击新生力量，否定文化大革命的成果。已经扩大化了，还不断加温，到省学习班以后，曾思玉对**"又搞过了一点"**的指示仍持抗拒态度。

挖"5·16""北、决、扬"，搞成第一个高潮是从省扩大会开始的，69年10月3-27号刘借批极"左"思潮，借贯彻"9·27"指示大整干部群众。省扩大会上，实际上把一些头头都批了，暗示了，点了。这个会后掀起了第一个高潮。

第一个高潮之后，曾、张通过"三办"系统，通过三支两军人员，往下贯。69年10月25日，各支左大单位首长会上，张玉华讲："批'扬评'是清队的一个重要部分，怎么正确处理两类矛盾呢？在处理反复旧时，总想把反复旧当敌我矛盾；批'扬评'又有人想把它当人民内部矛盾处理，这就是混淆了两类矛盾。反复旧不一定都是决派，决派都参加了反复旧，我们要算决派的总账。"

曾思玉 69 年 2 月 11 日在武船[9]座谈会上讲："胡厚民这个人我怀疑他究竟是国民党还是共产党，不是共产党，是共产党不会不按主席指示办事。我起码可以说他是个坏头头，坏到什么程度，我要看，……为什么胡厚民总是到你们厂[10]捣鬼，我越想越怀疑，你们厂里的盖子还未揭出来。"

第二个高潮，七〇年元月十七号，北京学习班回汉，元月 19 号，张玉华讲："北决扬的根子是'5·16'，'北、决、扬'是'5·16'在武汉的变种。"把"5·16"和"北决扬"等同，这个调子一直贯到曾思玉走。还讲"武汉是'5·15'的保险柜、大后方、仓库。"在挖"北决扬"的基础上，挖"5·16"，是挖决派的进一步扩大。中央讲重点在北京，结果把重点搞到湖北来了，打击面宽起来了，传达这个以后，就开始加温。

七〇年三月十六日在武大，张玉华讲："反复旧的性质，'5·27'指示下达后，就清楚些，'9·27'指示就更清楚了，北京学习班传下来，武大是'5·16'的窝子，武汉的'5·16'是武大搞起来的，你们有压力，我们也有压力，挖不透不行，要挖透。武大搞了这么多，我看差不多了，现在我看没有扩大化。"

曾、刘、张封锁中央负责同志指示，谢富治同志 70 年 3 月 16 日跟纪登奎讲，纪登奎跟曾刘讲："'北、决、扬'与'三钢'挂钩是不行的，一联系就不得了。" 3 月 16 日又一次指示："七百多人的一个工厂，有 155 个决派，这样的材料要打个问号，搞上四、五百人，你们骑在老虎上。"曾思玉说："我骑在水牛上，愿意上就上，愿意下来就下来。"曾刘封锁这些指示，相反，曾思玉叫张玉华叫"三办"派人继续在中南汽车制造厂调查决派名单。

70 年 3 月 12 号，曾思玉讲："69 年 4 月，正当全省军民欢庆九大的时刻，他们一伙秉承黑主子王任重旨意，在一小撮叛徒、特务、

9　武船，即武昌造船厂。
10　指武汉锅炉厂。

死不改悔的走资派的操纵下,组织了一支别动队,大搞反复旧,把矛头指向无产阶级司令部,指向红色政权,指向解放军。"同一天他还说:"'北、决、扬'和工代会一同拉尿,一起睡觉,一起吃饭,他们吃共产党的饭,干反革命勾当。""'北、决、扬'也是一个反革命阴谋集团,武汉市和黄石市是他们的保险柜、据点。"

70年四月五日,曾思玉讲"阶级敌人为了破坏我们清队,清'北、决、扬',说我们执行了新的资产阶级反动路线,这是胡说八道。""胡厚民他们要落实什么政策,实则是削尖脑袋钻,抵制清队。"

70年4月5日,在全省县以上负责同志传达20号文件时讲:"对胡厚民、李湘玉这两个坏头头要批、狠评,批倒批臭。"

在这段期间,张玉华也有许多黑指示:

70年7月29日,张玉华讲"一小撮阶级敌人不甘心失败,当前要注意动向,注意搞反复,他们攻击我们扩大化了。"还讲"关于对'北、决、扬'的组织处理问题,根据军区党委和省革委会指示,当前仍然坚持四个不急于。"

70年12月26日,在驻汉三支两军团以上干部会上,又掀起了一个高潮。会上我念了几个中央文件。张玉华讲:"中央'9·27'指示、'1·31'指示[11]和'3·27'通知[12]和中央首长讲话,很明确,都应执行,按九届二中全会精神,把一打三反抓紧,要重新宣讲三个文件,要大张旗鼓地发动群众,开展四大:大发动、大检举、大揭发、大批判,把敌人挖出来。从批判极左思潮入手,从各地区各单位重大事件突破,依靠群众,清查事件的来龙去脉,抓罪行、罪证是本质的东西。"通过各单位军宣队负责人贯下去,把各级革委会驾(架)空了,当时各单位一把手基本上是军队,一捅下去就铺开了。

他还讲:"贯彻'9·27'等一系列指示,都进行了检查。几次清查都是正确的,有人反对清查是不允许的,缺点是群众发动不充分,清查还不彻底。""几年来,'5·16''北、决、扬'罪恶活动从未停过,幕后指挥的有胡厚民、李湘玉、祝孝先等一伙,幕后策别的有孟

---

11 即中共中央《关于打击反革命破坏活动的指示》(1970年1月31日)。
12 即中共中央《关于清查"五·一六"反革命阴谋集团的通知》(1970年3月27日)。

夫唐、刘真、张华、王盛荣等一伙。""不少单位对一打三反抓的不紧，没有搞到高潮，明年元月一打三反要搞个开门红。不然要犯错误。""一般讲。主要是怕出事，这靠作思想工作，给出路，发动群众，家属要作工作，即使出现个别自杀的也不要怕，搞斗争嘛，他自杀是他的事，自绝于人民。""曾司令员指示（指对抓紧一打三反运动的指示）讲的仔细，你们各处都选个典型，一个区搞一个，一般的经常搞，选振动大的，是重点人，证据确凿，就写个报告。"

会后，继续加温，71年3月2号，张玉华又讲"湖北、武汉一打三反，清'5·16''北、决、扬'，斗争形势大好，武汉市有25%的单位群众发动充分，重点已形成；有65%的群众发动充分，重点在形成；有10%的单位，群众未发动起来。"

12月26号会议以后，紧接着就是检查、汇报。长航汇报时，张玉华说："要想办法给点压力，要点他一下，要他老实一下，让群众取得点胜利，老打僵持战，容易挫伤群众积极性。""批判会允许他发言，不叫他站起来，不搞成对立面，批斗会就不同了。不给他发言权，要他坐在群众对面，当敌我矛盾批的，要他低头认罪。"武锅汇报时，有人担心定案不好处理，他说："处理问题还是原则上四个不急于。"

71年1月15号，滨江饭店检查12月26日会议精神贯彻情况。张玉华说："补充群众代表不批的问题，（反复旧后，头头从北京回来，省市革委会打算补充群众代表）补的人是刘万太，郭宏斌，刘兴隆[13]这些人，曾司令员把了关。""党的核心小组可以是军干，这是有样板的，政权形式是三结合，大部大换现在是不对的，一个不动也不行，三结合要充实、调整、巩固。"

70年7月29号，在三支两军负责人会议上讲四个不急于问题，他和曾一直坚持到曾思玉走了，"关于对'北决扬'的处理。据军区党委、省委的指示，仍坚持四个不急于，但是在定案前工作要作好，要调查研究。弄清是不是参加了'5·16''北决扬'。目前大体有三种情况：第一种是他确实没参加，当时稀里糊涂交待说参加了，你说一句话：不要紧，不要急，相信群众，相信党，假的弄不真，真的不

---

13 刘兴隆，文革前为武汉锅炉厂工人，文革中为钢工总常委。

会搞成假的。"就是泡起来，吊起来不打。"第二种情况是他真参加了，一是有证据，二是虽然暂时未有证据，经调查研究可以分析地判定确实参加了，现在他要翻案，也还是一句话：真的假不了，假的真不了。"这是政治上迫害，钝刀子杀人，精神上折磨。"第三种情况，蒙混过关的，这在头头里占一定比例。对这种人到一定时候还要挖，不要搞扩大化就是了。"他说他从来未叫搞扩大化，但事实上是扩大化严重。

（代表提问：以两清为中心的一打三反运动，这个口号是谁提的？）（刘志不知所措地问马兆昆）

马兆昆回答：武汉市曾提过以两清为中心的一打三反运动，我认为是错误的。

（代表质问：刘志在武重就是这么提的。）

刘志抵赖：原三办研究过这个提法，但是是谁的版权不知道。这是笔政治账，（郑参谋长插话：对，不必追问了，他承认这是笔政治账，追到谁就是谁的账。）这是把清"5·16"和"北决扬"和一打三反等同起来。

曾思玉对继续抓紧一打三反指示："今天交个底你们，'5·16'一定要挖，'北、决、扬'也一定要挖，有什么组织挖什么组织，挖到什么问题是什么问题，'5·16'肯定有，'北、决、扬'肯定有，不要怕，北京在挖，不要一风吹，有的是'5·16'的头子，有的搞阴谋。""查三怪嘛（怪人、怪事、怪现象），怪现象多得很，文化大革命中搞无政府主义，一万人，一个人身上找一件，就有一万件。你们不是要看吗，武重搞了祝孝先，干净了吗？武锅的李洪荣肯定是个'5·16'，武重的李向阳[14]肯定是个双料货。"

"各个地区要搞个人批斗，不要认为除了六厂一校[15]就没有问

---

14 李向阳，江苏南通人。武汉重型机床厂党委宣传部干事，"钢工总"成员。文革初与朱洪霞、刘传福作为工人业余作者被打成武重厂的"三家村"。

15 六厂一校，源自北京"六厂二校"。1968 年，为了推动"斗、批、改"运动，毛泽东派 8341 部队进驻北京"六厂二校"，并将其"对敌斗争的经验"批发全国。从 1969 年 6 月开始，湖北省仿照北京六厂二校的经验，在本省抓了六厂一校典型。这六厂一校是武汉重型机床厂、武汉锅炉厂、武昌造船厂、武钢机械总厂、国棉一厂、第二汽车制造厂、武汉大学。

题，只要搞闹事活动就要专政，搞工厂不要手软。""市里开两代会，要把胡厚民、任爱生、李湘玉拉去批斗，省里开会也要把胡、任、李拉去批斗。""给大家交个底，'5•16'是'5•16'，'北、决，扬'是'北、决、扬'，有多少算多少，挖干净为止。""批斗杨道远的大会开得好，触及了一些人的灵魂，像李苏民[16]这样的罪犯也要反戈一击，可见毛主席革命路线取得了胜利。"

曾思玉关于执行政策的一点意见："要肯定湖北有'5•16''北、决、扬'，但到底有几个，谁是核心骨干，幕后操纵，除了'5•16''北、决、扬'之外，还有什么反革命组织，靠地续挖。"

71年2月12日曾江传达曾思玉的指示："据北京批五大领袖的经验，我们现在就是要给群众撑腰，对那些人（已经弄起来的），表面是监护，实质是拘留，号召群众大胆揭发检举，过去的几不准实质上是一风吹，要改变群众敢怒不敢言的状态。"

71年1月28日，李光军传达曾思玉深挖"5•16"的指示："据去京了解，反革命'5•16'组织很反动，党、政、军、群众组织中都钻进来了，因此对'5•16'必须深挖。""从全国来看，挖'5•16'我们步子是稳的。"

71年2月13号，曾的秘书传达曾思玉几点意见："'北、决、扬'就是'5•16'的变种。"

71年9月19日，曾思玉听取三支两军汇报会的指示："朱鸿霞可否当四届人大代表，可交群众复议，领导不要表态，因为朱当四届人大代表是中央提名的，要报中央批准。"

71年7月5号，曾思玉在省委二次全会上讲："过去我们清查'5•16''北、决，扬'搞的很不彻底，这次全会，不是批了'5•16''北、决、扬'重要骨干分子扬道远吗？我们湖北就是有'5•16''北、决、扬'嘛，到底有几个，这就要靠我们作工作了。"

3月2号张玉华传达曾思玉3月1日指示："2月25日，湖北日报二版标题是《对一小撮阶级敌人就是要压》，附（副）标题是再论造反派受压论，他说对造反派几个字最好是少提和不提为好。"

---

16 李苏民，武汉水利电力学院学生，"钢二司"驻京联络站负责人。

72年3月1日，在三支两军工作会上曾思玉讲："'5·16''北、决、扬'干了什么坏事呢，中央是清楚的，全国列了10件大事，湖北有6件，我们主要是搞'北、决、扬'，武汉地区确实有'北、决、扬'，我们搞过了一点，主席跟我们讲了，要引起我们注意。陈伯达要我们搞一风吹不行，敌人确实干了许多坏事，现在清楚了，挖到刘丰头上来了，刘的后头是王关戚，我们每次批胡、任、李、杨时，刘丰就跑掉了，我们搞'北、决、扬''5·16'时，搞不动，陈伯达说我们搞扩大化了，我们四个不急于是针对一风吹的。""有的地方批军党论、军国论，把军代表批判了，事情要搞清楚，实际上不存在这个问题。"

曾思玉在报告上批，对扩大化不同意，说四个厂不典型，不代表全省的情况。

徐建的交待是这样的：

死党刘丰、活党曾思玉推行林彪的极右路线，否定和打击新生事物、新生力量，他的思想由来已久。曾思玉给一个人说，他恨造反派就是恨他们不听话，不听打招呼。

曾刘通过张玉华要我们了解动向，一个是整（群众）一个是捂（盖子）。了解造反派的动向，讲的是不要出现反复，巩固大好形势，其实，了解了动向就好整人。

一个是收集胡厚民的材料，搞了一个礼拜，又叫不要搞。胡厚民进北京学习班后，没有材料，定不下来，就打电话给王一夫和我，要收集胡厚民的"三反"言论，有一条就行。我们找过潘开矿[17]。材料交给张玉华，他说上纲不高。

再一个是搞朱洪霞的材料。复议四届人大代表，曾打电话说，如果他够现行反革命，就把他抓起来，配合武重搞了材料，刘丰说象个简报。后来就搞了个专案组，专门搞朱洪霞的材料。

第三个是搞彭勋，是刘丰亲自到湖大给工宣队布置的，他说："这个人很坏"，所以，湖大一直抓住彭勋不放。

上面说的是整人，再就是压，压就是捂盖子，发现敢于抵制的人，

---

17 潘开矿，武汉市第十五中学学生。

就办他的学习班，事情都是通过张玉华布置的。

通过两清，搞破坏。67年的所谓抢枪，方铭有电话指示，给造反派发枪，要我们订计划，发三万条枪，后来没有直接发，派人引着到纸坊仓库去搞，两清中又说造反派抢枪乱军。江城前哨，68年4月，就有军队在一起搞，到了两清，又算在群众头上，列为"北、决、扬"的罪行。

刘丰说：凡是到北京串连过的人，都要当作"5·16"清查。这是克文书记揭的，刘丰在武汉市讲的。

办学习班是比较毒辣的，刘丰讲："这次去北京办学习班，要把各个难点的难点弄到北京去，让家里发展大好形势。"结果，各单位报的人很多，受名额限制，不能都去北京，所以，就搞省、市、区、厂的五不准学习班。单位搞"抓、促小组"，革委会就放在一边了。

张玉华每到关键时期，就跟我们打招呼。党代会的时候就说，你们要注意动向，保证党代会开好。

在组织问题上，体学同志要增补省革委会的群众委员，名单通过了，曾不同意，他说："这些人怎么能进革委会"。武染[18]就是张玉华亲自抓的，把新生力量搞掉了。

专案问题，专案搞得很神秘，有关陈美芳的766专案，就是打的"三办"的招牌，水根梅专案，说起来是搞王任重，实际是搞体学同志。这些专案人员，生活费用在"三办"报，任务归曾、刘、张玉华布置。

曾不仅打击新生力量，还整体学同志，72年体学同志说，如果省委在政策上出了问题，要一分为二，体学同志在滨江饭店给造反派头头传达了毛主席"又搞过了一点"的指示，曾大为恼火，他说，谁传谁负责。曾刘说："体学只抓粮、棉、油，不分敌、我、友"。

省学习班订了重点对象，列了七个，体学同志不同意，要把材料烧掉，只列了三、四类的。

一有机会，就抓就关，第一个就抓了3506工厂的陶幼贞，是方铭直接找曾定的、抓的，是夜晚抓的，"1·31"文件，他写了大字报，

---

18 武染，即武汉印染厂。

有错误，他也认了错，放在监狱里搞了逼、供、信，"9·13"事件后，他出来了，个别给他传达文件，由于长期在狱中，不了解情况，脑子转不过弯来，就说他为林彪翻案，精神受到刺激，就自杀了。第二个是"9·27"指示后，提出来要抓李向阳，由于材料不够，没抓，张玉华说，可以认定他是"决派"，批斗李向阳，军宣队、革委会都没有打报告，是曾决定的。第三个是批斗方斌[19]，敌我矛盾的材料不过硬，李洪荣本来是批判，结果搞成了批斗。

徐建发言以后，代表团的同志们说：

群众说"三办"是特务机关，徐建就有点像特务。当面又握手，又拍肩，背后整材料。

刘志马上打园（圆）场：徐建同志干了工作，很辛苦，路线错了，干劲越大，错误越大。

后来，郑参谋长宣布：先休会，吃饭。吴副司令回去向首长汇报去了，等他回来再定怎么开吧。

赴军区攻"曾刘办"代表团
74.4.2 整理

根据铅印材料刊印。

---

19 方斌，1940年出生。文革前为武汉客车制配厂工人，文革中为"工总"武汉客车制配厂"工总"一号勤务员、厂革委会主任、武汉市革委会委员。1971年4月在"两清"中被公开批斗。

战斗还没有结束……

(第十号简报)
(一九七四年四月)

赴军区攻"曾刘办"代表团

夜幕降临的时候，我们的郑参谋长向代表团宣布了一个好消息，他说：吴副司令回去向军区党委汇报了，刚才打电话来，说是杨司令要来见见大家，时间不能长，因为军区党委常委正在开会，只能跟大家简短的谈一谈，以后见面的机会还多，今天的会议告一段落，小局服从大局嘛，总的任务当然还要继续完成，刘志、马兆昆、徐建等同志的发言，算揭发也好，稿子不能给你们，今后还要在别的会上揭，总是要见于文字的。革命不在一朝一夕，军区党委决心已经下了，昨天已经跟许多同志讲了。

郑参谋长说完，大家七嘴八舌的议论开了，当有的同志谈到将来还会不会有人办我们的"五不准学习班"，郑参谋长严肃指出："那倒不见得啊，主席讲路线斗争还要进行十次、二十次，你们信不信？你们不信，反正我信。谁要是反对毛主席，我们就和他斗，不仅我们斗，儿子斗，还要孙子斗，一直斗下去。"

晚上七点一到，武汉军区司令员杨得志同志来到了我们中间，大家兴奋的站了起来，欢迎杨司令员，杨司令员沿着会议桌——和代表们握手，杨司令员一边握手一边说："首次见面，和大家握握手。"当他和沈复礼同志握手时，就说："你是沈复礼同志，昨天见过。"

吴副司令员说："你们要杨司令员、王政委看看大家，杨司令员来了，张玉华副政委也来了，王政委出去有事，还没有回，请杨司令员讲几句吧。"

杨司令员说：我昨天就是见了沈复礼同志，跟同志们初次见面，同志们开会，我们赞成，我们支持，党委常委有郑参谋长、吴副司令参加，希望把会开好，总的方面是掌握大方向，批林批孔，全党全军全国人民，在毛主席的亲自发动和领导下，投入了这个运动，运动对世界上的影响很大，世界人民欢欣鼓舞，反动派和修正主义分子唱反调，苏修和台湾的蒋介石唱的一个调子，说我们摧毁了古代文化。

同志们参加了这个运动，在运动中受到教育，提高了阶级斗争、路线斗争的觉悟，同志们开会，把问题搞清楚，促进军区党委联系实际揭盖子，揭、批，同志们的意见很好，是个促进，我表示欢迎，军区党委包括我个人欢迎同志们提宝贵意见，毫不客气，路线斗争嘛，不是请客吃饭，我个人到这里不久，也是犯了很多错误的，欢迎揭、批。

省里最近要开个比较的大的会，也是批林批孔，揭盖子，联系实际，联系林彪的坏事，还要联系刘丰，联系曾思玉同志。军区党委开了几天的会，我知道的情况很少，对一些问题没有把握，党委开会揭出了一些东西，也要告诉机关，告诉同志们，司、政、后还有二级部都有专栏，每个半天批林批孔，半天工作，准备最近继续发动群众，继续揭、批。

同志们对我们是个促进，表示欢迎，帮助我们揭盖子是个好事情，揭得越深越透，对于发展文化大革命的成果，巩固无产阶级专政都会更好。我们要巩固胜利，发展胜利。同志们没有穿军衣，我们穿军衣，只是分工不同，不可能都穿军衣。苏修随时准备进攻我们，没有军队不行。我们的军队在井冈山时期，人不满二万，只有八千，我那时只有十七岁，不是我摆老资格，我们的军队是从小到大，从弱到强，过去要军队，今天更需要军队。同志们提意见，目的是为了我们建设得更好，继续战斗前进，不是为了搞垮，革命的同志们不会把军队搞垮，是为了军队更好的提高战斗力。感谢同志们，看看同志们，表示坚决支持座谈会，表示对同志们欢迎。就是这个态度吧。（热烈鼓掌）

沈复礼：杨司令员在百忙中看望我们（杨司令员：王政委出去了，在家就会一起来的），充分体现了军区党委对我们行动的重视和支持，我们表示感谢。我们的行动首先得到军区党委的支持，及时地接见了我们，答复了我们的要求，准时开了会，证明军区党委是能够站在运动的前列的。我们要求张玉华、刘志、马兆昆、徐建和我们一道批林批孔，正如杨司令员讲的，不是要搞垮解放军（杨司令员：是爱护、是爱护），是为这些同志转变立场，回到毛主席的革命路线上来。

下面是张玉华发言。不知是输了理还是耍滑头，说起话来比起从前是极不流利，面红耳赤，连连干哨。他说：很高兴和代表团的同志们见面，原来我要求参加座谈会，党委也同意了，今天因为有事来不了，吃饭时，吴副司令、郑参谋长转达同志们的意见，要杨、王首长来，杨司令来了，吴副司令一谈，我说好，就随杨司令来了，见了面很高兴。同志们的希望，和大家批林批孔，人民子弟兵需要同志们来帮助。我个人错误不少，要同志们帮助，我来认错，欢迎同志们批判、帮助、教育，使我们犯错误的同志，特别是我个人受一次阶级斗争、路线斗争的教育。

很多都是老战友了，大联合、三结合都在一起。由于死党刘丰的破坏，曾思玉上了贼船犯了方向路线错误的影响，使得我们和很多同志感情破坏了，很少见面，今天说什么也要来看看同志们，认错、表态。

批林批孔是毛主席亲自发动和领导的，运动正在健康深入发展，形势大好，这一场运动就是解决九、十次路线斗争没有解决的问题。林彪妄图谋害伟大领袖毛主席和中央首长，颠覆无产阶级专政，复辟资本主义，这是非常惊心动魄的，这场斗争非得进行到底不可，要批判林彪的极右路线实质，大批判要抓紧抓好。

军区三支两军的工作，特别是清查"5·16""北决扬"的工作，由于林彪反党集团的破坏，死党刘丰的破坏，曾思玉的方向路线错误，所以，使我们的工作，文化大革命受到了不少的损失，出现了复辟、倒退、回潮的倾向，特别是"两清"工作中，搞了扩大化，镇压了群众，使许多运动初期冲击资反路线的闯将，有功的战士受了压，办了许多不应该的五不准学习班，有的免了职，有的一边站，有的长期监护，有的搞逼、供、信，逼死了一些人，有些人的材料没有什么问题，又不退回，使同志们家属子女亲属受到各方面影响，刘丰罪恶滔天，三支两军工作，过去主要负责人是刘、曾，具体负责人是我，特别是在"两清"中犯了严重的错误，对不住毛主席，对不住同志们，对不住湖北、武汉的广大群众。主要归罪于刘丰，曾思玉也要负责任，除了他们，我要负责任，具体搞工作的同志没有责任，广大群众没有责任。

死党刘丰整群众，同志们揭发了好多事了，就是军队里有的人象我这样的人，看起来信任，我也挨他们的训，他们阳奉阴违。我要发扬反潮流的精神，和同志们一起揭发批判，曾思玉是说不服就骂，骂不服就压，压不服就抓。我给曾思玉做了许多事，我对曾思玉，过去没有识破，他压群众，包括我这样的人也是挨骂的。省委要开会，我要对刘、曾进行揭发、批判，对自己的错误要认真揭发检查。今天先表个态，热情欢迎同志们的帮助，大字报、小字报，当面批判也行，彻底和刘丰划清界限，军民一起站在毛主席路线一边，把批林批孔的斗争进行到底。

听了张玉华这种拉关系、推责任、避实就虚、毫无诚恳（意）的发言，同志们极为愤慨，当场严斥批判。同志们说：

——张副政委原来和曾、刘吃在一起，睡在一起，拉屎拉在一起，不要光表个态，总要拿出点实际的东西来。

——过去曾、刘不在，有你张玉华在，他们就放心。你应把内幕揭开，要的是行动，不要赔礼道歉。

——炮轰张玉华。你是口头革命派；你是盖子上的螺丝钉，我们要把你这个螺丝钉起下来，要把盖子揭开。

——你说你和我们是老战友，没有事实证明你和革命群众是站在一起的。你说你挨了曾、刘的训，这不能证明你和曾、刘没有联系；你说你要负责。你要负责消除推行林彪路线的责任。

——张玉华的错误是十分严重的。广大革命群众说，你是给曾、刘摇鹅毛扇的。刘丰是死党，曾思玉是上了贼船的，你是摇鹅毛扇的。他们干的很多坏事是通过你的。他们不在，你是说了算。

——你今天的讲话和你的身份非常不符。"两清"不是扩大化的问题，是向无产阶级文化大革命反攻倒算，是推翻文化大革命。你仅仅是"两清"有错误？整党建党，有没有你？曾、刘把"八·九"讲话当纲领，对抗毛主席五十个金光闪闪的大字，你是紧跟的。斗、批、改那个步骤少得了你？

——"571"工程纪要中说武汉是借用力量。你在里面扮演了什么角色?

——你是曾思玉从东北带来的一员文将,照你现在的态度看,是个绊脚石,你必须缴械投降。你想继续捂盖子,你的下场是很清楚的。

……

吴副司令员:同志们很气愤,心情是可以理解的,是为了把他拉回到毛主席的革命路线上来,不是把他打成右派,而是打成左派。他和死党刘丰、活党曾思玉毕竟有程度上的不同。省委要开大会,有些同志要参加。光靠小会不行,还要开些大会,大家要积极准备。干什么事情都要抓住要害提纲结(挈)领,泛泛而谈是不行的。

杨司令员:我们遵(尊)重同志们的意见。召开座谈会,刘志同志是从襄阳赶回来的,他们要作准备,要作检查,对张玉华不满意,你们可以帮助。关于你们要参加会(指省委和军区党委联合召开的大会),我们转告。

最后,沈复礼同志宣布:暂时休会,不达目的,决不罢休。

在热烈而亲切的气氛中,首长们和代表团成员一一握手告别。

战斗还没有结束……

赴军区攻"曾刘"代表团
一九七四年四月一日深夜

根据打印材料刊印。

向党中央毛主席的汇报材料

关于刘丰、曾思玉在湖北、武汉地区向无产阶级文化大革命反攻倒算的罪行材料

（一九七四年四月四日）

毛主席、周总理、王洪文付（副）主席、江青、春桥等首长：

首先向毛主席和首长们问好！

我们是湖北、武汉地区 33 个系统 500 多个单位革命群众的代表。我们怀着誓死捍卫毛主席革命路线，决心把批林批孔运动进行到底的坚强信念，肩负着全省革命人民的重托，组成了 408 人的赴京汇报团，于三月二十六日从武汉乘汽车出发，经过四天四夜的行程，于三月三十日，胜利到达毛主席、党中央的住地——首都北京。

伟大领袖毛主席亲自领导和发动的批林批孔运动是一场捍卫、巩固和发展无产阶级文化大革命胜利成果的战斗，是上层建筑领域里的思想政治大革命。我们武汉地区工人阶级从亲身经历的战斗中深刻体会到，这场批林批孔运动与无产阶级文化大革命一样，是完全必要的，是非常及时的。

阶级斗争的规律证明，地主资产阶级及其混进党内的代理人是不会甘心于他们的灭亡的。"九大"以来，特别是九届二中全会以来，林彪反党集团向以毛主席为首的党中央猖狂进攻，大搞"克己复礼"，向无产阶级文化大革命进行反攻倒算，都证明了复辟与反复辟，倒退与反倒退的斗争一刻也没有停息过。

为了迎头痛击修正主义在各条战线上的严重右倾复辟、回潮，湖北武汉地区的革命群众响应毛主席的伟大战斗号令，发扬了"五不怕"的反潮流革命精神，勇敢地杀向了批林批孔的战场。几个月来，反潮流斗争日益发展，反潮流队伍不断壮大。刘丰、曾思玉在湖北省推行林彪"克己复礼"的极右路线，其反革命罪行正在不断地被揭发出来。批林批孔运动在发展，形势很好。

但是，由于省市委内一小撮走资派的干扰破坏，当前运动的阻力仍然很大，虽然广大革命群众一再敦促省委旗帜鲜明，立场坚定地站到运动的前列，放手发动群众，紧密联系本地区两个阶级、两条路线斗争实际，揭开省市委阶级斗争、路线斗争的盖子，认真纠正"两清一批"[1]中所犯的严重方向、路线错误，但省市委始终很不理解，很不得力，很不认真。他们对刘丰、曾思玉推行的林彪修正主义路线温情脉脉，难舍难分。极个别人甚至坚持反动立场，站在群众运动的对立面，设置种种清规戒律（附件一已略[2]）百般阻扰、破坏、转移斗争大方向，竭力捂盖子，死保刘丰、曾思玉。甚至在这次批林批孔运动中继续搞反攻倒算（附件二已略）。为了促使省委，武汉地区革命群众于三月十五日派出了赴省代表团，向省委提出了五点严正声明（要求），强烈要求省、市委站在运动的前列，要求省委立即释放革命干部任爱生[3]、红卫兵优秀代表杨道远，为胡、任、李、杨在全省公开平反。省委拖延了十天后，才接见了赴省代表团。在接待中，省委对代表团提出的一系列实质问题，避而不答，甚至把矛盾推到中央，目前，湖北武汉地区的运动阻力仍然很大，无法深入下去。在这种情况下，我们才决定组成赴京汇报团，向伟大领袖毛主席、党中央直接汇报湖北、武汉的问题，并切望得到中央指示。

现将刘丰、曾思玉、方铭、张昭剑一伙在湖北、武汉地区向无产阶级文化大革命反攻倒算的罪行揭发汇报如下：

（一）推行林彪"克己复礼"的极右路线向无产阶级疯狂反攻倒算

1.借"清队"和"清查""五·一六""北决扬"扼杀新生事物——革命委员会。

革命委员会，是无产阶级文化大革命中涌现出来的新生事物，曾

1　即清查"五·一六"，清查"北决扬"，批判极左思潮。
2　这个材料共有十七个附件，本书略去。
3　任爱生，湖北省委农村工作部主任，文革中任湖北省革委会副主任，是湖北省直机关最早支持造反派的领导干部，曾加入省直机关造反组织"省直红司"。

思玉、刘丰对体现了大联合、三结合的新生权力机构恨之入骨。

在"清队"过程中，他们接过"清理阶级队伍"的革命口号，干着反革命的勾当，把第九次路线斗争中结合到各级革委会的干部代表和群众代表，统统诬蔑为"混进革委会的坏人"，胡说什么"革委会是派委会""马蜂窝""坏人掌权，好人受气""扬言要捅马蜂窝""一锅端"。

在中央解决武汉"反复旧"问题时，刘丰、曾思玉拒不执行中央关于"参加'反复旧'的群众是属于认识问题。要历史地看全面地看，要肯定他们在文化革命中的贡献和成绩"的一系列指示，别有用心地把凡是参加了"反复旧"的人都与"北决扬"挂上勾，把"反复旧"说成是"北决扬"搞起来的，是"牛鬼蛇神上台"，是"反革命复辟"，趁机把进入工代会和各级革委会的造反派打成反革命，以打倒搞垮革委会的目的。

"九·二七"指示下达后，刘丰、曾思玉借清查"五·一六""北决扬"为名，更加肆无忌惮地扼杀革委会。他们诬蔑"革委会是'五·一六''北决扬'的'黑窝子''白公馆'"等，要把七十二个县的革委会"军"起来。他们制定了一套完整的"捅马蜂窝""踢摊子""换班子"和抢班夺权的复辟计划。后来，还搞了一个鄂革（70）34号文件（附件三已略），公开对抗中发（69）61号文件，强行解散厅局一级革委会，他们通过办"五不准学习班"，把许多革命领导干部，群众代表长期关押，监护起来，完全架空了各级革委会。刘丰、曾思玉还以"政治建厂"为名，以班、排、连、营取代革委会。据统计，武汉地区五百多个单位的革委会，没有一个能够体现文化大革命的成果。农、林、水战线十个厅局单位，被结合到革委会，革领小组的七十二名代表（领导干部二十七人，群众代表四十五），其中七十一人被踢出门外，借集中搞"斗批改"为名，弄到边远地区（附件四已略）。以孝感地区为例，结合到孝感地区革委会的18名常委中，"五不准学习班"逼死1人，被抓2人，开除工作籍1人，打成反革命3人，到农村长期关押"蹲点"劳动和受审查7人，共14人，占总人数的80%，革委会名存实亡（附件五已略）。

在刘丰、曾思玉掀起的否定和扼杀革委会的右倾复辟逆流中，一小撮走资派紧锣密鼓,密切配合,层层都刮起了否定革委会的右倾翻案的妖风,各级领导班子倒退到文化大革命前的老样子,重新恢复了经理厂长制,一九七三年三月,武汉市城建局党委书记张心樵在公司管理机构成立大会上,公然声称:"革命委员会已经完成了历史使命,随着革命斗争的需要,新的机构必然代替旧的机构,以适应新的斗争需要。"恶毒地把新生事物攻击为过时的"旧的机构",为复辟资本主义鸣锣开道(附件六已略)。

2.借批极"左"之名,批革命造反派,批文化大革命。

伟大领袖毛主席指出:"**这次无产阶级文化大革命,对于巩固无产阶级专政,防止资本主义复辟,建设社会主义,是完全必要的,是非常及时的。**"[4]但是林彪死党刘丰、曾思玉站在资产阶级反动立场,对文化大革命极端仇视,对革命造反派深恶痛绝,他们用林彪反革命《571工程纪要》中一样恶毒的语言,咒骂和攻击文化大革命,把造反派骂成"帝、修、反的别动队","国民党的还乡团","比国民党还国民党","比法西斯还法西斯"。刘丰、曾思玉制定了对造反派"从思想(上)搞乱、从政治上搞臭、从组织上整垮。"

刘丰、曾思玉把《长江日报》《湖北日报》、广播电台死死抓在手里,大造反革命舆论,为"两清一批"推波逐浪。刘丰还亲自窜到报社听汇报,做黑指示,布置宣传报道内容。《湖北日报》《长江日报》紧密配合,连篇继续地发表了"一批造反派受压论""二批造反派受压论","批造反派吃亏论","造反做官论"等毒草文章,抓住"造反"二字大批特批。在他们的"社论"中,还凶相毕露地叫嚣对造反派"该杀的要杀,该关的要关,该管的要管"。与此同时,他们大树特树丑化攻击文化大革命的黑样板,把受林彪修正主义路线毒害很深,控诉文化大革命有"功"的天门县金琼珥吹捧为"心红志坚"压制一切敌人的"砥柱"。他们在首届"职代会"上,专门安排金琼珥式的典型发言,声泪俱下的控诉文化大革命,在全省工矿、农村绘声绘色批造反派,把文化大革命污蔑成"牛鬼蛇神翻案","是打砸抢运动","加、

---

4 转引自《中国共产党第八届扩大的第十二次中央委员会公报》,1966年12月2日《人民日报》。

乘、除运动（即加点工资、减点产、打倒几个人、开除几个党员）等等。把文化大革命污蔑成一团漆黑，一无是处"（附件七已略）。

省、市委中某些领导干部，由于资产阶级世界观未得到彻底改造，文化大革命中作了假检讨，骗取了群众的谅解。上台后，又故态复萌，思想回潮，他们对造反派看不惯、不喜欢，对文化大革命群众的冲击耿耿于怀、心怀不满。省委书记经常恶狠狠地咒骂造反派干部说："你们从造反的第一天起，大方向就错完了，错的连裤子都没有穿的了"。还恶毒地说："什么造反派打倒刘少奇，放屁！刘少奇是我们这些老保打倒的。"等等（附件八已略）。在许多原则问题上，他们和刘丰、曾思玉纠缠在一起，划不清界线，这就是他们在"两清一批"中又镇压革命群众，又犯走资派错误的思想根源。

3.以胡、任、李、杨为突破口，残酷镇压造反派。

七〇年五月二十七日，反革命修正主义分子陈伯达在北京学习班说："可以对胡厚明进行批评"，后来又说："批判、批斗是一回事嘛！"对此刘丰、曾思玉心领神会，欢喜若狂。二月份，他们立即把胡厚明、任爱生、李湘玉、杨道远选为重点批斗对象，虚构情节，捏造事实，硬加上"5·16""北、决、扬"的"黑后台""操纵者""总头目""现行反革命""坏头头"等帽子。动用了有线广播、电台、电视、报纸等一切宣传工具，在全省批斗胡、任、李、杨四人，此后各地区、各单位，上行下效，如法炮制，把大大小小的造反派头头都当成"5·16""北、决、扬"，批的批，斗的斗，押的押，全省上下，抓人成风，批斗造反派成风，全省一片白色恐怖，文化大革命中涌现出来的新生力量遭到了残酷镇压。据曾思玉在一次大会上说，"全省挖出了'5·16''北、决、扬'三十六万。"实际远远超过了这个数字。

七〇年三月，中央首长谢富治付（副）总理、纪登奎同志通过湖北班负责人给曾思玉、刘丰指示："'北、决、扬'与'三钢'挂钩是不行的，一联系就不得了。几万人，带有群众性，你们要注意"。后来又指示："七百多人的一个工厂，一百五十五个决派，象这样的材料，首先要打个问号，你们没有证据，以后还要平反的。"可是曾思玉、刘丰呢？不仅封锁中央的这些指示，而且在中央学习班后，变本加厉地在全省各群众组织中批"极左"，大抓"516""北、决、扬"，疯狂叫嚣要"放火烧山""挖地三尺"，把浮在水面上的，沉在水底里"5·16""北、决、扬"分子统统挖出来，市城建局老工人陈义锁、蔡正全是"钢工总"一般队员，后经中央审批出国到尼泊尔援外，工作不到半年，竟以清查"北、决、扬"为名，把他们两人调回国。（附件九已略）

后来中央（70、20号）文件提出了要防止扩大化倾向，曾思玉、刘丰不但封锁中央文件，而且公开抵制。刘丰在四月一日就下达黑指示要军区"三办"通知各级领导，不准传达中央20号文件，并恶毒地说，湖北地区不是扩大化问题，如果有问题的话，不是防左，而是防右的问题。曾思玉则在省积代会的报告中，公开发出号召，要各级党委在公开的群众组织中，掀起一个深挖细找"5·16""北、决、扬"的高潮，并煽动说：态度要坚决，决心要大，并且布置到农村。（附件十已略）

4.别出心裁，大办"五不准学习班"，大搞逼、供、信。

中央"九·二七指示"下达后，曾思玉、刘丰篡改歪曲中央指示精神，公开在群众组织中抓"5·16""北、决、扬"，提出了"顺藤摸瓜，深挖细找，上挂下连，一个不漏"的十六字方针，别出心裁地创造了五不准学习班，（即不准请假、不准会客、不准亲友会面、不准写信打电话、不准交头接耳），从省、地、县、区直到公社，层层举办，凡属造反派同情者，人人都进"五不准学习班"，据统计，参加省学习班有一千五百余人，参加市学习班一千三百多人，各市、地县参加人员达六十万人次。五不准学习班指定学员读《敦促杜聿明投降书》《南京政府向何处去》，蓄意混淆两类不同性质的矛盾。在学习班中，他们大搞逼供信、车轮战、攻心战，捆、绑、吊、打和灌大粪、辣椒水、坐电椅、空中飞人等骇人听闻的酷刑体罚，强迫造反派承认填过"决派表"、参加了"5·16"等。不少人被打伤致残，逼死、逼疯。赴阿尔巴尼亚访问的"中国妇女代表团"成员汤玉莲[5]同志，因

---

5 汤玉莲，女，武汉电信局工人，"工总"武汉电信局勤务员，1968年作为中

从中央学习回汉后,坚持反潮流斗争,写了大字报,而被曾思玉、刘丰之流打成"5·16"死硬分子,威逼毒打致死,至今无人过问和处理此案。《湖北日报》的童工出身的工人记者共产党员刘素珍[6](女)因造反而被打成"5·16"骨干,"反动阶级的代表",大小会批斗了80多次,后被送到农场监督劳动,停止了党组织生活,剥夺了政治权利,身体遭到了严重的摧残,至今尚未平反(附件十一已略)。省轻工业机械厂共产党员凡运国通知,雇农出身,在抗美援朝中荣立四次战功。就因为是厂造反派头头,而被隔离单独办"五不准学习班",受到了毒打和车轮战的逼、供、信,随后在学习班自杀身死。凡死后,学习班开了千人批判会,宣布开除党籍,定为叛党分子,并擅自将尸体火化,连骨灰都不给家属,还威胁说:"反革命的骨灰,你还要他干什么?"(附件十二已略)。

按照曾思玉的方针,许多人被定为"5·16""北、决、扬"的骨干分子,当作敌我矛盾处理,省直系统群众组织十个负责人,全被打成"5·16""北、决、扬"的头目。省直二级单位的320名造反派头头全部(被)批斗,中南汽车制造厂70%的群众被打成"北、决、扬"分子,"长航"在两清一批中被逼死、折磨死的有68人,"长办"当作敌我矛盾定案的有251人,当作"5·16""北、决、扬"的"总代表""重要骨干""线上人""知情人"和"幕后策划者"的有350人,都是各级革委会成员。用各种刑罚打死两人疯狂三人。

黄岗(冈)地区,长期办"五不准学习班",达三年之久,据统计有6521人参加,长期挂起来的人数有一百(万)五千十余人。

在武钢这个不到四万人(当时职工人数)的单位,就有五千多人挨批斗,被定为"5·16""北、决、扬",有五、六千人靠边站,武钢干部八千多人,其中两千六百多人挨整,原处级干部中,就有52人被定案,大搞逼供信致死57人(全公司),失踪一人。(附件十三已略)

国妇女代表团成员访问阿尔巴尼亚。在"两清"中自杀身亡。
6 刘素珍,女,1934年出生。中共党员。解放前为纱厂童工,1959年在《湖北日报》当记者,文革中为《湖北日报》捍卫毛泽东思想总部勤务员,文革后被开除党籍。

5. 招降纳叛，结党营私，苦心经营反革命独立王国。

刘丰、曾思玉秉承林彪的旨意，为了实现"克己复礼"的罪恶目的，他们利用已经篡夺了的部分权力，大搞"以权抗线"。刘丰、曾思玉甚至在 1970 年 3 月 14 日省首届"积代会"的总结发言中，大肆兜售"权"字经，胡说什么："有权的幸福，无权的痛苦，夺权的艰难，保权的重要，丧权的危险"，"宁愿筋骨碎，绝不把权交"等等。（附件十四已略）

组织路线是为政治路线服务的，刘丰、曾思玉一方面大肆镇压、扼杀文化大革命涌现出来的新生力量，另一方面则招降纳叛，结党营私，极力扶植右倾保守势力。他们除了在省市革委会中将群众代表、干部代表关的关、批的批，留下一两个造反派头面人物作点缀外，基层各级革委会中的造反派基本上被"一锅端"，而对保走资派和否定文化大革命有功的人，不论阶级成份与政治表现如何，一律纳新提干。省直机关原《百万雄师》头头杨××、秦××、戴××等人，运动后期分别提拔为省组织部付（副）部长，纪委付（副）主任，物质局付（副）局长、冶金局付（副）局长，市机械局原《百万雄师》主要头头俞××[7]，由于镇压造反派有功，运动后期被提拔为机械局武装部付（副）部长。一冶一公司，在整党建党中，就吸收了原《百万雄师》主要干部 70 人入党，其中有个叫庄匹坚的是国民党三青团员，因保公司党委书记有功，而优先入党。刘丰、曾思玉就是这样以我划线，招降纳叛，结党营私，苦心经营反革命独立王国，造成了许多反革命既成事实，建立一整套复辟资本主义的组织体系，为其"克己复礼"的政治路线服务。（附件十五已略）

由此可见，省市委中个别人顽固坚持为"7·20"翻案的反动立场，不过是为了保其篡党复辟的组织体系，而采取以攻为守的反革命策略而已。

---

[7] 指"百万雄师"一号勤务员俞文斌。俞文斌，1941 年出生。中共党员。武汉市机械工业局武装部副部长，1967 年 5 月起为"百万雄师"一号头头，1972 年 3 月因"七·二〇"事件被关押四年。文革后任武汉市经委副主任、湖北省暨武汉市驻香港办事处主任。1987 年去世。

（二）恶毒攻击中央首长炮打无产阶级司令部

刘丰、曾思玉一贯上欺党中央毛主席，下压广大革命群众。"九大"时期，毛主席问："朱鸿霞为什么没有来？"曾思玉答："他不是党员。"主席说："不是党员，可以照顾一个嘛！"对于毛主席指示，曾思玉、刘丰不仅不执行，反而在"九大"后不久，在省农村政工会上，破口大骂："朱鸿霞大坏蛋"。70年8月中央指示，要朱鸿霞作四届人大代表候选人时，曾思玉便说："他可以作右的代表嘛！"刘丰说："你不要以为毛主席保了你，毛主席还是要群众的。"（附件十六已略）

1969年4月，在协商九届中央委员会候选人名单时，张春桥同志对湖北某些人推选女代表对（时）压制革命造反派的做法，提出了严厉的批评，说："依我看，应该让王屏[8]来！"曾思玉、刘丰大为不满，借"两清一批"之机，以莫须有的罪名把王屏同志打成"是里通外国分子"，向张春桥同志示威。

1970年元月，张昭剑根据陈伯达的黑指示，在北京学习班召集朱鸿霞、胡厚明等人追查"反复旧"的所谓后台，张昭剑阴险地说："这个人不是王、关、戚，也不是孟、刘、张，此人在中央，比曾、刘大，你们联系'反复辟'来讲嘛！""你们不要顾虑，你们是不是看这个人没有倒，你们不敢讲，不要怕，我们也有后台嘛！曾刘也有后台嘛！你们要跟曾刘"，其锋芒直指张春桥同志。

一九七〇年三月在北京学习班，张昭剑派人逼电信局刘闯，要他交待揭发胡厚明私设电台时说："北京有个大人物支持我们，这个人不是王、关、戚，也不是孟、刘、张，是一个现在还有权的人，此人在'九大'时，坐在主席团的右边"。刘闯说："我搞不清楚。"他们就拿出政治局委员名单，一个个地数，当指到叶剑英同志名字时，便说："你想一想，是不是他？是他吧？"刘闯说："我搞不清楚！"

"九大"时，刘丰诬蔑纪登奎同志在"九大"的发言是做极"左"

---

8 王屏，女，1935年出生，湖北武汉人。文革前武汉国棉一厂工人，劳动模范。文革中为"钢工总"国棉一厂分部一号勤务员、国棉一厂革委会主任、湖北省革委会常委。文革后被隔离审查三年。

总结。曾思玉,刘丰恶毒攻击纪登奎、刘建勋[9]同志说:"河南是一派掌权,是害了慢性病,总有一天要爆发的""河南参加'九大'代表都是'二七公社'观点的。"曾刘两次勾结王新整理刘建勋同志的所谓"5·16"黑材料,并由刘丰通过黄永胜交林彪。

一九七一年四月,王维国窜到武汉和刘丰等密谈,恶毒诽谤洪文、春桥同志。刘丰向王维国介绍反革命经验:"你们连个小小的王洪文都对付不了,谁叫你们把他捧得那么高,自讨苦吃,我们湖北一个反派性就把他们反下去了。"

"十大"以后,《百万雄师》一小撮坏头头多次侮辱王付(副)主席画像,恶毒攻击王付(副)主席。武汉拖拉机厂《百万雄师》头头疯狂叫嚣"管你这个付(副)主席,那个付(副)主席,二十年后再看,到底是哪个的天下。"当时,革命造反派多次向省市公安局主要负责人反映此事,但省市委却无动于衷、置若罔闻。

(三)制造政治谣言,扶植"百万雄师",掀起为"七·二〇"事件翻案的右倾复辟妖风

对武汉"7·20"事件中央早有正确结论,这个结论是省市委内一小撮走资派向无产阶级文化大革命反攻倒算,搞翻案复辟的主要障碍,因此,他们就千方百计制造政治谣言,扶植《百万雄师》等保守势力,妄图在"两清一批"的基础上,翻"7·20"事件的案,进而达到全面否定文化大革命。我们认为,这是当前湖北武汉地区在新形势下最主要的右倾翻案妖风。根子在省委,矛头是指向党中央、毛主席的。

一九七二年二月二十六日上午八时,在武汉公安学校会议室,武汉公安机关军管审批组组长冯行慎,群众工作组组长刘华阶,予(预)审组组长舒福之等人,接见了原《百万雄师》的头头和"公检法"头头,说什么:"毛主席指示'7·20'是王力他们搞的,江青同志说,当时他们想搞一箭双雕。我们受了他们的骗,上了他们的当。"

一九七二年三月二十六日,军区"三办"主任刘志在省办的骨干

---

9 刘建勋,1913年10月出生,河北沧县人。1968年1月至1978年10月任河南省革委会主任。1983年4月去世。

学习班总结会上说道:"……林彪他们谋害我们伟大领袖毛主席共有三次,第一次是一九六七年七月,他们搞打倒陈再道,又谋害毛主席,一箭双雕。"

一九七二年十一月,省委书记韩宁夫、军管会付(副)主任曹正科等人在汉口六合路市委招待所,召集原《百万雄师》和《公检法》开会,韩宁夫说:"毛主席说了,7·20是王力他们搞的。"曹正科插话说:"王力是前台,根子在林彪,他们想在武汉搞一箭双雕,他们想在武汉谋害伟大领袖毛主席,然后说是你们搞的,你们现在想起来不怕吗?"(附件十六已略)

在韩宁夫等人的煽动下,《百万雄师》中一小撮坏头头俞××等人,大肆串联,蠢蠢欲动。

73年春节,省委主要负责人孔庆德、韩宁夫、××等人接见《百万雄师》头头俞××、朱××等人时说:"你们原来保省委有功,现在社会上阶级敌人(指造反派)又蠢蠢欲动,你们应该有所准备。"公开支持《百万雄师》为"7·20"翻案(其实刘丰、曾思玉、方铭、张昭剑早就把"7·20"的案翻了。)炮打党中央,于是街上马上出现了署名《雄师大队》及《独立大队》的大幅反动标语,"坚决为百万雄师翻案";"坚决为7·20翻案";还有什么"强烈要求澄清7·20事件";"百万雄师揪王力是反潮流行动"等等。原《百万雄师》汉阳汽运四站头头明××公然借京剧《智取威虎山》中《深山问苦》一场曲调,编写内容极其反动的唱词,恶毒攻击无产阶级文化大革命(附件十七已略)。

74年3月4日,省常委李衍授[10]等人把《百万雄师》头头俞××一伙与朱鸿霞等人同时找到省委11号楼三楼会议室鼓吹《两大派团结》,准备把喻××塞进省工会,进一步造成反革命既成事实,挑动群众斗群众。三月六日,《百万雄师》改头换面,重新拉山头,打起《工农兵》旗号,组织了二十余辆汽车在全市游行,公开为"7·20"翻案,人数虽少,气焰十分嚣张。不久《工农兵》又强站(占)了"工

---

10 李衍授,1921年出生。文革初期任湖北省委文革副组长。1970年后任湖北省生产指挥部副组长兼农林水利组组长、省农办主任、省委常委兼省委秘书长。1998年12月去世。

艺大楼""汉阳旅社"和"武汉饭店"七楼作为广播站和武斗集结据点,他们偷偷摸摸,准备凶器,蓄意寻衅。三月十三日晚,《工农兵》在汉口"工艺大楼"无故用砖头砸死砸伤群众多人,造成一场严重的流血惨案。省委对此听之任之,凶手至今逍遥法外,不予追究。肉联厂《百万雄师》头头狂叫:"7·20事件翻得了要翻,翻不了也要翻,争取中央再点一次名。"三月十九日,《工农兵》发展到绑架赵辛初等省市负责同志的严重地步,当中央办公厅三点指示下达后,《工农兵》中极少数人公然炮打中央说:"办公厅代表不了中央",肉联厂《工农兵》甚至野蛮殴打传达办公厅三点指示的干部。后来,在大势所趋的情况下,《百万雄师》头头张××在省委招待所3号楼说:"我本来不想搞,是韩宁夫他们要我们出来搞,现在这个责任要我一个负,我怎么负得了?"

最近,《工农兵》中极少数顽固份子一些亡命之徒,盘踞在武汉饭店,白天睡大觉,夜晚出来抢小汽车,刷大标语,铲大字报,挑动武斗,破坏批林批孔运动,三月二十八日夜,他们又无故围攻河南开封赴汉造反派代表,打伤多人。由于省市委中某些人在后台为《工农兵》鼓气,这一小撮阶级敌人的活动频繁,气焰嚣张,成了当前批林批孔对的障碍。

(四)对抗十大,死保刘丰、曾思玉、镇压反潮流战士

武汉地区革命造反派,在"十大"精神的鼓舞下,决心进一步扬发(发扬)"五不怕"的反潮流革命精神,用"四大"武器炸开湖北武汉地区阶级斗争的盖子,迎头痛击资产阶级思想在各条战线上的复辟回潮。曾思玉和省市委个别领导人对此怕得要死,恨得要命,竟然出动专政工具,出动便衣警察进行叮哨(盯梢)、围攻,甚至无理传讯,拘留反潮流革命战士,谢妙福[11]、何天泽[12]、吴方义、王华珍[13]等人就曾多次被抓进监狱。中南旅社革委会务负(责)人张爱兰[14]同

---

11 谢妙福,1932年出生。武汉肉联厂工人,"钢工总"肉联厂二号头头,1975年6月被判刑7年。已去世。
12 何天泽,汉口自来水公司职工,1975年11月被判刑7年。
13 王华珍,女,1941年出生。武汉市电车公司工人,"钢工总"电车公司头头。
14 张爱兰,女,时年40余岁,原中南旅社"工造总司"头头,后任中南旅社革

志因参加反潮流斗争，被横加罪名，于九月七日判八年徒刑（后经反潮流战士说理斗争，迫使高级人民法院撤销原判，于74月3月13日无条件释放）。

二月十七日，武汉市全体反潮流战士在市公安局与镇压造反派的急先锋王杰（市公安局长）展开面对面的说理斗争，经过七天战斗，终于迫使公安局释放何天泽等四位反潮流战士，这一斗争的胜利打碎了压在革命造反派头上的精神枷锁，此后，更多的革命领导干部和群众杀向了批林批孔的战场。

以上的揭发、汇报，仅仅是刘丰、曾思玉反革命罪行的一个缩影，对他们在湖北武汉推行的林彪"克己复礼"极右路线，同无产阶级文化大革命反攻倒算的罪行，还有待于进一步放手发动群众，深入揭发批判。

鉴于湖北、武汉地区当前批林批孔发展的现实情况，我们恳切要求伟大领袖毛主席，党中央负责同志到湖北解决问题、或者敦促湖北省委、武汉军区党委、省军区党委和省革委联席会议，吸收反潮流战士参加，揭发刘丰、曾思玉的反革命罪行，揭开省市委阶级斗争、路线斗争的盖子。我们要求中央督促湖北省委立即释放革命领导干部任爱生，红卫兵优秀代表杨道远。进一步释放大大小小的革命干部和群众代表。我们迫切希望中央首长接见我们赴京汇报团成员，以便及时向首长汇报湖北武汉问题。我们决心发扬反潮流革命精神，誓把批林批孔运动进行到底！以上汇报，如有错误，请中央首长批评指正。

湖北、武汉地区革命群众赴京汇报团

谢妙福、刘祖平[15]、程辉、周敏、陈端午、胡忠庭、李金祥（女）、周德清、何天泽、吴绪文、宫凤雨、王登富、夏光明、陈俊、龚宗义、张记生、白世友等408人。

一九七四年四月四日
根据铅印传单刊印。

委会主任。
15 刘祖平，1934年出生。中共党员。武汉铁路公安处预审员，"公安联司"成员，武汉铁路公安处革命领导小组成员，文革后被判刑4年。

"两清的大方向错光了"的反动实质是什么？

（一九七四年四月十九日）

长航系统革命职工批林批孔学习班

清查"5·16""北决扬"是伟大领袖毛主席和党中央的指示。是清除隐患、教育后代、巩固无产阶级专政、防止资本主义复辟的伟大战略措施。我们热烈拥护、坚决执行。

刘丰——这个林陈的死党分子，怀着不可告人的罪恶目的，接过和利用这一重大革命措施，大搞形"左"实右，混淆两类不同性质的矛盾，对群众组织的某些负责人和积极份子大搞逼、供、信，妄图搅乱革命队伍、制造裂痕，造成严重对立，以便从中渔利，恢复他那失去的天堂——资本主义制度。

就在湖北武汉地区正在群众中大挖"5·16""北决扬"的时候，毛主席和党中央就发现了问题，及时的给予了指示。毛主席说："你那里有'北决扬'，要注意政策，我给你讲了，你不相信，你又搞过了一点。还是宽大为怀嘛！整人要少，打击面要小，教育面要大，只要坚持这个，倒不了的。中央帮你的忙，大家帮你的忙，有大风大浪来了，我去一次湖北，你说可以不可以？"

党中央70年20号文件，即"3·21"通知中也指示："有些单位出现了扩大化的倾向。"必须特别警惕和防止扩大化的倾向。由于反革命份子刘丰怀有不可告人的罪恶目的，他根本不听毛主席和党中央的指示，继续搞扩大化、搞深挖细找，错整了一些群众组织的负责人和群众。正因为如此，现在刘丰的这些事实已成为刘丰无法推却的罪行材料了，但这能否就可以以此来定为"两清"的大方向是错光了呢？不能！我们认为"两清"的大方向和"两清"的错误是两回事，决不能混为一谈！

那么，高喊"'两清'的大方向错光了！""犯了方向路线错误"是什么意思呢？我们应该怎样来看清它的反动实质呢？揭开这个问题并不难，只要搞清楚"两清"清的是什么就可以很容易的认清它的反动实质了。

"两清"清的是"5·16""北决扬"。"两清"的锋芒对准的是一小撮阶级敌人，打击的是一小撮妄图扭转历史前进，搞复辟倒退的社会渣滓。这个方向错了吗？错在哪里？对阶级敌人不应该狠狠打击吗？

上面已经讲过，在清"5·16""北决扬"中肯定有错误，甚至是严重的错误，但这是反革命份子刘丰搞的，刘丰歪曲和破坏了伟大领袖毛主席的指示，造成了严重的恶果，这笔血债应该找反革命份子刘丰清算！但现实情况不是这样，某些别有用心的人故意把水搅混，将"两清"的大方向与"两清"中的错误混为一谈。一时："'两清'的大方向错光了和犯了方向路线错误！"的狂叫声充满江城，甚嚣尘上！

为什么出现这种情况呢？很清楚，这是阶级敌人在向无产阶级反扑，是向广大的工农兵、革命干部，革命知识分子和红卫兵小将实行反攻倒算，是在搞真正的右倾翻案；是搞复辟、搞倒退；是否定无产阶级文化大革命的伟大成果；否定"两清"的伟大战绩；是炮打以毛主席为首的无产阶级司令部；其根本目的就是要阴谋复辟资本主义，把被我们实行了无产阶级专政的阶级敌人"一律给予政治上的解放"！

这种炮打无产阶级司令部、向无产阶级反攻倒算的罪恶行径，在国内是适应了被打倒的地、富、反、坏、右，牛鬼蛇神和资产阶级的需要；在国外，是适应了帝国主义和现代修正主义的需要。我们广大工农兵决不能听之任之，让其继续发展下去。

中共湖北省委发的"六条"中说："两清"犯了方向路线错误。我们严正指出：湖北省委有鬼，鬼大的很！这是他们捂盖子，保自己，妄图蒙混过关的罪恶行径。赵辛初就是湖北武汉地区右倾翻案的总后台，是湖北武汉地区牛鬼蛇神的总指挥，赵辛初是破坏湖北武汉地区大好革命形势的总根子。赵辛初的罪行必须彻底清算！

中共长航党委贺崇升等人，在三月三十日致中共湖北省委，并转武汉军区党委的"公开信"中指出："发了六条是个进步……。"呸！这是屁话。长航党委与贺崇升等人必须猛醒，否则，党纪国法不容，长航广大革命职工也决不会答应你们！

最后，我们奉劝有些喊过"'两清'大方向错光了"的同志，再不要上当受骗了，希望你们迅速回到毛主席的无产阶级革命路线上来，清除派性，把矛头对准一小撮阶级敌人，将伟大的批林批孔运动进行到底！

长航系统革命职工批林批孔学习班
1974年4月19日

根据刻印材料刊印。

我们和两赵一王[1]的分歧
——评"两清"的大方向

（一九七四年六月十日）

中国人民解放军第三五〇六工厂批林批孔宣传站

对于湖北地区清查"5·16""北决扬"的问题，存在着两种完全对立的看法：一种是以两赵一王为首的认为"两清"是方向路线性错误，错光了；另一种是以广大工农兵为一方的认为：从马列主义的认识论出发，站在无产阶级社会主义革命的原则立场上，认为"两清"的大方向是完全正确的，全然没有犯方向路线性错误，"两清"虽然出现了扩大化的问题，一方面是林彪死党刘丰插了手；另一方面，扩大化并没有转移"两清"的方向。两种截然不同的认识，分道扬镳。

中央领导同志关于湖北问题的指示要点，以鲜明的观点，肯定了清查"5·16""北决扬"是完全必要的。这对湖北全省广大工农是极大的支持，对那些妄图否定"两清"的方向路线正确性的人是盖头劈脑的打击，是对两赵一王这种错误论调的一个严厉批判。但是，百足之虫死而不僵，"五·一六""北决扬"的幽灵仍然在江城徘徊，依附在那么几个心窍不开的人身上，采取抽象肯定，具体否定的手法，来抵制中央领导同志指示，否定湖北"两清"方向路线的正确性。

这样，我们就有必要来谈一谈"两清"这个大是大非问题，使我们广大工农兵同志有比较清醒的认识，使湖北武汉地区的批林批孔运动有利于正常的深入发展下去。

"两清"的方向路线为什么是正确的呢？

---

[1] 指湖北省委书记赵辛初、赵修和武汉市委书记王克文。

一、"两清"是一场针锋相对的巩固和加强无产阶级专政的阶级斗争。

在伟大领袖毛主席和中国共产党的英明领导下，经过几十年艰苦卓绝的斗争，推翻了压在中国人民头上的三座大山，建立了社会主义新中国。但是被打倒的地、富、反、坏、右这些资产阶级的遗老遗少们，并不甘心于他们的失败，每日每时都在窥测方向，寻找时机，妄图复辟资本主义，"兴天国，继绝世，举逸民"。伟大领袖毛主席亲自发动和领导的无产阶级文化大革命，打倒了他们的总头目、大叛徒、大内奸、大工贼刘少奇为头目的资产阶级司令部以后，他们又寄希望于另一个资产阶级野心家、阴谋家林彪及其死党。同时由总头目陈伯达策划，集地、富、反、坏、右死硬分子，组织"五·一六"反革命地下组织，作为林彪反革命政变的别动队，乘文化大革命之机，妄图改变我社会主义制度，颠覆（覆）无产阶级专政，复辟资本主义。在湖北的"北决扬"就是以陈伯达为头子的"五·一六"的一个组成部分。对于这样一个事关国家存亡的大问题，对这样的反革命地下组织，不以坚决果断的措施予以取缔，那还有社会主义中国的前途，那还有全国人民的天日！因此，清查"五·一六""北决扬"是完全必要的，"两清"的方向路线是全然正确的。

二、"两清"是在党中央领导下，在中央文件指示下进行的。

伟大领袖毛主席在同美国朋友斯诺的谈话中指出，这个敌人就是"5·16"[2]。这是毛主席以严肃的态度向全世界宣布"5·16"是中国共产党、中国人民、中国革命的阶级敌人，从政治上宣判了它的死刑。党中央在掌握了反革命地下组织"5·16"的大量确凿的材料以后，发出在全国范围内进行认真彻底的清查，同时对湖北发出了清查"北决扬"的"九·二七"指示。湖北武汉地区省市委和各级党组织执行中央指示，进行"两清"，方向路线是正确的，是完全符合湖

---

[2] 毛泽东的原话是："多数还是好的，有少数是坏人。这个敌人叫'五·一六'。"见《毛主席会见美国友好人士斯诺谈话纪要》，中共中央办公厅，1971年6月1日，第2页。

北武汉地区和阶级斗争形势的,是得到全省工农兵群众拥护积极参加的。

赵辛初、赵修、王克文之流认为"两清"是方向路线性错误,错光了的论调,就是认为湖北的"5·16""北决扬"不是反革命地下组织,这是明目张胆地反对毛主席关于"这个敌人就是'5·16'"的定论,是反对中央指示,为"5·16""北决扬"翻案,就是对党中央、毛主席进行旁敲侧击,就是把矛头直接指向毛主席、党中央的反攻倒算的右倾翻案妖风。

三、"两清"是保卫无产阶级文化大革命的伟大成果的政治斗争。

"5·16""北决扬"反革命地下组织是无产阶级文化大革命在两个阶级、两条道路、两条路线激烈搏斗已取得伟大胜利的关键时刻出现的。它们乘机妄图摧毁无产阶级文化大革命的胜利果实。他们也是"语录不离手,万岁不离口,当面说好话,背后下毒手"的阴谋集团。他们叫喊"以我为核心""唯我独尊"的反动口号,胡说什么"都是刘少奇的党员",搞三凌驾,三重建,要揪军内一小撮,大搞抢枪乱军……想当初,武汉三镇简直是乌云压城城欲摧,洪水溢江堤欲崩。伟大正确的党中央毛主席在这关键时刻发出"两清"的战斗号令。多么英明,多么及时啊。两赵一王今天否定"两清"方向路线的正确性就是否定无产阶级文化大革命,就是为"5·16""北决扬"鸣冤叫屈,就是为林彪、陈伯达扬幡招魂。

四、"两清"是坚持实行党的基本路线的无产阶级专政。

毋须多说,从"两清"中揭发出来的大量材料中,充分地暴露出"五·一六""北决扬"反革命地下组织,就是要从根本上否定党的领导和党的基本路线。他们积反革命的经验,深深懂得不从根本上否定党的基本路线上,就无法"兴灭国、继绝世、举逸民"。因此,他们总是集中火力攻击党的基本路线,他们放出"矛头向上"的与(舆)论来否定阶级矛盾和阶级斗争,他们要王力到湖北来当皇帝,它们大搞三反一粉碎的国民党法西斯专政,对广大干部、广大党员、工农兵群众、革命知识分子实行残酷镇压。在这样的情况下，实行"两清"是党的基本路线的要求，因此"两清"的方向路线完全正确，否定"两清"就是否定党的基本路线。

方向路线正确的"两清"有扩大化的错误。

"看问题忌带主观性和片面性"，这是伟大领袖毛主席对我们的教导，一个马列主义者是辩证唯物论者，反对绝对地看问题。因此，我们在"两清"问题上，既肯定它的方向路线的正确，同时也客观地承认它有扩大化的错误。共产党是光明磊落的无产阶级政党，不但敢于承认缺点和错误，同时也及时地改正错误，今天落实政策就是明证。

那么"两清"为什么会出现错误呢？

一、"两清"是重大的政治斗争。难免会出现这样或那样的缺点和错误。

任何一场重大的政治运动，在千百万革命群众参加下，在阶级敌人的垂死挣扎反抗下，可能要出现这样或那样的问题和错误，这是并不奇怪的事情。因此，每次运动的后期，都有一个甄别，也就是落实政策的阶段，用"有反必肃、有错必纠"的方针，检查和落实运动中执行政策情况。但是，如果有人企图在土改复查中利用我们在土改中出现的缺点来否定"土改"，利用"三反""五反"中出现的问题否定"三反""五反"，利用肃反中出现的问题否定肃反，利用反右中出现的问题反对反右斗争。利用"四清"中的问题否定"四清"，那就是攻其一点不及其余。彭德怀就是专门搜集我们在搞大跃进、人民公社中出现的个别问题，加以大肆扩大化。把蚂蚁当坦克，把蚊子当飞机，攻其一点不及其余来攻击党，攻击三面红旗。"两清"出现扩大化错误的次要原因，也同历次的政治运动一样，是无法避免的，如果有人硬要把它用人工来加以膨胀，硬说成是方向路线性错误，这是醉翁之意不在酒，司马昭之心路人皆知。

二、林彪死党刘丰的插手，是扩大化错误的主要原因。

林彪死党刘丰，受了陈伯达、黄永胜的黑旨意，插手湖北"两清"

工作，故意把"两清"搞得夸大化，其目的是要打击一大片，保护"五·一六""北决扬"一小撮。这是负隅顽抗中央的政治阴谋。因此，在"两清"中，刘丰封锁和不执行中央[1970]20号文件，有意混淆两类不同性质的矛盾。由于刘丰的插手，湖北的"两清"确实错整了一些人。这个账，必须算到林彪、陈伯达、刘丰身上，在批林批孔中批判刘丰的罪行，是完全必要和应该的。那种以我为敌，把两类不同性质的矛盾绞在一起的作法，是模糊阶级阵线，不利于批林批孔大方向的。

"僧是愚氓犹可训，妖为鬼蜮必成灾"。广大工农兵同志们，谁是我们的敌人，谁是我们的朋友，这个问题是革命的首要问题，我们要严防阶级敌人的阴谋破坏，要警惕两赵一王的阴谋诡计，排除资产阶级派性的干扰，坚持团结胜利的路线，认真学习和贯彻执行中央领导同志对湖北问题的指示要点，夺取批林批孔的新胜利！

中国人民解放军第三五〇六工厂批林批孔宣传站
一九七四年六月十日

根据刻印材料刊印。

中央领导同志关于湖北问题的指示要点

(一九七四年五月二十一日)

批林批孔运动正在湖北全省深入开展,形势很好。要坚决贯彻毛主席、党中央有关批林批孔的一系列指示和中央最近发出的[1974]17号文件,进一步加强党的领导,相信和依靠群众,牢牢掌握斗争大方向,认真执行党的政策,把这场斗争进行到底。

一、批林批孔,要把矛头集中指向林彪、孔老二"克己复礼"的反动纲领,指向林彪修正主义路线的极右实质。要深入揭发批判林彪反党集团妄图否定无产阶级文化大革命的罪行,巩固和发展文化大革命的伟大成果。联系湖北阶级斗争、路线斗争的实际,就是要深入揭发批判林彪死党刘丰的反革命罪行,肃清其流毒。只有坚持这个大方向,才能统一湖北党、政、军、民、学的思想,团结起来,共同对敌。

对林彪死党刘丰的罪行,是揭还是捂,这是一个重大的原则问题。主张坚决揭批,是正确的。不批林,不批孔,不揭批刘丰,捂盖子,压群众,是完全错误的。刘丰参与了林彪反党集团策动反革命政变的阴谋活动,是林彪反党集团在湖北的代理人。他在湖北推行林彪的修正主义路线,在军队和地方都有很坏的影响。那种所谓刘丰"影响不大"或"流毒已经肃清"的说法,是不符合实际情况的,是为"捂盖子"作辩护的错误言论。

要继续认真清查与林彪反革命阴谋活动有牵连的人和事。在清查中,应以毛主席一九七一年八、九月巡视各地打招呼为界,以听了中发[1971]57号文件的传达为界,在这以前的事,只要向党讲清楚就行了。要认真执行中央在[1971]57号文件中早已宣布的政策:"中央对于坚决同林彪划清界限的同志,不论他过去是否受过林彪的影响,是否犯过错误,都是同样爱护而不会轻易怀疑的。"

二、曾思玉同志在第十次路线斗争中犯了严重错误,本人检讨较好，毛主席、党中央比较满意。刘丰是林彪死党，曾思玉同志是好人犯错误，这是两类不同性质的矛盾，应严格加以区别。对曾思玉同志提出批评意见，是完全可以的，曾思玉同志应持欢迎态度。

对犯错误的同志，包括犯了严重错误的同志，要实行"**惩前毖后，治病救人**"的方针，既要弄清思想，又要团结同志。要从团结的愿望出发，经过批评和自我批评，在新的基础上达到新的团结。有错误改了就好，不要揪住不放，不要搞人人过关。

三、遵照毛主席、党中央的指示，清查"五·一六""北、决、扬"是完全必要的。由于林彪反党集团及其代理人刘丰的干扰破坏，湖北省的"两清"工作发生了严重错误。毛主席曾经指出，湖北清查北、决、扬"搞过了一点"，就是说犯了扩大化的错误。错误的根子在刘丰，省委也有责任。下面的同志是认识问题，执行问题，不能责怪他们。要继续遵照毛主席关于"**有反必肃，有错必纠**"的指示，严格区分两类不同性质的矛盾，坚决纠正错误，认真落实党的政策。在纠正扩大化错误时，也要防止"一风吹"。

四、坚定不移地团结百分之九十五以上的群众和干部。毛主席教导说："**在工人阶级内部，没有根本的利害冲突。在无产阶级专政下的工人阶级内部，更没有理由一定要分裂成为势不两立的两大派组织。**"要增强无产阶级党性，克服资产阶级派性，警惕阶级敌人利用派性进行破坏活动。要把仇恨集中在林彪及其死党刘丰身上，坚持革命群众的团结和工人阶级队伍的统一，巩固和发展革命的大联合。在不同观点的群众之间，要提倡"**别人的缺点、错误，让人家自己讲，各自多做自我批评**"，各自认真总结经验教训，不要互相攻击。革委会以及工、农、青、妇等群众团体，代表性不足的，今后应当在思想上真正实现了革命大联合的基础上，在条件成熟的时候，经过充分协商，进行补台，不能拆台。要一个单位、一个单位地解决问题，成熟一个解决一个。不首先解决好思想、路线方面的问题，急急忙忙地搞组织上的补台，就会走偏方向。

"七·二〇"事件不能翻案，不要再纠缠历史的旧帐了。在批林批孔运动中，纠缠历史旧帐，就会走偏方向。广大群众都是要革命的，应该实行革命的大联合，团结起来，共同对敌。

五、大张旗鼓地宣传、落实中央[1974]13号、14号文件的精神,贯彻执行**抓革命、促生产、促工作、促战备**的方针,完成和超额完成国民经济计划,坚决刹住反革命的经济主义妖风。个别领导干部,不批林,不批孔,挑动群众斗群众,煽动经济主义,以破坏生产来破坏革命,广大革命群众要坚决予以抵制,不要上他们的当。

六、充分发动群众,坚决打击阶级敌人的破坏活动。对于那些破坏批林批孔的现行反革命分子,对于造谣惑众、乘机翻案、破坏生产、破坏无产阶级专政的一小撮阶级敌人,要彻底揭露,坚决打击。对于反革命的政治谣言,要严肃批驳,彻底追查。**对于那些盗窃犯、诈骗犯、杀人放火犯、流氓集团和各种严重破坏社会秩序的坏分子,也必须实行专政**。要充分发挥专政机关和民兵组织的作用,加强社会治安,保卫批林批孔运动的顺利进行。

七、搞好批林批孔运动的关键是加强党的领导。各级党委要站在运动的前列,充分相信和依靠群众,放手发动群众。要带头读马、列和毛主席的书,注意培养开展革命大批判的积极分子,加强马克思主义理论队伍的建设。要欢迎群众的批评,认真检查工作中的缺点、错误,勇于承担责任,决不允许以任何借口整群众。对于一些错误的意见和要求,要说服教育,坚持原则。不得揪斗干部,不准非法抓人。要教育干部和群众,坚决执行中央[1974]12号文件。批林批孔运动,一定要在各级党委统一领导下进行。要充分肯定我们的国家、我们的人民是比较好的,我们的党、国家机关、人民解放军基本上是好的,是经得起风浪的。要充分肯定人民解放军三支两军工作的巨大贡献。如果对已经回部队的三支两军人员有意见,可以把意见送到所在部队的领导机关。要立即撤销一切山头,说服离开生产、工作岗位的人员回本单位搞好批林批孔,坚持抓革命促生产。

根据中共湖北省委办公厅1974年5月23印发的鄂发[1974]38号文件刊印。

中国共产党湖北省委员会
关于处理"北、决、扬"一案的批复

鄂文[1979]70号

省法院并省政法办公室、公安局、检察院、劳动局党组、中共武汉市委及市公安局、检察院、法院党组（委），中共黄石市委及公安局、检察院、法院党组（委）：

省委同意省法院党组《关于处理"北、决、扬"一案的请示报告》。现转你们，请即办理各项结案手续，并注意给有关人员以生活出路。

中共湖北省委
一九七九年十二月四日

关于处理"北、决、扬"一案的请示报告

中共湖北省委：

关于"北、决、扬"一案，一九七四年三月省委决定交我院审理后，我们曾多次向省委汇报，一直未最后定案。去年五月省委常委再次讨论决定分别判处首犯鲁礼安、冯天艾无期徒刑。骨干分子蔡万宝、甘勇等有期徒刑。定于同年九月二十日在武汉市召开公判大会，并向中央报送了备案报告。后来省委领导同志又指示，公判大会停开，此案暂不处理。最近，根据党的十一届三中全会精神及五届人大二次会议通过的《刑法》中对反革命罪的规定，我们对此案又进行了复查，现报告如下：

一、立案与审查过程

此案发生于一九六七年十一月，当时毛主席视察了华北、中南和华东地区，发表了要在革命的原则下实现革命的大联合的指示。以华中工学院学生鲁礼安、冯天艾等为首，对抗毛主席指示，在社会上纠合成立"北斗星学会"，分裂群众，破坏联合，妄图搞乱武汉。在这种情况下，点名批判了他们。但是，他们改头换面，以鲁礼安为首成

立了"武汉地区决心把无产阶级文化大革命进行到底的无产阶级革命派联络站"（即决派），并出版《扬子江评论》，发表有反动内容的文章，故一九六八年由省革委会政法组立案审查，经调查后作出审查报告。一九六九年八月以武汉军区党委的名义向中央写了请示报告。中共中央于一九六九年九月二十七日发了《对武汉问题的指示》的文件，指出："'北斗星学会''决派'这类地下组织，幕后是由一小撮叛徒、特务、反革命分子假借名义、暗中操作的大杂烩"，《扬子江评论》"是一些叛徒、特务、反革命分子幕后操纵的反动刊物"。并指出："对反革命修正主义分子王盛荣、国民党反革命将领干毅、老国民党特务周岳森等犯，必须立即逮捕，依法惩办"。对"北斗星学会""决派"这类地下组织"必须坚决取缔"。对"《扬评》的主要编写人员，应由湖北省革命委员会责成有关机关审查，按其情节轻重，分别严肃处理"。省革委会根据中央指示，逮捕了王盛荣、鲁礼安等十三人，组织专案审查。经过审查，于一九七三年释放了周岳森。一九七四年三月此案交我院后，经批准又于一九七四年、一九七六年、一九七八年分别释放了田国汉、干毅、张志扬、王盛荣。周凝淳因患精神分裂症已保外就医，现尚有七人未处理。

二、审理情况

我院受理此案后，经过反复审理和核实，并多次研究，我们认为此案在事实上有重大的变化。

1. 幕后操纵问题不存在

原认定"北、决、扬"幕后是由一小撮叛徒、特务、反革命分子暗中操纵的，现查明：周岳森是华中工学院附属中学的党支部书记，根本不是特务，只与鲁礼安有过一般接触，不是幕后操纵者。干毅系华中工学院教师，原系国民党将领，与鲁礼安等人没有接触过，仅因其子干小雄曾参加鲁礼安在华工组织的敢死队而怀疑干毅通过其子操纵"北、决、扬"。经查，所列干毅通过其子操纵"北、决、扬"的线索纯属分析，不是事实。实际上干毅与"北、决、扬"没有关系。王盛荣仅与鲁礼安见过一次面，没有谈及"北、决、扬"的问题，不是幕后操纵者。上列三人均早以释放，故幕后操纵问题已不存在。

2. 反动纲领认定的根据不足

经再次审查认为，从他们公开发表的"北斗星学会"宣言，还看不出有反动的内容。"决派"宣言，属于煽动极左思潮，鼓吹所谓农运，还不能认定为反革命纲领。原认定其有明显反动内容的（也就是有三反对三重建内容的）"决派"的宣言（草案），是鲁礼安起草的（现仅收集到打印件，没有原稿），未经"决派"开会通过，也未公开发表，故不能认定为该组织的反动纲领。

根据上述情况，作为认定"北、决、扬"反革命组织的主要依据即幕后是由一小撮叛徒、特务、反革命分子暗中操纵的事实已不存在，而且公开发表的"决派"宣言不能认定为反动纲领，因此，"北、决、扬"不能定为反革命组织。

但是，鲁礼安、冯天艾等人在文化大革命初期，积极追随林彪、"四人帮"，极力推行他们的极左路线，纠合一伙人，成立"北斗星学会"，"决派"，出版《扬子江评论》，分裂群众，属于煽动极左思潮，做了一些危害党、国家和人民的坏事，主要是：

①支持、煽动农民进城，破坏工农业生产，破坏城乡社会秩序。

一九六七年十二月，中共中央关于今冬明春农村文化大革命的指示下来后，鲁礼安等人错误地认为文化大革命运动最后要发展到轰轰烈烈的农民运动，农民运动已经成为当前湖北地区的主要矛盾。北京是学生运动的中心，上海是工人运动的中心，武汉将要成为农民运动的中心，因此，大肆进行活动，写什么《农民运动与知识分子道路》的文章，到农村去搞所谓农民运动的调查，炮制《浠水农民运动考察报告》在决派成立大会上宣读，宣扬现行反革命分子王仁舟搞的所谓"巴河一司新农村"的经验，支持王仁舟带领受蒙蔽的农民来武汉寻衅闹事，破坏社会秩序，破坏农村的大好形势，在湖北、武汉地区影响很坏。

②煽动所谓"反考"斗争，影射诽谤攻击周总理。

他们在林彪、"四人帮"极左路线及怀疑一切、打倒一切思想的影响下，采用不指名的形式把周总理说成是什么机会主义的中派、右倾机会主义的代表、二月逆流的总后台。鲁礼安在《扬评》上发表《无产阶级文化大革命与叛徒考茨基》的反动文章，影射诽谤周总理，冯天艾写"自潮诗"影射攻击周总理，甘勇等则更直接了当地诽谤攻击说"周总理是中国的考茨基""决派的目的就是要打倒周总理"，"打倒周总理才是文化大革命的彻底胜利"等等，妄图打倒老一辈的无产阶级革命家。

③鼓吹极左思潮，破坏团结，制造分裂。

鲁礼安、冯天艾等人从一九六七年至一九六八年七月，编印《扬子江》及《扬子江评论》十二期，大部分文章是打派仗，也发表了一些有反动内容的文章，大肆鼓吹极左思潮，煽动派性，制造分裂，对搞乱武汉起到了破坏作用。

三、处理意见

根据最近中央关于处理这类问题要进行具体的历史的分析的指示精神，并参照中央最近印发的贵州省委处理"启蒙社""解冻社"要实事求是，按政策办事，耐心教育的经验，本着对过去的问题处理从宽的精神，我们认为：鲁礼安、冯天艾等人是在文化大革命初期，在林彪、"四人帮"极左路线的影响下，打着造反的旗号，干了一些坏事，犯有罪行，尽管他们的活动，偶尔也有过公开反对和批判张春桥的问题，但不能因此改变他们犯罪的主要事实，而在当时对他们进行拘留审查是正确的，必要的，对于安定湖北形势，起到了良好的作用。现审查结果，"北、决、扬"不是由一小撮叛徒、特务、反革命分子暗中操纵的反革命组织。因此，此案不作反革命组织处理，按各人的具体罪行分别处理。鉴于这些被捕前大都是青年学生或工人（临时工），入狱十多年来，经过教育，大部分对自己的问题尚能认识，故予以从宽处理。对鲁礼安、冯天艾、蔡万宝、严琳免予刑事处分，对甘勇、童丹、马业成不以反革命论处，予以释放。有（由）所在地法院和公安部门分别办理法律和释放手续。并本着"给出路"的政策精神，由其所在地劳动部门安排，在集体企事业工作。

以上报告妥否，请审批。

中国共产党湖北省高级人民法院党组

一九七九年十月十九日

根据宋永毅主编《中国文化大革命文库》光盘（2022年版）刊印。

第三部分

揭穿鲁礼安玩弄的又一个新阴谋

(一九六六年九月十八日)

红卫兵华中工学院教务处"八一"战斗队

我们的第一份大字报贴出了一个星期,动力工程系"中南海"红卫兵同志抄鲁礼安家也有六天了。在历史的长河里,这六、七天能算几何?可是,在这大革命年代,实在太长太长了。"**多少事,从来急;天地转,光阴迫。一万年太久,只争朝夕。**"[1]我们就是要争这一朝一夕,一分一秒。不过我们还是在耐心地等着鲁礼安这个乌龟王八蛋,等他出来和我们较量。终于不负我们苦心人,鲁礼安抛出了一张名为"十万火急辟谣,最最严重声明"的大字报。奇闻!奇闻!划时代奇闻!!鲁礼安说"天天怪事皆有,独有今天不同,"对了!天天怪事皆有,独有鲁礼安最会制造奇闻!六、七天与十万火急之间可以大打而特打等号,这是鲁礼安对"时间"概念的新发展,新发明!

再告读者一声,这"十万火急"正是鲁礼安的那株大毒草《为南下革命师生呼吁——揭穿"紧急呼吁"的骗局》第一段抄文的翻版。那是为混杂在南下革命串联队伍中的一小撮别有用心的人和包括他自己在内的武汉地区一小撮乌合之众的"呼吁",而这是自己遭到灭顶之灾的哀鸣。一样的奇文,同样的声嘶力竭。须知声嘶力竭就是鲁礼安的看家本领。

有谁来教鲁礼安?由谁来听你"辟谣"?呜呼!有者,一小撮!诸如赵桂林[2]、涂仰豪[3]之流。悲哉!悲哉!他们也发出了危在旦夕的呼救。彼此一样,都是"泥菩萨过河,自身难保",实在教不了鲁礼安老弟!

---

1 毛泽东《满江红•和郭沫若同志》。
2 赵桂林,中国人民大学南下串联学生,1966年8月28日来汉串联,认为湖北省委有问题,提出"炮轰湖北省委,猛攻张体学"的口号。
3 涂仰豪,北京大学南下串联学生。

鲁礼安，真是个少有的"天才"。短短一张大字报，既是翻案书，又是谩骂咒，还发开溜通知单。同志们！同学们！我们一定要及时戳穿鲁礼安玩弄的这个"一翻、二骂、三开溜"的大阴谋，耍弄的这套鬼把戏！

翻，一千个翻不了！一万个翻不了！！永世翻不了！！！老实告诉你这个狗崽子，我们对你的丑恶家史只作了一个简单的确凿无误的介绍，听着：是确凿无误！确凿无误！！就只这一点点事实，你就接受不了了，就反感，就抵赖，就骂街，真如掘祖坟，如丧考妣。鲁礼安，你丑恶的家史永远是丑恶的家史，肮脏的灵魂只能是肮脏的灵魂，你家的丑恶历史是不会为你这半烂不烂的三寸之舌所左右，决不会在你的手里变得光荣起来。毛主席教导我们："**什么人站在革命人民方面，他就是革命派，什么人站在帝国主义封建主义官僚主义方面，他就是反革命派。**"[4]鲁礼安欲盖弥彰，极力反对的汪伪汉奸父母辩护，恰好把自己这付（副）不折不扣的反革命派的咀（嘴）脸暴露无遗了！我们真不知汪伪汉奸国民党为什么偏偏要拉你父母，而不拉劳动人民？为什么国民党的大大小小伪军官要和你父亲合照？为什么那些结领带的人物要和你母亲亲媚？如鱼得水，如胶似漆，打得火热。真是鲁家得天独厚！小子鲁礼安，你想翻吗？去见你的乾爷蒋该死去吧！

骂！听便！也是理该如此，正合心愿！害怕你们骂得不利害咧！毛主席教导我们："**对我们来说，一个人，一个党，一个军队，或者一个学校，如若不被敌人反对，那就不好了，那一定是同敌人同流合污了。如若被敌人反对，那就好了，那就证明我们同敌人划清界限了。如若敌人起劲地反对我们，把我们说得一塌糊涂，一无是处，那就更好了，那就证明我们不但同敌人划清了界限，而且证明我们的工作是很有成效（绩）的了。**"[5]好！鲁礼安你骂吧！你一跳八丈高地骂吧！我们打中了要害，我们揭对了！你左一个教务处老爷们，右一个

---

4 这段语录与原文有出入，"什么人站在帝国主义封建主义官僚主义方面"的原文是："什么人站在帝国主义封建主义官僚资本主义方面"。见《毛主席语录》，总政编，1966年版，第13页。

5 引自《毛主席语录》，总政编，1966年版，第13-14页。

教务处老爷们，告诉你，我们是苦大仇深的工农革干子弟，毛泽东思想哺育长大的青年，誓死保卫党中央，誓死保卫毛主席，誓死捍卫毛泽东思想，誓死捍卫无产阶级专政的红卫兵，你敢动我们一根毫毛么？！你说"对于解放前国民党这一套卑鄙手法，教务处的老爷们是应该清楚的。"呸！告诉你这个混账王八蛋："国民党的这一套卑鄙手法"，你要继承，就去请教你的乌龟父母，那才是你收集这第一手材料的最好处所。告诉你这个龟崽子，我们最清楚的是：你们父母当政之时，对我们的父兄是如何凶残狠毒，想打就打，想杀就杀，剥削压榨，阿（屙）屎拉尿，为所欲为，特别对我们革干子弟，更是斩草除根，抓住就杀，一个不留。我们有多少父母兄弟牺牲在你们父母的屠刀之下，有多少小兄弟、小姐妹，刚出世就惨遭毒手！我们心头都非常清楚地铭刻着一部血泪斑斑的家史，永世忘不了！这血海深仇，我们是一定要报，一笔一笔清算的！你说我们是"老爷们"，对了！在无产阶级专政的国家，我们在你们这一小撮乌龟王八眼里，就是老爷，一点也不假！"以其人之道，还治其人之身"，我们就是要仗老爷之势，大欺而特欺你们这一伙地、富、反、坏、右及一切剥削阶级的孝子贤孙。你不服气么？没办法！天地就是这么转的，你去破口大骂吧！

溜，办不到，一千个办不到！！一万个办不到！！！你说什么"过去一个时期，由于毛著没有学好"呸！学习毛主席著作是一场严重的阶级斗争，你这个乌龟王八蛋，对毛主席著作怀有刻骨的阶级仇恨，你破口大骂革命群众学"老三篇"是"见鬼去吧！"你这个道道地地的毛泽东思想的死敌，还说什么要学毛著，我们正告你，我们绝对不容许你这样放肆污蔑毛主席著作！你如果再敢玷污毛主席著作，就打烂你的咀（嘴）巴！你说什么"头脑发热"，对了！你的头脑是发热了，在我院体育馆我们就看到你的乌龟头，像蒸笼似的大冒热气，的确"时机已到"，岂能坐失，不"头脑发热"地大干一场还行？！你说什么"缺乏阶级感情和阶级斗争观点"，太谦虚了！你有极其深厚的"阶级感情"，非常鲜明的"阶级斗争观点"，你难道忘记了你在学校里东冲西撞，登台演讲那种不可一世的气势汹汹的样子！你难道忘记了你几乎跑尽了武汉地区的所有高等学校和部分中学，"三天三夜没吃没睡,喉头都喊破了"地进行"革命"串连的冲天干劲,你怎么这么健忘?斗争性很强嘛!不过,你这一切与我们广大工农兵、广大革命师生员工的阶级感情、立场、观点截然不同罢了!你说什么"给省委领导人乱扣帽子",错了!你一点也没乱扣,我们把牛鬼蛇神的帽子戴在曾惇、陈一新的头上,你说是"阴谋""大阴谋",我们在体育馆的辩论会上,就劝你别另搞一套,你却越闹越凶,带头包围省委、包围湖北日报是你,"湖北省委是右倾机会主义反革命集团""湖北日报是湖北谎报、是造谣机"是出于你口,要誓死"打倒湖北省委""打倒张体学"才上北京是你的行动口号,这都是你反动阶级的本能反映,又何来"乱扣帽子"?!你归结为一句什么"犯了这样那样的错误"呸!放你的狗屁,你还想欺骗好人,办不到!林彪同志说得很清楚:"很明显,一小撮反动资产阶级分子,没有改造好的地、富、反、坏、右五类分子和我们不同,他们反对无产阶级为首的广大革命人民群众对他们的专政,他们企图炮打我们无产阶级革命的司令部,我们能容许他们这样干吗?不能,我们要粉碎这些牛鬼蛇神的阴谋诡计,识破他们,不要让他们的阴谋得逞。"很明显,鲁礼安之流就是林彪同志指出的一小撮中的家伙。花言巧语,什么"犯了这样那样的错误""何罪之有",见你的鬼去吧!罪恶有之,罪恶大之。你说什么"某些人抓住我在运动中所犯的一些错误",老实告诉你这个乌龟王八蛋,你没有什么"错误"好给我们抓,你有的是反党反社会主义反毛泽东思想的累累罪行给我们抓。我们这样说了,也这样作了。我们在斗争党内走资本主义道路当权派的同时,也不忘记及时抓你鲁礼安这样的政治扒手。我们观点鲜明地写出了《揭穿鲁礼安反革命阴谋,捉拿这个政治扒手》的大字报,针锋相对地贴在你大肆放毒的湖北大学,现在又贴出了《及时捉拿炮轰无产阶级革命的司令部的急先锋鲁礼安》的大字报,而这张大字报是我们的第三炮了,奉劝你好好拜读,读它一天两天、一年两年,一直读下去,特别要背得烂熟的是这一段:"你这个汪伪汉奸的孝子贤孙听着,从你在无产阶级文化大革命开展以来的一言一行考察,历史将给你作出极明的判决:极右分子。你在这次无产阶级文化大革命中,将受到应得的惩罚"。告诉你这个龟崽子,你的开溜通知单写得再好,极"左"的词句用得再多,把自己装扮成"顶天立地的好汉,冲锋陷阵的勇士"也无济于事。鲁迅写出了著名的《论"费厄泼赖"应缓行》一文,对!对落水狗也要一打到底,你小小鲁礼安能溜得掉,逃得脱?让我们再重复一句:"你在这次无产阶级文化大革命中,将受到应得的惩罚。"

革命的师生员工同志们!一时不明真相受了蒙蔽的同志们,赶快猛醒过来!让我们共同来打这条落水狗——鲁礼安!

全院的革命师生员工团结起来!揪出炮轰无产阶级革命的司令部的一切牛鬼蛇神!

红卫兵华中工学院教务处"八一"战斗队
66.9.18

根据红卫兵华中工学院教务处"八一"战斗队铅印传单刊印。

评反革命跳梁小丑鲁礼安

(一九六八年六月十五日)

《新华工》报评论员

无产阶级文化大革命的滚滚洪涛，无情地荡涤着一切污泥浊水，猛烈地冲刷着那些阴暗的毒蛇的巢穴。

在战无不胜的毛泽东思想的光辉照耀下，在革命群众的一片愤怒声讨中，一心想做"新时代的狂人"的反革命跳梁小丑鲁礼安，终于被革命人民从阴沟深处挖了出来，押上了历史的审判台。

我们的伟大领袖毛主席教导我们："**以伪装出现的反革命分子，他们给人以假象，而将真象隐（荫）蔽着。但是他们既要反革命，就不可能将其真象隐（荫）蔽得十分彻底。**"[1] 反革命跳梁小丑鲁礼安就是这类货色。伟大的无产阶级文化大革命的号角一响，鲁礼安就利令智昏，错误地估计了形势，以为推翻无产阶级专政的时机已到，于是扯起了"造反"的旗号，一忽儿以极"左"的面貌出现，炮打无产阶级司令部，干扰毛主席的伟大战略部署；一忽儿从右的方面进攻，大搞复辟翻案活动，疯狂地对抗毛主席的无产阶级革命路线，破坏无产阶级文化大革命。这个一贯以"新时代的狂人"自居的反革命跳梁小丑，给人们淋漓尽致地作了两年多"精采"的表演，他"**以天下大乱、取而代之、逐步实行、终成大业为时局估计和最终目的**"[2]，上窜下跳，呼风唤雨，四处奔波，八方串连，到处写文章，做决定，发宣言，搞讲演，为适应其反革命政治需要，大造反革命舆论，煞有介事地制造出一套关于无产阶级文化大革命的"新理论""新策略"和"新思潮"。

自党中央号召全国开展"三反一粉碎"伟大运动以来，这个在中

---

1 引自《关于胡风反革命集团的材料》，人民出版社，1955年6月，第2页。
2 转引自《文汇报的资产阶级方向应当批判》，1957年7月1日《人民日报》。

央首长批判湖南"省无联"之后感到末日将临而不得不暂时潜伏下来,"回校'复课闹革命'",而且,在我院清理阶级队伍的斗争中受到一定打击的鲁礼安,又一次错误地估计了形势,象扎了吗啡一样,狂热地活动起来。在武汉变色龙和一小撮阶级敌人操纵下掀起的炮打"三红"、大搞翻案复辟活动和"反机灭康"的"倒新"运动的反动逆流中,他又是写文章,出报纸,搞演讲,弄枪枝(支),忙得个不亦乐乎,实在卖力得很哪!但是,历史是无情的,革命是无情的。鲁礼安的再次表演,进一步暴露了自己,教育了广大革命群众。他跳得越高,也就失败得越惨。

鲁礼安又一次被捉了。但是,鲁礼安一伙子及其幕后人物决不甘心他们的失败,他们蒙蔽许多不明真相的群众,滥用职权,搞了些诸如七十二个单位署名的什么"营救鲁礼安联合代表团"之类的团体,狂热地为鲁礼安翻案,把这样一个反革命跳梁小丑打扮成"勇敢的革命闯将""江城无产阶级革命派的优秀代表",把他说成是"新华工的左翼",是"新华工的希望",等等。真是肉麻死了,丑死了。

"假的就是假的,伪装应当剥去。"现在,是用光焰无际的毛泽东思想这面照妖镜给鲁礼安彻底现原形的时候了。

一、吠日的狂犬

我们的时代,是伟大的毛泽东时代。

林付(副)主席指出:"对毛泽东思想抱什么态度,是一个很重要的问题。我们就是要抓对毛主席的态度、对毛泽东思想的态度问题。"对毛主席、对毛泽东思想到底采取什么态度,是无限热爱、无限信赖,还是刻骨仇恨,疯狂反对,已成为当代区别革命还是反革命的最灵敏的试金石。

鲁礼安首先应该在这个试金石上得到检验。

有人说:"鲁礼安是忠于毛主席,忠于毛泽东思想的革命小将"。这是骗人。这是扯谎。这是令人不能容允的吹捧。

恰恰相反,鲁礼安对毛主席、对毛泽东思想充满了刻骨仇恨,进行了一系列最恶毒的攻击,是一只不折不扣的吠日的狂犬。

就是他,极端狂妄地在毛主席《关于农业合作化问题》这篇划时代的马克思列宁主义的光辉文献上批字:"现在看来这里右了!""现在看来这里'左'了!"

就是他,在与同学们谈话时,明目张胆地叫嚣:"毛主席象章我不感兴趣!"

这些公开的露骨的反革命叫嚣广大革命群众一眼就可以看穿,已经没有什么市场了。值得注意的,是他的"革命"的幌子下散布的大量不阴不阳的反党、反社会主义、反毛泽东思想的反革命黑话。因为它含沙射影,旁敲侧击,隐晦曲折,指桑骂槐,常常给人以假象,颇能迷惑一部分群众。

一忽儿,他哀叹什么"工人运动仿佛失去了当年叱咤风云的声势,而教育革命更是碰到一连串棘手的麻烦!"象政治舞台上失意的资产阶级政客一样仰问苍天:"北斗,北斗,未来的几十年中国、世界将是谁主沉浮?"

一忽儿,他又狂热地把"推动运动继续向前的更强大、更持久的动力"寄托于所谓"狂飙般兴起的农民运动之中",俨然一个当代"农民运动的领袖",发狠心要"改革整个旧的农业制度"。

一忽儿,他立志去做"关于打破僧侣的塔顶,去探求无际的天空的秘密"的哥白尼,或者布鲁诺,做"勇于大胆地闯进这些人间大学里的"高尔基,决心去做一个"不顾火刑与十字架的威胁,开拓新的道路"的"亡命之徒",鄙弃无产阶级文化大革命中涌现出来的大批革命创将"迷入官场";

一忽儿,他又要极力争取"站在前人的肩上","成为政治上的统治力量,"象巫师一样地预言:"代之而起的思想统治是决派思潮。"

伤感,迷茫,无限的惆怅;无比的狂妄。这些隐晦曲折的文字,处处浸透着对我们伟大的领袖毛主席、对战无不胜的毛泽东思想的刻骨仇恨!

林付(副)主席说:"毛主席是当代无产阶级最杰出的领袖,是当代最伟大的天才"。"毛泽东思想是革命的科学,是经过长期革命斗争考验的,是无产阶级最高真理,最现实的马克思主义。毛主席的理论是几千年的革命实践的总结"。林付(副)主席道出了一代伟大的真理!

鲁礼安冒天下之大不韪，狂吠什么"北斗，北斗，未来的几十年中国、世界将是谁主沉浮？"这是什么意思？就是说，他根本不承认毛主席是全世界无产阶级和劳动人民的伟大导师，伟大领袖，伟大统帅，伟大舵手。难道当代无产阶级最伟大的天才，当代无产阶级和广大劳动人民最伟大的领袖，我们心中最红最红的红太阳毛主席领导无产阶级和广大革命人民主宰不了"未来的几十年中国、世界"吗？

什么"改革整个旧的农业制度"？就是说，他要从根本上否认我们伟大舵手毛主席为农业社会主义革命制定的一条马克思列宁主义路线，颠复（覆）农村人民公社，颠复（覆）无产阶级专政。难道中国五亿农民紧跟伟大领袖毛主席，绕过暗礁险滩，战胜妖风迷雾，按照毛主席的教导进行了十八年的艰苦奋斗还没有改变"整个旧的农业制度"吗？

什么"开拓新的道路"？就是说，他要"不顾火刑和十字架的威胁"，开拓出一条反毛泽东思想的"新道路"来，难道光焰无际的、战无不胜的毛泽东思想以及我们伟大领袖毛主席率领无产阶级和广大革命群众进行了几十年的伟大革命实践还没有开拓出一条通向共产主义光辉灿烂的未来的光明大道吗？

什么"代之而起的思想统治是决派思潮"？就是说，他要取马列主义毛泽东思想而"代之"，这不过是"离马列主义之经，叛毛泽东思想之道"的翻版。难道当代最高最活的马克思列宁主义，当代马克思列宁主义的顶峰毛泽东思想不应为统治思想，而要"决派思潮"来代之而起吗？

多么疯狂的反革命叫嚣啊！

一九六八年二月，鲁礼安在他的日记中写道："真理的军舰是我的旗舰。我一生的根本任务是制造这艘旗舰。……制造征服思想海洋的军舰。"

什么"真理的军舰"？难道战无不胜的毛泽东思想不是放之四海而皆准的光芒四射的科学真理？不是引导革命航向胜利前进的光焰无际的灯塔？鲁礼安要避开当代无产阶级的最高真理毛泽东思想，制造一艘"真理的军舰"，是个什么货色呢？只能是一艘通往西方资产阶级海洋的"军舰"！只能是一艘用资产阶级思想来征服无产阶级的"军舰"！只能是一艘炮打以毛主席为首，以林副主席为副的无产阶级司令部的黑舰！

一九六七年三月七日，毛主席亲自批转了《天津延安中学以教学班为基础实现全校大联合和整顿，巩固，发展红卫兵的体会》，大力支持按班级实现革命大联合这一富有强大生命力的新生事物，掀起了革命大联合和三结合的高潮。

毛主席的伟大批示发出不久，四月一日，鲁礼安就迫不及待跳了出来，大骂《体会》是"一株抽调两条路线斗争实质的大毒草"。并且刻毒地狂吠："《天津延安中学体会》一出现，便迎合了阶级敌人和机会主义分子的需要。"

这里的"机会主义分子"指的是谁？

当今年毛主席的伟大"三·七批示"公开发表之后，鲁礼安还恶毒地攻击："'三·七指示'在当时发表恰好迎合了二月反革命复辟逆流的需要，起了为'二月逆流'推波助澜的作用"。

这里暗示"迎合了二月反革命复辟逆流的需要"又为"'二月逆流'推波助澜"的又是谁？

一九六七年十一月七日，鲁礼安在那份反动的《北斗星学会》的《宣言》中写道："震撼世界的我国无产阶级文化大革命，如何总结它，如何承受它，难道还需要等着那些躲在黄鹤楼上看翻（帆）船的大人先生们去进行，而不是由我们这些多少在运动的泥巴里滚了半天的毛小子来完成吗？"

这里的所谓"躲在黄鹤楼上看翻（帆）船的大人先生们"又是指谁？

谁高度肯定了《天津延安中学的体会》？是我们最敬爱的伟大领袖毛主席！谁不失时宜地"在当时发表"了关于无产阶级文化大革命伟大战略部署的"三·七批示"？是我们最敬爱的伟大领袖毛主席！是谁最有资格"承受"和"总结""震撼世界的我国无产阶级文化大革命"？是我们最敬爱的伟大领袖毛主席！反革命跳梁小丑鲁礼安如此疯狂地攻击我们伟大领袖毛主席，是可忍，孰不可忍？！

联系到他和决派小丑们在《无产阶级文化大革命和叛徒考茨基派》一文中公然批判周总理今年二月二日、四月七日所作的讲话，暗示"某些大人物""对右倾机会主义难舍难分不疼不痒","直到今天反对右倾机会主义高潮到来之前他们仍然念念不忘反'左',每一个反右倾口号后面必须强调两声反'左'为补充","过去马马虎虎还算得上无产阶级司令部的人",现在已经沦为"考茨基派"的恶毒攻击;

联系到他把老反革命修正主义分子王明和中国赫鲁晓夫提出并一贯鼓吹的"一切归统一战线"的右倾机会主义路线的罪责强加在周总理身上;

联系到他到处散布"周总理在军队里威信很高,将军们见到周总理都点头哈腰。见到××则很随便,老帅们还向××拍桌子。"等等流言蜚语;

联系到他到处散布对陈伯达、张春桥等中央首长的一系列怀疑,炮打以毛主席为首、林付(副)主席为付(副)的无产阶级司令部的反革命立场,已经是再明显不过、再疯狂不过的了。

对毛主席的态度,对毛泽东思想的态度,对以毛主席为首、林付(副)主席为付(副)的无产阶级司令部的态度,是一个极其严肃的阶级立场问题,是区别革命与反革命的分水岭。鲁礼安如此丧心病狂地攻击毛主席,攻击毛泽东思想,攻击以毛主席为首、林付(副)主席为付(副)的无产阶级司令部,难道还不足以说明他完全不是什么"革命小将",而是一个地地道道的反革命跳梁小丑吗?鲁礼安对日狂吠,丝毫无损于红太阳的无际光辉,反而使他在灿烂的阳光下现出了丑恶的原形。

二、毁我长城的小丑

毛主席教导我们:"要相信和依靠人民解放军。"[3] "没有一个人民的军队,便没有人民的一切。"

由我们的伟大统帅毛主席亲手缔造和领导、林副统帅直接指挥的伟大的中国人民解放军,是无产阶级专政的坚强柱石,是保卫伟大社会主义祖国的钢铁长城,是无产阶级文化大革命的坚强保卫者。

对于人民解放军的态度,就是对于无产阶级专政的态度。阶级敌

---

[3] 转引自《红旗》杂志 1967 年第 6 期社论《热烈响应拥军爱民的号召》。

人要颠复（覆）无产阶级专政，实行资本主义反革命复辟，必然要炮打伟大的人民解放军。

鲁礼安正是这么一个炮打人民解放军的黑炮手。一年多来，他精心培植了一株株大毒草，为他妄图"重新建军"制造一系列反革命舆论。

这里，我们且不去分析早在去年五月，他就在"政权的根本问题是军权"的大毒草中，作了要"夺军权"的反革命叫嚣，也不去分析他在今年三月九日的一次讲话和他今年的一篇日记的精采一段，就可以看出鲁礼安对待人民解放军的整个态度。

今年三月九日，鲁礼安说了这么一段话：

"现在的人民解放军已基本脱离了群众，军民再也不是鱼水亲了，故必须根绝，代之以民兵武装。"

在今年的一篇日记中，他是这样写的：

"八月（1967年8月——引者注）的抢枪运动开始了人民武装的英勇尝试。'只要在全国规模内着手组织这种武装的人民，就可以根绝常备军，这是一切社会必不可少的第一个经济条件，……也杜绝了阶级统治篡夺政府的经常危险，人民武装组织也是防御外国侵略者的最可靠的保证，而这在其他各国是办不到的。因为他们须有一个糜费的军事机器。取消常备军可以免纳苛税，而农民从此不再成为一切国家捐税和公债的最丰富的源泉了。'马克思这一论述已经在今天由毛主席在他的五·七指示中得到了解决。"

"现在的人民解放军已基本脱离了群众，军民再也不是鱼水亲了"，这岂不是说，我们伟大的人民解放军已经变质了，再也不是工农劳动群众的子弟兵了，再不是高举毛泽东思想伟大红旗、非常无产阶级化、非常战斗化的举世无双的部队，而变成资产阶级的法西斯军队吗？

鲁礼安正是这样看的。在马克思的论述中，所指的"常备军"，是资产阶级常备军。鲁礼安故意不谈这一点，却把毛主席亲自缔造和领导、林副主席直接指挥的人民解放军和资产阶级常备军等同起来，把无产阶级专政的坚强柱石和资产阶级国家靡费的军事机器等同起来,就是对中国人民解放军的极大侮辱!是对我们无产阶级专政的极大侮辱!

"必须根绝"人民解放军,在鲁礼安看来,人民解放军"脱离了群众",成了一个经常向农民收纳"苛税"的"靡费的军事机器",那是非得"根绝"或"取消"不可的。鲁礼安的叫嚣,说出了美帝、苏修、蒋介石和一切反动派的心声,这些人真不知要给他送上多少奖励哩!

"代之以民兵武装",这是一支什么样的武装呢?指人民解放军吗?当然不是,因为那是鲁礼安要"根绝"的对象。指现在全国成立的民兵组织吗?也不是。因为这种武装已成立几十年了。很显然,鲁礼安将要用以取代人民解放军的"民兵武装"(亦即:"人民武装"),是指去年八月才开始"英勇尝试"的抢枪运动所搞起来的"人民武装"。这种"人民武装",是地地道道的"全民武装",实质上是"法西斯武装"。在武汉,一小撮阶级敌人不正是利用这样非法搞起的"武装",对革命人民进行血腥的镇压,对革委会进行武装颠复(覆),一手挑起"汉川事件""黄石事件""新中原事件"[4]"新一冶事件"等等严重政治事件吗?

毛主席教导我们说:"从马克思主义关于国家学说的观点看来,**军队是国家政权的主要成分(份)。谁想夺取国家政权,并想保持它,谁就应[该]有强大的军队。**"[5]

很清楚,鲁礼安的"代之以民兵武装"的理论,就是反动的"重新建军"的理论,就是解除无产阶级的武装,而把枪杆子以及随后的一切权力统统交给他们一伙乌龟王八蛋,建立一个镇压人民的法西斯武装,然后,一个早上猛扑过来,把亿万劳动人民淹没在血泊之中,推翻无产阶级专政,建立蒋介石的法西斯政权。请同志们想一

---

[4] 新中原事件,"新中原"是中原机械厂的新派组织,成员占全厂人数的75%。后"新中原"加入"新武汉"。1968年5月3日,钢、新两派在中原机械厂发生武斗,事件中死2人,伤57人。

[5] 引自《战争和战略问题》(1938年11月6日),《毛泽东选集》第2卷,人民出版社,1966年7月,第512页。

想,这是多么反动的理论啊!

鲁礼安在他的这篇日记的"八月的抢枪运动开始了人民武装的英勇尝试"之前,记载了一段生动的文字:

"革命人民等待了十七年,准备了十七年,由伟大导师毛主席发起的无产阶级文化大革命终于宣布'一天等于二十年'的时刻业已到来……"。

鲁礼安之流,为了完成他"代之以民兵武装"的"重新建军"的"伟业",他们"等待了十七年","准备了十七年"(这是多么难熬的十七年啊!),终于,他们日盼夜梦的"一天等于二十年"的黄金"时刻""业已到来",他们再也按捺不住内心的无比喜悦了!可是,平地一声春雷:江青同志"九·五讲话"发表了,中央"十条通令"发布了!我们的"钢铁长城"更加强化了。鲁礼安之流满腔热血化成了一片冰水,他们的"重新建军"的反动目的又"终于"成了泡影!

让鲁礼安之流向着我们伟大的钢铁长城碰壁去吧!我们的钢铁长城永远挺立在社会主义的新中国,发挥出巨大的无产阶级专政威力!

"军民团结如一人,试看天下谁能敌。"[6]

三、新生红色政权的死敌

我国联翩出现的革命委员会,正如毛主席指出的:"'三结合'的革命委员会,是工人阶级和人民群众在这次文化大革命中的一种创造。"[7]"这种在毛泽东思想指引下,由实现了革命大联合的革命群众的代表、人民解放军的代表、革命领导干部参加的革命委员会,是无产阶级革命派和广大革命群众掌握了毛主席关于无产阶级专政的条件下继续进行革命的理论,对党内一小撮走资派进行自下而上的夺权斗争的丰硕果实,它大大丰富和发展了马克思列宁主义的国家学说。"

早在一年以前,当革命委员会这个新生事物刚刚出现在东方地

---

[6] 毛泽东《杂言诗·八连颂》。
[7] 转引自1968年3月30日《人民日报》《红旗》杂志、《解放军报》社论《革命委员会好》。

平线上的时候，我们最最敬爱的伟大领袖毛主席，就以他无产阶级家的伟大天才，高瞻远瞩地指出："**在需要夺权的那些地方和单位，必须实行革命的'三结合'的方针，建立一个革命的、有代表性的、有无产阶级权威的临时权力机构。这个权力机构的名称，叫革命委员会好。**"

毛主席的伟大指示象震天的惊雷，响遍了祖国的大地，各地各单位的革命委员会纷纷建立，广大的无产阶级革命派和革命群众通过革命委员会这个新的政权形式，把无产阶级专政的命运、无产阶级文化大革命的命运、社会主义经济的命运牢牢地掌握在自己手中。党内一小撮死不改悔的走资派、叛徒、特务和一切反革命分子深深懂得，革命委员会的建立、健全、发展，彻底打破了他们复辟资本主义的黄粱美梦，于是，他们一齐跳了出来，向新生的革命委员会射出了一支又一支的毒箭，妄图把它扼杀在摇篮之中。鲁礼安就是这场喧嚣甚上的反对红色政权的大合唱中一名十分蹩足但却是非常卖力的吹鼓手。

他别有用心地歪曲毛主席关于"**革命委员会好**"的指示"是叫革命委员会好，而不是象社会上到处标榜的'革命委员会好'，倘若这种权力机构真是理想的话，它就不会成为临时的了。"

他丧心病狂地攻击："现在中央批准的一系列革命委员会基本上可以说是折衷主义的产物，没有多少无产阶级权威……，必须来第二次群众运动把它冲垮。"

他极端狂妄地叫嚣："革命委员会这个由革命群众自己创造出来的事物，必将由革命群众自己把它消灭掉"，而"这个任务，毫无疑问地被放到了决派肩上"，等等。

这一连串疯狗般的狂吠，真是獠牙毕露，恶毒至极！

是"叫革命委员会好"，而不是"革命委员会好"吗？革委会是"折中主义的产物"吗？

《人民日报》《红旗》杂志《解放军报》三月三十日社论《革命委员会好》指出："毛主席教导我们：'**要相信和依靠群众，相信和依靠人民解放军，相信和依靠干部的大多数**'。'三结合'的革命委员会就是把毛主席总结群众经验以后所提出的这三个方面在组织上紧密结合在一起,以便更加适应社会主义经济基础的需要,更好适应巩固无产阶级专政、防止资本主义复辟的需要"。请问这有什么不好?这怎么是"折衷主义的产物"?鲁礼安把"党中央批准的一系列革命委员会"说成是"折衷主义的产物",不正是暴露了自己炮打党中央的罪恶行径吗?

鲁礼安之流感到这种权力机构不好、不理想,这是天大的好事。一个反革命跳梁小丑感到不好、不理想的东西,正是我们无产阶级革命派和广大革命群众感到好和理想的东西。有了这种权力机构,对鲁礼安继续进行反党反社会主义反毛泽东思想的罪恶活动,对他肆无忌惮地炮打以毛主席为首、林副主席为副的无产阶级司令部,炮打中国人民解放军,颠复(覆)革命委员会的罪恶勾当,对他使决派"成为政治上的统治力量"的痴心妄想,是一个严重的威胁。这怎能不使鲁礼安之流感到"不好""不理想"呢?倘若鲁礼安也感到好了,理想了,那还行?!那岂不是要广大无产阶级和劳动人民又重新回到黑暗的旧社会,再一次堕入苦难的深渊,走回头路,吃二遍苦吗?至于鲁礼安说革委会"没有无产阶级权威",这是很合情理的。在鲁礼安看来,革委会"不好","不理想",是"折衷主义的产物",哪里还有"无产阶级权威"可言?所谓"没有无产阶级权威",只不过是为了掩盖自己根本就不喜欢、就仇恨这个革命的新生事物的一个幌子而已。鲁礼安装出一付(副)关心革命委员会的无产阶级权威的样子,摆出一付(副)"彻底革命"的架式(势),可是人们透过他娓尾(娓)动听的言语,去分析他的所作所为,就可以明白他的葫芦里卖的什么药。

"革命委员会,这个由革命群众自己创造出来的事物,也必将由群众自己把他消灭","必须来第二次群众运动把他冲垮"吗?

毛主席说:"**人民得到的权利,绝不允许轻易丧失,必须用战斗来保卫。**"[8]革命委员会是无产阶级革命派和革命群众近二年来同以中国赫鲁晓夫为首的一小撮走资派、同资产阶级反动路线浴血奋战的成果。要"消灭""冲垮"革命委员会的是些什么人?!是那些叛徒、

---

8 引自《抗日战争胜利后的时局和我们的方针》(1944年8月13日),《毛泽东选集》第4卷,人民出版社,1966年7月,第1073页。

特务、顽固不化的走资派!是那些地、富、反、坏、右牛鬼蛇神和那几个没落阶级的代表!君不见他们就象几个嗡嗡乱叫,令人讨厌的绿头苍蝇一样,每时每刻围着新生的革命委员会诅咒她短命,挑剔她的缺点吗?君不见他们正纠合在"杀鸡喝汤"的广告栏下,对我们新生的革命委员会虎视眈眈,等着有朝一日一口把她吞掉吗?我们也要明白告诉这些人,巩固和发展新生的红色政权革命委员会,是对敌斗争的需要!是夺取无产阶级文化大革命全面胜利的需要!是革命人民的需要!想要"消灭"她,"冲垮"她,那是万万办不到的。

鲁礼安是言者,又是行者。为了实现他的"鸿鹄之志",于是他狂热地讴歌:"无论是哈尔滨的'×××',还是贵州的'×××',他们对于临时权力机构的斗争,不管是否意(识)到了,都是在为完成决派的历史使命在进行着英勇的尝试。"公然为动摇新生红色政权的错误行动大唱赞歌。

于是,他一忽儿搞"××"队,一忽儿搞"北斗星学会",一忽儿又搞什么"决派联络站",一忽儿又流窜到农村,俨然以"农民运动领袖"自居,打着"发动贫下中农"和"解决农民问题"的幌子,鼓吹所谓"农村包围城市"的反动理论,搞什么"新农村",挑动农民进城来"夺取城市"。

够了,此人是一个货真价实的野心家。从他歪七歪八的理论,到狗偷鼠窃的行动,浸透了他对红色政权的刻骨仇恨,暴露出了他妄图实现反革命夺权的狼子野心。

鲁礼安颠复(覆)红色政权的历史是"悠久"的。

早在去年八月,当新华工无产阶级革命派经过一年多的浴血奋战,终于建立了自己的红色政权新华工革命委员会的时候,他就作了一番极其充分的表演。

在新华工革委会成立之前,他大肆煽动分裂新华工无产阶级革命派,破坏新华工革委会在筹建工作,破坏新华工无产阶级革命派向党内一小撮走资派的夺权斗争。

在中央文革直接批准的新华工革委会成立以后,他咬牙切齿地对新生的红色政权进行了最恶毒的攻击。

什么"勉勉强强拚(拼)凑出一个'革委会'以争得中南地区的

第一名状元桂冠"啰;

什么"那些蓄意制造某种既成事实而且使中央批准成立的人是政治投机商,不但愚蠢,而且可耻"啰;

什么"或者破产,或者分裂,这是新华工'革委会'未来的命运"啰;

什么"新华工是×××右倾机会主义掌权","必须立即召开遵义会议,迅速结束×××右倾机会主义在新华工的统治地位,让代表正确路线的革命小将出来掌权"啰;

……

舆论在先,实干接踵而来。鲁礼安赤膊上阵,纠集几个右倾机会主义分子,欺骗少数看问题的思想方法不对的同志,请来了荷枪实弹的万名"核心",召开了一个臭名昭著的"8·23"分裂大会。

逆潮流而动,就叫做运动。历史的前进,总是使那些利令智昏,存心和革命人民对抗的倒行逆施的人物,很快地成为令人嗤笑的小丑。历史无情地嘲笑了鲁礼安这个政治丑角。巫婆的诅咒失灵了,算命先生的卜算落空了,地球照样地转动,江河照样在奔流,新华工革委会既没有"破产",也没有"分裂",而且是在阶级斗争的风雨中,在同右的或极"左"的反动思潮的斗争中日益发展和巩固,坚强地屹立在江城的东方。随着文化大革命的逐步取得全面胜利,新华工革委会不断地健全和发展,将越来越发挥出巨大的革命威力。

列宁在十月革命以后曾经说过这样一句话,究竟是什么人咒骂俄国劳动阶级第一次创立的苏维埃呢?是"**所有的资产阶级恶棍,所有的喝血的匪帮,以及他们的讴歌者考茨基。**"对比鲁礼安近一年来对新生革委会的种种攻击和颠复(覆)活动,不是可以更清楚地帮助我们识别鲁礼安的真实面目了吗?

四、这是那个阶级的"造反闯将"!?

鲁礼安疯狂攻击伟大领袖毛主席、攻击伟大的毛泽东思想、攻击伟大的"三红"的反动嘴脸已经是暴露无遗了。但是,被鲁礼安的"新理论""新策略""新思潮"搅得昏昏沉沉的人们,却总爱送他"革命小将"(虽然犯了错误)的光荣称号。鲁礼安之流也一再拍着胸脯声嘶力竭地叫喊，鲁礼安是无产阶级文化大革命中涌现出来的一员"造反闯将"，而且，是一员"非凡"的"造反闯将"。说什么尽管"鲁礼安也犯了这样或那样的错误，但他始终是只鹰"。现在我们必须再来深入分析一下，他到底是那个阶级的"造反闯将"？是一只怎样的鹰？

造反，是有强烈的阶级性的。不是无产阶级造资产阶级的反，就是资产阶级造无产阶级的反。造反，不过是为了要达到或实现其某种政治目的而采取的一种行为或手段。鲁礼安的确在"造反"，并且"闯劲"很大。但是，他到底在造谁的反？他的造反要达到一个什么目的？用他自己的话，就是"要完成怎样的历史使命"？这些，不可不了解清楚。

鲁礼（安）在他的《决派宣言》里是这样赤裸裸地写道："决派当前奋斗的目标，就是要彻底摧毁旧的国家机器""直至今天仍在袭用的资产阶级国家体制，将在这场斗争中被决派所摧毁"，而"建立起崭新的国家机器"，"实现决派的历史任务，就可以使得决派成为无产阶级的先锋队"，"代之而取的思想统治将是决派思潮"。

要"彻底摧毁旧的国家机器"或"至今仍在袭用资产阶级国家体制"，这岂不是说，已经光荣地成立了十八年、已经建立了强大的"**工人阶级领导的以工农联盟为基础的人民民（主）专政**"的社会主义新中国的国家机器仍然是"旧的国家机器"，他的体制仍然是"资产阶级国家体制"，所以要"彻底摧毁"吗？"建立崭新的国家机器"，这岂不是说，要"重新建国"吗？

要"使决派成为无产阶级先锋队"，这岂不是说，中国共产党这个领导我们事业的核心力量已经不行了，"实际上"要由决派来取代了吗？联系起鲁礼安所说的"决派的产生和发展，实际上是一个建立无产阶级的阶级队伍的过程"，"整党和建党的工作从决派进行第一次政治斗争时，实际上已经开始了"的猖狂叫嚣，鲁礼安不是要"重新建党"吗？

"代之而起的思想统治将是决派思潮"，这岂不是说，战无不胜的毛泽东思想也已经不行了，不能"万岁"了，而必须以"决派思潮""取而代之"吗？

短短几句话，成了一付（副）绝妙的自供状。很显然，鲁礼安造反的目的，就是要"彻底摧毁旧的国家机器"，即推翻我们的无产阶级专政的国家机器；要"根绝"毛主席亲自缔造和领导的、林付（副）主席直接指挥的中国人民解放军，建立起鲁礼安的所谓"民兵武装"，即蒋介石镇压人民的法西斯武装；要由鲁礼安这伙乌七八糟的大杂烩"决派"来取代中国无产阶级先锋队——我们伟大光荣正确的中国共产党；要由反马列主义、反毛泽东思想的反动的"决派思潮"取代伟大的战无不胜的毛泽东思想在我国和在全世界的思想统治地位，并由此组成所谓"崭新的国家机器"，即资产阶级国家机器。这是多么露骨的篡军、篡党、篡国的反革命复辟叫嚣！鲁礼安到底在造谁的反，到底是哪个阶级的"非凡"的"造反闯将"不是昭然若揭了吗？

和湖南的"省无联"、和上海的"东方学会"[9]一样，鲁礼安也创造了一种反动透顶的"受压迫者即革命者"的理论，就是：不管什么阶级，凡是受压迫的就是革命的。党内一小撮走资派、叛徒、特务、地富反坏右、牛鬼蛇神在无产阶级文化大革命中受了打击，鲁礼安就说是受了资产阶级反动路线的迫害，他在《决派宣言》的初稿中就直言不讳的写道："运动初期来自资产阶级反动路线的压迫，把一大批被迫害者赶进了造反派队伍，那（哪）里有压迫，哪里就有反抗！"他甚至把革命的红卫兵小将"抓叛徒网"也说成是"'打击一大片，保护一小撮'的资产阶级反动路线的新的组成部分"，公开为可耻的叛徒翻案，鼓动叛徒"造反"。

这是一种什么逻辑？这是地地道道的牛鬼蛇神的反革命混账逻辑！从阶级观点上来看，压迫也有两种：或者是资产阶级压迫无产阶级，或者是无产阶级压迫资产阶级。对于前者，我们提倡"**造反有理**"；对于后者，我们主张镇压有理。对于牛鬼蛇神，我们就是要"**实行专政，实行独裁，压迫这些人，只许他们规规矩矩，不许他们乱说乱动。**"[10]在这里，难道还能讲什么"仁慈""平等""博爱"吗？鲁礼

9　东方学会，全称"东方无产阶级文化大革命批判会"，负责人是上海锅炉厂的何志强。

10　引自《论人民民主专政》（1949年6月30日），《毛泽东选集》第4卷，人民出版社，1966年7月，第1412页。

安"受压迫者即革命者"的混账理论,就是"用五十天包庇十七年"的理论,就是鼓动牛鬼蛇神向无产阶级进攻的理论,就是赤裸裸的反革命理论!

"哪里有压迫,哪里就有反抗!"请读者注意,鲁礼安在代表一小撮受到无产阶级压迫的反革命分子说话了。在鲁礼安之流看来,无产阶级专政是"火刑",是"十字架",是"历史的惰力",简直阴森极了,可怕极了,所以,使他总感到是在受"威胁",受"压迫",以至使他天天"向往着自由"。把毛泽东思想普照的无限光明的社会主义新中国,看成是一团漆黑的"人间地狱",除了说明他本身就是一头害怕光明的猫头鹰以外,还能说明什么呢?为了争取他那美妙的西方世界的"自由",于是,鲁礼安发誓要去"敢于打破僧侣的塔顶,去探求无际天空的秘密"的哥白尼或布鲁诺;要当"冲破历史的惰力,不顾火刑和十字架的威胁,开拓新的道路"的"亡命之徒"。所以,无产阶级文化大革命一开始,他认为时机已到,就赶忙扯起"革命"的旗号,把矛头指向无产阶级专政,起劲地造起反来了。鲁礼安的全部反革命实践进一步证明,一小撮阶级敌人,总是不甘心于自己的灭亡,总是要作垂死挣扎的,总是要向无产阶级"反抗"的,他们一有机会就要搞翻案的;妄想为资产阶级反动路线翻案,为党内最大的一小撮走资派翻案,为被打倒的阶级敌人翻案。一切革命的人民务必保持足够的警惕。这一次,鲁礼安满以为机会又到了,于是乎,更加疯狂地干起了炮打"三红"的罪恶营生。然而,好景不长,在新生的新华工革委会面前,鲁礼安的翻案美梦归于幻灭。在鲁礼安之流的疯狂进攻中,我们的无产阶级专政不仅没有削弱,而是得到了巩固和加强,鲁礼安之流的反革命跳梁小丑,终于尝到了无产阶级专政铁拳的滋味。

五、反右必须防"左"

从以上几个方面可以看出,鲁礼安是一个地地道道的反革命跳梁小丑,是国民党反动派的孝子贤孙。他纠集一伙子人搞的一个所谓"决派"(即"决心将无产阶级文化大革命进行到底的无产阶级革命派(决派)联络站")是一个典型的反马列主义、反毛泽东思想的反动流派。他代表的"决派思潮",是典型的反马列主义、反毛泽东思想的反动思潮。对于鲁礼安的三反言行及他所代表的这股反动思潮,必须进行彻底的批判,认真的消毒。

列宁教导我们:"**马克思主义在理论上的胜利,逼得它的敌人装扮成马克思主义者,历史的辩证法就是如此。**"同样,无产阶级文化大革命的节节胜利,广大革命群众毛泽东思想水平不断提高,这使一切反革命分子不得不经常更换外表的颜色,主要采用反革命两面派的手段,交替使用极右和极"左"的两手同无产阶级进行较量。鲁礼安就是如此。明明是贼,偏偏是装圣贤。明明是流氓,偏偏要打扮成"正人君子"。明明是妄图推翻无产阶级专政的、不自量力的、瘪三式的个人野心家,偏偏要美其名曰:"革命小人物"。明明骨子里极右的实质,却在外表上竭力涂上可爱的极"左"颜色。然而,只要我们认真地把他的言论和毛主席关于无产阶级文化大革命的一系列理论、路线、方针、方法和政策一对照,看看他对待"三红"和无产阶级革命派的态度,再对比他对一小撮阶级敌人的态度,我们就可以剥开他那五彩斑烂(斓)的画皮,还他个庐山真面目。

在一些人的眼里,鲁礼安是个"坚定的左派"。其实,他是个极"左"派,亦即形"左"实右派。从他那狂犬吠日的罪恶叫嚣,到彻底摧毁旧的国家机器的反动奋斗目标;从他主张"根绝"和"取消"中国人民解放军,到认定"无产阶级文化大革命的最高形式仍然是武装夺取政权";从他狂吠由"决派"来"消灭"掉新生红色政权——革命委员会,到声言要同上至周总理,下至武汉"新派"这些"形形色色""大大小小"的所谓"新老机会主义分子"和"托派""考茨基派"作"坚决斗争"并"彻底决裂",算是"左"得不能再"左"了。可是,看看他的矛头所向,却始终对准伟大的"三红"和广大的无产阶级革命派,这不是极右的实质又是什么?

实际上,鲁礼安是个货真价实的极右分子。是他,公开发表文章为叛徒抱不平,为中国赫鲁晓夫的叛徒哲学翻案,说什么那些历史上的可耻叛徒,仅仅是由于一时"放弃了原则而按刘某人的意图在自首书上签下了名字"的"意志薄弱者",说这些叛徒"在后来的残酷斗争中"也锻炼成了一个"自觉的无产阶级革命战士"。所以,他们"仍应属于毛主席司令部的人"。而把红卫兵小将"大揪叛徒网"的革命行动污蔑为"资产阶级反动路线的一个新的组成部分","是打击革命干部",公然为被揪出的一小撮可耻叛徒招魂;是他,与反革命修正主义分子王盛荣、右派分子白桦及其他一些不明不白的国民党反动派的残渣余孽和社会渣滓打得火热;是他,与我院附中走资派、国民党反动派的忠实走狗周岳森拉拉扯扯,多次深更半夜摸到周的家中密谈;还是他,讽刺嘲笑无产阶级革命派在"三反一粉碎"运动中强调要稳、准、狠地打击阶级敌人,矛头对准走资派,只是"在理论上说得过去","在策略上更妥当得很",但是,"在事实上却行不通"。并且无中生有地污蔑无产阶级革命派要斗争党内走资派是"为了逃避对右倾机会主义的批判。"够了,此人不愧是一小撮混进党内的叛徒、特务、走资派和地、富、反、坏、右的忠实走狗。有了这么一条为自己拚命效劳的走狗,这些阶级敌人怎么不对他感激涕零呢?

说"左"比右好,这起码是一种无知的幼稚。极"左",是"左"的面目,右的实质。"**'左'倾是右倾的影子**","**极'左'的反对派是右的,孟什维克的露骨的机会主义反对派的另一面。**"认真欣赏鲁礼安的表演,对我们仔细领会斯大林的这些著名论断有很大的帮助。毛主席教导我们说:"**对于革命事业的损失来说,'左'比右并没有什么好,因此应当坚决改正。**"实际上,极"左"和极右,在资产阶级向无产阶级进攻中,是殊途同归的,他们是同盟军,双胞胎。苏联的右倾机会主义分子布哈林和"左"倾机会主义分子托洛茨基,中国的右倾机会主义分子陈独秀和"左"倾机会主义分子王明,在反共、反人民、反马列主义、反毛泽东思想这一点上,难道有什么两样吗?

毛主席经常教导我们:**反右必出"左",反"左"必出右**。所以,我们敬爱的周总理在四月份就明确指出,进行"三反一粉碎"的斗争,要"反右防'左'"。当然,目前我们武汉地区的主攻对象仍然应该是反对右倾机会主义,右倾投降主义,右倾分裂主义,粉碎右倾翻案妖风。但是,一个不可忽视的阶级斗争新动向是:武汉变色龙及一小撮阶级敌人,接过"三反一粉碎"的革命口号,疯狂地炮打"三红",掀起一股所谓"反机灭康"的"倒新运动"的反动逆流,拚命转移革命斗争大方向,以极"左"的面孔掩盖极右的实质,继续大搞右倾翻案活动。在这样一个"炮打三红"和"倒新运动"的一片刀光剑影中，鲁礼安奔走呼号，摇旗呐喊，跳得不可谓不高，叫得不可谓不响。

不正是鲁礼安，在反动刊物《扬子江评论》上，把上至周总理、张春桥等中央首长，下至武汉"新派"打成"考茨基派别"，并且宣告"在这场生死决战中，机会主义、考茨基派别无疑是我们的主要敌人"，声言要同这些"从中央到地方，从党内到军内，从上层到下层，包括走资派、新老机会主义分子和考茨基派们在内的反动势力""坚决斗争"和"彻底决裂"吗？

不正是鲁礼安，狂热地鼓吹"国内战争"，散布悲观的恐怖气氛，大肆鼓动一些人"不要交枪""要抢枪"、要"枪杆子解决问题"，企图用反革命暴力推翻伟大的红色政权，来继续完成他"重新建军""重新建党""重新建国"的"宏图伟业"吗？

不正是鲁礼安，四处写文章，发演说，利用反动刊物《扬子江评论》，用尽最恶毒最下流的语言，攻击中央文革亲自批准成立的新华工革委会，攻击、污蔑、丑化新华工革委会的负责同志，妄图使新华工革委会"垮台"或"分裂"吗？

拣起几片鸡毛蒜皮，当作旗帜，就向我们伟大的"三红"进攻起来了，真是"蚍蜉撼大树，可笑不自量"。鲁礼安之流，"**他们的阶级本能引导他们老是在想，他们自己怎样了不起，而革命势力总是不行的。他们总是高估了自己的力量，低估了我们的力量。**"[11]鲁礼安之流和他的黑后台武汉变色龙发起的这场进攻，完全是出自对于复（覆）灭恐惧和垂死挣扎，丝毫无损于我们的一根毫毛，却进一步地暴露了自己。

鲁礼安的惨败，再一次告诉我们：在我们的时代，谁胆敢反对世界无产阶级的伟大导师毛主席，反对光焰无际的毛泽东思想，对抗毛主席的无产阶级革命路线，谁胆敢干扰毛主席的伟大战略部署，违抗革命人民的意志，违抗伟大的历史潮流而胡作非为，那么，不管他是从极右方面来，还是从极"左"方面来，不管他一时怎么气势汹汹，也必定要受到历史的严厉裁判，受到革命人民的无情惩罚，落得一个

---

[11] 引自《关于胡风反革命集团的材料》，人民出版社，1955年6月，第122页。

可悲的结局。善有善报,恶有恶报,不是不报,时候未到,时候一到,一切都报销。

无产阶级文化大革命越接近全面胜利,两个阶级、两条道路、两条路线的斗争,越是复杂,越是深刻。在当前的第五个回合的战斗中,我们一定要排除来自极右方面和极"左"方面的干扰,坚定地反对右倾机会主义,右倾投降主义,右倾分裂主义,粉碎右倾翻案妖风。为了顺利开展这一斗争,我们一定要十分注意斗争的大方向,誓死捍卫"三红";十分注意区别和正确处理敌我矛盾和人民内部矛盾,区别主要矛盾和次要矛盾;要不断地壮大和巩固自己的阶级队伍,善于团结和争取同盟军,团结绝大多数人,警惕一小撮阶级敌人分裂无产阶级革命派队伍的罪恶阴谋;要时刻注意分析阶级斗争的新动向,新特点,新形势,要特别警惕形形色色的变色龙、小爬虫和戴着朋友面具的扒手们的新手段,新阴谋;要认真地清理阶级队伍;要永远保持革命的朝气和坚强的战斗意志,坚持毛泽东思想的高度原则性,批判以中国赫鲁晓夫为代表的反革命修正主义思想,批判右倾机会主义和形"左"实右的反动思想,批判各种反马列主义,反毛泽东思想的反动流派,批判无政府主义,批判山头主义、宗派主义,批判资产阶级以及一切剥削阶级意识形态的各种思想,把革命的大批判进行到底。反右倾须防"左",反"左"须防右。只有这样,才能使我们永远正确地沿着毛主席指引的航向,乘胜前进,去夺取无产阶级文化大革命的全面胜利。

* * *

鲁礼安所代表的资产阶级反动思潮的出现,是阶级斗争的必然反映,是这场"**无产阶级反对资产阶级和一切剥削阶级的政治大革命**"进入全面胜利的关键时刻,阶级敌人进行绝望挣扎的一种表现,是一股反动的社会思潮。同湖南"省无联"、上海的"东方学会"一样,鲁礼安那些破门而出的毒草,完全是出于阶级敌人向无产阶级反夺权的需要,完全暴露了那些披着"造反"外衣进行反革命活动的阶级敌人丑恶面目。正如伟大的革命导师列宁所说:"**机会主义不是偶然的现象,不是个别人的罪孽、疏忽和叛变的产物,而是整个历史时代的社会产物。**"

反革命跳梁小丑鲁礼安及其一伙,虽然人数不多,但是,他们在武汉,在湖北,乃至在外省都有着不大不小的政治影响和活动市场,流毒比较深,比较广,他们那满口的马列主义的"革命"辞藻,那十七、十八世纪西方资产阶级文人的语言,他们那卑劣的流氓手段,再加上一些"著名人物"的大肆吹捧,颇蒙蔽和操纵了一些不明真相、缺乏阶级斗争经验、毛泽东思想学得不好的人们。他们的能量远远超过其数量,必须予以高度重视。"莫谓书生空议论,头颅抛处血斑斑。"过去以为,他们那些东抄西袭,颠三倒四,逻辑混乱,狗屁不通的胡言乱语,不过是某个青年人的无知妄说,认真一查,不对了!那些字里行间,都浸透了他们对党,对社会主义制度,对无产阶级专政的刻骨仇恨,都潜伏着对以毛主席为首、林副主席为副的无产阶级司令部,对革命人民的无穷杀机!过去以为,那些"新时代的狂人",不过是些思想片面、行为偏激、一心想出风头、露头角的狂妄分子,认真一查,不对了!他们的纲领全得很,野心大得很。他们不仅要推翻革委会,而且要"重新建军""重新建党""重新建国"!然而,只要揭开一看,他们贩卖的一套"新理论",不过是一锅杂七杂八的资产阶级反动思潮的大杂烩。看着他那一篇又一篇狗屁不通的洋文,听着他那一次次又臭又长的讲演,实在是一场灾难。然而,这些东西却是向人们进行阶级斗争教育的不可多得的绝妙的反面教材。阅读这些材料,可以看到,在强大的无产阶级专政条件下,人们的敌人是怎样地荫蔽着自己,不断变换外表的颜色,怎样地以极"左"的假象掩盖极右的实质,以"革命"者的姿态写反革命的文章,用革命的语言干反革命的勾当,从而大大提高我们的政治嗅觉和对各种暗藏敌人的识别能力。

毛主席教导我们:"**全国人民必须提高警惕!一切暗藏的反革命分子必须揭露!他们的反革命的罪行必须受到应有的惩处!**"[12]同时毛主席又号召我们:"**必须批判资产阶级的反动思想。**"[13]因此,我们必

---

12 引自《关于胡风反革命集团的材料》,人民出版社,1955年6月,第90页。
13 这是毛泽东在1965年9月讲的一句话。1966年6月6日《解放军报》文章《高举毛泽东思想伟大红旗,把无产阶级文化大革命进行到底》引用了这句话。

须狠狠打击鲁礼安这样的"假装拥护革命而实际反对革命的分子",必须对武汉地区鲁礼安所代表的资产阶级反动思潮痛加批判,"**这样来保卫我们已经取得的和将要取得的伟大胜利。**"

"小小寰球,有几个苍蝇碰壁,嗡嗡叫,几声凄厉,几声抽泣。"[14]鲁礼安这只又吐又拉的绿头苍蝇,终于被革命人民捉住了,这是一件大好事。"桀犬吠尧堪笑止,泥牛入海无消息"。吠日的狂犬在无产阶级专政的铜墙铁壁下碰得头破血流,被革命人民打落水中。光焰无际的毛泽东思想普照的五洲四海,更加壮丽。无产阶级文化大革命滚滚洪流,更以排山倒海之势,席卷一切害人虫,咆哮着,奔腾着,沿着毛主席指引的胜利方向,前进,前进!

根据 1968 年 6 月 15 日出版的《新华工》第 95 期刊印。

---

14 毛泽东《满江红·和郭沫若》。

新华工革命委员会红代会、红司（新华工）发言人关于反动的资产阶级流派"决派"及其反动刊物《扬子江评论》的严正声明

（一九六八年八月十五日）

我们伟大领袖毛主席亲自发动、亲自领导的无产阶级文化大革命正在向全国胜利迅猛发展。全国形势空前大好。亿万军民高举毛泽东思想伟大红旗，紧紧团结在以毛主席为首、林副主席为副的无产阶级司令部的周围，在无产阶级司令部的号令下，统一意志、统一步伐、统一行动，坚定不移地落实毛主席的最新指示。坚决批判反动的"多中心论"，及时地识破和粉碎一小撮阶级敌人妄图破坏毛主席的无产阶级司令部的阴谋诡计。在这样的时候，我新华工革命委员会、红代会红司（新华工）的革命的红卫兵和革命的师生员工愤怒地注视到：在武汉，旨在破坏无产阶级文化大革命的反动的资产阶级流派"决派"中的一小撮反革命跳梁小丑，按奈（捺）不住内心的反动情感，又一次迫不及待地跳出来，在他们的反动刊物《扬子江评论》上又是发文章，又是呼口号，捶胸顿足，肆无忌惮的猖狂炮打和分裂以毛主席为首、林副主席为副的无产阶级司令部，恶毒地攻击毛主席司令部的坚强战士、坚定的无产阶级革命家周总理、陈伯达、康生以及其他的同志，为复（覆）灭的刘邓资产阶级司令部招魂和开脱罪责，为推翻无产阶级专政、复辟资本主义鸣锣开道。对此，我新华工革命委员会、红代会红司（新华工）发言人奉命发表声明如下：

1. 毛主席的新华工誓用鲜血和生命捍卫毛主席！用鲜血和生命捍卫以毛主席为首、林副主席为副的无产阶级司令部！用鲜血和生命捍卫毛泽东思想！用鲜血和生命捍卫毛主席的无产阶级革命路线！用鲜血和生命捍卫无产阶级文化大革命和无产阶级专政！谁炮打和分裂以毛主席为首、林副主席为副的无产阶级司令部，我们就和他拚！

谁恶毒攻击毛主席司令部的坚强战士、坚定的无产阶级革命家、我们敬爱的总理、伯达、康生等同志，谁就是反革命！

2.所谓"决派"，是一个有组织、有计划、有纲领、有后台的反马克思列宁主义反毛泽东思想的资产阶级反革命政治派别，是一个打着"老造反派""革命小将"旗号，以极"左"面目出现，以破坏无产阶级文化大革命、复辟资本主义为目标，以反革命跳梁小丑鲁礼安为"领袖"的反革命政治小集团。"决派"自出世以来，上窜下跳、八方活动，干尽了炮打"三红"、分裂无产阶级队伍的罪恶勾当。最近，他们再次接过革命口号，阉割其革命实质，歪曲其阶级内容，借反对"多中心论"为名，丧心病狂地炮打和分裂以毛主席为首、林副主席为副的无产阶级司令部，恶毒地攻击周总理、陈伯达、康生等同志，罪恶活动已经达到登峰造极、无以复加的地步。对于这样一个反动组织，必须立即取缔，法办其幕前的跳梁小丑，揪出其幕后罪恶黑手后台，对他们施行无产阶级专政。

3.《扬子江评论》是所谓"决派"反革命小集团的政治喉舌，它忠实地为"决派"的反革命政治目的服务，放出了大量毒草，破坏毛主席的伟大战略部署，歪曲最高指示，对抗、分裂、攻击无产阶级司令部，炮打中国人民解放军，炮打新生的红色政权革命委员会，罪恶累累。最近，《扬子江评论》抛出了《评×氏人物第二个中心》为代表的一批大毒草，更加露骨地把矛头对准无产阶级司令部，阴谋纠集全国的反动派别，向无产阶级司令部发动一场复（覆）灭前的进攻。对于这股反革命逆流，应该迎头痛击，对于这批大毒草必须彻底批判，肃清其流毒。

4.我们新华工的无产阶级革命派一贯以来与"决派"反革命小集团进行了严肃的、原则的斗争。今后，我们仍将一如既往地继续揭露、批判、斗争这个反革命小集团，适时发表一些评论性文章，直至彻底摧毁这一反革命集团，彻底肃清其流毒，获得完全的胜利。

5.党的方针政策是：坦白从宽，抗拒从严，首恶必办，胁从不问，受蒙蔽无罪，反戈一击有功。"决派"中那些还有一点革命愿望的受蒙蔽群众应该自觉地与"决派"反革命小集团划清政治界限，揭发、检举一小撮怙恶不悛的反革命小丑及幕后操纵者，回到毛主席的革命路线上来，而不要把自己继续绑在"决派"反革命小集团复辟资本主义的战车上，最终断送了自己。

　　无产阶级专政万岁！

　　打倒反革命跳梁小丑鲁礼安！

　　坚决取缔"决派"反革命小集团！

　　彻底批判反动刊物《扬子江评论》！

　　誓死保卫以毛主席为首、林副主席为副的无产阶级司令部！

　　毛主席的无产阶级革命路线胜利万岁！

　　无产阶级文化大革命全面胜利万岁！

　　我们的伟大的导师、伟大领袖、伟大统帅、伟大舵手毛主席万岁！万岁！万万岁！

一九六八年八月十五日

　　根据武汉新华工革委会星火战斗队1968年8月22日出版的《新华工通讯》第221期刊印。

无产阶级专政万岁！

——专批《扬子江评论》

（一九六八年八月十五日）

在全国亿万人民隆重纪念无产阶级革命派的光辉节日——毛主席《炮打司令部》大字报和《中国共产党中央委员会关于无产阶级文化大革命的决定》发表两周年之际，在全国亿万军民热烈欢呼我们的最英明统帅毛主席的又一伟大战略部署——接见福州、武汉等六大军区毛泽东思想干部学习班的全体成员的幸福时刻，武汉的无产阶级革命派同全国一样到处张灯结彩，锣鼓喧天，军民们怀着对我们的伟大领袖毛主席无限热爱、无限信仰、无限崇拜、无限忠诚的心情，在火红的八月，愉快地欢度自己的节日。

炮打无产阶级司令部的资产阶级反动喉舌《扬子江评论》，怀着对无产阶级司令部的刻骨仇恨，怀着对无产阶级专政的本能的敌视，憋足了十七年的反动气焰，在无产阶级革命派的光辉节日里，接二连三地射出了一支又一支毒箭。

树欲静而风不止

从武汉"工人运动讲习所"——"北斗星学会"——"决派联络站"——《扬子江评论》这一伙换汤不换药、在本单位"无用武之地"的、臭味相投的、自命为"自强不息"的、出自于反动本能的一伙反革命跳梁小丑，在文化大革命的每一关键时刻，一次又一次地跳出来，为英勇的江城人民作了一次又一次的表演。

这次他们同样又憋不住了，在中央号召批判反动的多中心论的时刻，他们接过革命的口号，贩卖反革命的黑货，打着红旗反红旗。更恶毒的是他们把从阴沟里黑司令部那里听来的"小道消息"，鹦鹉学舌地唱着他们的祖师爷反革命大杂烩——省无联的腔调，欺骗一群幼稚无知的初中生为其张罗跑腿，又一次为江城人民登台献丑。

"凡是错误的思想，凡是毒草，凡是牛鬼蛇神，都应当进行批判，决不能让他们自由泛滥。"

"金猴奋起千钧棒，玉宇澄清万里埃。"

那些为《扬子江评论》鸣冤叫屈，口口声声要什么"大民主"的难兄难弟们向隅而泣吧！

透过现象看本质

看来《扬子江评论》的"三评"颇有点震动江城了，初看起来好像似乎有点道理，一贯以高深莫测的理论、耸人听闻的小道消息、别具一格的洋奴风味、不怕鬼的政治赌棍著称的鲁氏门徒的大量毒草的确也迷惑了一部分立场不坚定的"群众"。

毛主席说："我们看问题必须要看它的实质。"

让我们来看一看这伙口口声声保卫以毛主席为首、林副主席为副的无产阶级司令部的反革命跳梁小丑，骨子里对待毛主席、对待毛泽东思想、对待以毛主席为首林副主席为副的无产阶级司令部的态度吧：

从"工人运动讲习所"——"北斗星学会"——"决派联络站"——《扬子江评论》，我们暂且不谈他们怎样对抗毛主席最新指示，破坏武汉工学运动的大联合。

暂且不谈"鲁克思"的学会宣言"未来的几十年中国、世界将是谁主沉浮？"

暂且不谈决派一号头头王仁舟反动言论："我的话句句都是马列主义"，"理解的要执行，不理解的也要执行。""祝毛主席万寿无疆是四旧的话。"

也暂且不谈反革命跳梁小丑的现行反革命活动："绞死×××。"

就轰动一时的"三评"，我们来分析一下吧：

毛主席亲自批发的七·三布告，是解决广西问题的唯一途径，而《扬子江评论》却说什么"广西4·22被打得离乡背井，流落街头靠募捐度日"。"毛主席说'保护广西人民群众'不适用吗？"毛主席接见聂元梓等五同志关于广西问题的讲话，"谁如果还继续违犯，打解放军，破坏交通，杀人放火，就要犯罪。如果少数人不听劝阻，坚持不改,就是土匪,就是国民党,就要包围起来,还继续顽抗,就要实行歼灭。"可敬的先生们,毛主席的讲话不是给你们一记响亮的耳光吗?你们所要保护的,到底是人民群众呢?还是国民党、土匪呢?

走与工农兵相结合的道路,是我们伟大领袖毛主席的号召。《扬子江评论》却把中央首长对我们的关怀说成"那样仇视革命小将,甚至要革命小将回乡种田"。可敬的自命为"农民运动的领袖"们,你们难道不觉得害臊吗?

一直获得好评、走在运动前面的《文汇报》被《扬子江评论》抓住一些缺点和错误,无限上纲,全盘否定。可爱的先生们,你们为什么又没有看到毛主席亲自肯定的"上海女六中经验"和"走上海机床厂的道路"也是出于《文汇报》呢?

炮打周总理罪责难逃

虽然《扬子江评论》三评的后两评心怀鬼胎,改弦更张,但明眼人一下就看出,《扬子江评论》矛头指向我们敬爱的周总理,是可忍,孰不可忍!

周总理一直是毛主席的亲密战友,紧跟毛主席转战南北,在文化大革命中总理带着毛主席的声音处理了多少地区的重大问题!

反动的5·16集团就是反总理;

反革命大杂烩省无联恶毒攻击总理"是红色资本家的总代表";

巴河一司王仁舟胡说什么总理"是代表中央的右派势力";

鲁氏门徒《扬子江评论》早在《无产阶级革命与叛徒考茨基派》中就恶毒攻击总理是"文化革命的叛徒"。现在,《扬子江评论》又捡起了阴沟里的破烂,胡说什么总理是"还想在群众面前装老革命家的×氏人物,就是第二个中心的总政治代表。"

我们的伟大领袖毛主席在王力八·七讲话"大大大毒草"的批示中说:周总理是无产阶级司令部的人。

可恶的先生们,你们誓死保卫的是什么司令部呢?你们是口头上保卫无产阶级司令部,而实质上分裂无产阶级司令部。联想起北航十几省的黑会,你们所保卫的是阴沟里的资产阶级地下黑司令部!

小人物吗?

十几个初中模样的学生在张贴、叫卖《扬子江评论》,紧张、辛勤的劳动得到了几声赞扬:"小家伙造反精神不简单。"

难道轰动江城的《扬子江评论》的"评×氏人物第二中心论"果真是这群乳臭未干的毛孩子写出来的吗?

其实,用"省无联主义"武装起来了的鲁氏门徒,从来就没有什么高见,他们的一系列理论、方针无不是从已被湖南长沙无产阶级革命派批臭了的《中国向何处去》《纲领》《决定》)中搬过来的,省无联是他们的"坚强后盾"。

从"工人运动讲习所"——"北斗星学会"——"决派联络站"——《扬子江评论》,从破坏工学运动——组织反动流派——挑动农民进城——炮打无产阶级司令部,《扬子江评论》是不折不扣的资产阶级反动喉舌。

有人说:他们是犯了错误的革命小将。我们说:不了,他们是一伙反革命跳梁小丑。

他们自己说,我们是"一群乳臭未干的毛小子","一群不当官、又不发财的小人物"。我们说:不了,他们是一群妄想让"决派思潮占统治地位",要推翻"山东、山西、武汉等小资产阶级革命派掌权的革命委员会"的一群反革命的政治野心家。

我们有的人过去说:他们再也不会跳得多高了,他们是孤立无援的。

现在看来,不了。他们搞全国反革命串连,开黑会,在地下黑司令部的操纵下妄图成立什么全国造反派总部,向中央夺权,妄图结成反革命的同盟!

这难道不是危险的第二中心吗?

的确,第二中心在向以毛主席、林副主席、旗手江青为代表的中心争夺领导权!争夺第一次无产阶级文化大革命结局的大权!争夺中国向何处去的大权!那么,到底什么是第二中心呢?那就是刘少奇及其走狗和"一小撮顽固妄图破坏和分裂无产阶级司令部的反革命分子"在阴沟里所组成的资产阶级地下黑司令部!

这个专门制造理论要吃掉这个吃掉那个的第二中心，还是让我们——毛主席最忠实的红小兵来消灭你们这个第二中心吧！

没有完结的战斗

每当一个革命高潮去后，不少人心安理得地休息了，他们幻想着将来没有反复，没有斗争，没有灾难。然而，历史教训了我们，一但条件、气候适合，反革命的反扑丝毫不会减弱，甚至更加疯狂。

在毛主席、中央首长指示武汉要解决稳定军队、解决跨行业组织问题的今天，《扬子江评论》跳了出来。

它妄图再一次挑起武汉大乱，抵制对他们在本单位被清理的命运，但决捞不到什么救命稻草。经过两年多考验的江城无产阶级革命派，不把他们批得体无完肤，誓不收兵！

鲁氏门徒《扬子江评论》，你们跳得够高了！

革命者活着，就是为着消灭反革命。给你们难堪，下不了台，不舒服，要你们完蛋！

我们之间的战斗没有完结！一刻也不会停止！

《独立寒秋》评论
一九六八年八月十五月

根据武汉《新一中文选》编辑组 1968 年 11 月编印的《新一中文选》刊印。

新华工革命委员会通告

(一九六八年八月二十三日)

革人字 64 号

　　反马克思列宁主义、反毛泽东思想的资产阶级反动流派——"决派"的主要头目和反动小报《扬子江评论》的主要炮制者、现行反革命分子鲁礼安和冯天艾，在文化大革命中进行了充分的表演，反骨鄙陋坏事干尽。其中反革命分子鲁礼安已被公安专政机关逮捕法办，反革命分子冯天艾也正在追捕中。

　　新华工革命委员会坚决拥护和支持武汉军区、警司逮捕法办反革命分子鲁礼安和冯天艾的正确决定。这是毛主席的无产阶级革命路线的伟大胜利！经讨论决定新华工革委会对鲁、冯二犯作如下处理：

　　反革命分子鲁礼安：男，现年 23 岁，家庭出身高级伪职员，父、母曾为汪记国民党员，社会关系极为复杂，汉口人，被捕前为船舶工程系 6556 班学生。

　　该犯思想极端反动，对新社会怀有刻骨仇恨；他出于反动阶级的本能，书写反动标语和反动大字报，恶毒攻击和诬蔑辱骂我们心中最红最红的红太阳毛主席和毛主席的"三·七"伟大批示，疯狂地反对战无不胜的毛泽东思想；他到处散布流言蜚语，攻击污蔑毛主席的亲密战友、我们的林彪副统帅；他大搞资产阶级自由化，或策划于密室，或点火于基层，四处奔走，八方煽动，或作演说，或利用他炮制（的）反动小报《扬子江评论》，疯狂炮打无产阶级司令部、炮打中国人民解放军、炮打各级革命委员会，疯狂地炮打周总理、陈伯达、康生等同志；他大肆散布反动的"多中心论"，先后组织"北斗星学会""决派"等反动流派，野心勃勃，妄图在中国复辟资本主义，并把黑手伸到黄石和专县，挑起武斗，破坏文化大革命；他为一切叛徒、特务、顽固不化的走资派和没有改造好的地、富、反、坏、右分子鸣冤叫屈，他们互相勾结起来，大搞右倾翻案，妄图推翻无产阶级专政；他和他的几个追随者，大肆污蔑、攻击和迫害无产阶级革命派和他们的优秀代表，妄图否定无产阶级文化大革命。同时，该犯精神世界极为肮脏，品质极为恶劣。

经院革委会讨论决定，开除鲁礼安学籍和团籍。

反革命分子冯天艾：男，现年24岁，原籍江苏宜兴县人，现居汉口，现为无线电工程系6243班的学生。其父是曾参加复兴社、出身地主的旧职员。

该犯思想极端反动，积极追随反革命分子鲁礼安，参与组织"决派"和"北斗星学会"等反动流派，并在最近主办反动小报《扬子江评论》，炮打和分裂无产阶级司令部，炮打"三红"，妄图推翻无产阶级专政，实行资本主义复辟。

经院革委会讨论研究决定，开除冯天艾学籍和团籍。

特此通告。

新华工革命委员会
一九六八年八月二十三日

根据1968年8月27日出版的《新华工》第112期刊印。

新华工革命委员会清理阶级队伍办公室、保卫组通告

(一九六八年八月二十三日)

在我们批判我院以反革命分子鲁礼安和冯天艾为头目的反马克思列宁主义、反毛泽东思想的资产阶级反动流派——"决派"及其反动喉舌《扬子江评论》的时候，严格区分两类不同性质的矛盾，教育、帮助、团结"决派"中受欺骗、受蒙蔽的群众，使他们反戈一击，回到毛主席的革命路线上来，以便孤立一小撮反革命分子并狠狠打击之，这是摆在我们面前的重要问题。解决好这个问题，对于我们彻底搞臭"决派"这个反动流派，对于彻底揭开我院阶级斗争的盖子都有极为重大的意义。

同时，我们也必须提高警惕，高度注意一小撮阶级敌人的动向，随时准备粉碎他们的挑衅、破坏和捣乱。

为了配合广大无产阶级革命派对"决派"的揭发批判，为保卫红色政权，搞好全院的政治保卫工作，搞好清理阶级队伍工作，特通告如下：

(一)以朱九思为代表的反动势力，一小撮叛徒、特务、死不改悔的走资派，反动学术"权威"，没有改造好的地、富、反、坏、右分子和其他一切反革命分子，只能规规矩矩，老老实实，不许乱说乱动，不得召开黑会，搞反革命黑串联、黑活动，否则将加强无产阶级专政。"决派"中一小撮反革命分子要立即到保卫组投案，必须老老实实接受批判，接受管制，揭发和交待鲁礼安同自己的反革命罪行，不得违抗。否则我们将严厉查处。如果死不悔改，并且大搞阶级报复，我们将立即扭送到专政机关依法严惩。

(二)曾经追随鲁礼安干过许多坏事但又愿意改过自新的"决派"小头目和骨干，除立即到保卫组报到外，还应该迅速觉悟，赶快回头，交待自己的错误和揭发鲁礼安的反革命罪行。

(三)受蒙蔽无罪，反戈一击有功。我们希望决派中受蒙蔽、受

欺骗的群众，迅速识破鲁礼安之流的反革命真面目，反戈一击，回到毛主席的无产阶级革命路线上来，和广大无产阶级革命派一道投入对鲁礼安、冯天艾一小撮反革命分子和一切阶级敌人的批判斗争，在保卫"三红"、保卫毛主席的革命路线的斗争中作出贡献。

  特此
  通告

新华工革委会清理阶级队伍办公室、保卫组
一九六八年八月二十三日

根据 1968 年 8 月 27 日出版的《新华工》第 112 期刊印。

评资产阶级反动流派——"决派"

(一九六八年八月二十五日)

《狂妄报》编辑部　《新一中》编辑部

　　资产阶级反动流派"决派"的喉舌——《扬子江评论》再一次跳出来了！

　　这个仇恨毛主席的无产阶级司令部，仇恨毛泽东思想达到了疯狂程度的反革命派别，这个（些）被英雄的江城无产阶级革命派在历次较量中都给打得落花流水的跳梁小丑们，早就憋足了一肚子"反革命怨气"，在批判反动的"多中心论"的斗争中，他们再一次跳出来了！

　　这真是天大的好事。

　　这一次，他们把自己身上的一切遮羞布都扯个干净，脱得精赤条条，一丝不挂地跳出来表演，这个反动流派的反动面目从来没有暴露得象今天这样彻底，他们进坟墓的一天也就不远了！

　　我们无产阶级革命派必须批判形形色色的资产阶级反动思潮，坚决捍卫毛泽东思想，捍卫毛主席的无产阶级专政条件下进行革命的一系列理论、路线、方针、政策。我们要奋起毛泽东思想的千钧棒，把决派贩卖破烂货的市场砸个稀巴烂，把这个反动流派扫进历史的垃圾箱！我们要象当年在红旗大楼驱逐巴河一司、批判"北斗星学会"一样，把《扬子江评论》向无产阶级司令部的猖狂进攻打得一败涂地！

一

　　为了夺取无产阶级文化大革命的全面胜利，毛主席的无产阶级司令部制定和实行了一系列英明的决策。这些英明的决策表现在：

　　毛主席亲自批发的"七·三""七·二四"布告！

　　《人民日报》关于《从上海机床厂看培养工程技术人员的道路》

调查报告的编者按和这个编者按所传达的毛主席关于教育革命的最新指示；

周总理等中央首长七月二十日、二十五日对新疆、广西问题的重要指示；

毛主席、林副主席七月二十八日召见聂元梓等首都红卫兵代表的谈话；

《人民日报》八月五日社论《在以毛主席为首的无产阶级司令部的领导下团结起来》；

首都工农毛泽东思想宣传队进驻清华大学；

毛主席八月五日向首都工农毛泽东思想宣传队赠送礼物；

《人民日报》八月十三日转载上海《解放日报》八月七日社论《统一意志、统一步伐、统一行动》和转载时《人民日报》所加的"编者的话"；

《人民日报》、《解放军报》社论《热烈欢呼云南省革命委员会成立》和这篇社论传达的毛主席的最新指示；

毛主席八月十五日接见首都工农毛泽东思想宣传队和工人阶级代表；

……

这一系列的英明决策，都是现阶段毛主席的伟大战略部署。一切无产阶级革命派和广大革命群众，都必须深刻领会，步步紧跟。

这一系列伟大战略部署的精神实质是：

彻底批判反动的资产阶级"多中心论（即无中心论）"，维护和巩固以毛主席为首林副主席为副的无产阶级司令部；

批判某些知识分子和青年学生"以我为中心"、头脑膨胀，闹浮肿病，对抗毛主席司令部的错误思想和资产阶级世界观，指出与工农相结合，向工人阶级学习是把自己培养成为真正的无产阶级革命事业接班人的唯一途径；

强调要"**充分发挥工人阶级在文化大革命中和一切工作中的领导作用**"，结束某些地区学生左右工人运动的局面；

在对这些实质问题的理解和认识上，我们和《扬子江评论》有着根本的分歧。

毛主席这一系列战略部署实行以来，无产阶级文化大革命的洪流更加波澜壮阔，无产阶级专政更加巩固，我们伟大的社会主义祖国到处是一片欣欣向荣的景象。

无产阶级和资产阶级，立场不同，思想方法不同，所以，在形势问题上，总是有两种完全相反的认识。

在《扬子江评论》的笔下，在"决派"小丑的眼里，全国到处都是白色恐怖，他们把首都工农毛泽东思想宣传队进驻清华大学这一毛主席伟大战略部署污蔑为"又是前年八月分（份）挑动工人斗学生"，"全国那么多老造反派被各种借口打下去了"，上海是"出卖工人运动的陈独秀"×氏人物把持的"独立王国"，安徽"逮捕了十余万老造反派"，"广西4·22战士被打得背井离乡，流落于街头靠募捐渡（度）日。"

这是对文化大革命最无耻的歪曲！

这是对无产阶级专政最恶毒的攻击！

这是对毛主席伟大战略部署最反动的抵制！

"人民大众开心之日，就是反革命分子难受之时。"[1]

"决派"小丑们，总是怀着一种阴暗的资产阶级心理，他们对当前无产阶级文化大革命大好形势这也看不惯，那也看不惯，他们只看得惯自己这些"小人物"。这样，他们就把自己放到和历史潮流相对抗的地位，这就叫做"反动"。

决派中的某些人总是把"马路新闻""小道消息"，外国资产阶级记者的报导作为分析形势的依据。《人民日报》明明白白地写着："首都工农毛泽东思想宣传队，是根据伟大领袖毛主席战略部署而组织起来的一支新型的革命化，战斗化的以工人群众为主体的工农宣传队伍"，他们偏偏不信，却胡诌什么这是"工人斗学生"。至于什么"蒯大富被工人围困不能见毛主席，还是从下水道里爬出来的"一类"内部消息"就更离奇了。康老在对广西代表讲话时谈到："北京专门有一伙小集团，挑拨离间，经常造谣污蔑以毛主席为首，林副主席为副的无产阶级司令部……他们为实现其反革命目的，不惜以各种方法

---

1 引自《关于胡风反革命集团的材料》，人民出版社，1955年6月，第70页。

造谣。"决派们这些内部消息，莫非就是从这伙小集团那里贩来的？

二

党内两条路线，两个司令部的斗争历史证明，凡是否认毛主席的无产阶级司令部这样一个唯一的领导中心的人，都是"以我为中心"论者。中国赫鲁晓夫，就是这样一个"多中心论"和"以我为中心论"的祖师爷。

他在他的一本什么《论党内斗争》的黑书里，胡说什么"全党的领袖与中心很久没有实际形成，"因此，他要树立"党在各地的领袖与中心"。这个老反革命还经常恬不知耻地吹嘘什么"陕北有个延安，苏北有个盐城"。很明显，他就是要否认毛主席是全党、全军、全国的领袖，否认以毛主席为首的无产阶级司令部是全党、全国、全军唯一的领导中心，妄图另立他那个山头，另立以他为首的资产阶级司令部那样一个反革命中心。

反动流派的喉舌《扬子江评论》，这个中国赫鲁晓夫的徒子徒孙，全盘继承了他的衣体，费力地撑着一面批判"多中心论"的破旗，然而，骨子里都反动的小子们，怎么能掩盖得了他们的反革命本质呢？实际上，他们干着分裂和破坏无产阶级司令部这个唯一的领导中心的罪恶勾当，这难道是否认得了的吗？

我们姑且不把决派自坠地以来大量的搞"以我为中心"的反革命事实一件件抖出来，仅仅《评×氏人物的第二中心》（一评反动的多中心）这篇臭文已经能够说明很多问题了。

在这篇臭文里，它阴险地把我们敬爱的周总理，把伯达、康老、春桥、文元等毛主席司令部的重要成员划分在毛主席无产阶级司令部之外，狂妄地在无产阶级司令部里划分左、中、右。

毛主席的无产阶级司令部批评了北京的几个资产阶级世界观没有得到根本改造的知识分子在北航另搞了一个司令部和"我们这个司令部"斗争，批评他们"想代替中央"，而《扬子江评论》却污蔑无产阶级司令部"仇恨革命小将"，狂吠什么"咆哮的扬子江，呼吁湘江、松花江、珠江、乌江、黄浦江携起手来"等乱七八糟的口号。拚（拼）凑全国极"左"派的中心，看来，他们倒挺想充当这个反革命中心的发起者呢!

毛主席的司令部一再指示要解散跨行业组织,实现按系统、按行业、按班级的大联合,《扬子江评论》却恶狠狠地叫嚣:"那些专门想解散别人的先生们,还是让我们来解散你们这样的第二个中心吧!"

毛主席的无产阶级司令部号召我们清理阶级队伍,稳、准、狠地打击一小撮阶级敌人,《扬子江评论》却把这个伟大的运动诬蔑为"全面肃反"。

毛主席的无产阶级司令部对广西问题的指示是完全正确的,《扬子江评论》却攻击无产阶级司令部"出卖广西革命人民的利益";

……

看,这群反革命跳梁小丑是何等的丧心病狂,他们的反革命气焰是何等的嚣张!

在《评×氏人物第二中心》这篇反革命黑文出笼的当天,就遭到江城无产阶级革命派强有力的反击。《扬子江评论》中的这伙跳梁小丑再一次陷到人民战争的汪洋大海里了!

这说明,江城无产阶级革命派有着高度的两条路线斗争觉悟,"决派"小丑在武汉决然掀不起什么大风浪!他们永远闹不到当年湖南"省无联"的那种气候!

《评×氏人物第二中心》里的×氏,谁都知道是指总理。可是在这篇文章贴出的三天以后,在另一篇毒草《评文汇报》(二评反动的"多中心论")中,他们言不由衷地喊了一声"敬爱的总理",而且把在"一评"里称"仇恨革命小将"的"第二中心"的成员伯达叫做"为毛主席办《红旗》杂志的中央文革组长陈伯达同志。"

这究竟是怎么回事呢?

凡是了解"决派"短短八个月的历史的人都知道,他们是善于变色,惯于窥测方向,辨别气候的。比如:"省无联"被摧毁后,他们的幕前头目鲁礼安声言"不搞了","老老实实"地回院复课闹革命。可是今年六月底,他们中间的一员干将,那个进行了一场"揪姜"赌博的李××却亲往长沙去勾搭"省无联"的余党。

再比如:今年二月决派与"省无联"遥相呼应大喊:"打倒二月逆流的黑主帅周××"。后来这个口号随着"省无联"的完蛋成了僵尸。今天，在他们眼里正是"腊鼓鸣，春草生"的"早春天气"，他们大叫一声"是时候了"，周总理又被他们打成了"第二个中心的政治总代表"。

谁又能保证他们今后不会重复这套把戏呢？

《扬子江评论》幕前幕后大大小小的人物，你们都听着：如果你们真的不搞总理、伯达同志了，那么：

你们必须承认：你们的那篇《评×氏人物第二中心》是一篇地地道道的反革命黑文；

你们必须承认：什么"二月逆流黑主帅"，什么"第二中心政治总代表"，还有鲁礼安在那篇《无产阶级文化大革命和叛徒考茨基派》里所写的什么"过去马马虎虎还算得上无产阶级革命家，现在已经沦为考茨基派了"，等等，通通是狗屁胡说；

你们必须承认：伯达同志不是"仇恨革命小将"，而是关心革命小将，要求小将努力改造自己的非无产阶级思想。伯达同志更不是什么第二中心成员；

你们必须承认：《扬子江评论》是个地地道道的反动流派喉舌，必须立即取缔。

你们敢承认这些吗？我们量你们不敢！如果承认了，那岂不是宣判了自己的死刑？

实际上，如果你们真认为周总理是"敬爱"的话，你们就必然要承认这些。否则就只能说明你们不搞总理不过是退兵之计，以后你们还是要搞的！

我们要以十分明白的语言告诉你们：周总理是杰出的无产阶级革命家，是无产阶级司令部的重要成员，你们是打不倒的！试看你们的难兄难弟"5·16"，"省无联"，哪一个有好下场？你们分裂无产阶级司令部的阴谋永远不能得逞，你们拚（拼）凑另一个中心来对抗无产阶级司令部的妄想也只能是失败！

三

《扬子江评论》目前散布的一系列反动观点和它出世以来的所作所为，反映了社会上的一种资产阶级反动思潮。"决派"就是由这种反动思潮形成的反动流派。它集中地代表了一小撮叛徒、特务、走资派和社会上的牛鬼蛇神、国民党残渣余孽的利益。

这种资产阶级反动思潮，往往以极"左"的面目出现，实质上比五七年的右派还右，它根本否认毛泽东思想已经开辟了文化革命的道路，用《二月提纲》的语言，胡说什么"要冲破历史的惰力，不顾火刑和十字架的威胁，要开拓新的道路"；

它根本否认毛泽东思想是当代最高水平的马克思列宁主义，而别有用心地剽窃马克思列宁主义著作中的词句来抵制毛泽东思想，把马克思列宁主义和毛泽东思想对立起来；

它根本否认无产阶级文化大革命中毛主席的无产阶级司令部的领导，正路不走走歪路，总是别出心裁地弄出一套东西来抵制毛主席的伟大战略部署；

它根本否认我们国家是一个无产阶级专政的伟大的社会主义国家，否认毛主席革命路线在我国的统治地位，狂吠什么"彻底砸烂旧的国家机器"，"建立中华人民公社"；

它根本否认我们的党是一个伟大的、光荣的、正确的党，而要"无产阶级的先锋队"决派来代替，妄想有朝一日决派成为"政治上的统治力量"；

它根本否认我们的军队是毛主席亲手缔造的人民军队，污蔑人民解放军是"脱离群众的""应该根绝"；

它根本否认无产阶级文化大革命的胜利成果——革命委员会，否认毛主席**"部分改善无产阶级专政"**的伟大战略思想，提出了"中央批准的一系列革委会都是改良主义产物"的反动理论，疯狂叫嚣"必须来第二次群众运动把它摧毁"；

它根本否认工人阶级是领导阶级，决派的另一个鼻祖，巴河一司反革命头目王仁舟就说过，农民阶级经济地位比工人阶级低，所以比工人阶级先进；……

这种资产阶级反动思潮——所谓"决派思潮"，集一切资本主义、修正主义反动理论之大成，它说出了党内一小撮走资派、国民党反动派、地、富、反、坏、右分子想说而又不敢说的心里话。

现在，人们能够举出很多例子来说明保守派如何受党内一小撮走资派利用，如何保护他们以达到变无产阶级专政为资产阶级专政的目的，而对于"决派"这个反动派别的反革命活动，却称之为"革命小将犯错误。"这是一种十分危险的倾向。

难道革命小将就能反对毛泽东思想？！难道革命小将就能够反对无产阶级司令部？！难道革命小将就能够反对无产阶级专政？！哪有这样的革命小将？！这又是哪一家的小将？！

决派中的一小撮反动决策人，绝不是什么革命小将，而是地地道道的反革命小丑！

遵照毛主席"世界上一切革命斗争都是为着夺取政权，巩固政权"的教导，我们把我们与决派的斗争归结为在无产阶级专政问题上的斗争。我们认为，坚持无产阶级专政，就是坚持无产阶级司令部和中国共产党的领导，就是坚持毛主席的无产阶级革命路线，就是坚持社会主义方向，就是坚持毛泽东思想是全党、全军、全国一切工作的指导方针。

无产阶级专政和无产阶级专政条件下的阶级斗争，这是我国人民政治生活中的基本事实。谁要是只承认无产阶级专政，而不承认无产阶级专政条件下的阶级斗争，那么他就是保守派，这种思潮是一种反动思潮，它起到了复辟资本主义的作用。如果谁仅仅承认阶级斗争，而否认无产阶级专政，这种人绝不是马克思列宁主义者，绝不是无产阶级革命派，而是完完全全的托洛茨基派，形"左"实右派。这种思潮同样是一种反动思潮，它是以另外一种形式来复辟资本主义。

所以，我们在这里劝告决派中受蒙蔽的青年学生，极"左"派并不是一个什么好听的词儿，你们不要在人们说你们是极"左"派时不以为耻，反以为荣。极"左"派和保守派，对无产阶级文化大革命，对无产阶级革命事业是一样地没有好处，他们是一样地被一小撮阶级敌人用来削弱无产阶级专政，动摇无产阶级司令部。"宁'左'勿右"，"'左'总比右好"，是一种小资产阶级、小市民的心理，是资产阶级世界观范畴里的东西！你们还是趁早把它抛掉吧！

决派的基本队伍和他们在政治上的反动是相适应的。大右派白桦是他们的座上客。那个恶毒攻击毛主席、林副主席，现在已经被警司逮捕和鲁氏结伴去了的李××是他们的头目。他们的主笔，大毒草

《评×氏人物第二中心》的炮制者之一,以"职业革命家"自命的小丑,是被××厂斗争后开除的坏分子。

决派的大多数,还是这样一些学生:他们总是感到不得志,总是感到自己"受压"。他们根本不把人民群众放在眼里。在他们看来,人民群众都是一批"常戚戚"的"小人",只有他们自己才是"历史舞台上的主将"。他们把自己放在广大人民的对立面上,所以他们总是脱离人民群众另搞一套,还妄想用他们那一套来左右人民。

毛主席说,经过两年来的文化革命,有些小将旧的世界观非但没有得到改造,反而有发展。"多中心即无中心论",就是一小撮阶级敌人通过一些世界观没有改造好的知识分子散布出来的。毛主席的无产阶级司令部多次严肃地批判了某些知识分子搞"以我为中心"的错误思想,指示青年学生要走与工农相结合的道路,努力把自己锻炼成为可靠的无产阶级革命事业的接班人。在这些近乎严厉的批评中包含了毛主席对未来一代的多少期望啊!世界和中国,归根结底是我们的。毛主席他老人家希望我们在政治上赶快成熟起来,为无产阶级掌好权。这哪一点是"仇恨革命小将"?哪一点又是"压制老造反派"呢?

毛主席最近指示我们:"我国有七亿人口,工人阶级是领导阶级。**要充分发挥工人阶级在文化大革命中和一切工作中的领导作用,工人阶级也应当在斗争中不断提高自己的政治觉悟。**"

毛主席这一指示宣判了决派中反动决策人站在工人阶级头上唾沫横飞、指手划脚的得意时期永远结束了!请吧,请你们靠边站吧!你们再别想在那个"工运讲习所"里要广大战斗队员跟你们一起"大树特树钢××的绝对权威",也别再想挑动农民进城,胡诌什么"中国文化大革命的主要问题是农民问题"了!

前不久,反革命跳梁小丑鲁礼安的垮台,在武汉各派政治力量之间引起了这样那样的议论。

有一个乌七八糟的"营救鲁礼安联合代表团",整天大叫大跳,公然要从无产阶级专政机构里边把鲁礼安"营救"出来。

有些糊涂人对"革命闯将"鲁礼安的这个下场表示不理解。

在真正的无产阶级革命派看来,鲁礼安的垮台,并不是什么难以理解的事情，而且可以说，完全是意料中的事情。无产阶级革命派早就预见到鲁礼安这个下场。

人民尽管可以列举千百条罪状来说明鲁礼安垮台的原因，但是，千条万条，最根本一条，是他违背了毛主席所揭示的无产阶级文化大革命的规律。在我们时代，谁要是否认毛泽东思想是当代马克思列宁主义的顶峰，谁要是背离毛泽东思想另搞一套，那么，他的垮台和失败是毫不奇怪的。鲁礼安的今天，就是决派的明天。

鲁礼安垮台了，鲁礼安的难兄难弟、牛鬼蛇神们仍然念念有词，颂扬鲁礼安的"功绩"，企图为鲁礼安招魂，实现没有鲁礼安的"鲁礼安主义"。告诉你们这批蠢驴——"鲁礼安的钢铁后盾"，你们的企图是永远不会得逞的！

鲁礼安的垮台，已经给了决派当头一棒。毛主席一条又一条的最新指示，无产阶级司令部一个又一个的战略部署，又一棒接着一棒，把决派这个失意政客、跳梁小丑集团打得晕头转向。他们中间的决策人发疯了，象一个输光了的赌棍，红着眼睛掷下了最后一笔赌注。既然他们把矛头毫不含糊地指向了毛主席的无产阶级司令部，他们的末日也就来临了！

历史上曾经出现过不少妄想扭转历史潮流的丑角，但是，这些丑角没有一个不是以身败名裂而告终。无数的事例证明，凡是不顾社会发展的历史要求，违抗人民意志而胡作非为的人，不管他是什么样的"英雄人物"，也不管他是多么骄横跋扈，其最后结果，只能是变成一个滑稽可笑一钱不值的人物。以损人的目的开始，以害己的下场结束，这就是他们的共同规律。

彻底砸烂资产阶级反动流派"决派"！

紧跟毛主席的无产阶级司令部，乘胜前进！

根据武汉革命工代会新一冶《新一冶战报》第 43 期刊印。

把反动流派——决派押上历史的绞刑架

——兼评《扬子江评论》的反动政治方向（摘录）

（一九六八年八月二十五日）

《新湖大》报编辑部　《新湖大》杂志编辑部

　　……在这次史无前例的无产阶级文化大革命运动中，各种政治派别，各种社会思潮，都纷纷登上历史舞台，作了尽情的表演。我们愤怒地注视到，在英雄的江城，有一个自称"从暂时停滞的造反大军中冲杀出来"的决派，作为一支所谓"独立的政治力量"，也作了一年多的表演。

　　如果从公开发表的宣言算起，决派正式成立于1967年12月10日。其主要成员是以现行反革命分子鲁礼安为首的"新华工敢死队"。这个"敢死队"，是一个因为"没有尝到革命果实"而从新华工分裂出去的反动小集团。在成立决派以前，他们基本上是单独活动，办有《扬子江》杂志（仅仅出了一期就夭折了）和《激扬文字》小报。后来，他们也许是感到仅仅局限在一个学校范围内活动影响太小了，因而便串连了一些大中学校中自称为"亡命之徒"的学生和社会上一些不三不四的组织，成立了"北斗星学会"，扬言要"冲破历史的惰力"去"开辟新的道路"。这个组织一出现，就受到曾思玉同志的严厉批评，并由新湖大红八月前进兵团写了一些批判"学会"成立宣言的大字报，大概由于他们深感那时时机对他们不利，因而便趁"复课闹革命"之机，回各校潜伏下来。到了67年12月，浠水县巴河一司在坏头头王仁舟的挑动下抬尸进城，丑化无产阶级文化大革命，并无理地封闭了新生的《湖北日报》。鲁礼安之流便感到时机又到了，因而又再次杀向了社会，和巴河一司等串连在一起，正式打出了"决派联络站"的招牌。如果说，有些人过去对这个怪物的政治面目还认识不清的话，那末，现在，当他们"憋足了一肚子气"，借"反三右一风"

和批判"多中心论",以《扬子江评论》编辑部名义放出了一评、二评、三评"多中心论"的**大大大毒草**之后,他们的庐山真面目就再也无法掩盖了。原来,他们并不是象他们打扮的那样,是什么"决心把无产阶级文化大革命进行到底的革命派",而是一个打着"老造反"和"革命小将"旗号,以极"左"面目出现,有组织、有纲领、有后台,妄图重新建党、重新建军、重新建国的反马列主义、反毛泽东思想的资产阶级反动政治流派。作为他们的机关报的《扬子江评论》,便是他们制造各种反革命舆论的重要工具,是党内一小撮走资派和社会上的牛鬼蛇神的忠实代言人。

……

鲁礼安之流在被红司新华工清除出去之后,就结成了一个自称"能独立发表政治观点的集体。"

……令人不能容忍的是,他竟敢把毛主席对《天津延安中学以教学班为基础实现全校大联合和整顿、巩固、发展红卫兵的体会》的批示(即三·七指示)污蔑为"一株抽掉两条路线斗争实际的大毒草",是"一件披着革命大联合的外衣实行自下而上资本主义复辟阴谋的反革命总结",是"夭折无产阶级文化大革命的一支毒箭",并扬言要"把总结的炮制者揪出来",从而把矛头直接指向我们心中最红最红的红太阳毛主席,真是罪该万死!

……

鲁礼安等一伙政治掮客,经常关在屋子里开黑会,讲黑话,恶毒地攻击我们敬爱的周总理。说什么"湘江风雷被镇压总理是有一份功劳的。解散工总是有总理指示的。姜一、王树成、孙德枢还不都是总理提上去了。……总理的话,总是折中,从工农业、国民经济上考虑得多,从革命方面考虑得少……。"如果说,这还仅仅是关在屋子里议论的话,那末,在以《扬子江评论》编辑部名义发表的《无产阶级文化大革命与叛徒考茨基派》的狗屁洋文中,则公开的把周总理和张春桥同志打成所谓"考茨基派",把周总理今年二月二日、四月七日和张春桥同志四月四日的讲话作为右倾机会主义言论进行"批判"。这篇文章在"错误言论人人有份"的一个小标题下写道:"在我们开始反击右倾机会主义猖狂进攻的时候,却有人提出右倾机会主义那个人没有？那派没有？那个组织没有？……考茨基派散布这种右倾机会主义人人有份，暴露出十足的叛徒立场。"根据我们查对，这个"有人"就是指的周总理四月七日接见国家计委军代表和大联委的讲话，原文是"右倾保守主义那派没有一点"。周总理在这段话里主要是指各派要多作自我批评，不要动不动就把对方打成"老右""老机"，这段话本来是完全符合毛泽东思想的，然而对于急于抓"老机"的鲁氏们，却认为不符合自己喝"鸡（机）汤"的胃口，因而便疯狂攻击周总理是站在"叛徒立场"上说话，真是疯狂透顶。这篇狗屁洋文，是一篇典型的打着"红旗"反红旗，打着纪念五·一六通知而背叛五·一六通知原则的一株大毒草，是一篇不可多得的反面教材。毛主席说："造反派不听周总理的话还叫什么造反派，矛头对准周总理就是对准我和林彪。"[1]《扬子江评论》的编辑们明目张胆地把矛头对准周总理，不正是说明他们根本不是什么"造反派"，而是地地道道的反革命派吗？

在这里还必须揭穿《扬子江评论》分裂无产阶级司令部的罪恶手段：他们歪曲"党外有党，党内有派，历来如此。"[2]这个最高指示，阴险地、恶毒地把无产阶级司令部，把高举毛泽东思想伟大红旗的中央文革，分成左派、中派、右派。他们以评论员名义发表的《论派别和派性》可说是他们这种反动理论的系统化：

"在执政的共产党内部，以毛主席、林付（副）主席为代表的是左派，右派代表刘少奇、邓小平则实际上成了国民党反动派的代理人。中派里有相当一部分干部由于十几年当官做老爷而成了政治糊涂虫……，中派里另一部分人则是机会主义者，尽管他们装模作样地穿了十几年的大红袍，最后还是会自己降身到国民党反动派营垒中去的。"

---

1 这段话是毛泽东 1967 年 11 月讲的，原话是："造反派不听周总理的话，还叫什么造反派？矛头对准周总理，就是对准我、林彪。"见《战无不胜的毛泽东思想万岁》第三册，新湖大革命造反临时委员会宣传部，1967 年 8 月，第 524 页。
2 转引自《红旗》杂志评论员文章《对派性要进行阶级分析》，1968 年 4 月 27 日《人民日报》。

如果说，他们在两个月以前写的《论派别和派性》，还只不过是影射周总理是"穿了十几年的大红袍"的"中派"的话，那末最近张贴在汉口工艺大楼门前的《评×氏人物第二个中心——一评反动的多中心论》这篇大毒草中，则撕掉了他们身上的一切遮羞布，用了最恶毒从阴沟里捡起来的政治谣言，最集中地、最系统地对我们最敬爱的周总理、伯达、康老、春桥等同志进行了一系列令人不能容忍的攻击和污蔑，赤裸裸地把这些无产阶级司令部的重要成员排斥于以毛主席为首、林副主席为副的无产阶级司令部之外，而把他们列入了资产阶级司令部的"第二中心"。请同志们按捺住自己愤怒的心情阅读下面这段毒汁四溅的文字：

"党中央，是领导群众的'群众'的所在地方，更有左、中、右。

毛主席、林副主席、旗手江青同志为代表的是左派势力，以刘邓之流为代表的右派势力已被摧毁。

那么，人们就会清楚地知道，所谓第二个中心的是作为中派势力里已经打算脱离，并且准备对抗无产阶级司令部的顽固分子所组成的。直到目前，正想在群众面前装老革命的×氏人物，就是第二个中心的政治总代表。68年初一个什么"上书"的人物，就是第二中心的成员或拉拢对象，而前不久前免去地方要员上京留用的先生，也是第二个中心的干将。……

第二中心里的人物肯定是考派（考茨基派），而考派人物也必定要把第二个中心作为自己的依附的政治后台。"

在这里，决派的小丑们把周总理打成第二中心的政治总代表×氏人物，把李富春、张春桥等同志打成"第二中心的干将"岂不是司马昭之心，路人皆知吗？至于文章后面所说的"他们借批评群众组织为名，大叫不能一派掌权"的，又何尝不是指总理在7月25日接见广西代表的讲话？"他们那样仇恨革命小将，甚至公开要革命小将回乡种田"不又是指的陈伯达同志在同一天接见广西代表的讲话吗？他们那样仇恨"回乡种田"，并把"回乡种田"看成是"迫害革命小将"，这只能说明《扬子江评论》的编辑先生根本不是什么革命小将，而是反革命跳梁小丑。

列宁说："对取消派先生们来说，最不愉快、最不乐意和最不能接受的莫过于弄清楚理论上、纲领上、策略上和组织上的主要意见分歧了。"对于全国的极"左"派的先生们来说，最不愉快、最不乐意和最不能接受的莫过于是《文汇报》上去年发表的一系列《评极"左"思潮》《评以我为核心》的文章了。《扬子江评论》在《评文汇报——二评反动的"多中心论"》《炮打×氏人物有何罪，造反当学红革会——三评反动的"多中心论"》中，以批评《文汇报》在前进中的缺点、错误为名，行攻击张春桥同志，颠复（覆）上海市革委会之实。他们极力为"上柴联司"招魂，为"红革会"炮打张春桥同志的错误思潮翻案，把毛主席亲自树的红旗《文汇报》打成资产阶级专政的喉舌，把高举毛泽东思想伟大红旗的上海市革委会打成"第二中心"，又何其毒也！二评在最后一部分杀气腾腾的问道：对我们向第二中心的喉舌《文汇报》开炮，作如何打算——是"公开回答？暗地报复？""还是设法镇压？"我们以十分明确的语言回答你们这些人的挑战：是坚决镇压！因为你们的文章，早已远远超过了《文汇报》问题本身的范围，而是"项庄舞剑，意在沛公"，批评《文汇报》是表面现象，而鼓吹"多中心论"，炮打中央文革，炮打无产阶级司令部，阴谋推翻一月革命的胜利成果——上海市革委会才是你们的本质。对你们这伙猖狂地炮打无产阶级司令部的反革命小丑不实行镇压，就是对人民的犯罪。

……

在如何对待革委会的问题上，也暴露了决派的反动政治立场。毛主席教导我们："在需要夺权的那些地方和单位，必须实行革命的'三结合'的方针，建立一个革命的、有代表性的、有无产阶级权威的临时权力机构。这个权力机构的名称，叫革命委员会好。"而鲁礼安之流，却明目张胆地对抗这个指示，胡说什么"现在中央批准的一系列革命委员会基本上可以说是折衷主义的产物，……必须来第二次群众运动彻底把它冲垮。"他在《决派宣言》（草案）中还写道："革命委员会这个由革命群众自己创造出来的事物，也必将由革命群众自己来把它消灭掉。这个任务，毫无疑问地被放到了决派肩上。"鲁礼安之流之所以这样丧心病狂地攻击新生的红色政权，就是因为这个新生的红色政权只代表了无产阶级的利益,而没有代表他决派的重新建党、建军、建国的反动的资产阶级利益。所以他大叫要"把它消灭掉",要把她扼杀在新生的摇篮里,以便为自己的三个"重建"扫清障碍。

他们既是言者,也是行者。鲁礼安之流,对中南地区高校的第一个革命委员会——新华工革命委员会,就曾恶毒地诅咒她必然"分裂"、必然"破产"并伙同他的难兄难弟、跟屁虫红八月公社,拚命地咒骂新湖大革委会是"派委会",要将她"入另册"。为了实现他们的重新建国的"理想",鲁礼安还带了一伙人到浠水县去建立什么根据地,搞什么"农村包围城市",并和当地的巴河一司坏头头王仁舟结合在一块,扬言要"改革整个旧的农业制度","试建"什么"新农村",严重地破坏了专县地区的文化大革命。

其实,决派所宣扬的这些东西,大都是从湖南省无联那里讨来的残羹剩饭,早已被无产阶级革命派批得体无完肤。湖南省无联在《我们的纲领》和《中国向何处去》等大毒草中,就提出过要"彻底砸烂旧的国家机器",推翻"红色资本家"统治的国家,打倒"改良主义的产物"革命委员会,重新建立"中华人民公社"。如今,武汉的决派又捡起湖南省无联的破烂当宝贝奉养起来,在最近写的《评文汇报——二评反动的多中心论》中仍念念不忘重新建国,建立他们梦寐以求的以苏修全民国家为样板的"中华人民公社",那只不过是**一枕黄粱再现**罢了。湖南省无联已被扫进了历史的垃圾堆,难道步它的后尘的武汉决派,会有更好的下场吗?

……

《扬子江评论》的一小撮反动文人,正是使用了诸如什么"咆哮的扬子江,呼吁湘江……汇成天安门前的护城河"之类的这种含糊不清、不可捉摸的词句,曲折地表达了他们企图分裂全国各地的革命队伍,从中串连出一个全国性的反动流派,在咆哮的扬子江边建立"第二个中心",即"决派中心"的阴谋。决派的先生们不是在今年3月到广州去串连,而遭到了黄永胜同志的点名批判吗?在今年7月29日,在武汉不是也召开了一个有外省组织参加的贯彻北航黑会精神的黑会吗?

也许你们会狡辩说,我们支持他们不是别的什么目的,而是因为"三右一风至今有增无减","全国老造反派普遍地又受压制"。这是彻头彻尾的造谣!毛主席说:"全国的无产阶级文化大革命形势大好,不是小好,整个形势比以往任何时候都好。"而你们则反其道而行之,认为全国形势是一团漆黑,又是什么"在一个地方搞什么'全面肃反'呀,逮捕了十万余老造反派"呀,又是什么"广西4·22被打得离乡背井,流落于街头,靠募捐渡(度)日"呀,又是什么"全国翻案风甚嚣",全国那么多老造反派被各种借口打下去了"呀……"他们是瞎子,在他们面前出现的只是一片的黑暗。他们有时简直要闹到颠倒是非,混淆黑白的程度。"我们不禁要问你们这些瞎了眼睛的《扬子江评论》的编辑先生们:象二七公社这样的跨行业的组织完成了它的历史使命而光荣倒旗,难道也是"打了下去"?广州"旗派"、广西"4·22"这次参加并主持北航黑会而受到中央首长严厉批评,难道叫"受压"?象混进广东旗派、参加"反共救国军"的所谓"老造反派",难道不该逮捕么?什么叫"右倾翻案风甚嚣"?难道镇压了几个混进造反派队伍中的坏人就是翻案风甚嚣吗?你们为什么这样害怕清理阶级队伍和解散跨行业组织呢?原来你们——无论是"北斗星学会"还是"决派"本身就是被学校、工厂开除的坏分子,也有象白桦这样赫赫有名的大右派,所以你们才会感到现在受压,才会感到有"火刑与十字架的威胁"。

……

然而,一些别有用心的人和我们队伍中一些书生气十足的同志,却把这场复杂的阶级斗争说成是什么"派性斗争"。他们说:"决派是支持×钢的,你们打击决派,就是打击×钢,就是新二月逆流。"哎呀呀!好吓人的帽子!先生们,朋友们!你们的帽子暂且放到一边,请你们先回答一个问题:你们能承认决派就是你们那一派吗?你们能承认决派一系列的反动言行和反动政治纲领都是你们的主张吗?如果你们不能承认的话,那你们还是趁早把你们的帽子收回去好了,免得放到我们之间疏远了我们的团结。这里,我们觉得还有必要奉劝一下好心的朋友们,"闪光的东西并不一定是金子。"须知他们"抬举"你们,"支持"你们那是假的,妄图利用你们陷害你们才是他们的真正目的,你们组织的某几个决策人,为决派提供讲坛,创办什么"工人运动讲习所",让他在那里大放厥词,用"大树钢××的绝对权威"的美好许愿来蒙蔽战斗队员的眼睛,用世界上最美好的形容词,诸如什么"以最深的无产阶级革命敬意献给英勇的钢××"[3]来作钓饵,用象《论武汉工运的道路》那样"形'左'实右"的"杰作"来为某些独霸江城的官迷们献策,然而他们的目的只有一个:使钢××脱离毛主席的革命路线,纳入他们决派反动思潮的轨道。其实,他们这种恶意的捧场是违背广大战斗队员意志的,是破坏武汉地区革命大联合的、所以撕开他们的画皮,原来并不是什么"学生运动与工人运动结合得最好的典范了",而是地地道道的翻着筋斗的臭知识分子干扰和破坏工人运动最恶劣的典范。不明白这一点,你们就会被他们绑在"营救鲁礼安代表团"的战车上而充当他们的炮灰,到那时候就再也脱不了身了。

根据1968年8月25日出版的《狂妄报》《新一中》《新湖大》联合版(批判《扬子江评论》专号)刊印。

---

3 即"以最深的无产阶级革命敬意献给英勇的钢工总",这是印在《扬子江》杂志创刊号扉页上的题词。

在新华工"深入开展三忠于活动向阶级敌人猛烈开火誓师大会"上黄石铁山革命工人代表的讲话

(一九六八年八月二十七日)

新华工无产阶级革命派的战友们：

革命小将同志们：

让我们心怀一个"忠"字，共同祝愿我们心中最红最红的红太阳，我们最最敬爱的伟大领袖毛主席万寿无疆！万寿无疆！万寿无疆！祝愿毛主席最亲密的战友，我们的副统帅林彪同志身体健康！永远健康！永远健康！

今天，我们有机会参加我们的老战友新华工无产阶级革命派召开的这个大会，我们的心情非常激动，非常高兴。向新华工革命小将学习！向新华工革命小将致敬！（热烈鼓掌，高呼：向铁山革命工人学习！向铁山革命工人致敬！）

八月二十二日曾思玉同志的重要报告，真是大长了无产阶级革命派的志气，大灭了一小撮资产阶级敌人的威风，曾司令员的重要讲话，更加鼓舞了我们的斗志，增强了我们胜利的信心。曾司令员的重要讲话，宣判了一小撮阶级敌人的死刑。阶级斗争的实践证明：凡是反对毛主席的人，凡是反对和分裂无产阶级司令部的人，凡是大搞反动的"多中心论"的人，都将得到鲁礼安同样的可耻下场。

鲁礼安这个反革命跳梁小丑，受他的黑主子的意旨，伙同鄂东地区的一小撮反革命跳梁小丑，到处煽阴风，点鬼火。他每到一处，都是坏话说尽，坏事作绝。无产阶级革命派对他痛恨无比，而牛鬼蛇神却把他吹上了天，捧为圣人。

直到今年五月十八日，我们铁山无产阶级革命派根据毛主席的"专政是群众的专政"的教导，把鲁礼安这个反革命分子拘留以后，有那么一小撮坏蛋，继续欺骗、蒙蔽、利用不明真象的群众，大骂我们铁山是"小台湾",大肆造谣说我们把鲁礼安的耳朵割掉了三分之一。还有聂年生组织的五十二人调查团,公开为鲁礼安大唱赞歌。鲁礼安的几个忠实走狗,忽儿不惜篇幅,在报纸上称鲁礼安这个反革命小丑的狗娘为"革命的"鲁妈妈;忽儿不惜国家大量财产,开动一百多辆大卡车,蒙蔽群众,举行营救鲁礼安的示威游行;忽儿组织"营救鲁礼安代表团"到黄石干尽坏事,肉麻地吹捧鲁礼安是"革命闯将",叫嚷"不该抓"。

真是混账透顶!

就是这个鲁礼安勾结黄石的叛徒、特务、顽固不化的走资派和社会上的牛鬼蛇神,在黄石掀起一次又一次的反军乱军高潮,制造了一次又一次的反革命事件颠复(覆)新生的革命委员会,把矛头对准以毛主席为首、林副主席为副的无产阶级司令部。

元月十三日,鲁礼安到黄石新三中给炮轰派作了一次反动报告以后,元月十七日就发生了冲击中国人民解放军主持召开的"促进黄石市革命委员会成立大会",打伤军民七十多人。

四月二十四日,鲁礼安到黄石钢六中作了一番反革命部署以后,四月二十五日,就发生了武装包围、攻打黄石电厂的反革命事件。这次事件,由鲁礼安亲临现场指挥。

五月上旬,鲁礼安到黄石经过精心策划以后,接着黄石就发生了一系列的反革命抢枪事件和殴打、游斗中国人民解放军指战员事件。

直到五月十八日,这个坏蛋还受×××的老婆和×××的姐姐和×××宣传部长×××的指使,带领十八人到黄石去偷运枪支。

就在这个反革命跳梁小丑在黄石干尽了一系列反革命勾当后,我们铁山无产阶级革命派为了保卫毛主席,维护"九·五"命令和省革命委员会十条通令,将鲁礼安这个坏蛋捉住,并转交给新华工革命委员会。

尤其令人不能容忍的是这个坏蛋在被捉期间,继续攻击战无不胜的毛泽东思想。

鲁礼安这个反革命跳梁小丑罪恶累累,罄竹难书。实践证明,我们抓鲁礼安,抓对了!完全抓对了!如果谁继续到铁山为非作歹,我们还是要抓。你骂我"小台湾"也好,"大台湾"也罢,我们对反革命就是要坚决镇压，毫不留情！

　　我们希望受鲁礼安及其同伙欺骗、蒙蔽、利用的群众，一定要看清反革命分子鲁礼安的反动本质，赶快觉醒，并要反戈一击，为人民立新功。否则是没有好下场的，会得到鲁礼安的同样结局。最后，让我们高呼：

　　打倒现行反革命分子鲁礼安！
　　强化无产阶级专政！
　　伟大领袖毛主席万岁！万岁！万万岁！

根据 1968 年 8 月 27 日出版的《新华工》第 112 期刊印。

新湖大革命委员会
关于撤销贾培培革委会常委、委员职务的决定

(经校革委会一九六八年八月三十一日扩大会议通过)

贾培培,男,现年二十三岁,家庭成分伪职员,生父系伪军官。家庭社会关系极为复杂,1963年考入我校经济系,文化大革命前表现较差。

在这场史无前例的无产阶级文化大革命中,贾打着"造反"旗号,于66年10月份混入革命群众组织,窃取了新湖大革委会常委的职务。当无产阶级文化大革命在伟大统帅毛主席英明领导下向纵深方面发展,夺取全面胜利的时候,贾站在资产阶级反动立场上,拚命地抵制和破坏毛主席的伟大战略部署,流氓成性,专搞打、砸、抢。他顽固地分裂无产阶级革命派队伍,破坏革命的大联合和革命的三结合,炮打"三红",犯了极其严重的错误。

一、贾拚命地抵制和破坏毛主席的伟大战略部署,把矛头指向以毛主席为首、林副主席为副的无产阶级司令部和伟大的中国人民解放军,狗胆包天,公然批判由我们伟大领袖毛主席亲自批准的武汉军区7·26公告,污蔑为"大毒草"和"政治大骗局";7·20后,贾充当王、关、戚的马前卒,拚命鼓吹"揪军内一小撮"的反动谬论,炮打曾刘首长,动摇武汉军区新领导;贾多次煽动并指挥抢夺人民解放军的枪支弹药,冲击人民解放军的军事警戒线,操纵流氓打伤人民解放军战士。

二、站在资产阶级的反动立场上,分裂无产阶级革命派队伍,破坏革命的大联合,阴谋颠复(覆)我校红色政权。

7·20揪陈抗暴胜利后,贾在王、宋第二套黑班子孟夫唐、刘真、张华等反革命黑手的操纵下,极力鼓吹反动的资产阶级的多中心论,贩卖"以我为核心""不钢则康""反机灭康"等反动论调;贾与现行

反革命分子鲁礼安在一起组织反动的"决派""北斗星学会",分裂革命队伍,破坏三钢、三新团站,破坏武汉地区的革命大联合,在校内,则不顾新湖大广大战士的反对,在王、宋第二套黑班子孟夫唐等反革命黑手分裂新湖大的阴谋的指使下,多次分立山头,破坏校内革命大联合,阴谋反夺权。

三、流氓成性,专搞打、砸、抢。

为了颠复(覆)新湖大革命委员会,贾多次纠集社会上一小撮流氓集团武装洗劫新湖大,挑起武斗,抢劫国家财产,破坏新湖大的革命秩序,危害社会治安,仅7·4、7·8两次勾引钢九中一小撮流氓抢劫新湖大财产就达6千多元;不仅如此,贾还大打出手,仅在校内就亲自毒打肖去非等十名新湖大校革委会委员和战士,尤为严重的是7月2日公然在光天化日之下,用脚踢龙铭鑫同志的下身,致使龙铭鑫同志当场倒地。

四、长期隐瞒严重的杀、关、管家庭和社会关系。

贾所犯上述极其严重的错误是有其阶级根源的。贾出身于伪职员家庭,其生父贾整华,历任国民党军队班长、分队长、中队长、连长、副官等反动职务,又系青帮分子;贾生母陆润华出身小资产阶级、青帮分子;大伯父贾长福,地主分子,土改时被我镇压;三伯父贾长富,任国民党军队伪团长,血债累累,土改时被我镇压;姨父王治青,强奸犯,在肃反时被我镇压;姨父彭之永,系劳改犯。以上严重的杀、关、管家庭和社会关系,贾从小学到大学直至文化大革命从未向组织交代过,长期隐瞒。

对于贾培培在无产阶级文化大革命中所犯的极其严重的错误,校革委会和广大的新湖大战士,多次给予其诚恳的帮助、评(批)评和警告,但贾一直置若罔闻,毫无悔改表现。

特别恶劣的是在广大新湖大战士奋起批判反动的资产阶级"多中心论"和积极开展"三忠于"活动的今天,贾竟不顾校革委会的决定和劝阻,拒不参加校革委会召开的红八月两周年纪念大会,而另打旗号召开了一个分裂主义的黑会,造成极恶劣的影响。老账未算新账又起,激起了广大新湖大战士的强烈愤慨。

为了进一步巩固、发展和纯洁新湖大革命委员会,发扬党的紧密联系群众的作风,保卫无产阶级文化大革命的胜利成果,为了坚决贯彻和捍卫毛主席的无产阶级革命路线,保护广大革命群众,粉碎右倾机会主义、右倾分裂主义、右倾投降主义和右倾翻案妖风,紧跟毛主席伟大战略部署,把无产阶级文化大革命进行到底,根据我校所属各基层革委会的意见和全校广大革命师生员工的强烈要求,经校革委会八月三十一日扩大会议讨论通过,决定撤销贾培培校革委会常委、委员职务,开除其毛泽东思想红卫兵籍,并责令其反省交代。在其错误未彻底交代之前,不予毕业。

此决定即日起生效。

新湖大革命委员会(盖章)

此决定呈送武汉军区、湖北省革委会、武汉市革委会、武汉警司

根据 1968 年 9 月 9 日出版的《新湖大》第 99 期刊印。

图穷匕首见
——评决派思潮及其喉舌《扬子江评论》

（一九六八年八月二十七日）

《新华工》报编辑部　新华工革命造反广播台编辑部

在湖北、武汉地区的无产阶级文化大革命中，比较有点儿"理论"，活动又最为嚣张的资产阶级反动流派，要算"决派"了。随着"决派"几个头面人物的充分表演，人们愈来愈清楚地洞察出来，"决派"是一个有组织、有纲领、有行动计划、有黑色后台的反革命政治派别。它是利用武汉地区的"钢""新"矛盾而茁起，并企图凌驾于"钢""新"之上的反动势力。这是一个由几个反革命跳梁小丑和一些思想幼稚、以为"极左派"是个好听的词儿，"左"总比右好的人组成的一个"**仇恨共产党、仇恨人民、仇恨革命达到了疯狂程度的反革命集团**"。正如林副主席所说的，他们之中"有些人主观上是革命的，客观上是反革命的。有些人主观上、客观上都是反革命"。鲁礼安、冯天艾之流就是后面的一种人。

"决派"经常地变更着自己的旗号、斗争策略和斗争方法。他们时而挂起"武汉工人运动讲习所"的招牌，野心勃勃地向工人阶级争夺领导权，力图把自己凌驾于工人阶级之上，堂堂正正地侈谈什么"工学运动"，分裂工人阶级的团结，妄图使武汉地区的工人运动脱离毛泽东思想的轨道，引入工联主义的歧途；他们还大讲特讲"农民运动"，公开对抗中共中央"不许挑动农民进城"的指示，支持一个什么叫做"巴河一司"的组织去占领红旗大楼；他们或者取一个稀奇古怪的名字，和江青同志点名批判的大右派白桦一道开办"北斗星学会"，声称"想法到全国跑一趟，带着我们的报纸去结交一批全国各地的朋友"，与这些狐群狗党一道，立志去做"敢于打破僧侣塔顶，去探求无际的天空的秘密"的哥白尼，或者布鲁诺，做"勇于大胆地闯进这些人间大学里的高尔基",决心做一个"不顾火刑与十字架的威胁,开拓新的道路"的亡命之徒。后来,他们干脆鼓掌通过,用"决心把无产阶级文化大革命进行到底的无产阶级革命派"来装扮自己,去从事他们"重新建党"、"重新建军"、"重新建国"的"宏图伟业"。至今还流落在武汉街头的《扬子江评论》,则是他们的最后旗号。

"决派"是不变中有变,变中又有不变。尽管他们不断变换着自己的旗号、斗争策略和斗争方法,但是疯狂反对毛主席、毛泽东思想,炮打无产阶级司令部,极力散布反动的"多中心即无中心论",妄图推翻无产阶级专政,复辟资本主义的野心和罪恶活动是从来没有过一丝一毫的改变的,相反,他们却是愈演愈烈,在支离歪斜的破梯子上愈爬愈高。

最近,销声匿迹了一阵子的《扬子江评论》象扎了吗啡一样,再一次乱蹦乱跳了起来,又是刷标语,又是发文章,忙得个不亦乐乎。《评×氏人物第二个中心》(以下简称《评中心》)为代表的一批毒草就是在这样的时候出笼的。

《评中心》等在社会上引起了各个阶级、各个阶层的人们不同的反应。广大的无产阶级革命派和革命群众一眼识破了文章的作者们炮打无产阶级司令部的罪恶用心,奋起批判这批毒草。当然地,也有那么极少数的人对这几篇毒草爱不释手,就象那肮脏绿头苍蝇见到了腐败的血污一样的拚命地吸吮起来。人们可以看到,在汉口水塔那个热闹的地方,经常有几个游魂在那里游荡,他们歪着脑袋,咧着嘴巴,手捧着下巴,一板一眼地读着《扬子江评论》的文章,十分得意地微笑着,不时翘起大拇指连声赞绝:"高!实在是高!"少数为资产阶级、小资产阶级的派性迷住了心窍的人,一看到文章是在"反考",产生了"条件反射",不等读完,就相当高兴地向他的伙伴介绍:"这可是一篇好文章!"他们议论说:"《扬子江评论》有造反劲头,文章很有气魄。"

还是让我们以《评中心》为主要对象,旁及他们的《二评》、《三评》、《四评》等,来分析文章出笼的背景、文章的矛头所向,以及与文章有着深切关系的一些问题。看看这是些什么样的"好文章",有那个阶级的"造反劲头",有什么样的"气魄"吧!

史无前例的无产阶级文化大革命正在朝着全面的胜利大踏步地前进。全国革命人民正更高地举起毛泽东思想的伟大红旗,更加紧密地团结在以毛主席为首、林副主席为副的无产阶级司令部的周围,在无产阶级司令部的号令下统一意志、统一步伐、统一行动,坚定不移地落实毛主席的一系列最新指示,坚决地贯彻执行"七·三""七·二四"布告,坚决地识破和粉碎一小撮阶级敌人妄图破坏毛主席的无产阶级司令部的阴谋诡计,信心百倍地去夺取无产阶级文化大革命的全面胜利。

在我国祖国辽阔的土地上联翩出现的革命委员会,是无产阶级文化大革命取得了决定性胜利的主要标志。对于新生的革命委员会,无产阶级要爱护她,不断地加强和巩固革命委员会,充分地发挥她的无产阶级革命权威;资产阶级则要拚命反对她、甚至到处扶植各级革委会内部的"反对派"来分裂她,拚命拚(拼)凑全国范围内的反动力量来对付各级革命委员会,在那些尚未建立起革委会的地方和单位,一小撮阶级敌人则竭力挑起武斗,阻止各级革委会的建立。在这样的情况下,无产阶级司令部发布了"七·三"布告和"七·二四"布告。这两个布告就是强调要保护人民群众,稳、准、狠地打击一小撮阶级敌人,就是要保证毛主席的伟大战略部署不受干扰,保证各级革命委员会的建立、健全和巩固,保证无产阶级文化大革命走向全面胜利。一小撮穷途末路的阶级敌人凭借着他们反革命的敏感,认识到自己末日即将来临,就以十倍的疯狂进行着垂死前的疯狂反扑。在"七·三""七·二四"布告发布之前和发布以后,他们都十分猖獗地抵制以毛主席为首、林副主席为副的无产阶级司令部这个唯一的领导中心发出的正确指示,他们散布反动的"多中心论",用阴沟里的黑司令部的路线来对抗毛主席的革命路线。前不久,在北京航空学院以及在武汉市某个阴暗角落里召开的黑会就是突出的一例。

针对着从中国赫鲁晓夫到前不久垮台了的杨余傅之流一脉相承的反动的"多中心即无中心论"的反动思潮,《人民日报》在纪念毛主席《炮打司令部》的大字报发表两周年的时候发表了题为《在以毛主席为首的无产阶级司令部的领导下团结起来》的重要社论,有力地批判了反动的"多中心论",为即将召开的"九大",为夺取无产阶级文化大革命的全面胜利扫清障碍。

你说怪不怪，明明是无产阶级在批判资产阶级的反动的"多中心论"，明明是无产阶级对资产阶级的斗争形势大好，明明是无产阶级的绝对优势，可是《扬子江评论》编辑部中的一小撮阶级敌人却认为无产阶级处于劣势，认为当前正是他们"腊鼓鸣，春草生"的"早春天气"。他们利令而智昏，以为时机已到，不迟不早，正好是大干一场的时候了，蛇无头不走，鸟无头不飞，他们也看到，亿万革命人民是在以毛主席为首、林副主席为副的无产阶级司令部领导下向阶级敌人进行阶级斗争的。因此，他们认为一般地去攻击各级革委会和某些革命群众组织不足以解决他们的"大问题"，挽救不了他们就要复（覆）灭的命运，于是，图穷匕首见，他们集结其力量，接过批判反动的"多中心论"这个革命口号，把矛头集中地指向以毛主席为首的无产阶级司令部。

在《评中心》一文中的开头，文章的作者们歪曲毛主席"**除了沙漠，凡有人群的地方，都有左、中、右**"的最高指示，用十分混账的逻辑，抬出一个十分荒谬的机械分割法，即不论什么时候，什么地方，都可以无止境地划分左派、中间派、右派，只要有三个人在一起就一定可以在他们之中划分出左派、中派、右派来的反动手法，作为理论根据，论证"第二个中心"的存在。接着，《评中心》说："毛主席、林副主席、旗手江青同志为代表的是左派势力，以刘邓之流为代表的势力已被摧毁"。《扬子江评论》中的家伙们就是用这种"点出两头"的阴谋诡计来达到他们在通过无产阶级文化大革命更加纯洁了的党中央内部，在以毛主席为首的无产阶级司令部内部，划分出所谓"中派"的目的。他们把毛主席司令部的坚强战士周总理以及中央文革的其他同志排除在无产阶级司令部之外，把他们打成"第二个中心的政治总代表"。

《扬子江评论》知道仅仅用这种理论来论证有"第二个中心"，把周总理等无产阶级革命家打成"第二个中心"的代表人物，那是不能欺骗群众的，是根本没有说服力的。于是，他们列举了一系列的"罪状"，特别是列举了"老造反派普遍地又受压制"的例子，说什么"广西4·22战士被打得背井离乡，流落街头靠募捐度日"等，以此来激起"群众"对于所谓"第二个中心"的义愤。

还不够,《扬子江评论》就把诸如"刘邓打不倒""接班人要重选""不许'九大'在中国开"……这些阴沟里的资产阶级司令部、真正的"第二个中心"制造出来而又不敢明目张胆地公开宣传的谣言都作为似有其事的抛了出来,用以搞乱人们的思想。

还不够,《扬子江评论》就干脆拿出"偷梁换柱""指桑骂槐"的阴谋诡计来。他们把毛主席早就指出的知识分子、革命青年学生要走与工农相结合的道路,诬蔑说是"他们那样仇恨革命小将,甚至公开要革命小将回乡种田";他们把毛主席一贯反对所谓"清一色"的思想,指出:"**在工人阶级内部没有根本的利益冲突,在无产阶级专政下的工人阶级内部更没有理由一定要分裂成为势不两立的两大派组织**",两派革命群众"**要在革命的原则下实现革命的大联合**",共同掌好权、用好权,也就是中央首长一再强调的"不能一派掌权"攻击成"公然向毛主席、林副主席分庭抗礼";他们还把毛主席所肯定,无产阶级司令部最近特别指出的解散跨行业组织,逐步倒旗大联合,实行和巩固按单位、按系统、按部门的大联合攻击说是"妄图借机再下手"。

至此,《扬子江评论》的"弄潮儿"们认为"理论有了","罪状够了","群众发动得差不多了",于是拍着胸膛宣布:炮打无产阶级司令部的战斗"就此打响"!

为了渲染《评中心》一类毒汁四射的反革命黑文所掀起的"热烈"气氛,使得这场炮打无产阶级司令部的黑丑剧的鸣锣开道响得更加惊人,《扬子江评论》的"弄潮儿"们合着《评中心》炮打无产阶级司令部的罪恶节拍,抛出了一个经过了"细吹细打""反复推敲"的、充斥着反革命黑货、充满对无产阶级无比仇恨、能够起到几篇黑文所不能起到的特殊作用的反动口号报。

对于这么一个很能反映这伙黑暗动物肮脏心灵,很能代表他们政治主张的口号报,不需多看,随手捡上几条,剖析一番,就足以说明问题。

一条口号这样写道:

"革命人民渴望把无产阶级专政的命运,把无产阶级文化大革命的命运，把社会主义经济的命运，紧紧掌握在自己手里。"

好一个"渴望"！经过二年来的无产阶级文化大革命，无产阶级专政的命运、无产阶级文化大革命的命运、社会主义经济的命运，不是已经牢牢掌握在革命人民手中了吗？

很明白，你们指的"革命人民"，恰恰是我们无产阶级革命派的死敌，是那些被无产阶级文化大革命的滚滚洪涛洗刷出来的一小撮叛徒、特务、党内死不改悔的走资派、没有改造好的地富反坏右分子。

我们很了解你们这些"革命人民"的处境。今天，我们取得了对党内一小撮走资派进行夺权斗争的胜利，掌权了，用权了，对你们实行了严酷无情的无产阶级专政，你们当然就感到十分压抑，十分痛苦，连一天也实在混不下去了。

这有什么值得大惊小怪的呢？

"阶级斗争，一些阶级胜利了，一些阶级消灭了。这就是历史，这就是几千年的文明史。"

我们也十分懂得你们这些"革命人民"的"渴望"心情。你们"渴望"推翻我们无产阶级专政的国家，"渴望"在中国复辟资本主义，"渴望"你们早已失去了的"天堂"生活。这不过是白日作梦，痴心妄想！

另一条口号写道：

"自己解放自己，自己教育自己的无产阶级大民主精神万岁！"

这是何等冠冕堂皇的口号啊！这就是某些人所极力称赞的很有"造反劲头"。

《扬子江评论》中一些自称为"小人物"的家伙，可是一伙"自己教育自己""自己解放自己"的模范哪！他们从来都是"自己来干革命"的样子，千万不要以为在他们的后面是有嘴上长胡子、脸上嵌皱纹的人呵。

什么"民主"？从来的民主都是阶级的民主，在今天，不是无产阶级的民主，就是资产阶级的民主，没有什么超阶级的民主。《扬子江评论》"弄潮儿"所叫嚷的"民主"，决不是无产阶级的民主，而是资产阶级的自由化。其真实含义，就是不准革命群众享受半点民主权利，只能永远永远当牛马、做奴隶，心甘情愿地做他们的阶下囚，听凭他们横行霸道，无法无天。

什么"自己解放自己，自己教育自己"？这无非是鼓励他们的"自己人"，从阴沟里钻出来，从垃圾堆中爬出来，依靠"自己的力量"，即集结一切反动势力，组织好反革命的队伍，订立反革命的攻守同盟，向无产阶级猖狂进攻，向无产阶级司令部猖狂进攻，向无产阶级革命路线进攻。

"以牙还牙是直道"，对《扬子江评论》中的阶级敌人，我们别说是给大民主，就是小民主也不给，一点儿也不给，半点也不给。给他们的是无产阶级专政的铁拳！

还有一条口号是这样的：

"咆哮扬子江，呼吁湘江，松花江，珠江，乌江，黄浦江携起手来，汇成天安门前的一条护城河！"

这大概是一些人赞美的"很有气魄"。

请同志们注意，前些时在北航召开的黑会有一个重要内容和紧急措施，就是按照那个"专门干反革命勾当的黑司令部"的指示，准备成立一个什么"全国造反派总部"，借以向无产阶级司令部全面进攻，推翻无产阶级司令部的正确领导。这个《扬子江》的呼吁就是十分生动地划出他们焦急地盼望早一些成立起这个"全国造反派总部"的心灵世界。而他们的"携起手来"，则是呼喊他们的反革命同伙，赶快在阴沟里司令部的召令下，在这场炮打无产阶级司令部的反革命逆流中，统一意志、统一步伐、统一行动。

我们再回到《评中心》上来。

《评中心》的末尾写道："我们憋足了一肚子气，在红八月——造反派的节日大可以出了，×氏第二个中心，我们之间的战斗就此打响。"哎呀呀，来势不可谓不凶猛，站在我们对面的跳梁小丑，把自己打扮成了一伙"战斗英雄"。

什么"战斗就此打响"？！我们不是早就有交情了吗？你们这些言必谈"历史"的历史学家们怎么就把从工人运动讲习所——北斗星

学会——决派这么一大段历史给忘却了呢？怎么不好好总结这一段时期失败的教训，再来一个《为了前进的回顾》呢？可能你们这次宣称"战斗就此打响"其意思是要大干一场吧！在《评中心》出笼之后，江城的无产阶级革命派（有新派，也有钢派），当即指出了《评中心》的要害是分裂和炮打无产阶级司令部，这只是为了对革命负责任，旗帜鲜明地表了一个态，还根本没有举行大规模的反击，还根本没有发表反击的文章，而是根据毛主席"**牛鬼蛇神只有让它们出笼，才好歼灭它们，毒草只有让它们出土，才便于锄掉**"[1]的号召，耐着性子，继续地观看着《扬子江评论》的"弄潮儿"们的笨拙表演。

过了三天，大约是八月十一号左右，《扬子江评论》先后抛出了《二评》《三评》。这个《二评》《三评》从他们炮打无产阶级司令部的方位、角度来看是分毫不差。可是那个火力就远不如《评中心》发挥得那么有力。或者说，《二评》《三评》根本就没有按照《评中心》所拟定的提纲去写。

谁都明白，在《一评》当中，恶毒攻击那个"第二个中心的政治总代表"无疑是指周总理，而那刻骨咒骂什么"仇恨革命小将，甚至公开要革命小将回乡种田"的人，明明是指的陈伯达和姚文元同志。可是，在《二评》当中，《扬子江评论》的"弄潮儿"们却是言不由衷地讲了两句"为毛主席掌握了一部分国家机器的敬爱的周总理"，"为毛主席主办《红旗》杂志的中央文革组长陈伯达同志"。《三评》则以猛攻张春桥同志为守势，运用了从他们的老祖宗陶铸那里学来的"换头术"[2]，把在《评中心》当中还只是"第二个中心的干将"的张春桥同志，在《三评》中竟说成了第二个中心的"×氏代表人物"，即"主帅"。搞得多么别扭啊！这样做和你们那"锋利的笔锋""丰富的内容"哪有一点相似之处呢？显然《扬子江评论》是心虚了。《扬子江评论》欲盖弥彰，再一次露出捉襟见肘的丑相。

---

1 转引自《文汇报的资产阶级方向应当批判》（1957年7月1日），1957年7月1日《人民日报》。

2 换头术，1966年国庆，新华社要发一组国庆检阅的新闻照片。审稿时，陶铸发现没有邓小平的镜头，当即指示一定要有邓小平的镜头，并询问新华社有什么办法可以补救？新华社同志说可做技术性处理。后将一幅照片上的陈毅头像隐去，植入邓小平的头像。

在用明察秋毫的毛泽东思想武装起来的湖北武汉的无产阶级革命派面前,《扬子江评论》的《二评》《三评》没有敢按照《评中心》的所拟定的提纲写下去。又过了几天,他们的《四评》出笼了。这个《四评》完全暴露出《扬子江评论》色厉内荏的面目。《四评》除了极力地狡辩什么"我们的《评中心》不是炮打周总理的",同时引用陈伯达同志的一段话作为文章的结尾,以此表示他们是不炮打陈伯达同志,为自己留条退路以外,专门写了一段,说:"我们辛辛苦苦搞出来的标语口号报和大字报,只保存了两天,就很巧妙地给巨幅标语牌代替了",对天哀叹"无产阶级大民主到那里去了呢?"请大家注意,他们又在打起要"民主"的旗号向无产阶级专政进攻了!不过这一次是讨民主,不是要民主。这说明我们的无产阶级专政的巨大威力已经使他们胆颤心惊了!他们现在真是惶惶不可终日,心虚得很哪!请看他们语句中的姿态是多么低呵。要知道,他们可是"要开拓出新的道路来""要成为政治上的统治力量"的"决派小将"啊!

毛主席指出:"**各式各样的代表人物,各式各样的思潮,总是想登台表演一番。**"鲁礼安这样的资产阶级反动流派"决派"的代表人物,"决派"这样的反动思潮已经进行了充分的表演。从"武汉地区工人运动讲习所"——"北斗星学会"——"决派"——《扬子江评论》;《扬子江评论》从杂志——铅印小报——大字报;"决派"成员从精诚团结——鲁礼安与王仁舟的互相倾轧——鲁礼安、冯天艾之流被逮捕法办以后喋喋不休的争论和推卸责任的吵骂,都贯穿着每况愈下这个特点。这是毛泽东思想的无比威力,是武汉军区、省市革委会的主要负责同志带领着江城广大无产阶级革命派和革命群众的狠抓阶级斗争的结果。

鲁礼安及其同伙们受到了无产阶级专政机关的制裁,被人们抛进了历史的垃圾堆。这在一些人的眼里是怎么也想不通的怪事。可是,在我们看来这是必然的,是意料之中的,是没有什么值得大惊小怪的。我们关心的倒是:今后,鲁礼安的难兄难弟们,诸如李礼安、蔡礼安之流会不会重起炉灶,再度从事炮打无产阶级司令部的可耻营生呢?很难说。用阶级斗争的观点来看,阶级斗争是一场斗争接着一场斗争,一次斗争比一次斗争更尖锐、更激烈、更深刻。搞掉了一条黑线，还会有另一个反革命集团。阶级斗争是不以人们的意志为转移的，是不可避免的。党内一小撮死不改悔的走资派、叛徒、特务、形形色色的反革命分子的资产阶级本性，总是要想尽办法，顽强地表现出来。要他们不反映、不表现是唯心主义的，是不现实的，是不可能的。《扬子江评论》中不是说"憋足了一肚子气"要出吗？是这样的。阶级敌人对毛主席、对毛泽东思想、对以毛主席为首、林副主席为副的无产阶级司令部怀着完全敌对的情绪，内心憋着一股对党、对社会主义的仇恨和怨气，一有适当的气候，就冒出来，一有风吹草动，就纷纷出笼。一句话，"**他们对于亡国、共产[是]不甘心的**"。

毛主席说："**轻视反面教员的作用，就不是一个彻底的（辩证）唯物主义者**"。湖北、武汉地区的革命人民要好好地回顾"决派"思潮产生的历史背景，活动的情况；好好地研究一下为什么"决派"曾经那样的有市场，以至武汉军区把鲁礼安拘留了以后还有人能够盗用"江城人民"的名义，组成"营救鲁礼安代表团"，狂热地为鲁礼安翻案；特别要好好地研究一下"决派"们每一次进攻、每一次退却的伎俩和路线，从他们最近一次的退却路线中，找出它们留下的蛛丝马迹和怪现象，分析他们可能的新的进攻路线，随时准备批判他们、踏倒他们，叫他们永世不得翻身！

生活就是斗争。我们不要想象，一场激烈的斗争过后，就会平静，就不会再有斗争；不要想象走过了一段曲折的路以后，革命的道路就会坦坦荡荡，一无坎坷。阶级敌人你不打，他不倒，即令打倒了，他还想再爬起来。每一个战斗的革命者，每一个真正有决心把无产阶级文化大革命进行到底的革命派，应该随时随地用毛泽东思想去观察一切，分析一切，对待一切，见到错误的东西就批判，见到毒草就铲除，见到牛鬼蛇神就打倒，不让他们无法无天、兴风作浪。我们应该有一往无前的革命精神，有压倒一切敌人而不被敌人所压倒的英雄气概，总是满怀着必胜的坚定信念，去迎接一场又一场的阶级斗争暴风雨，战胜一个接着一个的困难，夺取一次又一次的胜利！

根据 1968 年 8 月 27 日出版的《新华工》第 112 期刊印。

彻底埋葬决派所鼓吹的反动的"多中心论"
——二评决派思潮及其喉舌《扬子江评论》

(一九六八年九月六日)

《新华工》报编辑部　新华工革命造反广播台编辑部

以现行反革命分子鲁礼安为代表,以《扬子江评论》为喉舌的资产阶级反动流派——决派,一出现在武汉地区无产阶级文化大革命的政治舞台,便逆潮流而动,狗胆包天地反对战无不胜的毛泽东思想,肆无忌惮地破坏毛主席的伟大战略部署,丧心病狂地攻击以毛主席为首、林副主席为副的无产阶级司令部,干尽了反革命勾当。

决派曾经以极"左"的词句,提出了许多歪理邪论,其中,反动的"多中心即无中心论"是决派反动思潮一以贯之的核心思想,是主宰决派反革命活动的行动纲领。对决派来说,反动的"多中心论"简直象是系在贾宝玉颈上的"通灵宝玉"。倘若这块"宝玉"被砸碎,就不只啻去掉了决派的"命根子",整个决派思潮也便由此而土崩瓦解了。因此,彻底批判反动的"多中心论"乃是全面清算决派反动思潮的一个关键。

歪曲和篡改马克思列宁主义、毛泽东思想,打着"红旗"反红旗,鼓吹反动的"多中心即无中心论",大搞独立王国,是在无产阶级专政条件下,一切反革命修正主义分子妄图复辟资本主义的重要特点。中国赫鲁晓夫就是鼓吹反动的"多中心即无中心论",大搞独立王国的罪魁祸首。在他1941年写的《论党内斗争》的黑书中,胡说什么"全党的领袖与中心很久没有形成",公然否定毛主席是我们的最高领袖,而要封他为"领袖",要当"刘克思"。他甚至无耻地吹嘘"陕北有个延安,苏北有个盐城"！念念不忘自己作威作福的独立王国。以鲁礼安为代表的决派正是步中国赫鲁晓夫的后尘,一步一步的滑了下去。他们大肆鼓吹反动的"多中心即无中心论",就是要否认毛主席为首的无产阶级司令部是全党、全军、全国和广大革命人民的唯一的领导中心,为已经被亿万革命人民所唾弃的中国赫鲁晓夫的资产阶级司令部招魂,或者另起炉灶,干脆以他们自己为中心,来对抗和取代无产阶级司令部,妄图推翻无产阶级专政的国家,重新复辟资本主义,这正是它的反动本质所在。

众所周知,政治宣言是各种社会集团和派别的政治主张的集中体现,决派所狂热鼓吹的"多中心论"必然要在他们所谓的决派《宣言》和《章程》中充分地体现出来。

它公开申言,要"使决派成为无产阶级的先锋队","成为整党和建党的基本力量","整党和建党的工作与决派进行第一次政治斗争时,实际上已经开始了。"

它毫不隐讳地说:"决派当前的奋斗的目标,就是要彻底摧毁旧的国家机器","直至今天仍在袭用的资产阶级体制,将在这场斗争中被决派所摧毁",而"决派则将在这场残酷的斗争中得到锻炼,而成为政治上的统治力量"。

它疯狂叫嚣:"代之而起的思想统治将是决派思潮"!

看,"癞蛤蟆打哈欠"——好大的口气!这些大言不惭的胡言乱语是决派鼓吹反动的"多中心论"的赤裸裸的自供状。

试问:谁是无产阶级的先锋队?在我国就是由伟大领袖毛主席亲自缔造的,伟大的、光荣的、正确的中国共产党,而不是其他。决派申言自己是"无产阶级的先锋队",这岂不是说,中国共产党已经退出历史舞台,而要由你们另立中心,重新建立一个什么党来取而代之吗?决派宣称自己是"整党和建党的基本力量",并且"已经开始了""整党和建党"工作。你们所谓的"整党建党",如果指的是共产党,那末你们岂不是成了凌驾于共产党之上的"太上党"了吗?如果指的不是共产党,那末你们不是不打自招地供认自己已经成立了一个与共产党相对抗的反动的狐群狗党吗?

再问:谁是我国政治上的统治力量?这就是工人阶级及其可靠的同盟者贫下中农,而无产阶级专政则集中代表了工人阶级和其他劳动人民的根本利益。决派小集团把自己封为"政治上的统治力量"并扬言要"彻底摧毁旧的国家机器",这不是明目张胆地要推翻工人阶级的领导，推翻无产阶级专政，而重新建立资产阶级专政吗？这不是美蒋反动派天天干着的地地道道的反革命勾当吗？

"代之而起的思想统治将是决派思潮"，更是反动透顶！林彪同志指出："毛泽东思想是当代马克思列宁主义的顶峰。""毛泽东思想是革命的科学，是经过长期革命斗争考验的无产阶级的最高真理，是最现实的马克思列宁主义。"毛泽东思想是我们的命根子。毛泽东思想是全中国、全世界唯一正确的革命思想。我们就是要用毛泽东思想指导一切，统帅一切。谁反对毛泽东思想，谁就是反革命，我们就要全党共诛之，全国共讨之。决派中的反革命分子狂犬吠日，胡说什么"代之而起的思想统治将是决派思潮"，直接把矛头指向伟大的、战无不胜的毛泽东思想，这正是他们鼓吹反动的"多中心论即无中心论"的反革命面目的彻底大暴露。

当然，在决派的所谓《宣言》和《章程》中，也明确堆砌了不少冠冕堂皇的词藻，似乎他们也"无限忠于毛主席"，"无限忠于"无产阶级司令部。然而，这些漂亮的言词只是为了装饰门面行其欺骗，它一丝一毫也洗刷不了他们反对伟大领袖毛主席的滔天罪行。事实是最好的见证：

毛主席说："**要用文斗，不用武斗。**"而鲁礼安却说什么"无产阶级文化大革命的最高形式是武装夺取政权"，是"战争解决问题"，大肆鼓吹"国内战争"。

毛主席说："**要拥军爱民**"。而鲁礼安却说什么"现在的人民解放军是脱离群众的，应当根绝，代之以民兵武装。"因此要"夺军权"，要大揪"军内一小撮"。

毛主席说："**革命委员会好**"。而鲁礼安却说现在联翩出现的革命委员会"都是折中主义的产物"，"必须第二次群众运动把它摧毁"。

毛主席说："**全国的无产阶级文化大革命形势大好**"。而鲁礼安的决派却说什么全国许多"老造反派被各种借口打下去了"，"战旗，一面面地在倒，倒下……"，右倾翻案风"有增无减"。

毛主席说："**党、政、军、民内混进了一批叛徒、特务，这次文化大革命大都自己跳出来，这是一件好事，应发动群众清洗这批人。**"而鲁礼安却说："大抓叛徒网""这是资产阶级反动路线一个新的组成部分","是干部问题上的资产阶级反动路线。"

至于鲁礼安的一篇反动透顶的文章,一张恶毒咒骂伟大领袖毛主席的反动图,更赤裸裸地表现了他对毛主席的刻骨仇恨。此外,鲁礼安还对毛主席的亲密战友,我们的林副主席散布了许多流言蜚语。鲁礼安的《扬子江评论》,最近在"评×氏人物的第二个中心"的大毒草中,公然把周总理、伯达、康生、春桥、文元等同志诬蔑为"中派""考派"的"代表人物",妄图动摇和分裂我们唯一的领导中心——以毛主席为首、林副主席为副的无产阶级司令部。

所有这些,都充分说明了鲁礼安及其决派所鼓吹的反动的"多中心即无中心论"实质上就是要反对和推翻无产阶级司令部,反对和推翻中国共产党的领导,反对和推翻无产阶级专政。

最近,在鲁礼安被逮捕法办以后,公开叫嚷"鲁礼安是革命闯将"声音听不见了,但却又出现了一种新的说法:"鲁礼安的错误是认识问题",是"革命小将犯错误"。难道恶毒咒骂伟大领袖毛主席是认识问题吗?难道疯狂攻击无产阶级司令部,也是认识问题吗?这算是什么"革命小将"?这是道道地地的反革命!如果要说这是认识问题,那只能是反革命分子的反革命认识。毛主席说:"**敌我问题也是一种是非问题。……但是这是和人民内部矛盾性质不同的另一类是非问题。**"[1]鲁礼安的反动言行完全是由他的反革命本质所决定了的。如果有人把鲁礼安的错误归结为认识问题,那末,他自己这种大成问题的认识,正好说明他自己也和鲁礼安站在同一的立场。当然,参加过决派的人,有些是因一时糊涂而受了蒙骗,主要是认识问题。我们应该把这些人同与鲁礼安之流区分开来,我们也希望这些人同他们划清界限,不要愈滑愈远,愈陷愈深,以至掉进了反革命泥坑而不能自拔。

毛主席说:"**历史上曾经出现过不少妄想扭转历史的丑角,但是,这些丑角没有一个不是以身败名裂而告终。**"现在,反革命跳梁小丑鲁礼安已经逮捕法办,他的盟兄弟冯天艾也难逃人民的法网。但是决派狂热鼓吹的反动的"多中心即无中心论"的流毒还未肃清,决派反

---

[1] 引自《关于正确处理人民内部矛盾的问题》(1957年2月27日),《毛泽东选集》第5卷,第365-366页。

动思潮还有一定的社会影响。最近，在决派中还有那末几个同鲁礼安在政治上、思想感情上有着千丝万缕的联系的人，还在上窜下跳，吵吵嚷嚷，他们在大街上再次贴出为鲁礼安翻案的标语和大字报，公然把以曾思玉、刘丰等同志为首的新军区党委与陈、钟之流相类比，把矛头直接指向新军区党委和省革命委员会，而对阶级敌人的猖狂反扑，我们必须在以毛主席为首、林副主席为副的无产阶级司令部的领导下团结起来，共同对敌，奋起毛泽东思想的千钧棒，彻底批判反动的"多中心即无中心论"，全面清算决派反动思潮！

根据1968年9月6日出版的《新华工》第114期刊印。

驳所谓"反考"

——三评决派思潮及其喉舌《扬子江评论》

(一九六八年九月十日)

《新华工》报编辑部　新华工革命造反广播台编辑部

在与第二国际机会主义的斗争中,无产阶级革命导师列宁针对叛徒考茨基的种种错误论点,发表了《无产阶级革命与叛徒考茨基》等光辉著作,使一切叛徒闻风丧胆。在这些著作中,列宁有力地、全面地驳斥了考茨基及其第二国际的其他机会主义者在国家和无产阶级专政问题上的谬论,淋漓尽致地刻画了这批叛徒的可耻嘴脸,勇敢地继承、捍卫和发展了马克思主义关于无产阶级专政的学说。从此以后,反对考茨基的斗争作为国际共产主义运动史上光辉的一页载入史册,工人阶级和广大革命群众无不引以为自豪。

反动的资产阶级流派"决派",从反革命的需要出发"**迎合革命工人,盗用他们的马克思主义术语,避开一切鲜明的原则的界限**",打起"反考"的幌子,欺骗群众,招摇撞骗,大搞炮打无产阶级司令部,分裂无产阶级革命派队伍,破坏毛主席的伟大战略部署,破坏无产阶级文化大革命的罪恶勾当。

以反革命跳梁小丑鲁礼安为代表的"决派"们,胸前贴着"决派"字样,手上举着"反考"旗号,摆出一付(副)不可一世的洪教头架式,就在"考派滚下台"的吆喝声中,气势汹汹向我们杀了过来,他们以为只要把自己打成"反考英雄",就可以表示他们是在理直气壮地、勇敢地和所谓"考茨基派""机会主义派"作斗争,就是"掌握了大方向",就"能调动群众"。他们还以为把"考派""机派"的大帽子往别人头上一扣,就能使对方不敢还击,而俯首听命了。

然而,世界上那有这样便当的事情呢(吗)?

且让我们看看"决派"与考茨基派的关系,以及"决派"是如何地攻击他们所谓的"考派",而他们自己又是怎样地和所谓"考派""誓(势)不两立"的吧!

对待无产阶级专政抱什么态度,是拥护还是反对,是保卫还是破坏,历来是革命和反革命、真革命和假革命、马克思主义和现代修正主义的分水岭;同样,也是无产阶级革命派与真正考茨基派的分水岭。过去,列宁和考茨基真是廻(围)绕着这个基本原则问题而斗争的。现在,"决派"也应该首先在对待无产阶级专政的问题上受到检验。

毛主席指出:"'彻底改善无产阶级专政'是错误的,无产阶级专政下的革命,讲部分改善,可以。"[1]可是,"决派"确(却)认为,这是"考派"的腔调。他们根本否认我们的国家是无产阶级专政的国家,他们把在无产阶级司令部英明领导下奋起造党内一小撮走资派的反、主张部分改造无产阶级专政、加强无产阶级专政的无产阶级革命派统统打成"考派""中派",叫嚷"决不能与考派一起走"。他们公开号召:"要彻底砸烂旧的国家机器","建立中华人民公社"。他们张牙午(舞)爪地扬言:"直至今天仍在袭用的资产阶级国家体制,将在这场斗争中被决派所摧毁。"他们宣称:要"重新建党""重新建军""重新建国"。正如《红旗》杂志一九六七年第十期社论尖锐指出的:"有人提出'彻底改善无产阶级专政'的口号,这是错误的。有些别有用心的人,要彻底否定过去的一切,彻底打倒过去的一切,他们的目的,就是要由此导致推翻无产阶级专政,实行资产阶级专政。""决派"就是这样一伙"别有用心的人"。他们别有用心地否定解放十七年来无产阶级专政占统治地位这个基本事实,他们丧心病狂地炮打无产阶级的新生红色政权——革命委员会。他们别有用心地攻击广大无产阶级革命派。这就暴露了他们是无产阶级和革命人民的凶恶敌人,是在新的条件下,以极"左"面目表现出来的考茨基派。

野心勃勃的反革命小集团还有这样一个强盗逻辑:非"决"即"考"。也就是说,你不赞同"决派"的观点,不去实践"决派"的政治主张,那你就是"中派""考派",任何人不得幸免。

---

[1] 转引自《姚文元同志在上海市革命委员会报告会上的讲话》(1967年6月3日),《毛主席语录索引》,1970年,第1352页。

你紧跟毛主席的伟大战略部署,坚决按毛泽东思想办事,按以毛主席为首的无产阶级司令部指示办事吗?"决派"就骂你是"考派""有康味"。而他们则要"创造征服思想海洋的军舰",要"开拓出新的道路来"。

你高举**"拥军爱民"**的大旗,维护中国人民解放军这个无产阶级专政的坚强柱石的威信吗?"决派"就骂你是"考派"。而他们则要做"介入军内文化大革命的急先锋",要"夺军权",要"根绝"人民解放军。

你宣传和执行毛主席**"抓革命,促生产"**和中共中央关于不许挑动农民进城的指示吗?"决派"就说这是"有人企图拣起这样的破烂(指所谓'陈腐的生产力论'),阻碍方兴未艾的农民运动"。

你实行毛主席肯定的按单位、按系统、按部门的大联合吗?"决派"就唧唧咕咕:这"实际上迎合了二月逆流的需要""为二月逆流推波助澜,乌拉稀、陈再道才需要。"

你坚决遵照毛主席教导的**"两派革命群众组织,要在革命的原则下实现革命大联合"**[2]吗?"决派"说要大树特树×××的绝对权威,要"以我为核心",进而要"反机灭康","杀鸡(机)喝汤"。

在对待党内一小撮走资派斗争的问题上,那更是再露骨不过了。《扬子江评论》上曾经这样写道:"'四反斗争的矛头对准以中国赫鲁晓夫为首的最大的一小撮顽固不化的走资派,混进党内的叛徒、特务、反革命分子',这当然是不错的,可是在当前为什么不能把我们反对的对象提得更确切一些呢?"《扬子江评论》还讽刺地写道:"矛头对准走资派,在'理论上'是说得过去的,就此逃避对右倾机会主义的批判,在'策略上'更是妥当得很。……在事实上是行不通的。"把矛头对准走资派,就是"逃避对右倾机会主义的",那末走资派在"决派"眼里就肯定不是右倾机会主义分子嘛!右倾机会主义分子是谁呢?"决派"们回答说:"曾经是中派而终于最后堕落为右派的考茨基派别的斗争,是这次战役中的主要矛盾方面。"

2　这条语录的原文是:"只要两派都是革命的群众组织,就要在革命的原则下实现革命的大联合。"见《视察华北、中南和华东地区时的重要指示》(1967年)。

毛主席亲自主持制定的"5·16通知"指出：无产阶级专政条件下革命的主要对象是"**资产阶级钻在（共产）党内打着红旗反红旗的[资产阶级]代表人物**"。可是"决派"反革命小集团为了维护他们反动阶级的利益，竟然公开地对抗毛主席的最高指示，公开对抗"5·16通知"，公开否认无产阶级文化大革命是在无产阶级专政的条件下进行的，他们完全采用资产阶级的实用主义态度，把严肃批判他们的反动思潮的无产阶级司令部的重要成员周总理、伯达、康生等同志说成是过去"还勉强算得上无产阶级司令部的人"，而后来"沦为右派"的"考茨基派"；他们把有力地抵制反动的"多中心论"，坚决反对"决派"反革命小集团炮打"三红"的罪恶活动的无产阶级革命派和革命群众打成"右翼朋友""机会主义者""考茨基派"。"决派"企图用这样的办法来搬掉阻止他们复辟资本主义道路上的"障碍物"，其用心何其毒也！

毛主席指示我们："一个人，一个党，一个军队，或者一个学校，如若不被敌人反对，那就不好了，那一定是同敌人同流合污了。如若被敌人反对，那就好了，如若敌人起劲地反对我们，把我们说得一塌糊涂，一无是处，那就更好了，那就证明我们不但同敌人划清了界限，而且证明我们的工作是很有成绩的了。"对于象"决派"这样的反革命政治派别，对于象鲁礼安、冯天艾这样的反革命跳梁小丑拚命攻击和诬蔑无产阶级司令部的重要成员周总理等，拚命反对和谩骂那些真正按毛泽东思想办事的无产阶级革命派，这正说明我们的无产阶级司令部是领导全国人民向阶级敌人进行斗争，反对修正主义、防止资本主义复辟最坚强有力的战斗指挥部，正说明广大的无产阶级革命派和革命群众毛泽东思想的觉悟水平越来越高，正说明"**我们不但同敌人划清了界限**"而且"**我们的工作是很有成绩的了。**"

应当指出的是："决派"们的所谓"反考""理论"是在一定范围内，有着它一定的市场，有的人总不喜欢按毛泽东思想办事而热衷于自己另搞一套，有的人往往站在错误的立场上，或者从右的方面，或者从极"左"的方面破坏毛主席的伟大战略部署，动摇无产阶级司令部的领导。最可恶的是那些对毛泽东思想，对毛主席的最新指示阳奉阴违，"**当面说的好听，背后又在捣鬼**"的人，最迷惑人的那种口头上使用左的词句，穿插一些对马列主义、毛泽东思想的歪曲，或者用马列主义、毛泽东思想个别语句作掩护，在行动上奉行右的方针偷梁换柱的手法来进行破坏和捣乱，那些烽烟不断、内战频繁的地方往往是这一小撮阶级敌人和"决派"那种"反考"的理论在作祟。列宁曾经指出："当我们意见分歧的时候就乘隙而入，这就是那些蠢货和坏蛋（指机会主义）管用的伎俩，他们没有能力同我们进行面对面的斗争，只能施诡计，搞阴谋，耍手腕。"

所谓"反考"理论，要害就是千方百计地煽动一部分小市民心理严重、以为"左"比右好、连走路都拣左边走的"群众"跟着他们那一小撮阶级敌人和反革命分子，去否定以毛主席为首、林副主席为副的无产阶级司令部的部分成员，进而否定整个无产阶级司令部；去否定一部分革命派和革命群众，进而否定全体无产阶级革命派，而否定了无产阶级司令部，否定了无产阶级革命派，就否定了广大无产阶级革命派在以毛主席为首、林副主席为副的无产阶级司令部领导下的共同斗争，就从根本上否定了整个无产阶级文化大革命。一切无产阶级革命派和革命群众势必识破阶级敌人妄图通过我们的相互之间自我否定，达到他们颠覆无产阶级专政，复辟资本主义的罪恶目的。

无产阶级专政宣判了以反革命跳梁小丑鲁礼安为代表的"决派"及其喉舌《扬子江评论》的死刑，可是鲁礼安、冯天艾在武汉市和华中工学院内的狐朋狗党，一些**"大蛇和小蛇，黑蛇和白蛇，露出毒牙的蛇和化成美女的蛇，虽然它们已经感觉到冬天的威胁，但（是）还没有冻僵呢！"**[3]湖北、武汉地区广大的无产阶级革命派和革命群众决不能做那位可怜毒蛇的农夫，一定不能来半点儿的"费尔泼赖"，一定要发扬无产阶级的彻底革命精神，穷追猛打，乘胜前进！

根据 1968 年 9 月 10 日出版的《新华工》报第 115 期刊印。

---

[3] 引自《将革命进行到底》（1948 年 12 月 30 日），《毛泽东选集》第 4 卷，人民出版社，1966 年 7 月，第 1316 页。

是"老造反派受压"吗？
——四评决派思潮及其喉舌《扬子江评论》

（一九六八年九月十日）

《新华工》报编辑部　新华工革命造反广播台编辑部

（一）

"决派"的喉舌《扬子江评论》最近抛出了一个所谓"全国老造反派普遍地又受压制"的论调，并且在它的《四评》中，唧唧哼哼地唱道："一支又一支坚定造反派队伍，在那叱咤风云的日子里，出现了名扬四海威震五湖的一面又一面熟悉的战旗……，然而，那些熟悉的战旗又怎么样了呢？战旗，一面面地在倒，倒下……"。究竟是谁有这么大的本领，能够有力量"普遍地压制"全国老造反派呢？《扬子江评论》在它的《一评》里白纸黑字地写道：那就是"第二中心的×氏人物"。并且说这个第二中心不在革命群众组织，也不在那个省市革委会，而在党中央，而且是党中央里面的当权的一批人物。

这个蛊惑人心的论调的提出，含情啼泣地渲染描绘，最后把这个"普遍压制全国老造反派"的"罪过"归咎于党中央，归咎于无产阶级司令部中的负责同志，并进而蛊惑他们的同伙去妄图摧毁这个"中心"。

"决派"中这一伙反革命小丑们如此胆大包天，是可忍，孰不可忍？我们绝不可以认为"决派"中这一伙反革命小丑们的这种谬论不值一驳。其实，它确也能毒害一些幼稚的心灵，使一些人一时看不清形势，产生糊涂观念。

彻底批判"决派"关于"全国老造反派普遍地又受压制"这一谬论，揭穿它的反革命实质和阴谋，是我们无产阶级革命派当前的一个重要战斗任务。

（二）

"造反派普遍受压制"的根本错误之一，在于它对当前的形势作了完全错误的估计。

早在去年秋天，我们伟大领袖毛主席在视察三大区的时候就极其正确地指出："**全国的无产阶级文化大革命形势大好，不是小好。整个形势比以往任何时候都好**"。"**再有几个月的时间，整个形势将会变得更好**"。

在毛主席的一系列最新指示的灿烂阳光照耀下，革命前进的步伐有如万马奔腾，革命形势的发展有如洪流滚滚。伟大领袖毛主席关于"**再有几个月的时间，整个形势将会变得更好**"的科学预见，已经是铁的现实，明明朗朗地展现在我们面前了。

形势大好的明显标志是：

在毛泽东思想光辉照耀下，全国各地联翩出现了革命委员会。特别是最近，地处边疆和国防前线的云南、福建、广西、新疆、西藏革命委员会相继光荣诞生。至此全国（除台湾省外）各省、市、自治区全部成立了革命委员会，实现了全国山河一片红。这给全国、全世界革命人民带来了极大的欢欣鼓舞，给国内的阶级敌人以及帝、修、反的蠢虫们以迎头痛击。全国各地的省、市、县、社各级革命委员会，在清理阶级队伍和精简机构工作顺利进行中，获得了进一步的巩固和发展。

我们的伟大领袖毛主席和他的亲密战友林副主席，先后接见了全国各地区的人民解放军干部。毛主席的亲切接见，给无限忠于伟大领袖毛主席的解放军全体指战员以最大的鼓舞。我们伟大的钢铁长城更加的巩固坚强。一个更为高涨的"**拥军爱民**"运动在全国热烈的开展起来，"**三支二（两）军**"的工作获得了更加辉煌的丰功伟绩。

在中央"七·三""七·二四"两个布告的伟大号召下，在毛主席给北京工农毛泽东思想宣传队送珍贵礼物的巨大鼓舞下，在毛主席最新指示："**充分发挥工人阶级在文化大革命中和一切工作中的领导作用**"的教导下，一个浩浩荡荡的以产业工人为主体，配合解放军战士的工人宣传队，有步骤地开进学校和其他单位，一个伟大的斗、批、改高潮正在到来。工人阶级占领学校阵地,并且永远领导学校的伟大历史序幕已经揭开。

"多中心即无中心论"受到了亿万革命人民的批判。全国革命人民空前紧密地团结在以毛主席为首、林副主席为副的无产阶级司令部的周围。无限忠于毛主席,无限忠于毛泽东思想,无限忠于毛主席革命路线的伟大"三忠于"运动,在全国革命人民群众中广泛深入持久地开展起来。革命群众的无产阶级觉悟大大提高,全国革命人民群众正紧跟毛主席的伟大战略部署,为夺取无产阶级文化大革命的全面胜利奋勇前进。

形势就是这样的大好。在真正的无产阶级革命派和革命群众看来,这是亲身体会得到的铁的现实,谁也不曾怀疑。

然而,"决派"喉舌《扬子江评论》却把大好形势讲得一团漆黑,又是什么"逆流",什么"恐怖",什么"普遍受压制",等等。这将作何解释呢?毛主席他老人家作了最精辟最正确的解释:"**人民大众开心之日,就是反革命分子难受之时**"。

什么藤结什么瓜,什么阶级说什么话。"决派"站在阶级敌人的立场,当然产生与人民大众相反的对形势的看法,从而搞出这么一个"普遍受压论"。

"普遍受压论"是针对毛主席亲自批示"照办"的两个布告即"七·三"布告和"七·二四"布告提出来的,是为了对抗清理阶级队伍提出来的。革命人民认为这两个"布告",是镇压反革命的,而"决派"以及少数糊涂人却把她说成是镇压造反派的布告。

两个"布告"明确地指出,钻进某些老造反派当中有一小撮阶级敌人,这一伙阶级敌人抢劫武器弹药,挑起武斗,破坏交通,杀人放火,炮打"三红",他们与帝、修、反遥相呼应,妄图颠复(覆)无产阶级政权。这一伙阶级敌人利用他们篡夺的一部分权力和窃取的地位,蒙蔽一部分群众跟着他们犯罪。"布告"以强大的无产阶级权威,给阶级敌人以致命的打击,对一时受蒙蔽跟着走上邪路的群众给予及时地挽救。对于广大的老造反派战士,却又给予无比亲切的关怀和极大的爱护,使他们擦亮眼睛,认清站在自己身旁的敌人,并及时地支持和鼓励他们起来肃清钻进自己这个组织的敌人。"决派"的一伙硬把"布告"打击的对象转移到广大"老造反派"的头上，目的在于挑动群众对抗"布告"的贯彻执行，保护阶级敌人过关。真正的无产阶级革命派必须识破他们阴谋，用阶级观点来分析一切，为全面彻底贯彻执行"布告"而努力。

（三）

"老造反派普遍受压"这个荒谬的"理论"，站在阶级敌人的立场，抱着无穷的忧怨，刻骨的仇恨来抗拒毛主席伟大战略部署的贯彻执行，攻击无产阶级司令部的方针政策。它完全适应了阶级敌人猖狂反扑，破坏无产阶级文化大革命的迫切需要，"造反派普遍受压论"的提出，充分暴露了"决派"中一伙人顽固站在阶级敌人方面的根本立场。

"造反派普遍受压论"在一些糊涂人当中，还有一个小小的市场。这是因为这种谬论，利用了人们对老造反派的纯朴感情，利用某些人看问题的静止僵化的错误而造成的。

革命人民对于无产阶级革命派，即通常称的老造反派，怀着深厚的阶级感情，这是十分自然的。全国的老造反派在伟大领袖毛主席光辉思想照耀下，在毛主席无产阶级革命路线的指引下，在向党内最大一小撮走资派和各种反动势力的战斗中，互相鼓午（舞），互相声援，结下了深厚的战斗友谊，我们无产阶级革命派将永远珍惜这种在毛泽东思想原则下，在共同对敌斗争中结下的珍贵友谊。我们热诚地希望全国的老造反派战友们继续紧跟伟大领袖毛主席的战略部署前进，为夺取无产阶级文化大革命的全面胜利作出新的贡献。

造反派之间的友谊，只有在思想基础一致的条件下，即在毛主席伟大思想基础一致的条件下，互相鼓励、互相批评帮助，才是真正的友谊。那些口蜜腹剑的人，为了他们某种不可告人的政治目的而将别人往犯罪的邪路上推的人，还谈得上什么友谊呢！

毛主席教导我们："**对于戴着朋友的面具的扒手，我们需要有更多的警惕**"[1]。"造反派普遍受压论"者正是这种戴着朋友的面具的扒

---

[1] 引自毛泽东1941年5月23日在《解放日报》上发表的社论《谨防扒手》。

手。他们挂着"为民请命"的羊头,装着关心和同情老造反派的友情绵绵的面孔,实际上就是想引诱别人走犯罪的邪路,去为他们炮打无产阶级司令部的罪恶阴谋效劳。

所谓老造反派"受压",具体地说无非是指以下几种情况:

某些革命群众组织的坏头头和钻进来的阶级敌人被清理、被逮捕,尝到无产阶级专政的压力。

那些披着"革命干部"外衣、实际上是叛徒、特务、顽固不化的走资派被揪了出来。而这些人,曾一度表示"支持"过某些造反派组织,同时这些组织也曾经表示过支持他们的。

某些革命群众组织在一个(段)时间,特别是最近一个时期所犯的错误受到批评,甚至比较严厉的批评。

就第一种情况而论,打击一小撮阶级敌人,是无产阶级专政的基本任务。同时也是广大革命群众最迫切的愿望和要求。广大革命群众,包括所在组织的革命群众在内,对于钻进革命群众组织内部,尤其是窃踞头头地位的阶级敌人,是极其愤慨的。"**向着帝国主义的走狗即地主阶级和官僚资产阶级以及代表这些阶级的国民党反动派及其帮凶们实行专政,实行独裁,压迫这些人,**"[2]是广大老造反派和广大革命群众[是]最舒畅的事情。没有对敌人的专政,就不可能保障人民的民主权利,甚至无法保障人民的生命财产安全。难道这样的事情,我们老造反派见到的还少吗?

镇压这个组织的坏人,与压制这个组织是根本不同的两码事。"布告"明确指出:"要把一个组织混进了坏人同这个组织严格区别开"。谁要在这里制造出什么"造反派普遍受压论",故意把水搅浑,是捞不到什么的。

我们和"老造反派普遍受压论"者的观点恰好相反。如果说造反派受压确有其事的话,正确地说,应该是指某些老造反派组织中,存在着"坏人当权,好人受气"的情况,即这个组织的造反派战友,受到那一小撮钻进来的阶级敌人,尤其是坏头头的压制。那么,现在无产阶级司令部行使无产阶级专政的威力,打击那些坏头头,打击那些

---

2 引自《论人民民主专政》(1949年6月30日),《毛泽东选集》第4卷,人民出版社,1966年7月,第1412页。

钻进来的阶级敌人,岂不正是为了解除老造反派受压的痛苦么?

有些革命群众组织支持过某些披着"革命干部"外衣实际上是反革命的坏人。这些坏人特别狡猾,伪装特别巧妙。他们利用造反派当中某些人的弱点,蒙蔽部分群众,兴风作浪,干尽坏事。这一小撮坏人被揪出来,斩断了资产阶级司令部伸进群众组织的黑手。这是毛泽东思想的伟大胜利,是毛主席革命路线的伟大胜利。

在这些黑手被识破之前,有些人受蒙蔽较深,为他们说过一些好话,这毕竟是个认识问题,同上面所谈的情况一样,镇压这些黑手,根本不是对这个组织的什么"压制"。

持以上两种事例来蛊惑人心,兜售所谓"造反派普遍受压论",是没有多少市场的。那怕这些兜售者无限夸大事实,把所谓"受压"的情景描绘得多么"阴暗",也感动不了多少顾客。相反,人们还往往可以从他们的叫卖声中一眼洞察出这些煽动者丑恶的灵魂,看出他们是站在什么立场上,为什么人辩护的实质。

"普遍受压论"比较容易散布出去的"理由",要算最后一条了,即指的某些革命群众组织,由于犯了较大的错误而受到严厉的批评这一事实。

因为它涉及的面比上述两种情况大得多。尽管这个涉及面在广大的老造反中仍然是极少数的几个组织。

造反派犯错误,主要的原因是阶级敌人插手,我们上了当。同时,也由于"多中心即无中心论"在我们某些人当中有严重的影响。在复杂的阶级斗争的长河中,犯错误是难免的,但是如果犯了严重的错误,并且持续一段较长的时期而不能自拔,给无产阶级文化大革命造成严重的损失,这就应当引起足够的警觉了。难道这还不允许别人批评?难道还拒绝别人帮助我们提高认识,改正错误吗?

毛主席教导我们:"因为我们是为人民服务的,所以,我们如果有缺点,就不怕别人批评指出,不管是什么人,谁向我们指出都行,只要你说得对,我们就改正。"[3] "我们有些同志,听不得相反的意见,

---

[3] 引自《为人民服务》(1940年9月8日),《毛泽东选集》第3卷,人民出版社,1966年7月,第905页。

批评不得。这是很不对的"。[4]天天读毛主席的书,千万不能在实际行动中忘记这些伟大的教导。

在我们队伍中,存在着某些错误的思想情绪。这些错误的东西容易给"普遍受压论"开后门,钻空子。

有一种情绪认为:老造反派是不该受批评的。它把老造反派看成是"老虎屁股"。谁批评,就是什么"逆流"。

我们绝不去当那个老虎屁股,而要作**坚持真理,修正错误**的模范。

有一种情绪认为:老造反派是不可能犯什么严重错误的,只要挂上老造反的旗号,就保险在整个文化大革命过程中不犯错误了。它把老造反的旗号当作抵制批评,掩盖自己错误的外衣,结果便利了敌人,葬送了自己。

我们绝不能沉醉在过去的"光荣历史"上睡大觉,**"不要吃老本,要立新功"**[5]。

紧跟毛主席伟大战略部署前进就是胜利,背离毛主席战略部署就走上邪路,就要犯错误,对抗就会垮台。过去,我们为无产阶级文化大革命贡献了自己的力量,走了正路,有成绩,被人们称之为"老造反派"。须知,功劳绝不能收归自己,不能把光荣的过去作包袱背起来,防(妨)碍自己继续前进。

"老造反派"这个"老"字,似乎足以受人尊敬或可玄(炫)耀于人。也许这是"尊老"的习惯势力在发生作用吧!其实,"老"字里面还是有个标准的。

毛主席教导说:"人总是要老的。老人为什么可贵呢?如果老就可贵,那么可贵的人太多了。因此我们一定要有一个标准。就是说,可贵的是他一辈子总是做好事,不做坏事,做有益于人类的事,不做害人的事。如果开头做点好事,后来又做坏事,这就叫做没有坚持

---

[4] 引自《在扩大的中央工作会议上的讲话》(1962年1月30日),1966年4月6日《解放军报》。

[5] 转引自江青《为人民立新功》,人民出版社,1967年5月。1967年6月24日《文汇报》社论《永葆革命的青春》引用了这句话。

性。"[6] 老造反派是否可贵的标准,当然也是这样。

造反派战友犯了错误,对我们来说,心情也是十分沉重的。中央首长出于对造反派战友们的亲切关怀,针对其错误进行了极其衷恳的批评教育。"良药苦口利于病"。绝大多数造反派战友都是能够深切领会的。我们希望还没有想通的战友冷静地对待所犯的错误和正确对待批评。毛主席如下的一段教导,具有特别重大的现实意义:"**一切犯有思想上和政治上错误的共产党员,在他们受到批评的时候,应当采取什么态度呢?这里有两条可供选择的道路:一条是改正错误,做一个好的党员;一条是堕落下去,甚至跌入反革命坑内。这后一条路是确实存在的,反革命分子可能正在那里招手呢!**"[7]

君不见,"决派"在这个时候抛出"老造反派普遍受压论",不正是向我们的一些造反派战友招手了吗?

(四)

"造反派普遍受压论",是"决派"中一伙反革命小丑们射向我们造反派的一颗炮弹。它企图挑拨广大造反派战士与无产阶级司令部的血肉关系,与伟大的人民解放军的血肉关系。它企图为阶级敌人开脱罪行,抵制清理阶级队伍,搅乱无产阶级的革命秩序,幻想来一个天下大乱,以便让他们取而代之。

"决派"作为一个反动流派,是有着颇为完备的反动政治纲领和行动计划的。他们的反动气焰高得很,野心大得很。从他们的头目鲁礼安的言行来看,他们决不是只想搞点小乱子,捞点小油水,充当一般的反革命小喽啰就能满足了的。

"'给我一个支点,可以把地球翻转过来'"(鲁礼安一张大字报标题)作为一个政治口号,充分表明了鲁礼安的狼子野心。他们要摧毁革委会,歌颂大规模的抢枪,挑起武斗,甚至声言要篡党、篡军、篡政。

---

6 引自《吴玉章同志六十寿辰祝词》(1940年1月15日),《战无不胜的毛泽东思想万岁》第1册,新湖大革命造反临时委员会宣传部,1967年8月,第60页。

7 引自《关于胡风反革命集团的材料》,人民出版社,1955年6月,第104页。

在我们伟大领袖毛主席领导的伟大无产阶级专政的社会主义祖国，他们居然这样说，这样干，这该是什么性质的问题呢？

当然，他们不过是几只吠日的狂犬，无损于太阳的灿烂光辉，阻止不了地球的转动。然而，如果我们不奋起打断这几条疯狗的脊骨，怎么对得起我们伟大的领袖毛主席呢？

"决派"反动头目鲁礼安、冯天艾曾经是我院的学生（现已开除学籍）。新华工革委会有责任将鲁礼安的反动罪行向全省全市广大无产阶级革命派战友们揭发。今年六月中旬，本报95期已将其第一批材料公布出来了。由于种种原因，当时在我们亲密的战友中，还有些同志对这一问题看法可能尚不一致。因此，尚未形成一个"老鼠过街，人人喊打"的声势，将其批倒批臭，肃清其流毒。造成这种情况其中一个主要原因，无疑是"决派"中一伙反动分子在捣鬼，企图掩护他们自己过关。

彻底批判"决派"反动思潮及其头目鲁礼安的罪行，是我们全体无产阶级革命派共同的战斗任务。我们应该排除一小撮阶级敌人的各种干扰，粉碎他们的种种怪论和谣言，把批判"决派"反动思潮的斗争进行到底。

根据1968年9月10日出版的《新华工》报第115期刊印。

炮打毛主席司令部的小丑往哪里跑

——再评《扬子江评论》的反动政治方向

（一九六九年九月九日）

《新湖大》报编辑部　《新湖大》杂志编辑部

以鲁礼安、冯天艾为代表的一小撮闹了两年多还"没有尝到革命果实"的决派小丑，自开展"三反一粉碎"运动以来，凭着他们那经常伤风发炎的鼻孔，好像又闻到什么果子香味，以为他们活动的季节又到了。因此，"憋足一肚子气"，从8月8日到13日的短短几天内，以《扬子江评论》编辑部之名，连续抛出了四篇所谓评反动的"多中心论"的大毒草，十分阴险地分裂毛主席的无产阶级司令部，用尽最恶毒的语言咒骂我们敬爱的周总理和伯达、康生等同志。彼时彼日，看他们那副神气，真是好不痛快！

黔驴之技

然而，时运不济的决派小丑，只快活了一个早上就再也快活不下去了，《扬子江评论》编辑部的独立王国里的空气随着他们的"先锋"鲁礼安、冯天艾"闯"进无产阶级的班房而突然紧张起来了。那些自称"懂得毫不遗漏地掌握社会活动的一切形式或方面，并在情况急剧发生变化时，准备最迅速和突然地用一种形式代替另一种形式"的"职业革命家"，深深知道现在正是"情况急剧发生变化"的时期，必须"最迅速和突然地用一种形式代替另一种形式"，以便继续他们的活动。于是，他们在曾思玉同志宣布逮捕现行反革命分子鲁礼安的第二天（即8月23日），便慌慌张张地抛出一个《答读者问》；于是，对周总理的三点"赞扬"代替了射向"考派中心"的四发"重型炮弹"，代替了对我们敬爱的周总理的攻击；于是，搬弄《十六条》的"合法斗争"代替了要在无产阶级专政条件下"彻底推翻官僚资产阶级"，

"彻底砸烂旧的国家机器"的"枉法斗争";于是,进攻转入防御和退却。总之一句话,他们感到时机不利,便企图开溜,以摆脱舆论的制裁和国法的惩办,因此,且战且退,以攻为守,还妄想找到某种合法的保护物,让自己潜伏下来,伺机再干。多么机警,多么巧妙啊!

但是,可爱的先生们!白纸黑字,明文黑话摆在那里,狐狸尾巴早已被揪住,又怎么溜得了呢?

铁证如山,罪责难逃

《扬子江评论》的编辑先生们在《答读者问》中说:"也许有人要指责我们分裂无产阶级司令部,说这种话的人不是老保便是老机","至于有人想把炮打周总理的罪名强加于我们头上,妄图捞稻草,那也由他去吧!"但是,"如果要我们把他们(老机们)当作论敌对象,甚至连大桥两边的石柱子也要发言反对了吧!"

这真是一个"高水平"的答问!可是,先生们,你们到底答复了什么呢?难道你们以为一顶"老机"的破帽子就能塞住革命者的嘴,蒙住革命者的眼,而让你们开溜去?一向"疾鸡(机)如仇","杀鸡(机)成性"的"左翼"们,这一次居然发了善心,对送上门来的鸡(机)这样温文尔雅,由他来,由他去,这倒是一个可以发人深省的新问题。再看看他们那副准备一头插进鹦鹉洲的沙滩里眼不睁、耳不闻、口不张的驼鸟像,他们色厉内荏的丑态也就暴露无遗了。

强盗是绝不乐意自己骂自己是强盗的。

"凡是反动的东西,你不打,他就不倒。"革命人民难道要等到决派小丑们承认自己是反动流派,承认自己分裂和炮打毛主席的无产阶级司令部之后,才去揭发他们、批判他们吗?那岂不成了一千〇二夜的笑话!

关于决派小丑分裂和炮打毛主席司令部的问题,我们在《把反动流派——决派押上历史的绞刑架》一文(载《狂妄报》《新一中》《新湖大》报1968年8月25日联合版)中已经有所涉及,现在,再让我们来专门谈一谈这个问题,看一看《扬子江评论》和决派小丑们到底是不是在阴险地分裂毛主席的无产阶级司令部,是不是在疯狂地恶毒地炮打周总理等毛主席司令部的重要成员,看他们到底把谁打成"第二中心——考派中心",谁是他们所攻击的所谓"考派中心"的"政治总代表"。

1968年8月8日《扬子江评论》编辑部在《评×氏人物的第二个中心——评反动的"多中心论"》((以下简称"一评")一文中说:

"什么是第二个中心?

不少同志以为又是去年大联合的反对'以我为核心'的问题。

也有的同志认为又是指哪一派群众组织。

……

有哪些群众组织会成为这样的'第二个中心'?有哪一个省市革委会会成为这样的'第二个中心'?

答复显然是否定的。"

既然不是群众组织,而上海市和湖北省这样省市一级的革委会又够不上格,那么,这个"第二个中心"当然是在党中央了。这个,他们接着便作了答复:

"党中央是领导群众的'群众'所在的地方,更有左、中、右。"

这完全是蛊惑人心的反革命谬论,这是决派小丑疯狂破坏和分裂以毛主席为首的无产阶级司令部的罪恶阴谋的大暴露,下面他们的一段话就是最有力的证据。

"毛主席、林副主席、旗手江青为代表的是左派势力。以刘、邓为代表的右派势力,已被推毁。

"那么人们就会清楚地知道,所谓第二个中心,乃是仍为中派势力,已经打算脱离,并且准备对抗无产阶级司令部的顽固分子所组成的。直到目前还想在群众面前装成老革命家的×氏人物,就是第二个中心的政治总代表。68年初的一个什么'上书'里的人物,(按:在另一个地方他们称此人为'前不久一位最近从中央政治局常委降为委员的李××)就是第二个中心的成员或拉拢对象,而前不久被免去某个地方要员上京留用的先生,(按:在另一个地方他们则写'第二中心的×氏先生,终于离开上海上京留用了')也是第二个中心的干将。"

这是一段黑话。让我们来分析一下：第一，他们认为毛主席的无产阶级司令部中存在"仍为中派势力"的"已经打算脱离，并且准备对抗无产阶级司令部的顽固分子"；第二，第二中心就是由这些"仍为中派势力，已经打算脱离，并且准备对抗无产阶级司令部的顽固分子所组成的"；第三，在提到党中央左派势力的代表时，他们阴险恶毒地把周总理、伯达、康生等同志，特别是把周总理排除在外，从而暗示他们就是"中派势力"，是打算"脱离"和对抗无产阶级司令部的顽固分子，第二中心就是由他们组成的；第四，他们用"直到目前还想在群众面前装成老革命家的×氏人物"来影射周总理，诬蔑他"就是第二个中心的政治总代表"，并且利用阴沟里的消息，把李富春、张春桥二同志作第二中心的"一般成员或干将来反衬"政治总代表"是比他们二人要大得多的人。

"一评"在另一个地方又把矛头对准周总理、伯达同志进行恶毒攻击：

"他们借批判群众组织为名，大叫不能一派掌权"。"他们那样仇恨革命小将，甚至公开要革命小将回乡种田。"

这里，"他们"指谁？很明显就是指总理和伯达同志。在 7 月 25 日中央首长接见广西代表时，总理曾说："广西无论如何一派掌权是不行的，一定要高举毛泽东思想伟大红旗，在毛泽东思想原则基础上联合起来。"伯达同志当时说过："韩爱晶、蒯大富不要狂妄自大。什么叫马列主义，什么叫毛泽东思想，他们懂得多少？蒯大富最好去劳动，韩爱晶最好去劳动。"这些指示和忠告本来没有什么可以非议的地方，但他们却大加攻击。

十分清楚，"一评"是一篇恶毒地攻击周总理和伯达、康生等同志，阴谋分裂无产阶级司令部的反动文章，因此，一出笼就遭到江城无产阶级革命派的揭露和批判。他们惊慌之余，便在两天之后抛出的《评〈文汇报〉——二评反动的"多中心论"》和《炮打×氏有何罪，造反当学红革会——三评反动的"多中心论"》中，耍了一个以攻为守，且战且退，偷换人物，转移视线的花招，集中火力攻击《文汇报》和张春桥同志。说《文汇报》是第二中心的主要喉舌，说上海是第二中心的独立王国,并把"一评"中仅仅是第二中心的一员干将的张春桥同志一下子晋升成第二中心的主帅,火力点一下子就从中南海转向长江口。但这样一来,决派小丑除了已经犯下的分裂和炮打无产阶级司令部的罪行以外,又走上了挑拨中央和地方关系,并企图颠复(覆)上海市革委会的罪恶道路。为了掩盖已经败露的罪行,《扬子江评论》编辑部最后竟耍出了反革命两面派的手法,言不由衷地也"保"起周总理来了。他们说"和江城人民一样,对于周总理这样的领导者掌握国家机器,我们也认为是毛主席司令部要周总理管理国家内外事务。"演惯了反面角色的小丑,哪里能演得好正面人物呢?什么"和江城人民一样",什么"我们也认为",什么"这样的领导者",什么"毛主席司令部要周总理",真是结结巴巴,别别扭扭,此时此地,你们怎么不也来一个《千秋功罪,历史当以(与)评说》呢?道理很简单,因为你们对周总理根本就没有半点无产阶级感情,而是怀着满腔怨惧,哪里还说得出一句热爱周总理的话来呢?

其实,决派小丑们分裂毛主席的无产阶级司令部,炮打周总理等的罪恶活动又何只今日始呢?1968年5月16日的《扬子汇评论》第八期就已经十分明显地攻击了总理、伯达、康生等同志了。在编辑部文章《无产阶级文化大革命与叛徒考茨基派》一文中,他们说:

"在我们刚开始反击右倾机会主义猖狂进攻的时候,却有人提出右倾机会主义哪个没有,哪派没有,哪个组织没有,这明显地是资产阶级口号'错误言论人人有分'的一个翻版。……考茨基派散布这种右倾机会主义人人有分(份)(的论调),暴露了十足的叛徒立场。"

根据我们的查对,这个"有人"就是指周总理,因为总理4月7日在接见国家计委军代表和大联委时曾说过"右倾保守主义那派没有一点",他讲话的意思是要各派多作自我批评,不要无限上纲,要促进大联合,这是完全符合毛泽东思想的。可是,《扬子江评论》却大骂总理是考茨基派,是站在叛徒立场上说话。是可忍,孰不可忍?

这篇文章的第四部分"论'左右开弓'的反动实质",其矛头也是针对周总理的上述讲话和总理4月1日对外交部的指示的。

在该期报纸的另一篇文章《论派别与派性》中,他们同样疯狂地进行了分裂无产阶级司令部的罪恶勾当。他们写道：

"在执政的共产党内部，以毛主席、林副主席为代表的是左派，右派代表刘少奇、邓小平则实际上成了国民党反动派的代理人。中派里有相当一部分干部由于十几年当官做老爷而成了政治糊涂虫，……中派里另一部分人则是机会主义者，尽管他们装模作样地穿了十几年大红袍，最后还是会自己投身到国民党反动派营垒中去的。"

在这里，决派小丑到底说谁是"穿了十几年大红袍"的"机会主义者"？难道不就是指总理、伯达和康生等同志吗？他们在攻击中央文革的一段黑话中，把伯达、康生同志污蔑为"机会主义者"也是很露骨的。

"无产阶级文化大革命中的中央文革，及与其有关的人物，也是分了派别的。

"以江青同志为代表的是左派。早期的王任重、刘志坚、张平化是右派，后来的王、关、戚实际上成了形'左'实右派。中派里，杨成武是机会主义公开投奔国民党反动派的反革命两面派的马前卒。某些人的机会主义嘴脸越来越暴露出来了，他们是这次右倾机会主义、右倾分裂主义、右倾投降主义根源。"

稍有政治头脑的人，一看这种有意把我们中央文革小组组长陈伯达同志、顾问康生同志排除在外的文字，就不难洞察到他们把伯达、康生同志打成机会主义者的险恶用心了。

上述材料充分证明，决派小丑分裂毛主席的无产阶级司令部是铁证如山，罪责难逃。如果有的人还要怀疑，甚至还要为他们抱屈的话，那就请你们看看决派头目、《扬子江评论》的创始人和决策人、反革命跳梁小丑鲁礼安的自供吧！鲁在68年5月29日的交待中供认：

"我是在各种不同场合散布过流言蜚语，如：湘江风雷被镇压总理是有一分功劳的。解散工总是有总理指示的。姜一、王树成、孙德枢还不都是总理提上去的。谭震林、李××、余秋里都是总理手下的，就没有一点关系？总理在干部中威信是愈来愈高了，在老造反派中的威信降低了。总理的话总是折中，从工农业、国民经济上考虑得多，从革命方面考虑得少，老造反派总不大对总理的话感兴趣，有些康味的（人）特别感兴趣。总理以前说文化大革命三个月结束，以后又说一年，现在又说三年，革命的时间怎能预先划定呢？这不像一个无产阶级革命家说的。我经常在不同场合宣扬总理在中央老是右倾的，说什么从感情上说来是不满意总理的。"

鲁在1968年6月18日的交待中还供认：

"我说：……这回又是总理批判省无联积极，批又批不出什么名堂。……据说，康生曾接见过杨曦光，说他是个接班人，现在又批判省无联，杨写了信骂康生，说我今天才看透你是个两面派的大党阀。

"伯达可能与天津黑会有关，这就麻烦了。"

看！总理是镇压湘江风雷和武汉工总的罪魁祸首，总理与谭震林有不可言传的关系，总理折中，总理在中央老是右倾，总理不象个无产阶级革命家，……

好家伙！这下子《扬子江评论》上那许许多多曲折隐晦的遮羞布不是都被撕得精光了吗？还需要到哪里去找罪证呢？当然，决派小丑们知道，要分裂毛主席的无产阶级司令部，要把周总理、伯达、康生等同志打成"第二中心——考派中心"，要把周总理打成考茨基派的"政治总代表"，仅仅上述那些东西，"理由"显然是不充分的，也是不足于迷惑广大群众的，因此，便采用造谣中伤，污蔑谩骂，颠倒是非，混淆黑白的卑鄙手段，在四篇所谓评反动的"多中心论"的毒草中，历数了他们所攻击的"第二中心——考派中心"的所谓"罪状"。他们蛊惑人心说什么：

第二中心"可耻地向国民党反动派出卖批《十六条》的革命原则"，"由怕龙的叶公而变成杀人的刽子手蒋介石、汪精卫之流"，"在一个地方搞什么'全面肃反'，借口捉反革命而逮捕了十余万老造反派。"

"第二中心就是'三右一风'的策源地"，"借口批判群众组织为名,大叫不能一派掌权","念念不忘解散××组织,命令××组织倒旗。""这股反革命恶风,至今有增无减"。"当造反派被千方百计压下去的时候,考派们就把大权拱手于国民党反动派的手中。"

第二中心"仇视革命小将","故意设下这样或那样的圈套,引诱革命小将犯错误,然后张开牙齿,向犯了错误的革命小将扑上来","他们抓住革命小将这样或那样的缺点,无限上纲,等不得'秋后算账',急急忙一顶顶'极左派''反革命''右派学生'的帽子,向革命小将盖下来,更有甚者,企图将革命小将'送去劳动'。"

第二中心"说刘邓打不倒,要他们回来工作","说江青权太大,要控制点","说接班人要重选"。

第二中心"不许九大在中国召开","作好了同毛主席司令部闹分裂的阴谋","他们利用手中还拥有的一部分权,同毛主席司令部分庭抗礼"。

"第二中心的×氏人物就是他们(杨、余、傅)这个不大不小的集团的主子。"

……

多么骇人听闻的"罪状"呵!在这里决派先生们所描绘的"第二中心"那里是什么"仍为中派势力",又何止是其中"已经有人走向右派的营垒了"呢?简直就是由一群右派魔鬼组成的地地道道的"右派中心"了。但是,鲁迅先生说得好:"谣言世家的子弟,是以谣言杀人,也以谣言被杀的。"现在你们的这些谣言不正是没有把别人杀死,反而成了制裁你们的绞绳吗?

我们敬爱的周总理是毛主席的无产阶级司令部的"总参谋长",伯达、康生同志是毛主席司令部的重要成员,在无产阶级文化大革命中,他们代表毛主席的无产阶级司令部处理了一系列重大问题,决定了许多重大的方针政策。毛主席说:"造反派不听周总理的话还叫什么造反派,矛头对准周总理就是对准我和林彪。"决派小丑把周总理、伯达、康生等同志打成"考派中心",就是妄图在分裂毛主席的无产阶级司令部的基础上,对毛主席的无产阶级司令部的成员来一个"各个击破",以最后推翻以毛主席为首、林副主席为副的无产阶级司令部这个全党、全军、全国唯一的领导中心,建立妄图实现资本主义反革命复辟的"决派中心"。好一个如意算盘,真是白日做梦!

《扬子江评论》大概是自知无法抵赖他们分裂和炮打毛主席的无产阶级司令部的罪行,因此,只好在《答读者问》中来一个狡辩,说什么"我们的文章中也举出了一些错误的观点,那是把他们作为第二中心的谬论来批判的,不能说讲过类似话的都是第二中心的人,账要算到×氏人物身上。"真是狡兔三窟!你们批判的许多话明明是总理自己讲的,你们明明是把总理当作"考派中心"的"政治总代表",难道还能把他的"账"算到别人身上去吗?即使能这样算,又哪里有往下算而不往上算的?如果还要把总理的"账"往上算,那你们准备把"账"算到谁的头上去?你们敢回答这个问题吗?!虽然你们的反动头目鲁礼安已经抛出了恶毒攻击我们伟大领袖毛主席的黑画[1],算是把你们的反革命狼子野心暴露无遗。认罪是可以的,逃跑是不行的!你们的狐狸尾巴已(被)抓住了,想溜是溜不掉的。

《十六条》宣判了你们的死刑

伟大光辉的《十六条》,是我们伟大领袖毛主席亲自主持制定的,是无产阶级文化大革命的伟大纲领,它是无产阶级革命派手中强大的战斗武器,它宣判了一切抗拒和破坏无产阶级文化大革命的阶级敌人的死刑。可笑而又可悲的是,一贯疯狂反对和破坏无产阶级文化大革命的反革命小丑鲁礼安之流,竟然在《十六条》上面打起主意来,他们无耻地把自己装扮成捍卫《十六条》的英雄,大放厥词地说什么:"必须痛斥第二中心里的考茨基派是怎样恶毒地践踏《十六条》的革命原则,怎样可耻地向国民党反动派出卖《十六条》的革命原则"啰;什么"任何人没有权利破坏四大,破坏毛主席的大民主"啰;什么"镇压学生运动的人到头来是注定要失败的"啰,妄图拉大旗,作虎皮,歪曲这个伟大的革命纲领来为他们的反革命行径开脱和辩护,解脱他们已经陷入的灭顶之灾。哼!鲁礼安之流,真是昏了你们的狗头,瞎了你们的狗眼!你们彻底灭亡的命运早已注定了,带着你们的梦呓见鬼去吧!这些小丑还以为社会主义是只需要民主而不需

---

[1] 黑画,指鲁礼安被拘禁期间在墙上的涂鸦。

要专政的,他们竟叫喊什么"既然我们的文章是毒草,为什么又不敢让群众多看看呢?无产阶级大民主到哪里去了呢?"

毛主席教导我们:"**凡是错误的思想,凡是毒草,凡是牛鬼蛇神,都应该进行批判,决不能让他们自由泛滥。**"《扬子江评论》既然放出了大批毒草,我们就有责任铲除,至于什么时候铲除,用什么方式铲除,这是次要的问题。但是,他们说我们"不敢让群众多看看"他们的毒草,这倒是对我们的攻击和诬蔑。其实,为了发动群众大家动手来铲除毒草,我们不知道把他们的东西转抄和翻印了多少遍了。不过,我们这样做,对他们说来,完全是为了实行无产阶级专政,绝不是给他们以什么民主。

批判考茨基派的英雄们:你们还没有把别人打成考茨基派,但你们自己反而沦落到考茨基派的泥坑了。你们现在正像当年列宁笔下的老考茨基一样:"抱着饱有学识的书呆子态度或十岁女孩的天真态度问道,既然拥有大多数,还要专政干什么呢?马克思、恩格斯解释说:

——为了打破资产阶级的反抗。

——为了使反动派畏惧。

——为了维持武装人民的权威来反对资产阶级。

——为了使无产阶级能够用暴力镇压自己的敌人。

这些解释考茨基是不了解的。"

当然,这些解释鲁礼安和鲁礼安的伙伴也是不了解的。

毛主席教导我们:"**世界上只有具体的自由,具体的民主,没有抽象的自由,抽象的民主。在阶级斗争的社会里,有了剥削阶级剥削劳动人民的自由,就没有劳动人民不受剥削的自由。有了资产阶级的民主,就没有无产阶级和劳动人民的民主。**"对于阴险地分裂毛主席的无产阶级司令部和疯狂地炮打周总理和伯达、康生同志的反革命跳梁小丑,对于在无产阶级面前狂叫要"彻底推翻官僚资产阶级","彻底砸烂旧的国家机器"的"亡命之徒",对于恶毒地攻击我们的伟大领袖毛主席的现行反革命分子鲁礼安之流,难道我们应该给他们以民主么?不给!不仅大民主不给,连小民主也不给!一点不给,半点也不给!《十六条》永远属于无产阶级,救不了你们的命,你们悲鸣去吧!

"沉舟侧畔千帆过,病树前头万木春。"资产阶级的反动政治流派被赶出了历史舞台,无产阶级革命派将更加繁荣兴旺!那些至今还妄图螳臂挡车,顽固到底的小丑,必将被前进的历史车轮压得粉身碎骨!

根据 1968 年 9 月 9 日出版的《新湖大》第 99 期刊印。

齐下扬子捉龟鳖

——评"决派"及其喉舌《扬评》

（一九六九年十月八日）

华中工学院革命大批判小组

马克思主义告诉我们，社会思潮是阶级斗争的表现，从中可以看到阶级斗争的新动向。

无产阶级文化大革命把各个阶级、阶层卷进了阶级斗争的激流，各派政治力量，各式各样的代表人物，各式各样的社会思潮，都空前的活跃起来，争相表演一番，强烈地表现出各自的政治倾向，表现出各自的派性，一些反对马克思列宁主义、反对毛泽东思想的资产阶级反动流派、形形色色的错误思潮总是从右的或极"左"的方面，来干扰毛主席的伟大战略部署，来阻挠轰轰烈烈的无产阶级文化大革命运动，来反对和破坏我国的无产阶级专政。

在湖北武汉地区的无产阶级文化大革命中，所谓"决心把无产阶级文化大革命进行到底的无产阶级革命派联络站"（简称"决派"），是一个活动最为嚣张的资产阶级反动流派，这个反革命的政治派别有着他们一整套的反动思想体系，他们是一个有组织、有纲领、有行动计划、有黑色后台的不大不小"仇恨共产党、仇恨人民、仇恨革命达到了疯狂程度的"反革命集团，他们多次变换过反革命的旗号，后来给自己戴上"决心把无产阶级文化大革命进行到底的无产阶级革命派"的桂冠，堂而皇之。然而，同"决派"打了相当长一段交道的江城无产阶级革命派和革命群众清醒认识到：这个所谓"决派"名符其实就应该定义为"决心颠覆无产阶级专政的资产阶级反动派"，而他们的反动喉舌《扬子江评论》（以下简称《扬评》），其要害就是要反对无产阶级专政。

林付（副）主席在"九大"上所作的政治报告中指出：我们必须

继续高举革命大批判的旗帜，用毛泽东思想批判资产阶级，批判修正主义，批判各种违反毛主席无产阶级革命路线的右的或极"左"的错误思想，批判资产阶级个人主义，批判"多中心即无中心论"。

当前，在认真学习九大文献、落实九大精神、"团结起来，争取更大的胜利"的过程中，进一步深入地批判资产阶级反动流派"决派"及其喉舌《扬评》，是我们武汉地区思想战线上一个重要的任务，是在意识形态领域里、无产阶级对资产阶级实行全面专政的一个部分，这个批判，对于我们深刻领会毛主席关于在无产阶级专政下继续革命的理论，对于保证毛主席伟大战略部署的贯彻，对于落实党中央的最新战斗号令——毛主席亲自批示"照办"的中共中央七·二三布告，对于批判刘少奇反革命修正主义的理论，对于巩固无产阶级专政，是十分必要的，是很有益的。

摆在我们面前的这些东西东抄西袭、七拼八凑、语言晦涩、文理不通的东西，从一九六七年的《北斗星创立宣言》《决派宣言》到一九六八年夏天炮到（打）无产阶级司令部的"四评"，再到一九六九年五、六、七月的一些"文章"都是江城人民不可多得的、绝妙的反面教材。

反动的思想体系

"决派"作为一个不大不小的政治集团，它有着明确的奋斗目标，毫不含糊的政治纲领，严密的组织条例，阴险毒辣的反革命策略，变化多端的反革命手法，尤其是有着决定这目标、纲领、条例、策略、手法的一整套反动的思想体系。

政治宣言是各种社会集团和派别的政治主张的集中表现，"决派"的反动思想集中地、露骨地反映在它早期的作品《北斗星学会创立宣言》《决派宣言》《决派章程》里，后来的《扬评》则隐晦多了。

下面我们着重分析"决派"以上几篇有代表性的文字。

"决派"的前身"北斗星学会"成立于一九六七年底，这时候，湖北武汉地区的无产阶级文化大革命运动，批判了刘少奇和他在湖北武汉的代理人王任重、宋侃夫的反革命修正主义路线，粉碎了一九六七年"七·二〇"事件，取得了决定性的伟大胜利，新生的红色政权湖北省武汉市革命委员会即将诞生,全国革命形势一派大好,可是"决派"小丑却在其"宣言"和"章程"中把大好形势描绘的一团黑漆,鲁礼安之流污蔑什么无产阶级文化大革命出现了"低潮",造反大军"停滞不前",气氛显得"消沉徘徊",他们叫嚣"急需一场更猛烈的革命风暴","而湖北却正处于这一伟大革命的前夜!"这些"新时代的狂人"一定很庆幸自己的命运,因为他们的政治舞台就在湖北,而且在湖北的政治活动中心武汉啊!

在这场"革命大风暴的前夜应运而生"的"决派"们凑拢到一块到底要干什么呢?

他们要在"新秩序未完全建立之时"去"冲锋"去"开辟新的道路"。

听听他们的自白,即可清楚他们的狼子野心。

原来,他们是"灿烂的北斗",是"人类光明和希望的象征",他们将要主宰"未来的几十年中国,世界"的沉浮,这是上帝的旨意,多么崇高的历史使命!

他们的总纲领是要建立"中华人民公社",即"自由世界中国总部",无疑,公社社长姓鲁,内阁大臣少不了是冯某、李某、蔡某、杨某等,"决派"的小喽罗们也可以捞上个什么司令当当,过过官瘾,多么"光明的前途"!

"决派"实现其"总纲"的"曲折"道路,怎么个走法呢?

一是篡政。

伟大领袖毛主席教导我们:"世界上一切革命斗争都是为着夺取政权,巩固政权。"

同一切政治斗争一样,无产阶级文化大革命斗争的焦点始终是政权问题。

随着毛主席为代表的无产阶级革命路线的节节胜利,在刘少奇资产阶级司令部垮台的崩溃声中,作为无产阶级革命派和广大革命群众向党内一小撮走资派进行自下而上的夺权斗争的丰硕成果——无产阶级专政的各级权力机构"三结合"的革命委员会似雨后春笋,联翩出现于祖国大地。

新生事物的诞生引起了一切反动势力的极端仇视。以刘少奇为总头目的叛徒、特务、党内一小撮死不改悔的走资派和一切反革命分子深深懂得,革命委员会的建立、健全、巩固、发展,彻底打破了他们复辟资本主义的黄粱美梦,于是他们迫不及待地一齐跳了出来,向新生的革命委员会射出一支又一支毒箭,妄图将其扼杀在摇篮之中,在这场"十字军"征讨中,"决派"小丑鲁礼安之流表演得是再(卖)力不过了。

他们在自己的宣言中写道:

"随着革命委员会的诞生,历史把决派推上了历史舞台,而且,也只有在这个时候,决派才有可能被推上历史舞台","决派队伍是在各级临时权力机构建立以后日益发展壮大起来的。"

"革命委员会这个由革命群众自己创造出来的事物,也必将由革命群众自己来把它消灭掉。"

在这临盆的第一声啼哭中,"决派"小丑告诉人们,上帝叫他们下凡,肩负的差使就是要把新生的红色政权扼杀在摇篮中。

怪不得,"决派"先生们的神圣天职就是消灭革命委员会,他们作为矛盾斗争的对立面同革命委员会一起问世的,革命委员会经过"决派"的"严重斗争"被推翻以后,他们要"创造"一种"崭新的国家机构",来取而代之。不言而喻,"掌握这个国家机构的必然只能是在斗争中成长起来的一派,这一派只能是决派。"

问题已经很清楚,"决派"小丑们是新生红色政权革命委员会的死敌,这些"亡命之徒"充当刘氏小朝廷和一切反动势力向无产阶级进行反夺权的马前卒。

二是篡党。

伟大领袖毛主席教导我们:"领导我们事业的核心力量是中国共产党。"

伟大的马克思主义者斯大林也鲜明地指出:"党是无产阶级组织的最高形式","党是无产阶级专政的工具","无产阶级所需要的党,就是为了争得和保持专政。"

我们的党是无产阶级专政的核心领导力量,对于这一点,鲁礼安之流心里是很清楚的,他们同刘少奇一样对伟大的中国共产党虎视眈眈。

刘少奇以党的领袖自居,通过他的《论党》《论党内斗争》《论修养》等文章散布的黑"六论",在组织上招降纳叛,把富农、资本家拉入党内,其罪恶用心无非是要把中国共产党由无产阶级政党变为资产阶级政党,变为修正主义的法西斯的党,从而推翻无产阶级专政,复辟资本主义。

而鲁礼安一帮子家伙更干脆,他们狂妄地鼓吹道:"实现决派的历史任务,就可以使得决派成为无产阶级的先锋队。"且不管这句话是怎样的文理不通,只听其口气,"决派"就是要取代我们伟大领袖毛主席亲自缔造和培育起来的伟大、光荣、正确的中国共产党,简直是狂妄至极,反动透顶!

"决派"小丑们自命为"整党和建党的基本力量",自称为"无产阶级的先进分子",说什么"决派"作为"在这场斗争中统一战线的核心,实际上已经起了无产阶级政党的领导作用,其队伍中不少成员实际上起了无产阶级先锋分子的作用,整党和建党的工作,从决派进行第一次政治斗争时,实际上已经开始了。"

无需多费笔墨,只要耐心地看一下他们的自白,其篡党之叵(测)心便跃然纸上。

党的"九大"的胜利召开,标志我们的党经过无产阶级文化大革命的战斗洗礼,显得空前团结与朝气蓬勃,经过整党建党、清除那些混入党内的叛徒、特务和死不改悔的走资派,吸收一批两条路线斗争觉悟较高的、真正的无产阶级先进分子入党,在与帝、修、反的英勇斗争中,我们的党将变得更加坚强,更加伟大,"决派"小丑们篡党的阴谋不过是癞蛤蟆的幻梦,鲁礼安之流只是一伙地地道道的狐群狗党!

三是篡军。

伟大领袖毛主席教导我们:"没有一个人民的军队,便没有人民的一切。"

国家从本质上讲就是军队,无论那一个阶级,无论那一个政治派别,它要想夺取政权和巩固政权,就必须有自己的军队,军队问题的重要性,"决派"先生们是很知道的。

对于我国无产阶级专政的柱石——伟大的中国人民解放军，鲁礼安之流怕得要死，恨得要命，他们丧心病狂地加以诬蔑、破坏、捣乱，并妄图建立他们自己的所谓"人民武装"，实行反革命的"武装夺取政权"。他们在江青同志九·五讲话以后仍然拍卖的《扬子江》杂志第一期就抛出过《论无产阶级文化大革命的最高形式仍然是武装夺取政权》这篇极为反动的文章。

鲁礼安切齿咒骂"现在的人民解放军是脱离群众的，应当根绝，代之以民兵武装。"所谓"脱离群众"就是指人民解放军完完全全地站在革命人民一边，对包括"决派"小丑们在内的地、富、反、坏、右和一切反革命分子实行了坚决的无产阶级专政，以颠复（覆）无产阶级专政为历史使命的"决派"小丑们狂叫"应当根绝"人民解放军是毫不足怪的，所谓"民兵武装"不过是他们梦寐以求的反革命武装的代名词。

鲁礼安狂叫，军队就是要多这样的"爱捣蛋的""有闯劲"的"兵"，并曾扬言"造反派应积极参军，为将来揪军内一小撮创造条件"，"决派"小丑们拚命鼓吹"大揪军内一小撮"，叫嚷什么"'夺权'的问题归根结底是一个'夺军权'的问题"，"只有解决军权才可以最后实现夺权任务，军队无产阶级文化大革命将是总决战的中心内容。"他们的恶毒用意就是要配合王、关、戚一伙搞乱我们的军队，毁我长城，为帝、修、反武装颠复（覆）我国无产阶级专政制造方便，他们真不愧为大内奸刘少奇的忠实门徒！

"决派"头目鲁礼安的日记更是道出了问题的实质，他写道："革命人民等待了十七年，准备了十七年……'一天等于二十年'的时候业已到来，八月的抢枪的运动开始了人民武装的英勇尝试。"

"等待了""准备了"十七年的是谁？一句话，表达了地、富、反、坏、右和一切牛鬼蛇神解放十七年来难熬的由衷苦哀，而"八月的抢枪的运动"似乎给了他们复辟资本主义的一线希望。于是跃跃欲试，要进行"武装夺取政权"的"英勇尝试"。然而，事实作出了结论：这是蚍蜉撼树！这里，"革命人民""人民武装"是"决派"们惯用的反话。

"决派"煽动抢枪和军用物资，大揪军内一小撮，鼓吹什么"军事共产主义""农村包围城市",指示他们的人"不上交枪支""准备国内战争",企图建立所谓的"人民武装"。这一切足以说明"决派"小丑妄图篡军和策划反革命武装、夺取政权的阴谋。

"决派"篡政、篡党、篡军的反动思想,是其颠覆无产阶级专政的宗旨所决定的,这个宗旨也决定了"决派"是毛泽东思想的死敌,是攻击我们伟大领袖毛主席的黑炮手。

"决派"小丑鲁礼安之流,在其《北斗星学会创立宣言》中,象政治舞台上失意的资产阶级政客一样仰问苍天:"北斗、北斗,未来的几十年中国、世界将是谁主沉浮?"联系到鲁礼安在毛主席的光辉著作里到处批什么"这里左了""这里右了",足见"决派"狂人们对我们伟大领袖毛主席的贬低、污蔑和敌视,实是反骨毕露。

对毛主席的亲密战友,我们敬爱的副统帅林彪同志,以及周总理、陈伯达、康生、江青、张春桥等无产阶级司令部的负责同志,"决派"小丑们更是肆无忌惮地污蔑、谩骂、攻击。

"决派"在《宣言》中象巫师一样预言:"代之而起的思想统治,是决派思潮。""决派"要取马列主义毛泽东思想而代之,其狂妄程度真可以和中外赫鲁晓夫媲美了!

"决派"头目鲁礼安在他的日记中写道:"真理的军舰是我的旗舰,我一生的根本任务是制造这艘旗舰……制造征服思想海洋的军舰。"

也许人们以为这不过是政治狂人鲁礼安发高烧时的胡言乱语,其实不然,鲁礼安及其伙伴们的确一直在制造一艘军舰,一艘通往西方资产阶级自由世界的军舰!

够了!"决派"小丑反对我们伟大领袖毛主席,反对光焰无际的毛泽东思想,反对以毛主席为首、林副主席为副的无产阶级司令部的言论实在举不胜举,他们是一群吠日的狂犬!

"决派"小丑们一再自称为毛主席关于无产阶级专政下继续革命学说的捍卫者,并且忍着"良心"的责备,嘶着喉咙怪声怪气喊什么"万岁",但是我们来看一下,他们是怎样地无耻地曲解、背叛了毛主席的这一伟大学说的。

先看看:"决派"小丑们斗争的矛头所向,"决派"小丑在其《宣言》中说："随着党内走资本主义道路当权派的倒台，革命造反派组织起来的政治基础逐步消灭以后，群众就必须在新的基础上重新组合，""以把矛头指向党内一小撮走资本主义道路当权派为目的而聚集的一支造反队伍，他们的原来组织形式既然已经因其目标的实现而开始不再具有生命力……因而必须被打破……"因而必须"在决派的旗帜下集合"。

在这里，"决派"露骨地兜售刘少奇的"阶级斗争熄灭论"，千方百计地削弱、降低和抹煞无产阶级革命派和党内一小撮走资派这个主要矛盾，妄图麻痹、迷惑广大无产阶级革命派和革命群众，转移他们斗争大方向，好让人还在心不死的一小撮死不改悔的走资派获得医治创伤的时间，而在某一个早上，伙同"决派"和所有牛鬼蛇神向革命人民猛扑过来，以恢复失去的天堂。

正如他们的自供那样，"决派"的斗争矛头根本不是指向党内一小撮走资派，也不是对准叛徒、特务和地、富、反、坏、右，他们曾竭力替叛徒辩护，指责广大革命群众把那些可耻的败类清洗得太多了，是"打击一大片"。

仔细阅读一下一九六七年十一月七日的《北斗星学会创立宣言》和同年十二月十日的《决派宣言》，人们就会发现，这两个《宣言》，一不提无产阶级文化大革命的目的是要巩固无产阶级专政，二不提无产阶级专政条件下革命的主要对象是党内一小撮走资派，甚至在《北斗星学会创立宣言》中根本就没有"无产阶级专政"这几个字样！

是疏忽吗？决不是！如果他们真是象后来那样一再标榜的是毛主席关于无产阶级专政下继续革命学说的捍卫者，有着"对马列主义、毛泽东思想一片赤诚"，那末，这些"共产主义的忠实信徒"是决不会忘记在表明他们的政治目标、政治主张的堂皇的《宣言》里，把这些写得一清二楚的，至于他们后来的一再标榜，是为了装潢门面，以弥补《宣言》中的漏洞，但这种拙劣的作法恰恰泄露了天机。

鲁礼安之流在《北斗星创立宣言》中有着这样令人醒目的几句："敢于打破僧侣的塔顶，去探求无际的天空的秘密的勇敢者，就成了哥白尼，或者布鲁诺；敢于大胆地闯进人间这所大学里去的，就成了高尔基,尽管传统的阻力是巨大的,但是总有那么一些忘(亡)命之徒,要冲破历史的惰性,不顾火刑与十字架的威胁,开拓新的道路。"

"决派"小丑把我国强大的无产阶级专政比作束缚手脚的、可恨的"僧侣的塔顶",他们要"敢于打破"而去探求"天空的秘密"即西方世界的"自由",他们要"勇于大胆闯进人间这所大学",即跳上政治舞台充分地表演,与无产阶级进行拚死的较量,好一幅(副)自命不凡的"英雄"架势!但下面一句表明了"决派"小丑们内心对无产阶级专政威慑力量的恐惧与担忧,什么"传统的阻力""历史的惰力",什么"火刑与十字架的威胁",这些对"决派"们来说是确实存在的,然而,"决派"们毕竟是了不起的"英雄",他们将"不顾"这一切,而要去"冲破",去"开拓新的道路",真不愧是一群"亡命之徒"!

亡命之徒们:是不是我们曲解了你们的本意?

"决派"的思想体系,实际上是一个大杂烩,是历史上各种反动流派思想大成之汇集,我们很难确定到底谁是"决派"的老祖宗,但又觉得巴古宁、伯恩斯坦、托洛斯基、刘少奇以及"决派"们老是用以攻击无产阶级司令部的政治僵尸考茨基,似乎都是他们的老祖宗。如果我们验一下"决派"的血型,观察一下"决派"的相貌,就会发现这些政治僵尸在"决派"小丑们身上或多或少有一些遗传特征,一个最主要的特征是相同的,这就是彻头彻尾、彻里彻外地背叛了无产阶级专政!

罪恶的政治活动

"决派"一伙,不但是言者,而且是行者,他们以卑鄙的手法进行了大量的罪恶的政治活动,"言者无罪"对他们是不适用的。

"决派"的拼凑(是)王、关、戚极"左"思潮的产物,它是一个在7·20以后,利用武汉地区两派革命群众的矛盾茁起,而又企图凌驾于两派之上的反动势力,为了更加方便地进行其罪恶活动,他们多次地变换自己的旗号。

起初,他们挂起"武汉地区工人运动讲习所"的招牌,野心勃勃地向工人阶级争夺领导权,力图把自己凌驾于工人阶级之上,堂堂正正地去奢谈什么"工学运动",分裂工人阶级的团结,妄图使武汉地区的工人运动脱离毛泽东思想轨道,引入工联主义的歧途。这一个时期,他们还大讲特讲"农民运动",公开对抗中共中央"不许挑动农民进城"的指示,大肆鼓吹"武装夺取政权""农村包围城市",支持"巴河一司"去占领红旗大楼,封闭《湖北日报》。

接着,他们取了一个稀奇古怪的名字,和江青同志亲自点名批判的大右派白桦一道开办什么"北斗星学会",声称"想法到全国跑一趟,带着我们的报纸去结交一批全国各地的朋友。"这一个时期正是湖北省、武汉市革命委员会成立前后,他们进行了大量的活动,破坏革命的大联合、革命的"三结合",阻止、破坏新生红色政权的建立和健全。

后来,他们干脆鼓掌通过,用"决心把无产阶级文化大革命进行到底的无产阶级革命派"来装扮自己,去从事他们"重新建党""重新建军""重新建国"的"宏图伟业"。这以后,他们利用一九六八年夏天一部分造反派同志错误地提出"揪武汉变色龙"的口号,积极活动,积极煽动和从事抢枪乱军;他们还企图把今年夏天武汉地区的所谓"反复旧"运动纳入他们要推翻各级革委会的轨道。

不知道是"决派"这两个字太显眼,还是我们的这些"决派"先生们变得谦虚起来,如今人们看不到"决派"这个旗号了,《扬评》这个反动刊物的名称同时也变成了他们那个反动组织的名称。

为了从事他们的反革命政治活动,"决派"苦心练就了一整套的反革命手法。

一是打着"红旗"反红旗。

列宁指出:"马克思主义在理论上的胜利逼得它(他)的敌人装扮成马克思主义者,历史的辩证法就是如此。"

"决派"在其宣言、章程和《扬评》中也堆砌了不少冠冕堂皇的词藻,诸如"无限忠于""万岁""继续革命"之类。然而,这些漂亮的词句是言不由衷的,是用以装饰门面和骗人的。他们在引用革命词藻的时候,穿插了对马克思列宁主义、毛泽东思想的歪曲,塞进了自己的私货。比如在"北斗星学会创立宣言"中,他们堆砌了许多革命词藻,但只字不提无产阶级专政,这就是他们反革命伎俩的一个大暴露。不要无产阶级专政,那些漂亮的词句当然只是骗人的鬼话,当然是资产阶级也完全可以接受的。他们引用革命词句,一丝一毫也洗刷不了他们的反革命罪行。

偷梁换柱是"决派"的拿手好戏。他们从反革命的需要出发,"迎合革命工人,盗用他们的马克思主义术语,避开一切鲜明的原则的界限",欺骗群众,招摇撞骗。他们总是偷偷地把无产阶级换成资产阶级,把无产阶级专政的社会主义制度换成资产阶级的旧的国家机器,把象他们那样的决心颠复(覆)无产阶级专政的资产阶级反动派,换成"决心把无产阶级文化大革命进行到底的无产阶级革命派",然后就猛烈地攻击"资产阶级",即真正的无产阶级,猛烈地攻击"资产阶级的旧的国家机器",即我们的无产阶级专政的国家,猛烈地攻击所谓"考茨基派""右倾机会主义派",也就是那些坚持无产阶级党性、紧跟毛主席伟大战略部署、严格执行党的方针政策的无产阶级革命派。

二是支持某种错误倾向,推波助澜,浑水摸鱼。

这个手法,在刚刚平息不久的所谓"反复旧"运动中,表现得是再充分不过的了。

前一阶段,武汉地区由于社会上极"左"思潮和无政府主义的影响,搞了一个所谓的"反复旧"运动,这是错误的。人们清楚地记得,这场运动刚刚开始的时候,"决派"一伙是多么的得意啊!他们以为又是时候了,于是按捺不住内心的喜悦,说什么:"莫道寒冬池水浅,夏日方知扬子湖"。他们狂呼:"十级台风,推开了考茨基派的家门和窗户。"

在这一阶段,他们究竟干了那几件事呢?在一个多月的时间里,《扬评》抛出了二、三十篇文章。他们叫嚣:"目前只停留在摸张体学屁股的阶段,不是太左,而是太右","不要只局限于打倒张体学。"他们在《工人阶级现在需要什么?》《反复旧、反右倾》等文中大反什么"右倾机会主义",说什么"要谨防一些人从右的方面破坏这场反复旧运动。"他们把中央首长接见湖北省、武汉市革委会的成员解决有关问题,说成是"国共会谈",要广大革命群众"不应该把反复旧胜利的希望寄托在会谈上"。他们狂热地为鲁礼安、冯天艾、《扬评》翻案。总之，明明搞"反复旧"，就已经够"左"了，"决派"一伙还推波助澜，要参加"反复旧"的群众"向左！向左！向左！"以达到他们一举搞垮省、市革委会的目的。

他们至今还念念不忘地大揪"军内一小撮"，也是用的这种手法。

三是打着造反派的旗号，蛊惑人心。

"决派"经常把自己装扮成毛主席革命路线的执行者、捍卫者，装扮成响当当的"造反派的代言人"。他们十分注意从实际中"随时寻找我们的缺点，作为他们进行破坏活动的借口"。我们正在做的是前人从来没有做过的事业，因此，在我们的工作中存在这样那样的问题是难免的，而"决派"则抓住这些问题，加以歪曲，夸大，并且利用广大革命群众对毛主席的深厚阶级感情和要解决问题、搞好工作的良好愿望，利用资产阶级派性、极"左"思潮和无政府主义，为其反革命目的服务。这一点，是应该足够地引起我们重视的。

我们随时都要分清延安和西安，分清本质和非本质，分清主流和支流，切不可让我们纯朴的阶级感情被一小撮阶级敌人利用了。

"决派"们的第四种反革命手法则是煽动无政府主义思潮，鼓吹"怀疑一切""打倒一切"，鼓吹"野牛精神"。其实，这都不是什么新鲜货色，全部是从无政府主义的老祖宗蒲鲁东、巴古宁、克鲁泡特金之流以及刘少奇一伙那里批发来的。

可以说，"决派"与无政府主义思潮是相依为命的。离开了无政府主义思潮的泛滥，"决派"小丑们是一天也混不下去的。君不见那帮耍把戏、卖狗皮膏药的家伙们活跃的时候，那些流氓阿飞猖獗的时候，便是"决派"小丑们最神气活现的时候。倘若社会秩序井井有条，他们就失去了藏身之地，甚至连写大字报的纸笔也弄不到，除非去做小偷！

如果谁说"决派"不要政府，那是冤枉了他们。"决派"要建立"自由世界中国总部"，即资产阶级政府的宗旨是早就定了的，他们只是不要无产阶级专政，不要革命委员会，不要无产阶级的政府。他们在群众中极力散布无政府主义的目的，就是为了实现其篡党、篡军、篡政的反革命阴谋。

"决派"散布了大量"怀疑一切""打倒一切"的政治空气，把斗争的矛头指向"三红",但决不是真的要"怀疑一切""打倒一切"。如果谁要是"怀疑"和"打倒""决派"小丑,他们就会凶相毕露,或者摆出一付(副)美国神甫的文明姿态,这是上帝不允许的!

　　前一时期社会无政府主义思潮的泛滥,是与"决派"小丑们的反革命手法远不止这四种(原文如此——本书编者注),正如他们自己在《决派章程》中所讲的那样,他们对自己的要求是:"善于毫不遗漏地掌握社会活动的一切形式方面,并在情况急剧发生变化时,准备迅速和突发地用一种形式来代替另一种形式。"总之,如果美国中央情报局知道这些西方世界的向往者有着这样高明的反革命手法和策略,那是一定会十分尝(赏)识他们,并且大大地嘉奖他们一番。

　　毛主席指出:"各式各样的代表人物,各式各样的思潮,总是想登台表演一番。"以鲁礼安、冯天艾为杰出代表的"决派"小丑和他们的反动思潮,已经进行了充分的表演。他们一有适当的气候,就冒出来,一有风吹草动,就纷纷出笼。他们的阶级本能引导他们老是在想:他们自己怎样了不起,是怎样吸引群众,就象戏台上的小丑,以自己的拙劣表演引起观众的一些廉价的喝采而自鸣得意。他们总是过高地估计自己的力量,低估革命人民的力量和决心。因此,他们一次一次地吃败仗,经常地在无产阶级专政的铜墙铁壁上碰得头破血流。从"武汉地区工人运动讲习所"——"北斗星学会"——"决派"——《扬子江评论》;《扬评》从杂志——铅印小报——大字报;"决派"们从精诚团结——鲁礼安、冯天艾、王仁舟的互相倾轧——鲁礼安、冯天艾之流被逮捕法办以后喋喋不休的争论和推卸责任的吵骂——前不久他们阵线内部分成什么《百舸争流》《不争春》、曹思新("新思潮"谐音之倒置),发表互相指责的文章,都贯穿着每况愈下这个特点。如今,他们文章和"狂妄劲",也就是有的人十分欣尝(赏)的"气魄"和"造反劲头",比起他们的一号头头鲁礼安,那是要差多了。现在的《扬评》的调子,比之当初也要低沉得多。

　　但是,一切革命的同志应当看到,他们中的顽固分子是"不见棺材不落泪,埋进地里心不死的"。两年来,每当我们无产阶级革命派团结起来向着这些反动派发动猛烈进攻、我们的无产阶级专政机构充分发挥革命权威的时候,他们一伙的活动就收敛一些,以至"装死躺下"，象胡风反革命集团那样"在忍受中求得生存"。而一旦他们认为"是时候了"，他们就又重振旗鼓地干起来，而且以阿Q的精神说他们"一直充满了必胜的信心"。省、市革命委员会成立以后，他们沉默了一个时候，及至六八年夏季的两派之争，他们就再也不沉默了，他们架起机关枪、迫击炮，向着我们的无产阶级司令部大轰了一翻（番）。六八年八月，曾思玉同志对"决派"《扬评》严肃表态，并且责成无产阶级专政机关把鲁礼安、冯天艾逮捕法办以后，他们又销声匿迹了一阵子，用他们自己的话来说，就是他们"每一个人都经历了种种使人难以相信、难以忍受的污蔑和凌辱"（《夏日方知扬子潮》），等到所谓的"反复旧"运动一开始，他们就再一次象扎了吗啡一样，乱蹦乱跳了出来，又着着实实地表演了一番。现在，他们又不怎么活动了，这是他们在不利的情况（下）等待时机。人们要问：去年夏天"决派"活跃了一阵，今年夏天他们又活跃了一阵，那么明年夏天呢？明年夏天他们会不会再一次地活跃一阵呢？

尽管他们最近不太吭声，可我们是没有忘记他们在今年六月七日以《扬子江评论》编辑部的名义发表的《怎么办？》和今年六月十五日以《不争春》编辑部的名义发表的《这样办！》两篇以守为攻或者以攻为守的文章。在这两篇文章里，他们给自己安排了退却路线。我们从他们最近这一次的退却路线中，可以找出他们留下的蛛丝马迹，分析出他们可能的新的进攻路线，随时准备批判他们，踏倒他们，叫他们永世不得翻身。

道地的反革命组织

"决派"小丑鲁礼安一伙经常"谦虚"地自称为"小人物"，说什么他们要"自己教育自己""自己解放自己"，还再三地向人们表白他们只是"一大群最大不超过二十五岁、最小不外十六岁的青年学生"……这是什么意思？这无非是说他们都是"革命小将"，是"一代有希望的青年"，这无非是告诉人们，他们从来也没有和别的反革命集团和反革命分子联系过，这也无非是要申明在他们的背后是绝对没有嘴上长胡子、脸上嵌皱纹的人。只能这样解释，如若不然，他们怎么会煞费苦心地经常自我表白呢？表演就是了嘛，何必再劳累你们的唇舌。

且不管"决派"反革命集团是一个什么样的社会渣滓拼凑起来的大杂烩,且不管"决派"头目鲁礼安有一个什么样"革命的"鲁爸爸和"可爱的"鲁妈妈,且不管最近一段活动得比较猖狂的武汉大学的杨××是一个在参加四清运动中有严重问题因而留校审查、划而不戴的人物,也不管另外一个活动也十分嚣张的武钢甘×吃过几年劳改饭,我们只知道:一、造反是有着强烈的阶级性的,不是无产阶级造资产阶级的反,就是资产阶级造无产阶级的反,对"造反"要作阶级分析。二、在阶级社会中,每一个人都在一定的阶级地位中生活,每一个人都是作为阶级的人而存在的,无论是对老年人、对成年人、对青年人,也无论是对保守派,还是对造反派,都要作阶级分析。我们过去的一系列评论文章,如《评反革命跳梁小丑鲁礼安》,几篇《评决派思潮及其喉舌〈扬子江评论〉》,以及几次公布的鲁礼安一伙的材料,以充分的事实作论据,分析、揭露和批判了决派鲁礼安一伙货真价实的反革命理论和反革命行动。其实,人们只要从鲁礼安一张诬蔑我们伟大领袖毛主席的大字报和一张攻击我们心中最红最红的红太阳毛主席的反动图,就完全可以看清鲁礼安的反革命狰狞面目。

什么"革命小将"?!那有恶毒攻击毛主席、攻击毛泽东思想、攻击以毛主席为首、林副主席为付(副)的无产阶级司令部的革命小将?那有叫嚣要取代中国共产党的革命小将?那有处心积虑地破坏工农联盟的革命小将?那有拚命地要冲垮各级革命委员会的革命小将?一句话,那有猖狂地反对无产阶级专政、死心塌地要为刘少奇复辟资本主义效劳的革命小将?

就凭"决派"那一整套反动的思想体系,凭他们所干的那么多罪恶的政治活动,历史就宣判了"决派"是一个道道地地的反动组织。

"决派"与别的反革命集团和反革命分子有没有什么联系呢?思想上的联系那是不用讲的。组织上的联系呢?有的。他们与他们的难兄难弟王仁舟是亲如手足的,他们与湖南"省无联"中的极端反动分子是有交往的。他们曾经与广州的某反革命小头目一起策划于密室。他们与上海的一个取名"反复辟"的反动组织一起酝酿了《评×氏第二个中心》等极为反动的大毒草。这些联系的详细内幕,以及其它的一些反革命串联，人们是逐渐就会清楚的。

至于"决派"后面有哪些人？该叫他们"黑手"，还是称他们"后台"？那还是让"决派"中已经觉悟或者将要觉悟的人自己去讲，作为赎罪之功吧！在我们华中工学院，也有象国民党少将那样的几个蒋家王朝的残渣余孽与"决派"鲁礼安一伙有着极为密切的联系。这一点，是现在就可以告诉江城革命人民的。

"决派"反革命集团并不是铁板一块，上述揭露的一些材料，除了一部分是革命群众调查得来的以外，其余都是参加"决派"的一部分人给我们提供的。企图靠什么《决派联络站组织条例》去约束你们的一伙人，特别是那些不愿意沿着反革命道路继续滑下去的人，那是办不到的！

在今年五月二十二日创立的一个什么《百舸争流》，直到前不久还盲目地、肉麻地吹捧鲁礼安"是一只洗羽展翅的雏鹰！是一只高翔在江城上空的雏鹰！"我们的"决派"朋友们，你们听着，鲁礼安并不给你们争面子，他也不曾遵守你们的"组织条例"，他已经在无产阶级专政的铁拳下供认了你们的一些情况。可见，你们的"组织条例"没有什么大用。可见，你们的思想准备还是不充分的。你们为什么没有在鲁礼安被捕以前就订好一个严严实实的"攻守同盟"，好好商量商量，统一好口径，并且相互足足地打一番气呢？为长远计，今后你们还是考虑得更周到一些吧。

目前，"决派"中有那么几个顽固分子妄想逃脱无产阶级的审判。他们要跑，就让他们跑吧。用战无不胜的毛泽东思想武装起来的中国无产阶级，可上九天揽月，能下五洋捉鳖。就算他们飞到月球上去，中国无产阶级也有办法把他们追回来，予以应得的制裁。不是不报，时候未到，时候一到，一切都报！

打掉"决派"嚣张气焰，彻底肃清《扬评》流毒

我们与"决派"反革命集团的斗争，是一场捍卫无产阶级专政的斗争。经过相当长一段时间的斗争，江城的革命人民更进一步懂得了民主的阶级性和无产阶级专政的重要性。

毛主席指出："凡是要推翻一个政权，总要先造成舆论，总要先

做意识形态方面的工作。革命的阶级是这样,反革命的阶级也是这样。"

汉口水塔、六渡桥一带是闹市的中心,如同上海的外滩、南京路一样,这里是武汉地区无产阶级文化大革命运动的晴雨表,是无产阶级和资产阶级斗争的一个前沿阵地。在这个地带,广大的无产阶级革命派和革命群众,为了粉碎刘少奇资产阶级反动路线,粉碎一九六七年的"二月逆流",粉碎一九六八年春那股为"二月逆流"翻案的邪风,进行了英勇卓绝的斗争,谱写了一曲曲响彻云霄的捍卫毛主席革命路线的胜利凯歌。这一带以其光荣的历史,吸引着江城的革命人民。无产阶级十分重视这个阵地。同样地,资产阶级也十分重视这个阵地。"决派"和《扬评》就张贴在这里。有那极少数的人对《扬评》爱不释手,就象那肮脏的绿头苍蝇见到腐败的血污一样。人们可以看到,在水塔下面,经常有几个游魂在那里游荡,他们歪着脑袋,咧着嘴巴,手捧下巴,一板一眼地细读着《扬评》的文章,十分得意地微笑,不是翘起大拇指连声赞绝:"高!实在是高!"少数无政府主义严重,或者被资产阶级派性迷住了心窍的人,也相当欣尝(赏)《扬评》的"造反劲头"和"气魄"。当然,《扬评》总是遭到绝大多数群众的严肃批判。

去年夏天,当利令智昏的"决派"小丑充分地表演了一番以后,曾思玉同志代表省、市革命委员会和武汉军区对"决派"及其喉舌《扬评》进行了严肃的表态,并且责成无产阶级专政机构先后逮捕了鲁礼安、冯天艾等"决派"头目。这以后,"决派"就悲鸣他们"没有民主""没有自由""没有四大",《扬评》就经常写文章向无产阶级要"民主",要"自由",要"四大"。他们打起这些旗号,是为了争得资产阶级的自由,争得合法地位,争得舆论的方便,争得放毒的市场,以达到推翻无产阶级专政、复辟资本主义的目的。

毛主席教导我们:"在阶级(斗争的)社会里,有了剥削阶级剥削劳动人民的自由,就没有劳动人民不受剥削的自由。有了资产阶级的民主,就没有无产阶级和劳动人民的民主。"[1]

---

[1] 引自《关于正确处理人民内部矛盾的问题》(1957年2月27日),《毛泽东选集》第5卷,第367页。

列宁也曾经指出："自由主义者自然只会讲一般的'民主'。而马克思主义者却永远不会忘记问一下：'这是哪个阶级的民主'"。

伟大导师的教诲都是在向我们讲明：民主和自由，从来都是有阶级性的。在人民内部，民主是对集中而言，自由是对纪律而言。在阶级社会中，有对一部分人的民主，就必定有对另一部分人的专政。古今中外，概莫能外。所谓"人人平等，个个自由"，那是资产阶级和现代修正主义用以欺骗群众的谎言，决不是社会的真实。

我国的无产阶级专政条件，保障了无产阶级和劳动人民最广泛的民主和最大的自由。但是，这个民主，只给人民，不给反动派；这个民主，是为了巩固和加强以毛主席为首、林付（副）主席为付（副）的无产阶级司令部的领导，是为了巩固和加强我们的无产阶级专政和社会主义制度。我们"坚决禁止对于那些反革命分子利用言论自由去达到他们的反革命目的"，"只许他们规规矩矩，不许他们乱说乱动。"在这个问题上，"决派"中的反革命分子好象振振有词，什么"你们压制民主"啰，什么"我们没有'四大'"啰，什么"你们用物质力量消灭我们"啰，什么"活哑巴（——指冯天艾)要说话"啰，如此等等。我们少数糊涂的同志听了这些反革命论调以后，也不能理直气壮，好象觉得自己有些理亏。你看，"压制民主"，"不给四大"，"不让说话"，多难听啊！这些同志主要是分（不）清人民的内部和外部这两个不同的范畴。有时候，那种资产阶级的博爱观竟使他们糊涂到同情"决派"以至替他们帮腔的地步。这是十分危险的。

"被物质力量'消灭'了长达九个月的《扬子江评论》"（这是他们的话，用我们的话说，就是被无产阶级专政取缔了九月之久的《扬评》），趁前一阶段社会上无政府主义和极"左"思潮泛滥的机会，又活动起来了。短短的时间，他们写了二十多篇反动文章，又放了许多的毒素。最近，广大的无产阶级革命派和革命群众乘贯彻中共中央七•二三布告的强劲东风，兴起了一个批判刘少奇反革命修正主义路线、批判《扬评》、批判无政府主义的新高潮。我们刚刚开始反击，"决派"一伙就不高兴了，他们的一些人竟然围攻、殴打进行革命宣传的解放军战士和革命群众。这是极其严重的政治事件。这也是"决派"一伙穷途末路的表现。我们一定要把这些乌龟王八的嚣张气焰打下去，把批判《扬评》的斗争进行到底，彻底肃清其流毒！

我们从同"决派"的长期斗争中，取得了这样一个经验："决派"中的反革命分子，和世界上的一切反动派一样，你不打他就不倒，你把他打倒了，他还力图爬起来再干。

《扬评》中有这么一段话："我们欢迎反对我们观点的人，也运用四大同我们进行辩论，如果有谁能够从理论上、实际上把我们驳得体无完肤，我们情愿戴上任何帽子。假若有谁要用强制的办法，用武斗的办法，威胁别人表态，把我们压下去，那么，即使我们在一个短的时期内抬不起头，那些镇压学生运动的人，到头来是要失败的。"

这是一段打着刘少奇、彭真一伙二月提纲里提出的"在真理面前人人平等"的破烂旗帜的文字。真理是有阶级性的。革命的人民从来没有想过要资产阶级的代表人物接受无产阶级的先进思想，要他们在马克思主义、列宁主义、毛泽东思想的光辉理论面前认输。同样地，我们不可能希望也不需要"决派"中的反革命分子在"理论上""实际上"认输。因为，"这些人中的死硬分子是永远不会承认他们的失败的。这是因为他们不但需要欺骗别人，也需要欺骗自己，不然他们就不能过日子。"至于他们该戴什么帽子，那是由不得他们"情愿"的。这段话中的"强制的办法"，大概就是他们所指的"物质力量"，也就是我们的无产阶级专政的铁拳吧！告诉你们——"决派"中的死硬分子，讨论辩论的方法、批评和自我批评的方法、说服教育的方法，对你们不适用。我们除了严肃的批判你们的反动理论以外，还要你们尝一尝无产阶级专政铁拳的滋味。至于说到"失败"的问题，那就看"历史的宣判"吧！

"历史上曾经出现不少妄想扭转历史的丑角，但是，这些丑角没有一个不是以身败名裂而告终。"汹涌澎湃的扬子江水终将把那些向革命洪流泼污水、抛垃圾的小丑，把那些逆潮流而动的"弄潮儿"席卷而去，奔腾着，咆哮着，永远向着东方，前进！前进！

根据阆中工宣队、革委会政工组 1969 年 10 月 8 日出版的《斗批改简讯》第 26 期刊印。

坚决捍卫新生的红色政权——省、市革命委员会

——二论彻底批判《扬子江评论》的反动思潮

（一九六九年）

湖北大学 卫红章

毛主席教导我们："世界上一切革命斗争都是为着夺取政权，巩固政权。"

在震撼世界的无产阶级文化大革命中，湖北、武汉地区的革命造反派和革命群众，坚决响应毛主席炮打资产阶级司令部的战斗号召，高举"对反动派造反有理"的大旗，向着大叛徒、大内奸、大工贼刘少奇及其在湖北、武汉地区的代理人王任重、宋侃夫之流，进行了猛烈地进攻，并取得了伟大的胜利。接着又击溃了"二月逆流"，粉碎了走资派陈再道制造的"七·二〇"严重政治事件。

"万里长江起宏图"。在伟大领袖毛主席的亲切关怀下，湖北、武汉地区的革命造反派和革命群众，紧跟毛主席的伟大战略部署，遵照毛主席关于革命大联合和革命三结合的伟大教导，迎着阶级斗争的大风大浪，于六八年一、二月相继成立了武汉市、湖北省革命委员会。这是毛主席革命路线的伟大胜利，是战无不胜的毛泽东思想的伟大胜利。

但是，省、市革委会的成立，决不是阶级斗争的结束，"失败的阶级还要挣扎。这些人还在，这个阶级还在。"[1]"他们也还会以各种方式从事破坏和捣乱"。一小撮阶级敌人把新生的红色政权——省、市革委会看作眼中钉、肉中刺，千方百计地进行破坏和颠复（覆）。《扬子江评论》就是一小撮阶级敌人妄图破坏和颠复（覆）省、市革委会，大造反革命舆论的工具。

---

1 引自林彪《在中国共产党第九次全国代表大会上的讲话》。

剥掉《扬评》反革命国家"理论"的画皮

伟大领袖毛主席说:"在需要夺权的那些地方和单位,必须实行革命的'三结合'的方针,建立一个革命的、有代表性的、有无产阶级权威的临时权力机构。这个权力机构的名称,叫革命委员会好。"毛主席还指出:"革命委员会的基本经验有三条:一条是有革命干部的代表,一条是有军队的代表,一条是有革命群众的代表,实现了革命的三结合。"[2]

然而,《扬评》却公开反对毛主席关于"革命委员会好"的光辉指示,胡说什么:"革命委员会只不过是一个各派派性大力被压的""极不稳固的""暂时统一体"。在这个"统一体"里,有"小资产阶级革命派",有"机会主义分子",有"无产阶级革命派"。"由这样的各派政治势力组成的临时权力机构","决不可能长久地维持下去"。鲁礼安更恶毒地说什么"现在中央批准的一系列革命委员会基本上可以说是折衷主义的产物"。他们还玩弄名词概念,说什么"叫革命委员会好"而不是"是革命委员会好",在"叫"与"是"上兜圈子,以此来攻击毛主席的"革命委员会好"的光辉指示。

"革命委员会好",是毛主席对马列主义关于无产阶级政权建设理论的新发展,是无产阶级专政历史经验的新概括、新总结。按照毛主席指示建立的"三结合"的革命委员会,把革命干部代表、革命群众代表和军队代表这三个方面在组织上紧密结合在一起,以便更加适应社会主义经济基础的需要,更加适应巩固无产阶级专政,防止资本主义复辟的需要。这种"三结合"的革委会,在它领导无产阶级和革命群众对于阶级敌人进行战斗中,已经显示出朝气蓬勃的强大的生命力。这种"三结合"的权力机构,因为有革命群众的代表,就使我们的无产阶级专政,深深地扎根于群众之中;这种"三结合"的权力机构,因为有军队代表,就更加强化了无产阶级专政;这种"三结合"的权力机构,因为有着具有丰富阶级斗争经验的革命干部代表、解放军代表与革命群众代表结合在一起就能更好地贯彻毛主席的无

---

[2] 转引自 1968 年 3 月 30 日《人民日报》《红旗》杂志、《解放军报》社论《革命委员会好》。

产阶级革命路线,更好地掌握和执行党的政策,正确地组织和带领群众前进。同时,在革委会中有新老干部一道工作,就能做到"使前辈人不脱离群众,使青年人得到锻炼"。这就使培养无产阶级革命事业接班人的工作,在组织上有了保证。"革命委员会好",已被实践证明是颠扑不破的真理。《扬评》攻击"革命委员会好"的陈词滥调,只不过是蚍蜉撼树,不自量力!

为了颠复(覆)新生的红色政权,《扬评》提出了一套蛊惑人心的反革命理论,歪曲马克思主义关于国家学说的基本原理。他们说什么全国各地普遍建立的革命委员会不是"正式的国家机构","正式的国家机构"还"存在于群众运动的伟大创造之中"。"一百多年后的中国人民,将会完成巴黎公社的先烈所未尽的事业",实现他们的所谓"巴黎公社原则",建立他们的所谓"武汉人民公社"。在这里,一向喜爱抄经袭典、貌似"理论"权威的《扬评》,暴露了他们对于马克思主义实则是一窍不通的。稍有马克思列宁主义常识的人都懂得,一八七一年巴黎公社原则,就是无产阶级要用暴力革命手段,摧毁资产阶级旧的国家机器。中国人民在伟大领袖毛主席的英明领导下,经过二十八年的长期战争,终于在一九四九年推翻了帝、官、封三大敌人的反动统治,建立了无产阶级专政的中华人民共和国,早已实现了巴黎公社原则。《扬评》采取歪曲巴黎公社原则的拙劣手法来否定我国的无产阶级专政,只不过暴露了他们是无产阶级专政的敌人。

所谓革命委员会不是"正式的国家机构",那不过是鲁礼安企图借"**临时权力机构**"这句话否定革命委员会的无产阶级专政机构性质,把矛头指向新生的红色政权的借口。偷换概念,是中外修正主义惯用的伎俩。我国的无产阶级文化大革命,是根据毛主席关于无产阶级专政下继续革命的学说,对无产阶级专政的国家机器,部分地进行革命,把被混入党内的一小撮"资产阶级代表人物"所篡夺的那部分领导权,夺回到无产阶级手里。在打倒了党内一小撮走资派之后所建立的三结合的革委会,更加强化了无产阶级专政,强化了无产阶级专政的国家机器。只有用心险恶的鲁礼安之流才否认这个客观存在的事实。事实上革委会这个国家机器早已执行了无产阶级专政的职能,已经对一小撮阶级敌人,也包括你们的头头鲁礼安、冯天艾、王仁舟之流在内，执行了专政的职能；连翻出现的革命委员会的鲜艳红旗，使祖国山河一片红，文化大革命取得了伟大胜利，各条战线呈现一派空前未有的大好形势，这难道不都是铁的事实吗？

《决派宣言》公开宣称他们当前的奋斗目标就是要由他们领导群众运动来推翻临时权力机构——革命委员会。狂叫只有"通过对临时权力机构的严重斗争，'正式的国家机器'才能坠到地上。""而'决派'则将在这场残酷的斗争中得到锻炼，上升为统治集团。"这就彻头彻尾地暴露了《扬评》的作者们所关心的根本不是什么"临时"和"正式"之类的名词概念，他们在这些名词上大做文章，不过是掩盖他们企图以"决派"取革命委员会而代之，登上"统治集团"宝座这一反动野心的障眼法。

为了实现这个罪恶目的，"决派"及其喉舌《扬评》还大力鼓吹"重新建党论"，要"重新改造，重新建设，重新组织"党。狂叫"决派"要"成为整党建党的基本力量"，成为所谓"统一战线"的"核心"，实际上起着"无产阶级政党的领导作用"。他们还大肆煽动抢枪歪风，鼓吹要"掌握武装"，建立农村"根据地"，走所谓农村包围城市，用反革命武装推翻革委会的道路，以便建立他们的所谓"正式国家机器"。

够了！《扬评》的反革命嘴脸已暴露无遗了！把推翻新生的红色政权——革委会作为奋斗目标，妄图以他们的反革命小派别取代伟大、光荣、正确的中国共产党，对毛主席领导的无产阶级专政的国家，实行"农村包围城市"，企图推翻无产阶级专政的中华人民共和国，这不是彻头彻尾的反革命吗？所谓"正式国家机器"，所谓"武汉人民公社"，只不过是资产阶级专政，法西斯专政的代名词，如此而已，岂有他哉！

粉碎《扬评》颠复（覆）新生的红色政权的反革命舆论

《扬评》为了达到颠复（覆）新生红色政权的罪恶目的，不惜颠倒是非，混淆黑白，散布谣言。他们[其]利用省、市革委会前进中不可避免的缺点错误，无限上纲，极力挑拨革命造反派以及革命群众与革委会的关系，煽动对新生红色政权的仇恨，说什么湖北"全面复旧"了、"全面复辟"了，说什么省党代会是"一个与党的八届十二中全会精神相对抗的，向革命造反派进行反攻倒算的总动员大会"，说什么省、市革委会"歪曲毛主席的政策，伪造经验，上欺中央，下压群众"；他们使用最狠毒的字眼咒骂省、市革委会主要负责同志是什么"有权有势的庞然大物"，"挥动着宰刀的屠夫"，"一手遮天独断专行的军阀"，等等。总之，在《扬评》的胡言乱语里，省、市革委会主要负责同志曾、刘、张、方根本不象《革命委员会好》社论中讲的那样的"人民解放军的优秀指战员"和"广大群众在斗争中识别和选拔的革命领导干部"，而简直是一批"十恶不赦"的"军阀""官僚"；省、市革委会根本不是我们伟大领袖毛主席指示的那样"**革命的、有代表性的、有无产阶级权威的临时权力机构**"和"**革命委员会好**"，而是彻头彻尾的"资产阶级专政"。这种论调我们并不陌生，其口吻和苏修攻击我国无产阶级专政是"军事官僚专政"何其相似乃尔！《扬评》中的一小撮反动分子对新生的红色政权按捺不住刻骨仇恨，咬牙切齿地发誓要和省、市革委会作"殊死战"，把它"消灭掉"，扬言"这个任务，毫无疑问地被放到了决派肩上"，"不是破釜沉舟，背水一战，就是屈膝投降，坐以待毙"。请看！他们的反革命立场何等鲜明！我们要老实告诉《扬评》中一小撮反革命政治狂人：政权，就是镇压之权，对于你们这伙无产阶级专政的死敌，我们就是要"有权有势"，"独断专行"，就是要挥动我们专政的"宰刀"，把你们打入十八层地狱！

对待新生红色政权省、市革委会的态度，决不是一个无足轻重的小是小非问题，而是马克思列宁主义、毛泽东思想的原则问题，是革命和反革命的分水岭。省、市革委会是新生的红色政权，是无产阶级专政的机关，是以毛主席为首、林副主席为副的无产阶级司令部批准的，是省、市革命造反派和革命群众在毛主席的革命路线指引下，同刘少奇及其在湖北、武汉的代理人王任重、宋侃夫、陈再道之流英勇斗争换来的，是毛主席革命路线的产物，是无产阶级文化大革命的丰硕成果。曾思玉、刘丰、方铭等同志是人民解放军的优秀指挥员，过去跟随毛主席南征北战，立下了功绩，在文化大革命中又立了新功。张体学同志是毛主席树立的改正错误的标兵。省、市革委会的工作，正如中共中央"五·二七"批示指出的:"武汉市、湖北省革命委员会于一九六八年一、二月相继成立后,做了大量的工作,取得了很大的成绩,就对斗、批、改来说也有一定成绩。这是运动的主流。"对曾、刘、张、方,对省、市革委会,我们必须信任,对他们的工作,我们必须大力支持,只有王、宋第二套黑班子孟夫唐、张华、刘真、王盛荣之流及《扬评》一伙,对新生的红色政权才抱有不共戴天的仇恨。

革命委员会是革命群众运动的伟大创举。它一出现就显示了强大的生命力。《革命委员会好》社论指出:"一切革命的同志应当爱护它,支持它。对它在成长过程中不可避免的缺点和错误,要善意地提出批评,帮助它不断地发展和完善。"广大革命造反派和人民群众正是这样做的。而《扬评》中一小撮反动分子却造谣诽谤,把省、市革委会的工作说得一塌糊涂,一无是处,甚至公开叫嚣要推翻它。毛主席教导我们说:"如若敌人起劲地反对我们,把我们说得一塌糊涂,一无是处,那就更好了,那就证明我们不但同敌人划清了界限,而且证明我们的工作是很有成绩的了。"《扬评》疯狂地反对省、市革委会,再次证明毛主席这一论断是千真万确的真理。

《扬评》反夺权的黑手

《扬评》为了达到颠复(覆)省、市革委会的目的,极力鼓吹所谓"监督"省、市革委会,他们的姊妹篇、以"曹思欣"署名的文章,就大肆叫嚣工代会"有权利"来"监督"省、市革委会,并荒谬地提出省市革委会要在工代会"监督下行使权力"。

毛主席教导我们:"我们的权力是谁给的?是工人阶级给的,是贫下中农给的,是占人口百分之九十以上的广大劳动群众给的。"[3]革命委员会的伟大生命力,就因为她"代表了人民群众,打倒了人民的敌人",因而得到广大革命人民群众真心实意地拥护。革命群众代表直接参加新生红色政权的三结合领导班子,就更从组织上体现了这一点,体现了革命群众对自己新生红色政权的信任、爱护、支持,体

---

3 转引自《红旗》杂志 1968 年第 4 期社论《吸收无产阶级的新鲜血液》。

现了"共产党基本的一条,就是直接依靠广大革命人民群众"[4]这个伟大思想。在这种情况下,《扬评》一小撮人叫嚷什么"监督革委会"是什么用意呢?显然,这不过是一个幌子,是一个阴谋,其实质是与新生的红色政权进行"严重斗争",从而使"决派""上升为统治集团"的一个具体的实际步骤,是他们企图颠覆红色政权所施放的一支毒箭,是他们野心毕露地实行反革命夺权而伸出的罪恶黑手,我们要坚决斩断它。

《扬评》所谓三代会首先是工代会"有权利""有义务""有责任"监督省、市革委会,所谓省、市革委会在工代会"正确监督下行使权力",实际上是鼓吹把三代会首先是工代会(实际上是以"曹思欣"等少数几个反动流派头目盗用革命组织工代会名誉的"工团")凌驾于省、市革委会之上,以便制造混乱,从中渔利,达到他们反革命夺权的目的。他们扬言工代会对省、市革委会的所谓"监督"仅仅是"最低要求",那么,他们的"最高要求"究竟是什么,其中所包藏的狼子野心不是昭然若揭了吗?

他们歪曲毛主席关于"**工人阶级必须领导一切**"的最高指示,胡说什么"革委会在工代会的正确监督下行使权力,是'工人阶级必须领导一切'的重要表现。"这就露出了他们修正主义的狐狸尾巴。马克思列宁主义认为,工人阶级领导是通过它的先锋队共产党的领导来实现的。脱离了共产党的领导,自发的工人运动,只能产生工联主义、工团主义。正如一九六九年五月二十七日中央首长接见湖北省、武汉市革委会代表时康生同志严肃提出的那样:"工代会凌驾于共产党之上,同志们要严肃注意这个问题,是原则问题,是关系到革命不革命的问题,不要轻视这个问题。工人阶级必须领导一切,但工人阶级的领导,必须通过共产党。工人阶级离开了共产党的领导,就不能直接担负起无产阶级所担负的历史任务,就不能成为一个真正的有觉悟的阶级。""工人阶级没有共产党的领导就不可能胜利。我们看到欧洲很多工人[阶级]没有共产党的领导,工人组织走到什么路上去呢?他们成了社会民主党。没有共产党领导,没有马克思主义、列宁

---

4 转引自《红旗》杂志 1968 年第 4 期社论《吸收无产阶级的新鲜血液》。

主义、毛泽东思想领导，社会（就）成为行会主义，就会成为工团主义，工联主义，就会成为托洛茨基主义，成为经济主义。"康生同志这一批判是对革命造反派和革命群众的深刻教育，是对《扬评》一小撮妄图实行反革命夺权的小丑们的沉重打击，彻底粉碎了他们的迷梦。

总之，在对待新生的红色政权——省、市革委会的态度问题上，革命造反派和革命群众同《扬评》存在着尖锐的斗争，这是一场严肃的阶级斗争，是捍卫新生的红色政权、巩固无产阶级专政还是推翻新生的红色政权、颠复（覆）无产阶级专政的斗争。《革命委员会好》社论指出："要警惕和揭露阶级敌人从右的或极'左'的方面来动摇、颠复（覆）革命委员会的阴谋。"因此，我们对《扬评》妄图颠复（覆）省、市革委会的阴谋，必须彻底揭露，坚决斗争！让我们高举毛泽东思想伟大红旗，斩断妄图实行反革命夺权的政治野心家、阴谋家伸出的魔爪，誓死捍卫新生红色政权！

根据1969年铅印传单刊印。

《"百舸争流"创立宣言》批判

(一九六九年十月八日)

征腐恶

《"百舸争流"创立宣言》,文章虽不长,而文字又晦涩,但仔细读下去,倒可以从中得到很多反面教益。《宣言》说,《百舸争流》的创立是"以勇敢战斗为宗旨,以谦虚求学为座右铭"。但是,对谁战呢?学什么呢?《宣言》说:"全国自上而下的复旧是一种必然",必须来个"全国各地自下而上的反复旧",企图否认全国的大好形势,煽动人们把矛头指向"三红",破坏毛主席的伟大战略部署。《宣言》切齿地贬低震撼世界的文化大革命仅仅是"思想启蒙运动",仅仅是"序幕",而所谓"反复旧"运动才是"最壮丽深沉的乐章。"他们利令智昏,说什么"可以乐观的预计,中国思想界在今后几十年内,将会出现一个活跃的时代"。什么"活跃的时代"?!难道不就是资本主义自由世界的同义语吗?!

显而易见,《宣言》的宗旨——"勇敢战斗",就是向伟大的毛泽东思想宣战,就是进攻以毛主席为首、林副主席为副的党中央,就是以它的所谓"新思潮"取代伟大的毛泽东思想,从而复辟资产阶级专政。"我们能容许他们这样干吗?不能,我们要粉碎这些牛鬼蛇神的阴谋诡计,识破他们,不要让他们的阴谋得逞"(林副主席语)。我们要将这股所谓"新思潮"彻底批深批透批倒批臭!

《宣言》在爱和恨问题上也表现了它的反动性。它恨伟大的中国人民解放军,它把无产阶级专政柱石和在"三支两军"工作中作出了伟大贡献的人民军队,污蔑为"复旧"的军队,说什么"由于军队、经济因素等方面的历史限制,复旧与反复旧的斗争将延续一个较长的历史年代。"它恨红色政权,它把省、市新生红色政权的主要负责人描绘成"挥动着宰刀"的"扼杀革命的屠夫"。它恨真正的无产阶级革命造反派,把他们说成是"机会主义的罪孽",把坚持毛主席的无产阶级革命路线而批判反动的思潮的人,骂做是"头脑简单""笨拙"的"赛马竞技"者。但是,对于一伙现行反革命和牛鬼蛇神,《宣言》却爱之甚深,怀念他们是"先驱者",为他们的"悲剧不断重演"而悲鸣,抱着他们的"血与尸体"恸哭。尤其是对现行反革命鲁礼安更是痛爱。可见,《宣言》说它是座右铭是"谦虚求学",就是向这些现行反革命"先驱者"学习。《宣言》的所爱所恨,证明他们这一伙是地地道道的资产阶级复辟分子,是一批唯恐无产阶级红色政权不乱不垮的反动家伙。

在《宣言》里,另一个突出之点就是,口口声声叫嚷他们才是"有志青年",是"开拓道路"的青年。其实,这批恶毒攻击毛泽东思想而宣称自己才是"有生命力的幼芽"的脚(角)色,正是修正主义苗子、"垮掉的一代",广大工农群众终将把这一小撮执迷不悟的分子扔进历史的垃圾堆。

伟大的无产阶级文化大革命正在以倒海之势涤荡着一切污泥浊水,那些至今不悟还踯躅在扬子江畔、对于"不尽长江滚滚来"的革命浪涛不在意的"弄潮儿",终将逃脱不了灭顶之灾的命运!

(征腐恶)

根据1969年铅印传单刊印。

顾建棠[1]同志在湖北省革命委员会扩大会上的发言

(一九六九年十月十七日)

我坚决拥护中共中央"九·二七"指示,并认真学习,落实行动。

中央"九·二七"指示是刺向反革命地下组织"北斗星学会""决派"及其反动刊物《扬评》的匕首,是砸开湖北、武汉阶级斗争盖子的精神原子弹,是推动湖北、武汉文化大革命的强大的武器,大长了我们湖北三千二百万革命人民的志气,大灭了一小撮阶级敌人的威风。

曾、刘首长的讲话,给了我极为深刻的阶级斗争和两条路线斗争的教育,使我擦亮了眼睛,提高了识别敌我的能力,看透了一小撮阶级敌人妄图推翻我们无产阶级专政的罪恶阴谋和狼子野心。

我坚决拥护曾、刘首长的讲话,拥护我们湖北省革命委员会对于"北斗星学会""决派"、《扬评》的一小撮阶级敌人实行无产阶级专政。十几天来,首长的报告讲话、同志们的发言给我以极大的教育,在文化大革命当中,特别是在七·二〇以后,我也是犯了很大的错误的,就在省革命委员会成立以后,曾经有两次反复,第一次就是去年的抢枪、派性斗争、"揪武老扬(杨)",把矛头指向人民解放军,我也参加了。再一次是今年的"反复旧"我也参加了,这两次都给我们全省人民、给武汉市人民造成了极大的损失,给革命和生产带来了不可弥补的损失。通过这次学习,深深感到主要是"私"字当头,派性发作,在这方面受了"决派"《扬子江评论》反动思潮的影响,致使自己一次又一次走上了犯错误的道路,对党和人民的事业犯下了罪过。我今天主要讲社会上的阶级斗争在我们省革委会内部的反映。

"决派"、《扬评》这一小撮反革命分子,他们不管耍用什么花

---

[1] 顾建棠,1931年出生,江苏海门人。1956年入党。文革前为长江流域规划办公室团委副书记、中共党员,文革中为"长办联司"一号勤务员、长办革委会副主任、湖北省革委会常委。1983年被判刑7年。

招,其根本目的就是妄图推翻无产阶级专政,搞资本主义复辟,也就是紧紧围绕着湖北省、武汉市的领导权掌握在那个阶级手里的大问题。毛主席教导我们,**世界上一切革命斗争都是为着夺取政权,巩固政权。而反革命的拚死同革命势力斗争,也完全是为着维持他们的政权。**

从一九六八年二月五日成立省革命委员会后,社会上的两个阶级的斗争没有停止过。在湖北、武汉广大军民同反革命地下组织"北斗星学会""决派"及其反动刊物《扬评》展开激烈斗争的同时,在我们省革委会内部,也反映了这场斗争。现将我回忆到的揭发、批判以下几点:

一、"决派"、《扬评》对我们新生的红色政权——革命委员会是刻骨仇恨的,它们在我们省革委会成立之后就讲"革命委员会是一个折衷主义的产物",要"摧毁"我们这个革命委员会。在去年三月,中央两报一刊提出了"三反一粉碎"的问题,当时,应该是粉碎社会上一小撮阶级敌人的翻案妖风,粉碎当时在武汉存在的所谓"优抚""甄平"这一类反革命组织,可是,在我们省革委会内部,有的人接过了这个口号,来实现《扬评》摧毁我们省革委会的目的,在省革委会内部大搞孙行者钻进铁扇公主内部的斗争。我记得在省革委会的多次常委会上,任爱生这个副主任,竟然不止一次的这样讲:"我们的干部、军队首长要对造反派有感情,屁股要转过来。要对叛徒、特务、走资派和老保要有刻骨的仇恨。"又说:"我们革委会怕就怕两条,一条就是怕革委会内部右倾抬头,一条怕造反派和平演变。"这些话,在"三反一粉碎"时讲的最厉害。胡厚民从来是很少来参加会的,(曾司令员:"三反一粉碎"在我们省革委会是有斗争的,我们是批判的,可是省革委会批判以后,没有通过,也没有实现,也没执行。批判以后,在省革委会里面没搞,可是做小动作的人在下面搞了。这次会议我参加各个小组,普遍反映。我们省革委会没通过,我们抵制了这种错误思想,反对这种"三反一粉碎",什么叫"三反一粉碎"呀!很明显,矛头就是指向三红嘛!批判这个思潮,结果,你上面不搞,他下面去搞,现在看起来在我们湖北省,造成了罪过。他们早就在下边搞小动作的,是普遍反映。你们回忆下,罪过不小啊!张体学同志:那次常委扩大会,在武汉军区礼堂,曾司令员作总结的,一边总结,他们一边发牢骚,说曾司令讲话一点新内容没有的,只会骂人。这个决议我们是不同意的。一直传到下面去了。)在这时候,胡厚民是抱着他的小山头不放的,很少到革委会来开会的,他在下面,利用他原钢工总名义,发表了一个"三·二八"声明,在这个"三·二八"声明当中,他有这样一个意思:首先要在革委会内部搞"三反一粉碎",首先要"粉碎"革命委员会。接着在军区礼堂召开的一次常委会议上,当时,胡厚民、方保林对于曾司令员的讲话是极不满意的,他们想在革委会纪要中,把他那种"三反一粉碎"的观点塞进省革委会纪要中去,但遭到了曾、刘首长和体学同志的严厉抵制。但就在这一天的晚上,曾司令员、刘政委有事没有来,体学同志来了,在这个会议上,大轰了体学同志,他们对体学同志说:"老账未清,又欠新债,当心你垮台。"在这个时候,任爱生又在背后说"姜一结合是不应该的,他是王、陈的黑干将"等等。就在胡厚民、任爱生搞小动作的思想指导下,紧接着就出现了揪斗姜一的情况。(张体学同志:那时常委开准备会,曾司令员、刘政委让我征求常委的意见,看有什么意见没有,我一征求,就轰了四个小时,轰的目的是:你张体学就不敢造反。我说:对呀,王任重的反我没造,我错了。再造那个你们讲,让我造曾、刘的反,我不干。我还准备第二次犯错误的,没造王任重的反,错了,大错特错。还让我造反,我说:我不上你这个当,你这个用意何其毒也!我是明白的。)在这时候,姜一同志被揪走了,在黄石、武汉游斗姜一同志,大街上"打倒姜一,揪出姜二"的口号出来了,"张体学是湖北复辟资本主义的总根子"大标语出来了。胡厚民曾经在背后讲,他说:"曾、刘是听张体学的"。其意思就是从姜一同志身上开刀,"粉碎"曾、刘首长和体学同志,接下去,四月八号的武汉市火把游行出现了,他们当时是说"武汉市的天还是黑的"。所以要打着火把游行。这时从理论上,从组织上,他们自上而下搞了许多所谓"三反一粉碎"的指挥部,搞了"三反一粉碎"的联络站。在宜昌就出现了刘德光揪斗军分区司令员,在武汉全市把站错队的群众和干部大批地进行游斗等一系列现象。结果,"三反一粉碎"他们根本没有粉碎阶级敌人的翻案妖风,更没有对那些黑手黑脚动一根毫毛，而是完全粉碎在省、地、县各级革委会的身上，把许多革委会搞成了瘫痪状态，实际上是借"三反一粉碎"的名义，实行《扬评》要摧毁革命委员会的目的。

二、"北斗星学会""决派"、《扬评》鼓吹要"打破行业界限"，鼓吹"加入钢工总，实现大联合"。

在武汉地区，根据中央首长周总理的指示，在曾、刘首长的领导下，经过了相当长时间的反复学习、斗争，成立了三代会，以工代会的形式实现了大联合，把"决派"所鼓吹的那套东西粉碎了。但是，他们的阴魂一直没有散，而且他们的阴魂在某些人的身上，带进了革委会内部。在省革委会内部胡厚民不止一次而是多次的鼓吹，说"要走上海工总司的道路"。他说："上海也毕竟是上海，上海有一个好干部张春桥，上海有一张好报刊《文汇报》，上海有一个好组织'工总司'。"言下之意说，我们湖北没有。这是什么意思呢？就是说我们湖北省革委会在曾、刘首长领导下，对于胡厚民他们那一些执行"决派"、《扬评》的意图，想粉碎革命委员会，代之以"决派"的"崭新的国家机器"，发展他个人的政治野心没有得逞，抵制了他，斗争了他的错误思想，他不满，所以他极力鼓吹。在省革委会成立后，他极力鼓吹在省、市各战线要搞系统的夺权，要从下面上来夺权。这个夺权，遭到了曾、刘首长多次的严厉批评，而且明确指示，不允许下面到上面来夺权。可是胡厚民根本不听，他还是按他的办法去搞，但他又变了一个手法，即搞自下而上的成立系统工代会，搞变相的夺权。我记得在四月上旬，钢工总总部来了一个人，有我，还有杨玉珍[2]、王舜[3]同志在，带着工人总部的介绍信，上面有工人总部的章子，上面讲请省革命委员会批准成立湖北省工代会。这个东西，我们交到办事组了。这种情况本来是极端错误的，可是，省革委会副主任任爱生，不但不加制止，反而大力支持。他说："下面到上面来夺权是可以的。"当时有两件事情：一件是湖北省邮电系统的，他们要自下而上的夺权，省革委会已明确表示不允许。可是任爱生在他们群众组织

---

2 杨玉珍，女，武汉钢铁公司机械总厂工人，"钢九·一三"负责人之一，省革委会常委。
3 王舜，湖北省地质局处长，省革委会常委。

头头来时,他表示:"是可以的,到省邮电局来夺权是可以的。"于是在省邮电系统形成武斗,一直搞不下地[4]。再一件是黄冈地区,任爱生当着黄冈地区一部分要搞自下而上的夺权的群众组织头头的面,支持黄冈地区搞自下而上的夺权,当时黄冈有个部长叫王振武,是坚持省革委会的指示,反对自下而上的夺权。当时谢华之[5]同志在那里,这样搞的王部长下不了台。黄冈地区革委会、黄冈军分区是反对这个自下而上夺权的,而任爱生是支持的。他们为什么要这样搞呢?这里有胡厚民的一段话,完全看出了他们的险恶用心。他讲:"我们把各条战线牢牢控制好了,实权在我们手里,曾思玉再有本事,也得找我。"这一语道破了他们完全实行了"决派"、《扬评》的意旨,向无产阶级进行反夺权的罪恶目的。

三、"决派"狂叫说:"不难想,一旦这威力不能够发挥出来的时候,革命委员会便将失去生命力,而被更新的东西所代替。"这段话是"决派"在革委会成立的前夕发表的。

我记得在省革委会成立后的两个半月的时候,即四月中旬,我们省革委会在曾、刘首长领导下,根据当时情况,要讨论发布一个维护社会秩序、加强无产阶级专政的通令,就是"四·一六"十条通令。这个通令在讨论时,大家一致认为是适时的,是必要的,这个通令的矛头确实是指向阶级敌人的,是打击敌人,保护人民,加强无产阶级专政,是反映了全省革命人民的革命愿望的。在讨论过程中,当时胡厚民这样讲过,朱洪霞也这样讲过,意思是这样:"收缴武器(因为十条中有一条收缴武器问题)的期限不要七天,只要三天就行,不缴者以反革命论处,解放军可以采取强硬的武装措施。"另一方面又讲:"光这个通令不行,要有相应的组织措施,否则,就不要发,发下去也不行。"这个通令发下去后,全省革命人民无不欢欣鼓舞,是坚决拥护的,认为这是省革委会成立以来的第一个通令,应该维护省革命委员会的权威。可是,不到两天功夫,也就是省革委会副主任朱洪霞同志和常委胡厚民,利用当时钢工总的名义,发了一个五条,与

---

4 下地:武汉方言,即"落实""搞定"之意。
5 谢华之,1946年出生。武汉大学外语系学生,"三司革联"一号勤务员、湖北省革委会常委。文革后受到审查。

省革委会"四·一六"十条通令分庭抗礼。不久武汉市革委会副主任吴焱金同志和省革委会常委潘洪斌同志也用工造的名义发了一个七条,这样一个五条、一个七条,完全破坏了省革委会的十条,这在实际上就实行了"决派"、《扬评》所说的"使革委会的威力不能发挥出来"。也就是那个五条和七条保护了一小撮阶级敌人,也就是那个五条和七条使一小撮阶级敌人逍遥法外,为非作歹,也就是那个五条和七条,破坏了省革委会的革命权威,是当时武汉人民所深恶痛绝的。"五·三事件",就是攻打新中原的大型武斗事件,就是这样发生的。为什么呢?就是因为钢工总五条规定当中,有这样一条规定:凡是我钢工总战士,不管是任何人,要抽查,没有得到它钢工总的允许,要按照他(它)的法律制裁。这就致使新中原事件发生。胡厚民的姐姐胡秀娟[6],还有朱洪霞同志的爱人朱爱华和肉联的陈明[7],也参加了指挥,胡厚民也是指挥了的。(曾思玉同志:有三个女将在指挥。)在这里,我要讲一下新派中的情况。在"五·三"那天,新派的头头有四十多人,在长办工程大学开黑会,这个会是由我、张立国、潘洪斌等背着省革委会,背着曾、刘首长和体学同志召集的所谓分析形势的黑会。在下午二点样子,新中原的头头陈茂祥[8]同志来告诉我们说:"钢工总攻打我们了,机枪都架好了。"当时我们要陈茂祥打电话告诉警司。在下午五点多钟样子,在已经攻打之后,我、张立国、潘洪斌三个人用电话向武汉警备司令部和军区三办施加压力,同时,我们又商量认为,动武,我们打不过,我们搞文的。这样就由严常[9]起草,写了一个有十一个组织联名的所谓严正声明,在这个声明中,就公开提

6　胡秀娟,女,1934年出生。胡厚民的姐姐,武汉市国棉二厂(一说是"三厂")图书管理员,"钢工总"工作人员。文革后因1968年中原机械厂"五·三"武斗事件被判刑5年。

7　陈明,女,武汉肉联联合加工厂工人,"钢工总"工作人员。在"两清"中受到审查。

8　陈茂祥,1935年出生。文革前为中原机械厂技术干部,中共党员,文革中为新中原"联司"一号勤务员、中原机械厂革委会副主任。文革后被开除党籍,关押3年,免于起诉。

9　严常,1942年出生。文革前为长办工程大学学生,共青团员,文革中为该校"长办联司"一号勤务员、长办革委会常委。文革后被判刑7年。2005年去世。

出了"武老杨""变色龙"挑动武斗，支钢压新，把矛头指向解放军的极为反动的论调。到晚饭前，新中原的陈茂祥同志通过长办的郑兆鳌[10]拿了三台报话机放在长办电话室，偷听解放军的指挥联系，并同他们在中原厂内的人经常联系。以后，新中原又在长办整理印发了新中原事件的调查报告。这个事情，我知道，也支持，张立国、吴焱金等也支持。随后，在五月五日，在新华工又开了一次黑会，成立了"卫三红"核心组，由张立国、龙铭鑫、潘洪斌、吴焱金、高玉泽[11]、傅廉[12]和顾建棠等组成，并出刊一张"卫三红"报纸。因此，作为当时的新派来讲，特别是我们结合在省、市革委会的群众组织头头，在"武汉问题在于警司支钢压新"的错误思想的指导下，所以在"五·三事件"发生以后，没有和省革委会和解放军站在一起，正确处理这个事件，而是对警司产生了怀疑，对军区施加压力，就是火上加油，推波助澜，把事态扩大了。这同样起到了分裂革委会的作用，也起到了把矛头指向解放军的作用，在这里我要负极大的责任。这个事件发生后，在新派中已有的"揪武老杨"的反动思潮更加抬头了，此后就发展到怀疑刘丰同志就是"武老杨"的恶劣地步了。回想到这里，我们是很痛心的，破坏了革委会的革命权威，分裂了革委会，把矛头指向了解放军。

四、"北斗星学会""决派"、《扬评》极力鼓吹抢枪运动。所谓"抢枪运动开始了"，记得是五月下旬，曾司令员从北京打了个电话找武汉的所有的重要头头，工总是胡厚民接的，华工是郭保安接的，明确指示，不准抢夺人民解放军的枪支，严肃指出，抢枪是错误的，是犯法行为。可是胡厚民等一意孤行，继续进行抢枪活动。五月二十七日中午到下午，在8199[13]师部楼上，当时有军区首长张玉华同志和体学

---

10 郑兆鳌，长江流域规划办公室行政处汽车队实习司机，"工造总司"勤务组成员，长办革委会副主任。
11 高玉泽，1945年出生。华中农学院学生，中共党员，"新华农"一号勤务员、武汉市革委会常委、共青团湖北省委副书记、中共九大代表。文革后被判刑5年。
12 傅廉，1930年出生。文革前为湖北省航运管理局科长，中共党员，文革中为"交通联司"一号勤务员、省交通厅革命领导小组副组长、省革委会委员。文革后被判刑4年，2012年患肝癌去世。
13 8199，驻扎武汉的支左部队陆军29师8199部队。

同志，召集我们研究如何贯彻曾司令员指示，如何制止抢枪问题。就在这时，公安厅的仓库的枪被抢了。这时，赵师长亲自组织解放军去劝阻，可是不行。赵师长说：枪是工总和二司搞的，不少战士被砖瓦块打的头破血流，我心中很难过。赵师长当时希望胡厚民出来做工作，可是胡厚民当时把背包在桌子上一拍，说："你知道吗，我钢工总战士被打，难道我不难过吗？就是要抢。"任爱生在边上加了一句："不要抢枪，干脆发枪。"在这样情况下，公安厅的枪不到几小时就被抢劫一空。当时体学同志、张玉华副政委还希望把胡厚民还有姜诗存[14]留下来，还要做工作，制止抢枪，可是他们根本不理睬，就下楼了。

胡厚民和任爱生的言论和行动和《扬评》所鼓吹的"人民武装的英勇尝试开始了，抢枪运动开始了"，完全是一脉相承的。就是在"决派""抢枪运动开始了"和胡厚民"就是要抢"的思想指导下，武汉抢了，湖北全省抢了，还派人到四川去搞枪。这都是执行了"决派"和《扬评》的意旨。

五、曾、刘首长多次在省革委会上指出："王仁舟是个反革命坏头头，在巴河一司搞的是反革命武装割据，是法西斯统治。"是明确的不止一次的给我们讲了。可是胡厚民在会上不表态，在会下却经常散布："巴河一司的新农村如何如何好啊！"我记得就是在处理"反复旧"的过程中，胡厚民还和我们吹："巴河一司的新农村就是好啊！房子整齐，田里长的稻子、麦苗好，武汉下去的学生，就爱上了新农村"等。你胡厚民这样吹是什么意图，为什么要这样吹？（张体学同志：巴河一司王仁舟，在逮捕王仁舟时开大会，曾司令虽讲了话，我们革委会有人在台上大闹了一通。）胡厚民这个话就是"决派"宣言中来的。"决派"讲巴河一司"住房实在阔气的与众不同，麦苗长的好好的"。你这样讲的目的不仅同省革委会唱对台戏，而且是明目张胆为王仁舟这个反革命小丑涂脂抹粉，为"决派"所鼓吹的所谓"革委会好，公社更好"的反革命舆论张目，为其要重建"崭新的国家机器"的反革命样板叫好。

---

14 姜诗存，"工总"作战部负责人。

六、去年六月十七号曾、刘首长从北京回来以后，部队团以上干部开会，传达中央精神，也就是那次点出黑手黑脚：王盛荣、刘真、张华、李迎希、卜盛光、李守宪这些人。六月十八日还没向各级革委会和全体群众传达，可钢工总得到消息了，在六月十八日零点武汉全城、在湖北全省都广播了，这是怎么回事呢？就是胡厚民出的点子，叫朱洪霞带着两个记录员，混进汉高[15]，然后朱洪霞出来，这两个记录员就在后面听着，记录下来以后，回去工总就开了会议，然后在全省大规模的开动宣传机器，制造和进一步挑起派性斗争，说什么孟夫唐、刘真、张华、李守宪都是新派的黑手……等等，想进一步挑起钢、新两派的斗争，诱使当时新派中"揪武老杨"的思想进一步发展，想把矛头再一次指向解放军，这个用心是非常恶毒的。他这样的做法是有他的根据的，这点胡厚民自己也讲过，说"林杰给他有这么几句话：路线斗争引导对方犯错误，政治斗争无诚实可言。"

曾、刘首长回来以后，点了武汉的黑手黑脚就是孟夫唐、刘真、张华、李守宪、卜盛光等等这一伙，点了以后，希望组织批判斗争。我记得有一次省革委会常委会开会前，胡厚民讲"这是死老虎"，方保林说"为什么不批判王任重呢？""对这个问题还有保留"。（张体学同志：什么死老虎哇！前不久还向中央写报告，为刘真翻案。）任爱生副主任至今还没有表态的。

七、在六八年反革命小丑鲁礼安被捕了，曾、刘首长在捕他前后，在省革委会经常向我们打招呼，有明确指示的，"鲁礼安是一个反革命分子"，把他的罪状也讲了。可是在这时，胡厚民怎么说呢，他散布说："曾、刘首长把鲁礼安打成反革命是牵强附会的，是不够反革命条件的。"任爱生也是不表态的。

有他的思想，也有他的行动，就在六八年六月二十五号，轰动武汉全市的一百多辆卡车的大规模的营救鲁礼安的示威游行。到六八年七月又策划把郭保安抓去，说要用郭保安替换鲁礼安。这些活动，都是在胡厚民一手策划下进行的。

八、所谓"反复旧"问题。"决派"、《扬评》鼓吹的"造反派受

---

15 汉高，即汉口高级步兵学校。

压论"在我们省革委会内部是得到一部分人的共鸣的,其中包括我自己在内。

我讲两个问题。第一,这次"反复旧"为什么钢新两派都搞了呢?通过学习,我认识到,钢新两派都搞"反复旧",实际上是以"私"字和派性为基础的,结成了一个所谓"反复旧"的暂时的统一战线,是统一在"私"字和派性的基础上的,而不是统一在毛泽东思想的基础上的,因此,这是一个暂时假相。

第二,在"反复旧"过程中,在我们省委革委会内部的斗争是非常激烈的。我自己是在四月中旬以后参加的,当时朱、李、吴的大字报[16]已经上街,他们的街头讲演已经搞开,我当时在思想上是同情,但不同意他们这种作法和这个口号。但由于我自己"私"字当头,在听了朱洪霞、吴焱金等同志的反复旧宣传后,加上自己在前一段被群众贴了不少大字报,认为工宣队把我当走资派、坏蛋来整,长办的大小头头也个个被轰,又听到其他一些单位的情况,也同我们长办类似,所以《扬评》鼓吹的"造反派受压论"在我的头脑中发生了作用,迷失了斗争的大方向,于是就到本单位收集"造反派受压"的材料,在省革委会内部大肆散布。在长办内部不但支持以工代会名义搞"反复旧",而且自己亲自跳出来动员群众起来反复旧。在四月下旬的一次常委会上,梁副主任主持的会议,希望大家冷静下来,认真学习"九大"公报精神,不要干扰毛主席的伟大战略部署。当时朱洪霞同志这样讲:"反复旧不是我们要反,而是你们搞复旧。去年的省党代会是搞复旧的信号弹。"又说:"曾思玉要把胡厚民打成反革命,就是因为胡厚民说了一句'曾老头'。"还说:"整胡厚民不是整他一个人的问题。"我记得当时张立国等同志不同意朱洪霞这个说法,抵制了这个说法,领导干部和部队同志支持了张立国同志的意见,反对了他的意见,朱洪霞当时说:"现在有人在我们内部制造分裂,当心。"又说:"搞小动作,其实他们搞小动作,比我们还搞的凶。"朱洪霞说:"不要上当了,几个老头子老是哄我们,把我们当小孩,他们拼命在

---

16 朱、李、吴的大字报,指1969年4月11日朱鸿霞、李想玉、吴焱金联名写的大字报《人类解放我解放,洒尽鲜血为人民》。这张大字报对压制造反派表示不满,为造反派叫屈。

后面搞鬼。根子在上面,你们不要在下面反,不怪工宣队、军宣队,主要在上面","现在清楚了是曾刘挑起了钢、新两派斗争。"随后又开了一次常委会:朱洪霞同志讲了武重的复旧情况和整祝孝先的例子,我也举了长办大小头头被整的情况。杨道远同志说,他的大标语比王任重的还要大。我说搞我的大标语从四楼挂下来,力图证明造反派受压。会后梁副主任找我个别谈话,我没有听进去。后来省革委会组织了调查组,其中有朱洪霞同志参加,他那天来了,他说:"我支持这个调查组,但是我不参加。"为什么呢?他说:"你们军队也不来个副主任,为什么我这个副主任要跟你们到各厂去跑?"当时这个组的干部有陈扶生同志,军队代表有黄怀运同志。可是这个调查组,由于我们的思想是"反复旧"的,所以到国棉一厂专找所谓复旧的例子,没有起到调查情况、分析问题、得出正确结论的作用。昨天听谢华之同志讲,是他亲眼看到的,朱洪霞那张大字报"人类解放我解放,洒尽热血为人民",他们写好后,交田国汉改过,据说这个标题就是田国汉加上的。在"反复旧"当中,"五·七"冲击省市革委会,什么"五·一一"决议,组织什么"工代会""工调团",这一系列活动都是有计划进行的,都是按胡厚民原来的布置进行的。再讲处理"反复旧"问题回来以后,批《扬评》为什么批不起来的问题。总理讲了,《扬评》是反革命刊物,要批判。朱洪霞同志讲:"那都是十八、九岁的小青年搞的","他们在武重那里还要和我们辩论",说没有什么好批判的,不同意小题大做。我看在反复旧中,朱洪霞同志的许多话,是出自朱洪霞之口,来自胡厚民之手。在"反复旧"和处理"反复旧"过程中,任爱生的表现是比较精彩的。第一件事情,就是"反复旧"高潮时,就是工代会的所谓工宣队围省革委会、冲市革委会那个时候,五月八日省革委会开常委会,对这个问题要表示态度。大家在会上表示反对,认为是错误的。可是,任爱生一直是不表态的,闷着抽烟,后来,我们就问他:"你表态呀,你要讲一讲呀!"他说:"唉!我……还考虑未成熟。"又说:"我没有态度,你们要强迫我吗?"第二个事,就是在工代会"五·一一"决议出来前后,确实是有丁家显、雷志茂[17]、王光照[18]到任爱生家里去的，这是赖不了的，为什么呢？这个汽车是武锅驻长办的工宣队员在我们长办要的，开车的同志是我们的司机叫梁华，我们有个常委郑成炎同志也去了，开始也不知道到那里去，随着去了，到那里后，他们进去了，其他的人不让进，问丁家显这是什么地方，丁说这是任爱生的家。在"反复旧"问题处理回来以后，任爱生还说"造反派受压"，像《扬评》说的一样，"全国至上而下复旧了"，他说："怎么不受压？我就受压。"这一次常委会上，他对黄陂斗批改指挥部群众给他贴的大字报，批判他错误的东西，不但不作丝毫检讨，而且采取恶劣的态度，猖狂反扑。（体学：机关对他有意见，我们给他做工作，叫他去接受群众批判。机关有个干部，去我们礼堂写了两张标语，我一发现，把任爱生批评了一通。到了黄陂，指挥部给他搞了一间房子，吃饭、洗脸都安排很好的。他是有抵触的，口里唱歌子："两个苍蝇嗡嗡叫"。）七月十三号，省革委会开党员干部会，这时候，以武汉市工代会的名义向省革委会写了一个报告，要求增补省革命委员会委员，其中就有这个反革命分子田国汉。还有工造的彭祖农，他们要参加会议。工代会写出这个东西来，不是偶然的，要分析，他们就是一方面以此来证明"反复旧"胜利了，就是胡厚民说的："我们输了一顶帽子，你们输了一套衣服"。就是说，要把这一帮子人塞进来，继续欺骗愚弄群众；第二个是把田国汉这个反革命分子塞进来，在省革委会内部，再搞复辟活动。这个问题要靠工代会主任、副主任揭发。这是有材料的，我看到了的。

省革委会成立以来，出现了两次大的反复，一次是去年的"三反一粉碎"、抢枪乱军，一次是今年的"反复旧"。为什么每次都是在省革委会内部首先得到呼应呢？为什么总是把矛头对向曾、刘首长和体学同志？为什么总是使省革委会处于内外夹攻呢？根子在哪里？我说就在革委会内部，我们省革委会内部，就是有"决派"、《扬子江评论》的代理人，否则怎么解释社会上阶级敌人向党进攻把矛头指向

---

17 雷志茂，武汉水利电力学院学生，"钢二司"成员，"二·八声明"的起草者。
18 王光照，1940年出生，湖北武汉人。武汉锅炉厂工人，毛泽东思想新武锅革命造反司令部（对外称"工总武锅兵团"）勤务组成员、武汉锅炉厂革委会委员。文革后被开除厂籍，留厂察看两年。

解放军时，在省革委会内有人配合得这样紧密呢？为什么省革委会在曾、刘首长领导下，遵照毛主席、党中央指示，要干什么，总是有人在内部对抗、干扰、阻挠破坏？可是"北斗星学会""决派"、《扬评》的反革命毒液又为什么总是有人在内部散播、响应、执行呢？要批判"决派"、《扬评》时，又为什么有人为它辩护？这就不难看出在我们省革委会内就是有"决派"、《扬评》的代理人。第二个就是"私"字当头、派性发作的同志，包括我自己在内，中了"决派"和《扬评》反动思潮的毒素，在省革委会内部起了分裂革委会、破坏革委会的作用，做出了亲者痛、仇者快的事情，帮了阶级敌人的忙，这个教训是深刻的。我感到我们省革委会内绝大多数的群众代表犯错误是"私"字当头，唯我独左，唯我独革，"派性"发作，但是同"决派"、《扬评》以及他们在省、市革委会的代理人的目的是不一样的。我们犯错误，我们坚决改正，尽管错误大，我们愿意接受批判，丢掉错误，坚决紧跟毛主席的伟大战略部署，把无产阶级文化大革命进行到底。但是，"决派"、《扬评》以及他们在省革委会的代理人不是那样，他们是有野心的，就是要摧毁新生红色政权，搞资本主义复辟。我们坚决粉碎这一小撮阶级敌人的罪恶阴谋，誓死捍卫新生的红色政权。

最后，我说一点，就是通过这次学习，对我有很大提高，受到了极为深刻的教育。在这两次较大的反复中所犯的严重错误，心情是沉痛的，对不起毛主席，对不起党中央，对不起人民解放军，对不起革命领导干部。光这样说不行，还要看行动。我表示今后要更好地学习毛主席著作，彻底改造资产阶级世界观，彻底粉碎"决派"和《扬评》那"三个反对""三个重建"，彻底肃清其流毒，彻底挖掉头脑中的"私"字，接受群众批判，接受群众帮助，重新回到毛主席革命路线上来，继续紧跟毛主席闹革命，永远紧跟毛主席，当一名真正的无产阶级的战士。

我还揭发一个事情。就是在我们小组会上，关于请王力来当主任的问题，这个事情是我在小组会上揭发的，当时胡厚民也在场，不吭气。怎么回事呢？就是"七·二〇"之后，具体时间记不清了，大约在六七年八月底，我从北京才回来，我们长办联司办公室的一个同志告诉我，他说："今天下午，在小东门政协那个房子里面，召集武汉各派的一号头头去开会,讨论重要事情。"我问什么事,他说不晓得。当时同我一道去的有三人。一到那里,看到会场有四五十个人,主持会场的是湖北大学的梅子惠,他说:"今天开个会。王力是支持武汉造反派的,我们对他是有深厚感情的,我们请他来当任。我们给毛主席发一个邀请电。"这个东西印好了,发给了大家。我问:"今天到底开什么会?为什么没看到华工、湖大、华农的同志来,为什么工造也没来,为什么他们都不来?"梅子惠讲:"我们请三新已经请了三次了,他们不来算了,湖大我代表。"我不同意,提了三条意见:第一,湖北有了曾、刘,何必要请王力呢?第二,既然是各派组织的,为什么华工、湖大、华农都不来?第三,你这稿子没有经过大家讨论,我们不签字。在小组会上我揭了这个问题,郑军[19]同志也提了。梅子惠主持这个会,到底是谁搞的呢?我不晓得。(曾司令:第一是要王力来,第二要刘建勋来,第三要袁振[20]来)。上午那个同志揭发以后,才知道是胡厚民叫刘兴隆[21]搞的,胡厚民就是不老实,在小组会上不老实。你还说什么要实事求是,不能无中生有,胡厚民在武汉无产阶级文化大革命中确实犯了滔天罪行,在六八年四月六日曾、刘首长布置你们工总、新华工、三司革联、二司抓黑手,为什么恰恰跑掉王盛荣这老反革命,你也不交代,现在还不老实,你胡厚民不交代,只有死路一条,必须交代你全部的活动。我说你实际上就是"决派"、《扬评》在我们省革委会内部的代理人,你就是他们派进来的,就是在我们内部搞孙行者钻进铁扇公主肚里兴妖作怪,就是搞实现"决派"、《扬评》彻底摧毁我们革命委员会的罪恶目的。

根据湖北省革命委员会1969年印发的铅印材料刊印。

---

19 郑军,湖北省委机关干部,"省直红司"一号勤务员,省革委会常委。
20 袁振,1917年出生,山东掖县(现莱州市)人。1964年5月,任山西省委书记处书记兼太原市委第一书记。文革中支持造反派。1978年12月,调到安徽工作,先后担任省委常委、省革委会副主任、省委副书记等职。
21 刘兴隆,武汉锅炉厂"工总"负责人。

胡厚民同志在湖北省革命委员会扩大会上的发言

(一九六九年十月二十二日)

我是犯了极其严重错误的人,今天我在这里,向毛主席请罪,向同志们请罪,向湖北省三千二百万人民和武汉市的人民请罪。

首先,对中共中央对武汉问题的"九·二七"指示,我表示坚决地拥护,无条件地,不折不扣地坚决照办,认真执行。

我完全拥护坚决取缔"北斗星学会""决派"等反革命地下组织及其反动喉舌《扬子江评论》。我完全拥护立即逮捕老反革命分子王盛荣和反革命分子鲁礼安、冯天艾、严琳、田国汉等,实行无产阶级专政。

我完全拥护曾、刘、张、潘首长及赵副司令员,在大会及在我们小组所作的重要指示。

这个会开了二十多天,对我来讲,是有生以来第一次。在大会期间,首长和同志们都对我进行了耐心帮助和教育,对我所犯的罪行进行了彻底的揭发和严肃的批判,同志们对我的揭发和批判,都是非常正确的。这是首长及同志们对我的最大爱护,最大关怀,最大挽救。我衷心的向首长和同志们对我的教育、帮助和挽救,表示衷心的感谢。

我这个人,犯了很多的罪。"七·二〇"以后,尤其是省、市革委会成立以后,可以说我没做过一件好事。一直是对首长的教导和同志们的帮助听不进去,置若罔闻,我伙同一些叛徒、特务以及反革命分子,干了不少反革命的勾当,破坏了文化大革命,破坏了大联合,破坏了革命的三结合,破坏了清理阶级队伍,破坏了"九大",破坏了革命委员会的一元化领导,破坏了"**抓革命,促生产,促工作,促战备**",犯下了累累的罪行。我是老犯错误,老挨批评,老不检查,老不改正,而且犯的错误一次比一次大,一次比一次严重,一直走上了犯罪的道路。对革命造成了极大的损失,对人民造成了极大的犯罪。而我对我所犯的错误和罪行，满不在乎，在首长和同志们面前，从来没有做一点自我批评。相反的，把自己犯的错误，把自己犯的罪，都认为是正确的，总认为自己最革命、最正确，一贯正确。我是个不见棺材不落泪，不碰得头破血流不回头，一贯坚持错误不改的死硬分子。但是，这次省革委会扩大会议给了我生平第一次最大的震动，我从来没有参加过这样的会议，从来没有这样震动过。在中央英明的指示下，同志们揭发出来我大量活生生的事实，揭发了我很多反革命的罪行。而且更为重要的是揭开了湖北、武汉地区特别是武汉地区"七·二〇"以后一直捂着的阶级斗争的盖子，也把我的面目暴露很清楚了。"七·二〇"以后，很多重大的事情，很多重大的疑案，一直没有把来龙去脉搞清楚。现在看来，通过这个会议，是搞得非常清楚的，一切事实都摆在我的面前，在这些客观事实面前，我觉得是应该向真理低头，应该低头认罪。我过去坚持的所谓正确，的的确确是错啦，全错光啦，的的确确是错光啦。我是已经碰得头破血流了，几乎是粉身碎骨了，已经陷入了反革命的泥坑。如果再继续滑下去，那就是自绝于党，自绝于人民。

经过这些天来同志们的帮助和教育，同志们的揭发，首长同志又对我进行了个别的帮助和教育，给我启发。我对过去犯的错误和罪行，以及我犯错误的根源、教训考虑了一下，我向同志们交待如下，供同志们对我继续进行批判和揭发。

我的主要罪行是：

一、破坏湖北、武汉的革命大联合和革命的三结合。

在这个会议之前，我对很多问题是不服气的。我一直认为我是正确的，是不错的。在革命大联合和革命三结合的问题上，在革委会的一些问题上，以及在"反复旧"的问题上，长期以来，我都是与曾、刘首长相对抗，一直不服气、不认错。我总认为是曾、刘首长破坏大联合，曾、刘首长破坏革命三结合，我认为我自己是正确的。直到这次会议以前都是这样认为的。现在看来，破坏大联合的，不是曾、刘首长，是我。曾、刘首长确确实实是促进大联合的，是促进革命三结合的，下面从事实来看：

第三部分

　　六七年,我们伟大领袖毛主席在视察了大江南北的时候,就教导我们:各地革命群众组织,要实现革命的大联合。当时我呢,对毛主席的教导,对最高指示,公然的违抗。而按照这些反革命的大黑手,孟夫唐、刘真、张华,以及《扬评》的反革命小丑鲁礼安,他们所鼓吹的"不钢则康""反机灭康""钢化江城""钢化湖北",什么"以工总为旗帜,实现革命的大联合。"(鲁礼安曾经在我们工总的报上发表过这么一篇文章,我的印象里是这样子。)当时我就很欣尝(赏)。在这个反动思潮的影响下,我觉得这个东西很合我的味道,所以,很合我的"以我为核心"的反动思想。于是,我极力地鼓吹和拚命地推行所谓走"上海工总司"的道路。(上海的工总司是完全正确的,我所鼓吹的武汉走上海工总司道路是和上海有着本质区别的。)什么叫走"上海工总司"的道路呢?说穿了,就是以大压小,即大组织压小组织,以强欺弱;大组织企图吃掉其他小组织,实行所谓"吞并政策"。今天在座的,很多都是武汉地区群众组织头头,对这是很了解的。为了扩张势力,为了"钢化江城""钢化湖北""钢化武汉",当时,我们就积极插手专县,拚命地扩张势力,在全省范围内自上而下的刮起一股"钢风",严重的破坏了"七·二〇"以后的大好形势,严重的破坏了各专县的革命大联合和革命三结合。更为恶劣的是,把曾经跟我们风雨同舟的战友、风雨同舟的兄弟革命组织,当时对于我们这一种错误的作法和反动思潮进行了抵制的新组织和不同观点的同志打成"老机",大搞所谓"反机灭康",顽固地推行唯我独"左"、唯我独革的"以我为核心"的所谓走"工总司"的道路的错误路线。更为严重的是,曾、刘首长多次给我们讲,而且给我们传达我们伟大领袖毛主席的最高指示,原文我记不清了,我记得曾、刘首长向我们传达了毛主席在视察大江南北对我们"工总"的一条最高指示,就是要我们"工总"不要发展太大了,大了你们领导不了。当时,曾、刘首长一再跟我们讲,一再地把毛主席的声音跟我们讲,但是我们对毛主席这个最高指示听不进去,对毛主席的话听不进去,对曾、刘首长的帮助和教育听不进去,背地里一意孤行,推行"以我为核心"。比如讲,当时搞了几个组织座谈,我觉得曾、刘首长支持不够,就对曾、刘首长不满。后来,为了推行"以我为核心",我和方保林一起做工作,强制中央点名（承认）的"九·一三"加入我们"钢工总"，实现大联合。当时首长和我们谈过，我们听不进，认为我们这样做是对的。我们开大会、游行，让"九·一三"加入"钢工总"，搞变相的"以我为核心"。我们的指导思想是这样的：武汉市"工总""工造""九·一三"三个大组织，我们两家先联合起来，这个领导班子核心就形成了，你再来，只不过是加一加而已。这样，就形成以两个组织为核心，吃掉"工造"。现在看来，这个做法也是很笨的，非常错误的。这种做法，只不过是变换了一种手法。其结果，不但没有促进大联合，反而导致了分裂。

六七年十月份，我们敬爱的周总理陪同阿尔巴尼亚的贵宾谢胡同志来汉访问，给我们的大联合、三结合送来了强劲的东风。总理当时明确的指出武汉的革命大联合，不走北京的道路，也不走上海的道路，要走武汉的道路，即走"三代会"的道路。总理的指示打破了我走"上海工总司"道路的企图，当时我觉得总理对武汉情况不了解，而对抗总理指示，继续改变手法推行"以我为核心"的错误路线。怎么搞呢？就是不象以前那样搞了，以前就是采取强硬的政策，让各个组织纷纷加入"钢工总"，实现大联合，达到"以我为核心"的目的。现在变换手法，不这样搞了。总理讲了，要走工代会的道路，这顶帽子不能丢，变换一下手法，接过按系统、按行业实现大联合的革命口号，大搞所谓的六条战线，即工交、财贸等，按战线实现革命的大联合，说穿了就是上面把几个无关紧要的人在市工代筹与"工造""九·一三"等组织搞马拉松会谈，下面我就去按战线集中大批人力，策动各基层尽快地所谓联合或成立革委会。这样就可以自下而上地把"工造"吃掉，等我们把对方吃得差不多了，再在市工代筹，以高姿态给他们几个席位，这样就可以达到我所推行的"以我为核心"的目的。当时我们还美其名曰地把这种作法叫做"汪洋大海"政策。但是，曾、刘首长高举毛泽东思想伟大红旗，眼睛很亮，正在我们搞得差不多的时候，下面的联合搞到百分之七十到百分之七十五左右的时候，正当我醉心于大搞"汪洋大海"政策搞得起劲的时候，曾、刘首长一眼就识破了我的阴谋，就把我弄到空字〇〇六雷校办学习班，当时我不愿意去，很抵触，后来是人去了，但心不在那里，即使在那里，也是吊儿郎当，遥控家里，而且晚上也跑出来到处煽动，后来曾、刘首长紧跟毛主席的战略部署，日以继夜的蹲在雷校，亲自主持会议，耐心做思想工作，我记得刘政委跟我谈了，专门找我谈，刘政委对我帮助教育很大，专门给我写了个条子，对我抱有很大希望，让我在革命大联合、三结合中起一定作用。但现在看来，辜负了刘政委对我的希望。在曾、刘首长和警司首长领导下，终于实现了武汉地区工人组织的革命大联合。这样一来，我就很不满，没有按照我那个办法办，我就对曾、刘首长很不满，觉得我苦心经营的山头，顽固推行的"以我为核心"的阴谋鬼（诡）计，就宣告破产了。当时，我对曾、刘非常不满，觉得在武汉、湖北地区，就应以"三钢"为主体，我认为"三钢"在武汉地区来讲是真正的革命左派，曾、刘首长就应以"三钢"为主体，去团结其他的人，因为我觉得"三钢"是以大型厂矿的产业工人为主体的，而他们都是些卖饼子、油条的合作企业的手工业工人或小工厂；"钢二司"是以学生为主体的，头头就是几个学生；"三新"组织里有很多教师，甚至认为他们是属于小资产阶级范畴的。所以，我觉得曾、刘首长应支持、依靠我们，而通过我们去团结他们，但是曾、刘首长在两派之间搞平衡，我非常不满。加上我们在"七·二〇"以前是受压的，坐了牢的。而新派是犯了错误的，他们帮助陈再道整我们的材料，压了我们的，他们不能算真正的革命左派。所以在武汉地区搞大联合就得以"三钢"为主体去团结"三新"，实现大联合。然而，曾、刘首长老是不支持我们这样做，老在那里搞平衡政策。当时，我对曾、刘不支持我搞"以我为核心"，心怀不满。六七年十二月，工代筹搞成以后，当时，我的情绪非常不好。方保林在二司也是这样搞，日日夜夜的搞。我在工总也这样搞。当时我们两个苦心经营，日日夜夜组织一班人马，专搞"以我为核心"。我亲自跑到"三司革联"，想动员"三司革联"加入"钢二司"。我们苦心经营，辛辛苦苦。但是，曾、刘首长不支持，所以很不满。我曾牢骚满腹地讲："曾、刘就是遮住了太阳，挡住了春风。"（是在工总勤务组办公室里讲的）现在看来，证明了曾、刘、张在钢新两派大联合时，真正是按毛泽东思想办事的，的的确确是一碗水端平了，的确不是亲一派，疏一派的。所以说破坏武汉地区大联合的不是曾、刘，是我,我是破坏湖北、武汉地区大联合的罪魁祸首。在开会以前我并没认识,现在才认识到的。

在大联合问题上是这样,在革命三结合的问题上,也是这样。实现大联合以后,曾、刘首长紧跟毛主席的伟大战略部署,日夜奔忙,筹建省、市革委会。在这个问题上,我也犯了很大的错误和罪行。正当曾、刘首长为筹建省、市革委会而奔忙的时候,一小撮阶级敌人,如孟、刘、张之流,也纷纷出动,他们四处串联,八方活动,想尽一切办法,利用一切机会,妄图钻入新生的红色政权,与曾、刘大唱对台戏。早在六七年十一月份,刘真、张华通过我们"钢二司"干部组的胡震宇,把我和张耀忠找到刘真家去过一次。当时在场的有朱涵珠[1]、杨春亭[2],孟夫唐是后来的,据说他是从张耀忠那里作了报告回来的。当时主要是刘真这家伙讲,据我回忆,他主要讲了三个问题:

1. 刘真反复的强调了(因为当时是省、市革委会成立之前,这家伙凭着他反革命的臭(嗅)觉,很懂得政权的重要性)干部在政权中的重要作用,他说:"你们群众组织代表,在革委会中各方面都不熟悉;军队代表,过去是在军队中工作的,他们对地方也不熟悉;只有这些地方干部,他们对过去的旧省委最熟悉,他们各方面的经验都很成熟,所以干部在政权中很重要,你们应该重视这个问题。"

2. 刘真批评了我们"三钢"对干部工作不重视。在这之前,我们对干部工作确实不重视,因为我从文化革命以来,我就有极"左""怀疑一切"思想。开始筹建工人总部的时候,只要工人,不要干部,对当权派有点怕沾边。他说:"我们的干部工作,抓的不如新派。"当时我听了以后,觉得还是很有道理的。

3. 他讲:"现在要成立省、市革委会了,那些干部是站在造反派这边的,群众不了解,你们要造舆论。"就是为他们这些人造些舆论。为他们钻进红色政权做准备。这是我第一次见到这伙家伙,当时主要是刘真主讲,讲的有条有理。我觉得讲得很不错,给我的印象很

---

[1] 朱涵珠,武昌区副区长。
[2] 杨春亭,1921年出生。1940年8月入党。宜昌市委第一书记,支持造反派,1968年1月任武汉市革委会副主任,曾加入省直机关造反组织"省直红司"。2011年6月去世。

深。当时我觉得刘真这个人很精灵,肚子里很有点货。这次会以后我基本上按刘真的办了。也就是从这时候起,我开始认识到干部在政权中的重要性。所以当时我几乎全部时间专门抓干部工作。又专门派张耀忠和方斌亲自住十三号,主管这方面的工作。同时,也按照刘真的黑指示,给他们大造其舆论,当时我们工总报上就专门特约了任爱生、杨春亭、吴允恭等人写文章,在报纸上发表了。而且到后来,又在《工总简讯》上把所谓"左翼革干联"的站在钢派一边的干部排起来大吹了一通。为这些叛徒、特务、反革命分子涂脂抹粉,大吹特吹。这些都是我亲手布置的。现在看来,我们当时吹捧的所谓站在钢派一边的干部,大多数是些坏蛋。

一九六七年十二月份,在洪山宾馆,又和孟、刘、张等开了一次黑会,首先是俞涛找我们,参加的有朱洪霞、夏邦银、张耀忠、方保林、胡震宇等人。我们先到孟夫唐屋里,孟病了,我们就走到洪山宾馆。当时还有祝孝先吧,是俞涛主持会议。这个会是地地道道的阴谋反夺权的黑会。这次会使我中毒最深,也是我犯错误的一个原因。会上,反革命黑手刘真提出了一整套阴谋反夺权的黑纲领。我初步回忆大体是这么几个方面:

(一)使我印象最深的,也是我这回犯错误的一个根源,就是刘真讲的关于张体学同志的问题。张体学到底能不能回来结合,他们对这个问题非常重视。而且比较系统的、比较详尽的把张体学同志大肆污蔑了一番。刘真全面介绍情况,从张体学的各方面一直讲到生活上。而且,那个许金彪,他自称是最了解张体学的,在会上花了很长的时间,介绍了体学情况。使我印象最深的,中毒最深的,就是他们反复地多次地强调说:"体学这个人,最爱报复打击"。说他报复打击最严重、最厉害,在他手下的人哪,报复打击了不晓得几多。这点给我印象最深。所以,后来一直怀疑体学同志报复打击、整我们。许金彪讲了许多事情,证明了刘真讲的所谓正确性,也大骂了一通张体学。他们说,要是张体学回来了,他们一定是没有好日子过的。当时,刘真讲体学同志报复打击还举了些例子。我听了他们的话中毒很深,当时觉得刘真讲得很有道理。我觉得运动初期我们造了他的反,斗了张体学,这样,难道他不记仇吗?刘真说体学同志报复最严重,我想这件事很复杂,到时候他不整死我们是好的。所以我们对体学同志在脑子里就构成了这么多框框,定了这么个调子。在省、市革委会结合体学的时候,毛主席已经讲了,当时我心还是有自己的想法。到后来,新华工又在社会上公开贴出要坚决结合体学同志的声明,当时,我资产阶级派性很大,我想:你们新派要保的话,我非要反;你新派要结合,我们就非不结合。当时根本谈不到党和人民的利益,根本没有考虑到毛主席的伟大战略部署,正好上了刘真这些家伙的当。刘真关于体学报复打击的这番话,给我中毒最深。

（二）刘真提到省、市革委会结合的干部问题,他说:"湖北省站出来的干部不多,这是特点。站出来的大干部不多,这也是一个特点。"所以,他提出建议:省、市革委会的干部要通盘考虑。他说:"省里的可以到市里结合,市里的可以到省里结合,通盘考虑。"而且他还说:"省、市革委会成立以后,军队的干部,曾、刘首长是管大军区的,是管两个省的,更多方面是管军队。加上曾司令员是从沈阳来的,对湖北情况不了解。刘丰政委呢,过去是空司的,也对地方工作不熟悉。群众组织代表呢,是从下面来的工人,对过去这个上层建筑也不大很了解。所以,将来的实权还是在地方干部手上。"所以他提出,省、市结合干部要通盘考虑,他建议:"杨春亭到市里结合。"杨春亭过去是宜昌地委书记,他好象举了那一个地方的例子,说明地方干部也可以到市里结合。而且说了武汉市的重要性。他说:"过去王任重就是以武汉市为实权,把武汉市抓好了,就等于湖北省抓好了。所以王任重过去把他的心腹宋侃夫这些人安排在市里面,他就可以直接控制武汉市。所以武汉是非常重要地方,是实权单位,要非常注意、要慎重。"所以,他提出,杨最好在市里担任第一把手,杨有山[3]、谢定杰、吴允恭做他的左右手,就可以控制实权。省里,刘真讲:"任爱生担任第一把手,是当之无愧的,是很有影响的。连我们都不敢反对的。另外,张华可以给老任当助手,张华在省里过去是很有工作能力的,过去省里的实权实际控制在他手上。以前王任重是很喜欢张华的,说他的工作能力强,人也很聪明,也很能干。王任重每

---

3 杨有山,山西临汾人。文革前任武汉市电信局局长,文革中任武汉市电信局革委会副主任、毛泽东思想武汉市革命干部造反联络站（左翼）核心成员。

次到北京或到中南局开会,总是把张华带去,他是个好干部,他要是结合了,是老任的一个得力助手。"接着他一一分工。比如卜盛光搞政法,杨锐管工业等,讲了很多。刘真都介绍了一番以后,不好讲自己,他就说:"至于我嘛,就不考虑结合了。我的身体也不好……",后来说完,张华马上起来讲,把刘真大吹了一通,说刘真这个人"精明强干、工作能力强,非要结合不可,他工作经验很丰富,结合到省里管党政方面的工作,也是任爱生的一把好助手。"他们就这样互相吹吹捧捧,把任爱生抬在前面,刘真、张华美其名曰地做老任的左右手,实际上就达到了他们阴谋篡权的目的。有些人虽然对他们的方案有些看法,但是,后来我基本上是按照这个黑指示办的。

(三)刘真又讲:"我们在座的都是'钢派'的干部。'新派'在武汉势力不大,'钢派'在武汉是占绝对优势。因此结合到省、市里的'钢派'群众代表和站在'钢派'这边的干部,当然应是占绝对优势。"刘真他当时估计:站在"新派"那边的干部不多,但我们要认真对付,第一、二、三把手和主要部门一定要掌握在"钢派"干部手里,估计"新派"要争的,省里估计"新派"会把孙德枢抬出来,市里可能把薛朴若抬出来。对他们要引起重视,认真对付。反正我们"钢派"干部多,"新派"干部少,我们采取硬拚的办法一个拚一个,拖住不让,任爱生拚孙德枢、杨春亭拚薛朴若,最后让曾、刘首长出来合(和)稀泥,到最后不把孙德枢和薛朴若拚掉至少要把他们拚成个次要地位。

会后,我们基本上就是按照这些黑手黑脚的黑指示办的。在结合省、市革委会的干部会议上,我们就是这样干的。

在讨论市革委会结合的会议上,张耀忠亲自出马。钢二司是方保林挂帅,"九·一三"是李想玉。我们非常重视这一件事,其它都放手不管。我们认为这是一场攻坚战,这一仗非要打好不可。当时我们"钢工总""钢二司"带了一批精悍人马,组织了一个庞大的机构。把二司各个总部的头头,比方刘汉武[4]、周洪信、陈大炮等精悍人马,我们认为这是一场大仗,要慎重对待,分成三个组:(1)把那些能说

---

4 刘汉武,1944年出生。武汉机械学院学生,"钢二司"司令部工作人员,武汉钢铁学院革委会委员。2006年5月去世。

会道的，善于诡辩的人组成谈判组。专门和他们扯皮、谈判，比如钢二司的周洪信，他是会说的，一张嘴巴把死人都说成活的，这些人都是经过斟酌的，把他们组成一个班子。(2) 把三个组织里搞干部工作的人，由俞涛、胡震宇负责，组成一个材料组，这个组也组织了一批能说会道的，不要讲稿，可以把一个干部的工作等问题能够从头到尾滔滔不绝的一下子拿出来。我记得，当时曾司令员听了钢二司洪涛的，那嘴巴会说的很，把薛朴若说得一钱不值，他不要稿子能够讲三个小时，干部的家庭出身和××年××年他背得烂熟。（曾思玉同志插话：现在在那里呀？）他已分下去了。还有一个小马也是会讲的，他们是从头到尾都搞一个人的专案，他对这个人很熟悉，不要讲稿就能背出来。当时和华工三办的主任辩论，他辩不赢我们。我们当时在旁边就很欣尝（赏）。(3) 组织舆论组，在外面造舆论，随时报导会内情况，做到内外结合，以便迷惑人心。我和方保林、张耀忠、李想玉全面负责幕后操纵，我们专门讲高姿态的话，吵嘴扯皮的事他们讲。就在市革委会三结合问题上，仅薛朴若和杨春亭的问题，一直搞了八天八晚上，那时看着方司令和张昭剑政委瘦的很厉害，一直是日日夜夜的在那里搞，大会开完了开小会，小会开完了一个个找我们个别谈，一个组织里头，这个头头通了那个头头不通还不行，当时我们抱得很紧的山头主义、宗派主义相当严重。一个拚一个，一个卡一个，有的一边要打倒，一边要结合，一边要结合当一把手，一边不同意结合。比如结合薛朴若的问题，"新派"死要坚持他当第一把手，我们坚决不同意结合，两派悬殊很大。方司令、张政委那时为这个问题伤透了脑筋，那时很尊重我们的，给我们做工作，距离相当大，怎么办呢？最后拚材料。当时我们认为我们那是"核武器"，洪涛是专门研究薛朴若的，一个人讲两三个小时，最后把华工三办的主任讲得没话说。最后还是方、张首长日以继夜的给我们做工作，我们这才让了一步，那时认为我们姿态很高，我们是顾全大局，同意薛朴若最多结合一个委员，到最后还不能下地，就请曾、刘首长定，这才叫薛朴若结合为常委。这个硬拚的办法，就是按刘真说的办的。破坏了革命大联合，拖迟了市革委会的建立。这个问题上我是罪魁祸首。当时我认为我是对的，一直到这个会之前，我认为我是对的，唯我独革，唯我独"左",我们"钢派"的干部不管他是好人、坏人,是反革命,还是叛徒,只要站在我们这边来了,就是好人,就是我们的人,想尽千方百计弄上去,花一切代价弄上去。现在看来,我做了那么些蠢事,把这些干部弄上去,这些人确确实实无德无才,要是他们真掌了权,那真不得了,比如任爱生吧,我们过去对他抱了蛮大的希望的,以前不了解他,现在大家清楚了。我觉得有些失悔,过去七争八争,争到口水流了,黑汗直流,搞得日日夜夜,还是那么回事情。通过实践证明,中央还是很英明的,中央点名结合的几个干部,那确实高举毛泽东思想红旗,有工作能力的。现在才认识这个问题,要是那些人掌权,那武汉市真是不得了。

市革委会的协议达成后,孟、刘、张这一小撮阶级敌人看见他们的阴谋未得逞,就急痛难耐地跑到蛋厂找我们,企图在滨江饭店直接指挥,点名要我和方保林去,虽然我们当时没有去,但我们仍然按照他们原来的黑指示,死卡孙德枢同志,加上当时黄石的炮轰派也来极力反对,我们又发表了打倒孙德枢的《严正声明》,严重的破坏了当时的协商,曾、刘、张一直陪着我们搞了十天十晚上。后来一直没有把他搞下来。后来曾、刘到中央,传达了中央的精神,省革委会才成立,一直拖到这样的程度。严重的破坏和推迟了省革委会的建立。

现在看来,真正促进革命三结合的、积极筹建革命委员会的是曾、刘首长,方铭同志、张昭剑政委、军区和警司的同志。破坏大联合、三结合的是我们,主要是我,罪魁祸首是我。过去我把这些账倒打一耙,都说成曾、刘首长。主要原因,我是感到曾、刘首长不支持我们,不支持我搞"以我为核心",以我们为主体,老合(和)稀泥,搞平衡政策,所以,破坏了大联合、三结合,破坏了毛主席的伟大战略部署,犯了极大的罪。这些问题,过去我都不服气的,我过去从来没认过错的,都认为我是对的,现在我服气了。

二、破坏革委会,架空革委会,破坏革委会的一元化领导。

在这次大会以前,我一向认为,破坏革委会一元化领导是他们(指曾、刘首长)。不是我们。搞反动的"多中心论"也是他们,也不是我们。架空革委会的还是他们,不是我们。现在实践证明,通过同志们揭发,现不站在一派上考虑问题,过去老从钢派这方面考虑,不从新派考虑,现在钢、新两派联合起来,对过去武汉阶级斗争盖子揭开以后,站在党性立场上把问题揭开以后,我才认识这个问题,也是开始认识,破坏革委会的不是曾、刘首长,而是恰恰相反,曾、刘首长维护革委会的一元化领导,而我是破坏革委会一元化领导,架空省、市革委会的。事实上也是这样的。

省、市革委会成立以后,按照毛主席的教导,应该是巩固和发展革命的大联合和革命的三结合,这是当时的大方向,而我呢?作为省革委会的常委,不到省革委会值班,作为工代会的主要负责人,我不到工代会工作。而是背离毛主席的伟大战略部署,到处躲躲藏藏,东跑西窜,纠结一批势力,苦心经营自己的小山头,与新生的红色政权分庭抗礼,大唱对台戏,破坏了革命的大联合、三结合,破坏了革委会一元化领导。破坏了省、市革委会的革命权威。

一九六八年春,我们接过了"三反一粉碎"的革命口号,制造分裂,鼓动派性,煽动抢枪,挑起武斗。在这次会议之前,我也是没认过错的,我认为武斗也不是我挑起的,抢枪也不是我煽动,分裂也不是我制造的,恰恰相反,挑动两派打起来的是曾、刘首长。说了很多污蔑曾、刘首长的话。武斗新派挑起来的,不是我们搞的。我记得很清楚。当时,曾、刘、张紧跟主席的指示,在革委会召开的扩大会议上统一省革委会委员和各地区的同志对当时形势的看法,曾司令员作了报告,并发表了会议纪要。当时对那个会议不满意,主要是我和方保林。当时我们认为"三反一粉碎"主要是反右倾,我们认为右倾主要是来自省革委会,来自于上头。但是省革委会没按我们那样办,所以我们说曾司令员的报告是右倾报告,那个纪要是右倾纪要,我和方保林还恶狠狠地轰了一通体学同志,当时我们认为右倾就是来自省革委会,还美其名曰:"你们(指曾、刘、张)不抓阶级斗争,我们来抓。"把自己凌驾于省革委会之上,凌驾于曾、刘首长之上,自以为是,自作聪明。于是我们与省革委会、与曾、刘首长分庭抗礼。那次会议以后,我们很不满意,回去我就搞一套,也没到工代会去搞,就回到自己小山头里面,带着大批人马,挂着所谓抓阶级斗争这个招牌,接过"三反一粉碎"的口号,组织所谓调查组,到各基层单位、各大区调查所谓阶级斗争的新动向。我们走了七、八个区,事实上就是把矛头指向站错队的群众,站错队的干部,就是调查所谓"老保翻天",并发了所谓"三·二八"声明。就是这个声明,大反革命领导干部,把矛头指向新生的革命委员会,成立了好几个专案组,到处收集材料,扬言要从省、市革委会里揪出薛(朴若)、李(长根)[5]、孙(德枢)、姜(一),这几个人我们都设立了专案组,组织了专门调查,破坏革委会的一元化领导。当时对孙薛若有专门情况调查组,到了很多地方调查。李长根也专门调查过。尤其是姜一同志,这是我们搞得最厉害的,那是我支持的,从经济上到各方面都支持,其实我们勤务组当时还是有不同意见的,但我和方保林很一致。为了说服勤务组的人,请姜一专案的张群英介绍情况,她不要稿子,从头到尾把姜一的问题讲出来,很容易迷惑人,不了解情况的人,一听她介绍情况,就要打倒姜一。最后对姜一同志印报纸,是我签的字,给的纸,并向中央汇报了情况,是我同意盖章子的。揪的时候,我不太了解,据说是方保林,我是赞成这个事情的,使姜一同志受了很大委屈,在这里向姜一同志赔礼道歉。在我们的影响下,"新派"当时也揪革委会的四个。揪任、杨、杨、赵吧,即任爱生、杨春亭、杨有山、赵文华[6],这样一揪四个,革委会就垮台了。就是这个声明,大反所谓右倾翻案,不是把矛头指向一小撮牛鬼蛇神,而是指向广大群众,当时整个武汉市打火把游行,把站错队的同志,戴着高帽挂着黑牌游行,搞得整个江城乌烟瘴气,一出来就是几十或百把辆车子,又一次对一度站错队的广大群众实行了骇人听闻的白色恐怖、实行惨无人道的迫害。破坏了工人阶级的团结。当时曾司令员还发了脾气,因为我们把车子都控制了,武汉市当时没有米吃,调不进来,但曾司令员讲了几次,我们无动于衷。给武汉抓革命、促生产及人民生活造成极为严重的损失。就是这个声明,大反所谓"老机",把矛头又一次指向革命群众组织,指向风雨同舟的亲密战友。我们到处大作报告,大搞广播演说,鼓吹"反机灭康""杀鸡喝汤",把风雨同舟的战友"新

---

5 李长根,文革前任四机部直属中南机械厂党委书记,文革中支持造反派,1968年1月任武汉市革委会副主任。
6 赵文华,恩施地委第一书记。

派"打成小资产阶级革命派,张耀忠的报告是最典型了,就是反动刊物《扬评》所谓的考茨基派,和《扬评》唱的一个调。声明第一稿就点吴焱金的名,抓住他说"革委会是军政府"这个错误不放,但我们从"派性"出发,想利用这一点搞臭吴焱金。致使已经联合了的钢新两派又重新分裂,已经团结的钢新各革命组织又重新严重对立,破坏了革命的大联合。

对这"三·二八"声明,当时警司的赵副参谋长,日日夜夜跟我讲,问我们为什么不能以工代会的名义出现呢。我说:"工代会不统一,那怎么出的了哇,那不是得一个月、两个月,那不行。阶级斗争就应该及时抓。"我当时找这么个借口,我认为以工总发就不一样,我变了个花样,搞了个小动作,耍了个两面派,以下面各基层组织来发表,实际上这是没有钢工总的"钢工总",这就是"钢工总"把矛头指向"新派"。所以说过去抢枪是我煽动起来的,我不服气,实际上我们把矛头指向了新派组织,促使两派严重对立起来。这一次在小组会上谈了,我明白这件事情了,我们把"三·二八"声明发表以后,"新派"就认为是刘丰政委、警司支持我们,认为是"武老杨"搞的。当时,外边传说是:"三办看了,曾、刘首长看了。"所以"新派"认为"三·二八"是曾、刘首长、警司操纵我们搞的,把矛头指向"新派",他们认为是"变色龙"所操纵搞出来的"三·二八"声明,致使他们就急急忙忙到处开会,认为"三·二八"就好象当年的"二·八"声明一样。因为时间恰恰有意用了"二·八"。这使两派情绪又对立,结果发展到抢枪。过去说我煽动抢枪我不服气的,这回服气了。

就是这个声明,极力鼓吹第五个回合的站队问题。狂热的煽动了武汉两大派的对立情绪,人为地制造了紧张空气,煽动走"四川道路",使武汉当时的局势处于一种非常紧张的状态。煽动群众冲击军事部门,把人民解放军的武器装备都抢了。比如我们得到了很多情报说"新派"在各专县抢了不少武器的。尤其是吴焱金东风之行,我们情报组得到了这个消息,说他们用拖煤的车子,拖了不少的武器回来了,这件事我们信以为真,向张昭剑政委和赵副参谋长反应(映)了,他们说不会,但我们根本不听。外面又传彭励到处作报告说什么:走所谓"四川道路",我们情报组又把"新派"头头的讲话搞了个言论集,更为我们提供了理论依据,使形势更加恶化。我们认为应有几手准备,当时我们研究有两种意见(指抢枪):一种意见是先不要抢,先把放存武器弹药的地方打听清楚,派人密切注视,加以控制。这有两个好处,一个是防止"新派"先下手为强,另一方面万一要打起来了,我们就可以得心应手,顺手可拿,政治上积极主动,军事上也积极主动。这种意见主要是以张耀忠为首。另一种意见是"新派"已抢了,如果我们下手太迟,会造成军事上的被动,但我们政治上要主动。也不要公开的以总部名义出面阻止大规模的抢,下面有些单位要搞,我们睁一只眼闭一只眼。如果下面找到我们要抢,也不要找我们这些大头头,找总部的工作人员,叫他们开个介绍信,说有要事联系,小搞,不要大规模的搞,这样下面都可以搞点枪,而下面的兵团都在我们手上,这样如果真正万一打起来呀,我们军事上也很主动,政治上也很主动。就在我这种两面派坏思想坏作风的指导下,所以下面有不少的单位去搞枪,拿着总部的介绍信,到专县去抢枪,有不少的头头,不少的人到处去抢枪。这就是我们采取的政策,采取的对抗中央、阳奉阴违、两面三刀的两面派手法。实质上就是我们支持,就是我们要他们去抢枪。当时何永清[7]到四川去抢枪,我是点了头的。武船到宜昌去抢枪,事先我不知道,后来他抢了一批枪,在宜昌一个内衣厂放着不能回来,找我,我说:"我有么办法呢,宜昌有个刘德光,我给你写个条子,叫刘德光给你想办法(弄)回来。"后来,我写到沙市,支持武船的抢枪,也支持何永清到松滋[8]去抢枪,后来没抢到。武斗激烈的时候,我和夏邦银,还到铁路上去,看看有没有枪,跟他商量,如果万一打起来,铁路上的枪也拿出来用。后来送给我和夏邦银一人一把手枪,我们没用,给了其他人。就在我们这个思想指导下,武汉市的抢枪风就刮起来啦,严重的干扰了、破坏了武汉的大好形势,破坏了武汉的抓革命、促生产。尤其是那一天打了夏邦银和张耀忠的时候,这时候的武汉形势就更加紧张,空气更恶化了,后来就引起了武锅的大规模抢枪,形势越来越恶化。我记得抢枪的时候,曾司令员专从北京给我打回电话,讲的很严肃、很严厉,让我想办法

---

7 何永清,武汉江汉区造反联合指挥部总指挥,属钢派。
8 松滋,即松滋县,位于湖北省西南部,隶属荆州地区。1996年撤县建市。

制止抢枪。我听了以后,回来跟勤务组传达了一下,后来开了个大会,但是根本就没有什么行动的,我记得开大会公开传达的时候,那边的汽车还纷纷的抢枪,当时胡崇元[9]制止了。我们煽动起了抢枪,当司令员给我们严厉敲了警钟以后,我说个心里话,我那时也确实没得办法啦,正象司令员说的,我正象脱了缰的马,收不回来了。一方面是收不回来,另一方面我又觉得"新派"要是不交,我们也是不交的,即使要交,也是阳奉阴违,后来造成了攻打"新中原"的武斗。

攻打"新中原"是我一手策划的,那天早晨,周光才在总部路上碰到我和朱洪霞,问:"胡巍[10]被打了怎么办?我们要去打。"当时,我们回答:"这样的事也问我们,你们不晓得处理。"实质上就是要他们打,这是耍的小聪明,耍的两面派。后来,打起来了。我不在屋,我回来后,胡崇元在指挥,打了一段时间,我当时觉得做得太露骨了,做得不狡猾。当时胡崇元要开大会动员,我当时有点不同意,我不是不同意打,而是不同意胡崇元这种做法,我觉得开大会去打"新中原"太露骨了,我不愿开这个会,我没有去。当时何永清介绍情况。后来,胡崇元打不下来,泄了气了,我说:"你不打,我来打。"打起来,说是三个女将在指挥,实际情况不是这样。当时指挥机构是这样,可以向大家交代。攻打"新中原"的前线总指挥是何永清,这是第一线,设在蛋厂里;第二线是三个女将坐镇;第三线是我坐在电信工程公司指挥,我和何永清。我不直接指挥,是通过三个女将指挥何永清。另外,我又控制电信局搞专案的人,侦察现场情况,随时跟我汇报,所以"新中原"的情况我是清楚的。后来,我觉得何永清在前线指挥不灵,我又派姜诗存到"新中原"直接指挥。当时我要他们一定要拿下最后一栋楼,叫他们乘胜前进,活捉李长根。后来解放军去了,制止武斗,听说解放军把我们枪缴了,不收他们的枪,我很气,尤其是打死了我们一个人,后我更气,我当时觉得专收我们的,不收他们的,支"新"压"钢",对首长很不满,我问他们解放军把枪收了,放在什么地方,他们说:"在汽车上。"当时我告诉他们不让解放

---

9 胡崇元,中共党员,武汉重型机床厂工人,"钢工总"勤务组常委、武汉市革委会常委。1972年去世。
10 胡巍,钢工总二七区办事处头头。

军的车子走,把车子的气消了它,把枪收回来。不知他们后来是不是这样干了没有。当晚张绪[11]副司令员来电信工程公司给我们做工作,他们都下楼去了,我说:"我不见他。"在楼上没下来。后来曾、刘首长找我们去,我也没有去,我当时认为你们(指首长)支"钢"压"新",对首长很不满。其实这话说穿了,通过小组会,我认为曾、刘是正确的,为什么呢?"新派"那时出于他们的看法,出了很多声明,他们认为"新中原"武斗是"武老杨""变色龙"支持、操纵我们"钢工总"去攻打"新中原",以压垮"新派"。我们则认为曾、刘首长支"新"压"钢",只收我们的枪不收他们的枪,两派都认为是曾、刘首长在搞鬼。现在坐在一起,把这个问题揭开,我认为自己太笨了、太蠢了,证明我们两派都错了,而证明曾、刘首长确实是对的,不是支一派压一派的,现在我才明白了,受到了很深刻的教育。

这场武斗,破坏了武汉地区的大好形势,使钢新两派进一步严重对立,使"新中原"国防工厂造成了极大的损失,不管是政治上还是经济上。到了第二天,"新派"很快造了很多舆论,左一个声明,又一个声明,长办、新华工、新湖大一一都发表了声明,在舆论上压倒我们,本来是我们背了理的,我觉得这个事情不能这么被动,我们也应该造舆论,要以牙还牙,我亲自策划了一个"五•三"声明,认为这场大规模武斗的罪魁祸首是李长根,李长根在武斗时在场,我们认为他是指挥的。后来知道是市革委会派他去调停的,我把这件事倒打一耙,玩弄两面派的手法,就以各基层兵团(名义)发表了一个"五•三"声明,企图从舆论上压倒"新派",以蒙蔽我们下面的群众。当时下面群众派性也是很大的,那时头头都听说是李长根搞的,整个武汉市就铺天盖地的"打倒李长根""李长根不投降就叫他灭亡"的标语。"新中原"武斗的罪魁祸首是我,反而倒打一耙说是李长根,还说曾、刘首长支"新"压"钢",品质极其恶劣,尤其是布置"五•三"声明,在这次会上我就散布了很多对军队不满情绪,认为他们支"新"压"钢",解放军光缴我们枪,打我们的人,把我们手表抢跑了,事实上这都是造谣。把矛头指向伟大的中国人民解放军。

---

11 张绪,1921 年出生。武汉警备区副司令员。

"新中原"事件后，武汉情况更加恶化。当时武汉三镇，放枪啊，到处是武斗据点，碉堡林立，整个武汉火药味相当浓。后来查明这是胡宗（崇）元同志布置的，当然也是我的指导思想，他当时主要是想吓一吓"新派"。"新派"马上占领了井冈山大楼，酝酿着很大的武斗。正在这时候，曾司令员从北京给我们各组织头头打电话，要坚决制止抢枪。当时我虽然传达了曾司令员的指示，但根本无行动。"五·二八"来电以后，我们迫不得已，因为中央说话了，我们还是要听，但不是完全听。也是阳奉阴违的，正如同志们揭发的，交长不交短，交旧不交新，交坏不交好。汽运五站我们就是带头公开大耍两面三刀，想留一手。一方面大造舆论说我们交了很多枪，另一方面还留了很多不交，这是资产阶级政客作风。当时，我还有个怪理论，说他们"新派"抢枪是乱军的，是揪"武老杨"的。我们抢枪，是保"武老杨"的，如果"新派"把枪都抢走了，谁来保"武老杨"，当然我们要枪，我们抢枪和他们抢枪有着本质的区别。这歪理论蒙蔽了很多人。现在看，这是荒谬透顶的诡辩术。其实我们当时提出拥护曾、刘、方、张，我认为沈复礼同志提的正确的。在"七·二〇"以后，在大联合的问题上，在三结合的问题上，我对曾、刘都有不满情绪，提出拥护曾、刘、方、张是从资产阶级派性出发的，当时我有一个指导思想，现在可以暴露，我觉得"新派"要保我非要反，他要反的我非要保，所以他一提出揪"武老杨"，我们就非要提出拥护曾、刘、方、张，揪出薛、李、孙、姜。我想：原来搞"以我为核心"没有把"新派"搞垮、搞臭，这回通过揪"武老杨"这个问题，在武汉制造出一个"四川的局面"，即制造出一个"拥军派"，一个"反军派"，分析一下全国形势，没有一个反军派不垮台的。"新派"如果反军，他非垮台不可。要把"新派"引向反军派的道路，不把他搞垮，至少把他搞臭，继续实行"以我为核心"的路线，我们指出拥护曾、刘、方、张的口号，完全是从资产阶级派性出发，就在提出这个口号之前，我对曾、刘是有看法的，第一，我认为他没有把我们"三钢"当依靠力量，老在那里搞平衡政策，致使我们搞"以我为核心"破产，我有看法。第二，我认为这些老头子们谨小慎微，胆子很小，湖北工作老是跟着别人跑，认为湖北搞不出个么名堂来的，狂妄自大，目中无人。所以我经常讲:"上海有三个一:有一个紧跟毛主席的好人(就是张春桥同志),有一张好报(就是文汇报),有一个好组织(就是工总司)。"言下之意,对曾、刘不满,当时还未感觉整我们。其实,通过这次"反复旧"问题,就可以看出曾、刘是很紧跟主席的,有工作能力的,这次处理"反复旧"问题就是采取积极稳妥的办法,解决得很好。尤其是使我很感动的,就是在处理"反复旧"的会上,曾司令员反复的强调,对专县的军代表说:"你们不要扣着那一条,你们要学对群众组织头头不要歧视这一条。"当时我听了这话,我自己很感动,我那时看法就有些好转了的,我觉得曾、刘确实按中央指示办的(当然后来这种想法还有反复)。现在看来,"反复旧"问题处理得效果还是比较好的。以后有些反复,是我们在下面搞鬼,如果我们和曾、刘一条心,我看效果更好。曾、刘首长对毛主席、林副主席是有感情的。那次在北京听到叶群同志介绍以后,我自己认为听的还是中央的,但是,我还是抱有看法的,我觉得中央首长是那样讲了,回去还要看一看,杨道远就和我讲过,我也是那么认为,杨道远说:"我们是彻底的唯物主义者,忠不忠看行动,回去看。"还是按那样办事。现在我发觉他们有个很大的特点,凡是中央的声音就那么认真执行,对毛主席和林副主席确实有深厚的阶级感情,是紧跟毛主席伟大战略部署的。据体学同志说:"曾司令员大小事都要请示中央,中央不同意他是不干的。"办事稳妥。用曾司令员自己的话说,是"摸着石头过河"。这是现在的看法,通过学习,开始有这么点看法,以前没有。

所以,我们当时拥护曾、刘、方、张,是想把"新派"推到"反军派"的地位上去,实质上是推行"以我为核心"的继续。全国"反军派"都没有一个好下场的,你"新派"反军,不把你搞垮至少要搞臭。以前不能在组织上实现"以我为核心",这次至少在政治上我们取得优势。

所以,当曾、刘首长从北京回来,揪出反军乱军的黑头目李迎希,并点出李真、张华,当时一听说中央指出揪"武老杨"错了,我们非常自鸣得意,这下我们可捞到了一个雄厚的政治资本,"新派"不垮也要臭一半。当时我从几个解放军那里打听到这个消息,是从汉高的几个解放军,驻在我们工代会的,名字我记不得了,他晚上在我们勤务组讲:"曾、刘首长回来了,揪'武老杨'错了,中央首长点了李迎希,还有张广才。"夏邦银、张耀忠也在那里,我听到后,高兴极了,这一宝押对了。当天晚上我们就布置,写大标语上街,"打倒李迎希""打倒××。"还有一张写错了,"叶明[12]回头是岸",后曾司令员批评了我们。我们拟了一些标语,一打电话,各个基层单位一下子都起来了。所有的喇叭,一晚都出来了。还点出了孟夫唐、刘真、张华。本来他们是和我们有关系的,插手我们的,我们倒打一耙,搞了个先下手为强的手法,说"孟夫唐是×派的黑手"(就是指"新派")。闹了一晚上,一直搞到专县,专县的"钢派"听到后也笑咪了,他们也不了解情况,也是在干,李迎希是怎么个人也搞不清白。想从政治上、舆论上先下手为强压倒"新派"。后来又听说曾、刘首长在汉高给军队内部传达,打听到这个消息,我就出了个歪点子,我说:"朱洪霞,你开个车子和胡崇元搞两个记录,去听一听,你去他们不会阻拦。"结果他们去了,两个记录在那里记了一天,记录的水平还是比较高。汉高的军队会一散,我们当天晚上,就在体育馆给各兵团传达了,这就使新派产生了怀疑,"新派"讲:"曾、刘首长为什么给他们传达,不给我们传达,这是'变色龙'一手操纵的。"这不是曾、刘首长要我们去,是我们自己搞小动作,搞两面派搞进去的。我们搞这个小动作的目的就是想先下手为强,搞臭"新派",《江城前哨》[13]第二天就头版头条连夜搞出,武汉市买《江城前哨》的站队很长,据说当时对"新派"压力很大,对曾、刘首长产生怀疑。这是我搞的卑鄙手段,一方面想压"新派",另一方面是希望曾、刘支持我们,我们跟曾、刘跟的很紧嘛,支持我们的目的还是想压"新派",但是事情不是这样,我们想这次搞对了,多少要表扬我们两句的。可是第二天曾司令员给地方传达讲:"我一看见拥护曾、刘、方、张的标语,我的脑壳就痛。"我们一听,凉了半截,全部勤务组的人,火冒万丈,有的气得跳到桌子上,大家都卷好被,清好东西回家生产不干了。我们觉得使着一肚的劲,到处拚命搞拥护曾、刘、方、张,到头只落得个"听了就脑壳痛。"真没得良心哪。我们大闹了一场。后来还是警

---

12 叶明,1914年出生。武汉军区副政委。2002年1月去世。
13 《江城前哨》,"钢工总"保卫组主办的一份报纸。

司首长做了好长的思想工作才算缓和下来。但对曾、刘的不满一直在心里装着。当时我还有一个怀疑，说曾、刘首长搞的两面派，当时"新派"搞揪"武老杨"，我们工总不揪，利用我们把"新派"压下去了，结果把"新派"压下去以后，就又把我们骂一通。我是这样从反面理解的，是极端错误的。现在和"新派"同志坐在一起开会，揭开盖子看，曾、刘确是一碗水端平的，按毛泽东思想办事的。如果当时要是曾、刘稍微肯定我们一句，我们尾巴会翘上天，反过来更压"新派"，那样形势将会更加恶化。

从这件事以后，我很抵触，我就没有劲了，因为我们想以拥护曾、刘、方、张搞"以我为核心"，曾司令员这样一讲又破产了，这个事情我当时怀恨在心，对曾、刘不满。我对曾、刘不服气的。我当时思想很抵触，对曾、刘不满，所以非常消沉。加上后来要我们倒旗，我更不通，临到倒旗的前几天，我就离汉到浠水去探亲了，其实是消极抵抗。就是这次到浠水去了以后，去过巴河一趟，因为过去，我们派了一些人去调查，是带派性搞调查，对"新农村"大肆宣扬，当时在我脑子划了个框框，很想去看看，当时朱洪霞也说："我们有机会去看下子。"当时我去时，王仁舟不在，碰见他们二号头头张新民，他主要说了一下王仁舟怎么怎么不好，大吹了一通他们巴河"新农村"好，后来，我跑到"新农村"看了一下。他们晚上有一个汇报会，要我在会上见见面，我就去了，还讲了大约半个小时，我主要是把武汉揪"武老杨"、拥护曾、刘、方、张和"三反一粉碎"大肆吹捧了一通，主要的是宣传派性，煽动派性，挑动分裂，表示我们是支持巴河一司的。破坏了浠水的革命大联合和革命三结合。回来以后，路过黄石，碰到黄石的同志在东风××厂里面，去了四、五个人我就谈，他们说钢六中当时对处理黄石问题很不满，要发表一封给张体学同志的公开信。当时我说："这个不能发。"我说不能发不是说他们对体学这样作不对，而是这种作法不好，太露骨，其实我对张体学也有看法，发了不策略。当时我就把张体学当团长时，杀政委的那段谣言给他们讲了，虽然，我说："这个材料，有两种可能性，一种是阶级敌人想陷害，另一种就是可能有这个事情，如果要有，那真得要搞。"事实上是支持、煽动、纵容他们反对张体学同志，破坏了黄石大联合。这个消息来源是,我没看到文字材料,是"新华工"的欧阳和"二司"的张群英口头上跟我们讲的。我有必要当面和同志们讲一讲,体学同志可以当面辟谣。这个谣流毒甚广,对张体学的声誉影响很大。当时张群英跟我和方保林两个人讲的,我和勤务组个别同志讲,我认为这个材料要控制得很严。我在黄石放了这个毒,影响了黄石同志,我向黄石同志赔礼道歉,并在这里消毒。这件事已查明,听黄冈同志讲是一叛徒张××搞出来的,我们当了这些叛徒反革命的传声筒。

(张体学同志插话:这事我说一句,这没有辟谣的必要。反革命造我的谣,从来没有辟谣的必要。三十年的你们可查,我们的解放军、我们的革命领导干部、我们的群众代表,你们可以查的,没有辟谣的必要。)

从浠水回来以后,我碰到一次王仁舟,他是通过浠水革委会叫郑重的人(张体学同志插话:我说一句话,有些重大的材料,为什么不向曾、刘首长反映,你们对曾、刘首长离心离德,同床异梦的,拿着个鸡毛当令箭,拿着个稻草来救命,为什么不向曾、刘反映,为什么不向中央反映。)据说是他们二号头头吧,他引来的,我和他谈了,我主要是问他对浠水两派前景如何估计,这个人很"左",他认为浠水两派就是共产党和国民党的对立,不是你死就是我亡,相当反动的。而且我支持他,我说:"你那个地方,你是少数派,革联是多数派,你们应该学习武汉的新华工,他们是少数派,在整个武汉市都有势力,那里结合都有他们。"由于我这个指导思想,造成了浠水的武斗,破坏了浠水的大联合。通过同志们对王仁舟大量揭发,他的的确确是个道道地地的反革命分子。我在黄石,听黄石同志讲,都对他不满。他说:"藏枪于民",一颗子弹不交,还发表一个声明,简直反动透顶。

就是我在"三反一粉碎"时搞的这个"三·二八"声明,煽动武汉抢枪,挑起大规模武斗,架空了省、市革委会,破坏了一元化的领导,省革委会开会我不来,在下面大抓所谓实力,架空省、市革委会,省革委会调个车子都调不动,曾司令员经常讲:"武汉市粮食都没得吃的了,没得车子,运不进来。"我们无动于衷,听不进,我们还美其言曰:"工总一动,山摇地动。"大俗宣扬山头主义,真是反动的多中心，与革委会唱对台戏，与曾、刘唱对台戏。所以说：破坏革委会一元化领导、搞反动的多中心，架空省、市革委会的罪魁祸首是我。武斗、抢枪的罪魁祸首还是我。现在情况揭开了，既不是"新派"的同志，更不是曾、刘首长。恰恰相反曾、刘首长经常教育我们："不要抢枪，不要武斗，不要搞多中心，要加强革委会的一元化领导。"这是同志们很清楚的，但是我们总是不听。体学同志经常跟我们个别谈。也是听不进去，派性迷住了心窍，甚至曾司令员点了刘真、张华的名，我们也不通，有保留意见。我们勤务组都这样讲："材料我们没看到。"尤其恶劣的是中央点了我们都不听。后来，周广才把张华控制起来了，实际上保护起来了。但是体学同志亲自跑到我们工总做工作，要把张华放出来。那个周广才很不满，当时讲："我们就是要保。"实际上我们就是保护一小撮阶级敌人，对新生的革委会不满，对毛主席和林副主席亲自选派来的人不满，对一小撮阶级敌人恨不起来，对毛主席和林副主席亲自选派的人爱不起来，严重的丧失了阶级立场，起到了帝、修、反所不能起到的作用。

三、破坏"九大"，破坏清理阶级队伍。

六八年九月份我在北京，同志们对我的错误（当时根本没认识到是错误）进行了批判和教育，当时我就很抵触，从那个时候开始起，我就认为整我了，那就更加对曾、刘、体学怀疑了。其实不然，那次我记得是十月一号，体学和方铭司令员在北京一开完会，就找到我讲："要好好的触及灵魂，认识错误，改正错误，在这里好好学习。"孔副司令员也找过我好几次。我总认为是报复打击我，我不满。口里说好，心里不满。回来以后，在开大会时，体学跟我讲："你们以后到武船去开会做检查，检查就完啦。"当时就要我参加党代会，后来我就害病了。我认为党代会要整我，也是有病，开始病不很大，后来确实严重啦。所以那个时候"决派"宣扬的反动思潮，我脑子就有了："造反派受压。"上头主要向我开刀，用实用主义的态度，歪曲毛主席关于无产阶级专政条件下继续革命的学说和**工人阶级必须领导一切**"的教导。那一次梁副司令员讲，武船的同志对我的错误进行批判。我当时很不满，我错误地认为是梁副司令员耍两面三刀，结果我就跑到北京去了,我走的时候,只有我弟弟一个人知道。田国汉也不知道。后来体学同志跟李洪荣[14]同志讲要我回来,说:"回来检查就算了。"所以李就派田国汉和我弟弟上京找我,田国汉在北京就给我灌输了很多,主要讲了三代会学习班的很多情况。说报纸上点了我的名,说我是联合司令部的总头目。我很气。三代会原来是不晓得的,是怎么回事,现在都明白了,大家现在都很有意见,包括吴焱金在内。他说吴焱金讲,要是再斗你,他要跟你陪斗,现在形势很好,你赶快回去,而且给了很多小东西让我看。他要我赶快回来,所以我回来就伙同反革命分子一起策划了一场反动的"反复旧"运动。我想把"反复旧"的问题向大家交代一下子:

我从北京回来以后,在方斌、田国汉家里住了几天,我看了很多小道消息,主要是山东的,尤其是王效禹[15]的讲话,和听了一些小道消息,当时王光照的大字报我去看过。先是在李洪荣屋里,开了个会。这是一个黑会,有朱洪霞、胡崇元这些人。就是商量"反复旧",开始提的口号是:"庆'九大',献忠心,总结经验,落实政策,把无产阶级文化大革命进行到底。"怎么搞法呢?我就讲:"要搞哇,武汉市文化大革命有个特点,武汉能够左右全省,而且大厂也能左右武汉,武汉厂有厂头,每次运动,最开始起来点火,总是大厂起来点火,最后小厂顽固地坚持下来,这是规律。"又说:"第一步武重、武锅点火。第二步,就过渡到工代会,由工代会来进行领导这个'反复旧'。第三步,我们要求省、市革委会来领导'反复旧'。如果不行,想尽一切办法,尽快的通天,武汉的问题,如果不是中央出面解决不了的。闹得越大越好。越大就越快的通天。"后来,我又到武重去了一次,还在门口看了大字报。当天下午大字报就上街了,就这样开始了。经同志们揭发的,我们在几个位置开了会,在工代会、建工局等开会,都是我一手策划的。当时我住在医院里面,虽然人住在医院,

---

14 李洪荣,1931年出生。中共党员,文革前为武汉锅炉厂工人、劳动模范,文革中为新武锅革命造反司令部成员、武汉市革委会常委,在"两清"中被公开批斗。文革后被开除党籍。
15 王效禹,1912年出生。文革前任青岛市副市长,文革中任山东省革委会主任、山东省军区第一政委,1971年3月被撤职。1995年去世。

但郭洪斌[16]跟我住在一起，好多东西都是通过他，通过田国汉、方斌或其他人出来的。当时我觉得我出面不好，还是他们出面好，因为他们几个有影响，这是曾司令员讲的嘛。有几件事情要承认的。派工宣队，这是我一手策划的，破坏了武汉地区上层建筑的斗、批、改。是怎么引起的呢？就是我在肉联的时候，武邮周建东等原来的指挥长都找我，他们要起来搞，当时我是同意的。田国汉给我看了一个东西，一个小道消息，就是黑龙江省的工代会报纸，说黑龙江省，还是辽宁省吧，工宣队都是由工代会派出去的，工宣队就是在工代会的领导之下。所以我觉得工宣队就应该由我们工代会派出，由工代会来领导。当时派工宣队的时候，我们不知道，根本就不了解，这个局面应该改变过来。所以我当时就很支持武邮工宣队里面爆发开来，而且比较有组织、有计划。当时我们商量由胡崇元负责，杜向东[17]也负责，工代会也搞几个人负责成立一个"武汉地区革命工代会工人宣传队总指挥部"。旗子的名目都规定好了的，上面叫"工人毛泽东思想宣传队"，下面就是"武汉地区革命工代会总指挥部"，袖章也这样印，胡崇元管这个事。这个责任也不在他们，主要是我。那个"决议"也是这样，虽然我当时在北京不在武汉，但是基本上是按照我的指导思想办的。当时我讲，"反复旧"运动发动起来了，山东的"反复旧"搞起来后，搞了很多理论性的指导文章，我还美其名曰没有革命的理论，革命是不能成功的，要有几篇所谓正确的理论文章，来指导"反复旧"，必须组织一些笔杆子来写文章，来引导群众，其实是欺骗群众，蒙蔽群众。因此，田国汉就把好多小道消息，如：王效禹讲话，陈锡联的讲话，山东很多很多"反复旧"的材料，还有上海"工总司"的和浙江的一些报纸社论，全部翻印出去了。我还不满足，我想，这都是外地的理论，武汉有武汉的特点，应该有武汉的理论，应该写武汉的文章，当时我给雷志茂讲（他怎么来我不知道，可能是田国汉引来的），你了解了解情况，写一些象样的所谓指导性文章。所以"决

---

16 郭洪斌，1942年出生。文革前为武汉市硚口区房地局一公司工人，文革中为"工总"组织部部长，1975年6月被判刑5年。2003年去世。

17 杜向东，武汉邮电学院教工，毛泽东思想红工兵一号勤务员，武汉市革委会委员。

议"的出笼可以说是我一手策划的。

　　进驻省、市革委会怎么搞的呢？也是按我的指导思想搞的。这个指导思想也是来源于山东。田国汉给了我几张小报，一个是《济南红卫兵》报，一个是《山东红卫兵》报，上面登了这么几个消息：山东山工总组织了一批人，进驻了省革委会组织组，调查省革委会"复旧"的情况。当时王效禹不在山东，在北京。王效禹听到了这个消息，很不满意，打电话提出了批评，后来又打了一次电话批评，说这个不对，后来群众大概也不信邪，也搞的比较厉害了。他从北京回来了，一反常态，说："群众运动已经发动起来了，应该正确引导群众"，他公开接见了进驻省革委会组织组的这些人，并肯定了他们的大方向是正确的。要革委会热情接待他们，认真对待他们，为他们的调查提供方便，认为他们是革命行动，大方向是正确的。我看了这个消息后，觉得王效禹对造反派确实有感情，很懂得群众运动。另外还有一个《济南红卫兵》报上讲，济南红代会进驻了济南市教育领导小组，调查教育小组里面的"复旧"情况。什么"复旧"呢？就是把站错队的弄起来了，造反派扒下去了，站错队的干部起来多了，这就是所谓的"复旧"。进驻了市革命委员会教育领导小组，而且济南市工人宣传队总指挥部，也支持这个事情，我当时觉得很有启发，我认为这个办法很好，我就去建工局开会，有张耀忠、龙梅生，还有一些人，在研究的时候，我就给吴焱金、潘洪斌讲这个事。张耀忠提了个意见，我也是这样认为的，就是"复旧"来自于上面，张耀忠说市革委会的生产组是个典型的"复旧"，原班人马上马，当时我和郭洪斌几个人都讲过，首先能够找一个单位革委会，搞一批人，短小精悍，十几个人，什么也不干，到一个单位去调查他们"复旧"的情况。当时我还说象谭光前[18]、王光照搞几个能说会道的人，搞几个笔杆子，能够写出东西来的，到时候我们说话有材料。这件事上北京前没有搞，但我给他们讲过这个事情。而且还看到《山东红卫兵》报上面还简述了市革命委员会的一个副主任还是个"复旧"分子，当时认为蛮新鲜，我

---

18 谭光前，武汉肉类联合加工厂工人，该厂"钢工总"一号头头、武汉市革委会委员，后在"两清"中受到审查。

和郭洪斌讲，伍能光[19]就是典型的"复旧"分子，点了他的名。还要把辛甫[20]拿出来斗，他们要解放，我就要斗。一切都是我出的主意。我们认为搞"复旧"的主要是张体学。郭洪斌一个论点，就是：张体学把他的原班人马都捌（拼）凑来了。拼凑他的势力，搞"复旧"。凡是他相信的人都能够解放。当时朱洪霞曾说解放他的干部还要开宴会呀！说他们受委屈了啊。说这个"复旧"呀，先不忙提张体学，先提伍能光，也是按我这个指导思想。所以，我走以后，屋里出现的事情，虽然我不在，都是我一手策划的，是按照我的反动思想搞的。我们上北京之前，他们五个人已经走了，我们当时还幸灾乐祸，认为搞对了，现在"通天"了，还来得快一些，我们材料都未来得及准备，感到很突然。他们在屋里布置是计划不动，但是我们这个指导思想是越搞越大，越大越好，目的是尽快"通天"，让中央晓得，向中央施加压力，在武汉解决不了，非要中央解决不可。总的一个原则，越大越好。他们走了以后，我们也是这样一个原则。后来要我们去，我们又和郭洪斌他们碰了个头，指定他们七个人为核心领导小组。也给他们讲原则一样，越大越好。后来屋里搞得那么大，也是按我的指导思想搞的。责任全在我身上，我是罪魁祸首。上北京以后，遥控武汉，在北京搞小动作，其他同志揭发的很清楚了，带联络站去，是我搞的。朱洪霞一走，联络站与朱洪霞一路走。在北京后，大搞两面三刀，同志们揭发了很多很多那样的事情。我们在京西宾馆，虽然我们的代表那么多人，但主要核心是我、朱、李、吴、杨道远和张耀忠几个人。但也没有明确规定是核心，就这么几个人。凡是有重大事情，都是我们几个人商量。其他的人，有时候不让他们知道，有时知道点吧。当时，对外联络就是李洪荣和王锦明，也是我策划的，我出的点子，让他们干的。

　　打电话的问题。我们每个房里都有一部电话，就是卡断了，说是"五不准"。当时我们怀疑"五不准"是哪个搞的呢？说是中央，我认为不一定。我当时出个歪点子，我们都是省、市革委会负责人嘛！

---

[19] 伍能光，一作"武能光"，1915年出生。文革前任武汉市副市长，文革中任武汉市革委会副主任。
[20] 辛甫，1919年出生，河北故城人。武汉市委副书记。2015年12月去世。

应该一视同仁，中央对我们都是一样看待嘛！都住京西宾馆嘛！我们跑到体学房间里面去玩，看他那个电话通不通，他一要通，我们就打。他要不叫打，我们就说你也"五不准"，我也"五不准"，为什么你又"五准"呢？结果体学同志姿态很高，还亲自给我们拨。后来京西宾馆服务员对我们很大意见，老怕我们在这里大闹，闹的一塌糊涂。我们想尽一切办法。我们几个爱喝酒，王锦明把了两块钱给服务员，要他给我们搞两个拤（拼）盘菜，服务员去切菜，需半个小时，他切好了，我们的电话也打完了。我们大搞小动作，甚至还跑到楼上别人房子里去打，我和吴焱金在外边瞄着，来了人就马上出来。（邓锦福说：光讲现象，不讲实质。体学同志插话：怪吧，你们不讲又不叫人家讲，邓锦福在小组会上你不讲的，他讲讲不得，为什么不让人家讲呀，他是个常委呀！李想玉不是已经发言了，徐道基[21]发言了嘛！到底谁在翻案！我老批评"八·一五"会议不能翻案的。你在小组会上不讲，不让人家讲，怕讲出来把你缠进去是不是？）当时我们的个人主义可以说发展到了登峰造极，现在想起来是很痛心的事情，对曾、刘首长的态度是相当恶劣的，可以说到了疯狂的程度。那一次会上，我记得把曾司令员、刘丰政委气的要命，老首长心胸开阔，硬是没有顶我们一句，几个小时听完了。我们硬是指着曾、刘的鼻子，我们太不象话了，想起来很对不起。

对外联络，和方斌打那次电话，也是我搞的。方斌从外边来了以后，我给他做了个暗号，打了个手势，表示二点钟打个电话，就是这样接上的，虽是吴焱金打的，是我要打的嘛！遥控武汉。对曾、刘首长、对体学同志，也是采取怀疑的态度。现在想起来好笑，原来他不让我们打电话，我认为确实有问题，是他们的阴谋，不让我们打电话，怕我们知道屋里的情况。后来出了个事情，电话打进来了，我们不能打出去，武汉也不能打进来。我们认为是阴谋，卡住我们的联系。后来中央接见我们，说"反复旧"错了。突然徐彪[22]打了个电话来了，当时我想，徐彪电话进来了，不能接，觉得这是个阴谋，早不

---

21 徐道基，"钢九·一三"武钢分团头头，武钢革委会副主任。
22 徐彪，第一冶金建设公司工人，"红卫军"负责人，"新一冶"勤务组成员。已去世。

打,迟不打,中央首长批评我们了,就打电话来了,是引我们上钩,引我们犯错误的。另外,李想玉又给我讲:"徐彪病了,曾、刘给他送到总医院去住的,曾、刘对他很好。"我想,可能是用他来搞我们的,希望他从我们口里得到么家伙,然后,我们把消息传回去,中央首长又该说我们搞小动作,批判我们。所以,我们认为是曾、刘首长搞阴谋,不能上当。打电话是阴谋,不打也是阴谋,那时"怀疑一切""打倒一切"相当严重,简直一点都不信任。凡是首长找我们谈话,我就给他们讲:不能讲多的,多了,我们的底子都让他们知道了,那将来就被动了。只能讲两句话,就是讲:"这个问题是对待文化大革命的态度问题,是对文化大革命肯定还是否定的问题。"不讲多的。坐冷板凳都可得。大多数都是这么搞的。曾、刘首长找我们谈,总是听不进去,总是采取抵制的态度,那是一个一个的给我们谈,刘丰政委找我的时候,正如刘丰政委前天所讲的,没有表扬我一句,老批评我。他就讲:"反复旧"是你搞的。我不服气,对自己错误根本没有认识,所以,在中央首长面前大搞两面三刀,大搞小动作,欺骗中央,欺骗曾、刘。当时遥控武汉,我不出面,我通过其他同志出去,如吴焱金、王锦铭,实际上是我在遥控。我也打过电话,那天突然郭洪斌打电话进来了,我就给他讲了三条,我说不能讲。其实三条现在看来,也不是按中央精神办的,也是支持他们搞的。只不过讲得隐晦一点,三条是这么讲的:他问,中央首长接见你们,怎么讲呀?我说我认为是三点,第一点,中央首长对我们的错误,进行了严肃的批评,第二点,中央首长对我们是非常亲切的关怀,第三点,中央首长对武汉问题是高度重视。分明是我们错了,还对我们非常关怀,高度重视。所以,屋里搞得那么火热,与我们有关系。而且我还讲,"反复旧"的口号提的不太好,不太策略,还是提"落实政策"(坚持原则,坚持团结,坚持斗争,坚持胜利)也是我讲的。所以,京西宾馆搞的那么厉害,也是我在搞,我们到处打听消息,专门去拜访了王效禹,我和吴焱金去的,他给我们谈了很长时间。我们对王效禹、杨葆华是非常崇拜的,想去找他谈一谈。在四楼找到了王效禹,吴焱金开始作了自我介绍,吴焱金说:"我代表武汉的造反派向王政委致敬!"王效禹派性也很大,他说:"我向武汉的造反派学习、致敬!"我想问他几个问题,我说:"文化大革命已经进入斗、批、改阶段,如何体现两条路线的斗争?"他笑着说:"这个问题,中央会给你们讲的。"我又问他第二个问题:"三结合的革命委员会如何体现代表性、革命性?一句话:群众组织代表在里边的作用,如何体现?"开始他没作声。后来,我俩人各自放了一通,把武汉造反派在革委会怎么样当陪衬,怎么样没得权,怎么样的受压制,拉的拉了,扒的扒了,说了一通,什么"军队掌权"。王效禹听了后,话不多,笑了笑说:"我们山东与你们恰恰相反,我们是群众组织代表掌实权。"我一听,好高兴,就想,到底还是王政委不错呀!群众组织掌实权。因此对曾、刘的意见更大,王效禹就是不同,就是对造反派有感情。后来又问他"反复旧"对不对?他说:"我是犯了错误的,按中央意见办事嘛!《红旗》杂志第四期不是已经讲了吗?有'反复旧'嘛!"言下之意,中央讲的"反复旧",那是不会错的。我们越听越细心,越想越有味,他们是搞"反复旧"的,当时中央还没有说山东"反复旧"是错的,因此我们觉得"反复旧"大概是对的吧!所以劲头越来越大,还谈了其他问题。从王效禹那里回来以后,给我的印象是王效禹不错,对曾、刘看法更加不好。去拜访王效禹时,还问到了杨葆华和其他一些情况。在京西宾馆我们根本不是按中央的"五不准"搞的,我们要怎么干就怎么干。中央首长批评了我们。比如那个发言,也是我事先策划好的,自作聪明,自以为是,结果搬起石头打自己的脚。先是由朱洪霞全面介绍武汉"反复旧"的概况,他第一个讲;然后由王屏阐述一个单位的"复旧"情况,来论证朱洪霞全面阐述的理论的正确性;然后胡崇元就从老工人的角度讲一讲我们造反派如何受压,怎么日子不好过,要带着阶级感情讲;吴焱金、杨道远从理论上阐述"反复旧"的正确性,他们是知识分子,有点理论。这样安排,当时认为自己很聪明,很能干。结果在曾司令员找我们谈话的时候,我们还试验了一番,胡崇元脱了衣服讲,嗓子非常高。回来后我把胡崇元、王屏夸奖了一番,说他们讲的不错。结果一到中央首长面前,就不是那个样子了,首长一下就识破了我们的阴谋,一眼就看穿了。中央首长都是老无产阶级革命家,阶级斗争观念非常强。非不要朱洪霞讲,开始就让我讲,我当时一下吓晕了,脸里吓白了,我是没有一点准备的。后来总理又给我们讲:"你们这一套,我们老早就知道。"当时我怀疑,大概是曾、刘告状了。总理硬是看出了我们这一套,我们这些人总是自作聪明,老是被动,老是搬起石头打自己的脚。在北京时,有很多事都影响和害了屋里的群众,事情很多,同志们都讲了,我只讲他们没有讲的一些。中央首长批评我们(说"反复旧"错了)以后,我们也认为错了,中央处理很英明的,但思想不是很通的。文件拿回去传达,曾、刘会不会按这个办。我和杨道远一样,我们认为我们是所谓的彻底的唯物主义者,忠不忠,看行动,看你是不是回去这样办!我们要看一看的,看曾、刘到底是不是这么办。前一段,我还认为曾、刘是按中央的办的,还不错的,我与朱洪霞讲过的。后来,我的思想又出现反复。什么时候开始反复的呢?当时我想,凡是把我们拉下去的人,要一个不留的弄上来。"反复旧"错了,未必武汉就没有问题,杨道远就讲过这个话。开始回来,由于叶群同志给我们讲,有些启发,后来,我们在东湖给体学同志讲:"我看了上海工总司的报纸,就是上海工总司政策落实调查组写的一篇文章,很有启发,我想,我们能不能搞个政策调查组,帮助落实'五·二七'指示呢?"当时,我考虑搞个"政策调查组"。体学同志讲:"不要搞什么调查组,搞个反(映)情况就行了嘛!反应(映)情况,收集情况。"当时,我想,我只反映情况,收集情况,不管情况对不对,要核实吧。想了个小动作,如果核实情况,我们就可以下基层,体学表示可以。我回来就马上传达。在武医[23]开了个会,我说我口头请示了体学同志,我们不要落实政策调查组,就叫个情况反映小组就行了。这样也好,收集、反映情况,还要核实情况,这样就可以下去把情况弄得来。我当时给许多同志讲了,把情况收集拢来以后,好的典型,用工代会报纸大肆宣扬,有问题的地方,就写成情况简报,反映到省、市革委会首长,我们每个省、市革委会常委都有一本,到时候在革委会讨论,我们就有东西,就有本钱。其实还是对革委会不放心,还是怀疑,继续唱对台戏。当时还想,万一他们不按政策办事,我还留条后路,通过我这个情况反映组了解,掌握情况,向中央反映。我们当时就开了这样个会,朱洪霞、夏

---

23 武医,即武汉医学院。

邦银、吴焱金、李想玉都参加了这个会，都同意了，还写了个书面报告，给了体学。过些时，就不同意这样子，曾、刘首长一眼就看准了我是在搞小动作，没有同意，当时我很不满。当时还分工了，省、市革委会常委各个区都有人去调查，发挥工代会作用，八区工代会虽然我没有直接去操纵它、支持它，也未找过我，我没有派人去找它，实际上就是在我的这个搞情况反映站的思想影响下搞成的。当时体学同志不同意，不就算了咧！王锦铭还问我搞不搞？我说不搞算了咧，有的撤了，有的没有撤。但思想一直不通。

我过去对我的错误一向没有认识。会上通过同志们的帮助，刚刚有一点认识，还谈不上批判，交代问题时，当然是把过去作的错事、坏事、错误思想讲出来，还没有批判的能力，亮私不斗私，等于放毒，希望同志们对我的讲话采取批判的态度，我还认识得很差。

上午讲了，回来以后，思想有反复，两种思想动机，一个是从北京带回来的，就是我们要看一看；第二个是对"反复旧"的错误认识很不足，直到现在，首长、同志们的帮助，才有点认识。回来后，听到各种各样传说，很合自己味道，引起了思想上的共鸣。如同志们揭发的"反复旧""去了一顶帽子"的说法，什么"急性病、慢性病"的说法。很合味道，甚至在某种程度上还宣扬了它。我记得我对"反复旧"问题上，说过这样一句话，在谈到"反复旧"是方法上的错误还是实质上的错误的时候，我曾经对内蒙问题说了这样的看法，觉得"他们提的反扩大化的口号，结果搞对了"，我说这句话动机，还是认为我们是方法上的错误，没有从本质上认识到自己错误的严重性。由于这个思想的指导，加上我们在电信局开会，向下面传达的时候，断章取义，各取所需，甚至利用中央首长对我们的关怀，加以歪曲。这样继续蒙蔽一部分群众，使他们也未认识到问题的严重性，所以造成武汉市后来又有反复。开这个会之前，我不服气，比如，武汉市从下面搞斗批改回来很多人，为什么不能下去？有人说跟我们有关，我不服气。后来一想也有道理，斗批改回来的人都把眼睛瞄着"三局一行"（电信局、供电局、邮电局和银行）[24]，银行恰恰是我们支持不下

---

[24] 在"反复旧"运动中，这四个单位特别活跃。

去的，因此造成武汉"三局一行"和所有搞斗批改的都不能下去，包括省、市和其它一些单位的。这就没有落实"五·二七"指示，就是和"五·二七"指示相对抗，破坏了"五·二七"指示的执行。我在"三局一行"的问题上，开始支持他们不下去，后来有压力劝他们下去。又如夺权问题，开始我认为我又没有插手，我又没有叫他夺权，但是后来一想"汉光"（印刷厂）找过我，我认为他们夺权很有道理的，支持他们。而"汉光"在汉江区那一带影响很大，如果我们支持"汉光"的话，所有汉江区那一带被夺的权就不能交出来。事实上武汉下面的夺权和斗批改不能下去，我现在认为我是有责任的。过去我不同意，现在开始认识了。首长给我指示时，讲了这个道理：过去陈再道说他与《百万雄师》一次没有见过面，那《百万雄师》是拥护他的咧，实际上陈再道就是支持他们。你比如这个《扬评》，任爱生说他不支持《扬评》，但是《扬评》就吹捧任爱生，贬低张体学咧。为什么捧任爱生，贬张体学呢？任爱生为什么不出来辟谣呢？也不出来表态呢？实际是和任爱生的思潮一致的。你不支持他，他支持你，你不表态，就等于支持他，一样的道理。所以，回来后，搞不"反复旧"的"反复旧"，破坏了"五·二七"指示的落实。后来开了党干会，我看了会场的情况，看到省、市党干会上，造反派头头都来了，包括过去受冲击比较大的都来了，觉得曾、刘对"五·二七"指示基本还是落实的，所以，那次会上，我就放了心。当然还有些小工厂，拉下来的都是无关紧要的，那总是会有的。我的指导思想就是，凡是拉下去的，都应该无条件上来，不讲阶级路线、阶级观点，不管是好人还是坏人，这种思想是反动的，这个思想我后面还要讲。我的思想那时有点消沉，觉得不好办，不能落实，也没得办法。武汉市出现一些情况，我应该负责的。后来，《扬子江评论》拚命吹嘘不搞"反复旧"的"反复旧"，什么《胜利者的苦恼》呀，我记得我和吴焰金在"工调团"的会上讲过这个事，顶多认为它有点不对，根本没有认为它是反动的。曾司令员在省革委会上多次讲过，《扬评》的反动性已经指出来了，我当时很抵触，我在会上顶了，我说都是十七、八岁一些小青年搞的，这些青年比较"左"一点，我为这些人鸣冤叫屈。后来，曾司令员叫我们工代会批判它，我有个活思想，给吴焰金讲过，我说:"现在这个时候批《扬子江评论》呀,等于批我们造反派"。现在看来,是对造反派的侮辱。有了这个指导思想,所以根本批不起来、恨不起来。武汉市工代会没有批判起来,主要阻力来自我,曾司令员当时讲的很客观,说:"你们只要写四个大字,大大毒草就可以了",话已说到这个地步了,我听不进去,我觉得我不管这个事情。后来给工代会讲了一下,但有两种意见,未统一,我也懒管得了。对于《扬评》反党、反人民、反毛主席、林副主席、反无产阶级司令部的罪行,我自己一点恨不起来,没有一点义愤,严重的丧失了阶级立场。同志们揭发都是很对的,去年《扬评》出四评时,我们有人要批判,我当时怎么说不记得,意见是暂时不搞,当时指导思想也是历史成见,错误认为这些家伙原来是支钢的,"七·二〇"后,我出来(从牢中)听同志们讲,鲁礼安是为工总翻案的,我"派性"大,为我们翻案的人就很亲近他,加上它是反新派的。一次我见到鲁礼安,那是在"工人运动讲习所"(沈复礼负责),那时是毛主席指示要办学习班,新华社去拍电视的时候,我见过他一次,对他这个人,很同情他,恨不起来,批不起来。当时要批,我不表态,说看一看吧,一方面同情他,认为他是支持我们这一派的。另一方面,我们工总那时也在搞个调查组,警司一个解放军叫赵长祥,他与我们二司一个情报班子一起调查《扬评》的问题,我说调查一下,怎么回事,是么人,后来散伙了,情况就不了解了。对这些家伙,我一九六八年×月在水院[25],丁家显叫我去玩,那是游泳的时候,我到他那里碰得一个小姑娘,是居里(仁)门中学的,姓刘,她说她是《扬子江评论》的,当时我问过她,她说他们一、二十个人,都是些小家伙,所以,我说他们小家伙,根源就在这里。我说有无老家伙在里面,她说没得。方司令一次找我谈话,说有老家伙,我不相信,还与方司令辩论了这个事情。我就是站在它的立场上,为它辩护,实际上就成了他们的代言人。后来在医院住,小刘下放到蒲圻,又去看过我一次,我问她抓了的人放了没有,她说都放了,还有两个,就是鲁礼安、冯天艾没有放,他们在里面还能够看书。当时我想,曾、刘首长可能要放他们了,从宽处理

---

25 水院,即武汉水利电力学院。

他们了。我对他们有感情,鸣冤叫屈,总认为是小家伙。田国汉也到我们这里来说,他们是小家伙。田国汉过去是我们工总宣传部的部长,我认识他是"七·二〇"以前,"七·二〇"后,他一直在我们工总工作。对于这个人,我当时认为他思想比较极"左",被捕之前,说老实话,我根本就不相信他是《扬评》的,我一直不认为他是《扬评》的。所以,逮捕他的时候,我就感到一惊,我认为他不是《扬评》的。曾司令员在会上点了,说你们工代会和《扬评》吃在一起,拉屎在一起,睡觉在一起。我不服气,我说是哪一个,把他点出来,该关就关,该杀就杀。一次碰到田国汉,我给他讲了,我说到底跟《扬评》有没得关系呀!曾司令员点了咧!他说:"你放心,这个问题,我根本与他们没有关系。"我说:"那些东西[26]在你们那里印的呀!"他说:"印也是有规定的,只管印,不管政治上的责任的。"我一听,蛮相信,觉得他还有点道理。现在从同志们揭发,从我自己回忆来看,这个人是一个道道地地的反革命分子,《扬评》分子,犯了不少罪行。他小道消息特别多,我在屋里养病时,他往我那里送。"反复旧"以来,什么山东的哟,济南的哟,黑龙江的哟,四川的哟,浙江的哟,也不知哪个那多。还有新华工翻印一个照片,鲁礼安的图,反动的图,朱洪霞拿给我看了,我觉得这个东西有点勉强,我就那么认为的。我还给其他人讲过这个事情,思想上与他们共鸣,感觉与他们是一脉相承的。对他田国汉这个人,我也是逐步认识的,现在还认识很不深刻,他跟我是相当密切的,包括郭洪斌、方斌和其他人在内,确实很密切。"反复旧"时,我住在医院里,郭洪斌基本上是日夜跟我在一起的,田国汉也经常去,关系相当密切。那时候,我还夸耀"这个人还不错哩",所谓困难时候他就会拱,到处拱,所谓拱就是煽动。把那个、这个都煽动起来。把死的说成活的。起煽动作用,记得他还跟我说过一次,大概也给朱洪霞讲过,我给他说《扬评》曾司令员不感冒,点了名,问他到底是些什么人,他说:"《扬子江评论》里也有两派,一派是冯天艾这一派,那是真正的《扬子江评论》,另一派是以武大几个老几,这几个老几本来就有问题。现在写文章都不是冯天

---

[26] 指《扬子江评论》。

艾那些人。"我听了信以为真，所以当时别人找我们，我和朱洪霞都和别人辩论过这个事情，都听信田国汉的话，所以，在《扬子江评论》这个问题上，我们就是为这一小撮反革命分子鸣冤叫屈，掩护了他们，他们利用我们干一些反革命勾当，让我们起了比他们起的更坏的作用。我们又是他们的大红伞，利用合法地位，利用我们的声誉，大搞反革命活动。所以"反复旧"以来，为武汉的文化大革命、清理阶级队伍和落实"九大"精神，造成了极大的损失，是极大的犯罪。回过头来看一看，从"七·二〇"以后，一直到"反复旧"止，这一段时间里，三个反复里面，每一次反复，都是我们搞起来的，都是我伙同一小撮叛徒、特务和现行反革命分子起着破坏作用。革命大联合和革命三结合时候，也是刘真、张华那几个叛徒、特务；后来"三反一粉碎"的时候，也是受阶级敌人极"左"思潮影响，搞抢枪乱军、挑起武斗；这次"反复旧"更是这样。这三次都是这样子的。第一次推迟了省、市革委会的建立，破坏了革命大联合、三结合；第二次影响了武汉的清理阶级队伍三个月；这一次更长，给武汉市、湖北省的清理阶级队伍、斗批改延迟半年，恐怕还不止。在政治上、经济上造成了极大的损失。曾司令员讲的，经济上造成损失××亿，我自己原来不知道，一听吓了一跳。我们自己还感到不痛心。在政治上的损失就更大，起到了帝、修、反所不能起到的作用，所以，确实有点吓人。

下面讲一讲产生这些问题，犯了这么严重的错误，根源在什么地方。由于认识还不够，有很多地方可能还是放毒的，同志们可以批判的听。我这个人，受王、关、戚、孟、刘、张极"左"思潮，反动思潮的影响，中毒是很深的，确实很深。长期以来，我在反动思潮的侵蚀下，给武汉、湖北地区的文化大革命造成了很大的损失，而阶级敌人直接利用我对曾、刘首长的不满，达到了破坏无产阶级专政，破坏文化大革命的目的。我原来是这么认为的。刚才讲的那些事例是根据我的指导思想来的。歪曲了无产阶级专政下继续革命的学说。虽然我跟王、关、戚这些人没有接触，跟林杰这些小爬虫没有接触，但是他们的思想给我的侵蚀的毒是很深的。虽然跟孟、刘、张接触不是那么很多，但是刘真那一席黑话对我的影响是很深的。这些东西是导致我走上犯错误、犯罪道路的很重要很重要的原因，当然还有我自己主观世界观的私心杂念。我这么认为的，我错误地认为无产阶级专政下继续革命的理论是这样，我觉得马克思、恩格斯、列宁、斯大林，他们对于在资产阶级专政条件下革命的理论，已经作出了明确的指示，而且在其它国家里面，都已实践证明是伟大的真理。我们伟大的领袖毛主席曾经高度地概括了马恩列斯的理论，就是"**枪杆子里面出政权**"。在资产阶级专政下，就是要打破旧的国家机器，武装夺取政权。那是在资产阶级专政条件下的革命，列宁亲自以他的革命实践经验，用十月革命建立了苏维埃国家，证实了马克思主义的伟大真理，是非常正确的。我们中国也是这样子，我们伟大领袖毛主席也实践了这个真理。但是，在无产阶级专政条件下继续革命的理论，世界上还没有一个人提出这个问题。马克思、列宁、斯大林斗未解决这个问题，只有我们伟大领袖毛主席才解决了这个问题。毛主席总结了国际共产主义运动的历史经验教训，在社会主义国家，在无产阶级专政国家的主要危险是党内走资本主义道路的当权派。所以，主席创造和发展了马克思列宁主义，提出了搞无产阶级文化大革命，这是马克思列宁主义宝库中所没有的，这是马列主义学说的创造和发展，这些我认为还是对的。错误就在下面，我认为文化大革命，毛主席号召我们起来，造刘少奇的反，打倒了大叛徒、大内奸、大工贼刘少奇，无产阶级革命派掌了权，无产阶级革命派掌权以后，政权里边的两条路线斗争如何体现呢？这是个新问题。刚才我讲了，我在京西宾馆问过王效禹，我问他无产阶级文化大革命进入斗批改阶段、革委会成立以后，如何体现两条路线的斗争，就是这个道理。我反动就反动在这个地方。我认为无产阶级文化大革命，无产阶级革命派夺权以后，在政权内部的两条路线的斗争，那就是我们这一些从文化大革命中涌现出来的新生力量是代表着新的势力的，代表着新兴力量的，而那些过去站错队的老当权派，他们是代表旧的势力的，而且旧的势力总是千方百计来压制新生力量的成长，所以我们总觉得这个斗争是长期的，过去说长期的，长期的，就是这个歪道理。因此，从我的思想发展来看，从开始搞大联合时候起，对曾、刘不满；后来在"三反一粉碎"的时候，也是这样子的，逐步升级；后来到了去年清理阶级队伍的时候，群众对我有意见，我犯了严重错误，群众对我批判，我认为老虎屁股摸不得。当时我对丁家显的一句话非常欣赏,"我们这些人,就是正确路线的代表",我们的造反派,就是神圣不可侵犯,我们就是毛主席革命路线的产物,我们就是摸不得,摸了我们就是资本主义复辟,唯我独"左",唯我独革。所以,清理阶级队伍冲击了我一下,我就认为体学同志捣鬼啦,曾、刘对武汉情况不了解,主要是体学。我这个根源来自于刘真,刘真原来给我讲的那些话,说体学同志报复打击性大,我就联想这个问题,我想,是的,大概就是这个板眼[27]。再加上他结合的时候,我们工总当时是不太同意的,我们没有结合他。以小人之心,度君子之腹,就这么离心离德的。认为是打击报复我们,把小鞋给我们穿,跟我们过不去。实际上,有一些批评,现在看来都是对的,不象任爱生前天在房里给我讲:"我对小将是不爱批评的。"这个话要是以前,我听了还蛮舒服的。(曾思玉同志插话:怎么讲?)他说:"我对小将是不爱批评的。"那意思就是说,明晓得这两天大家对我的意见都蛮大,对我的错误,对我的言行进行揭发和批判,难道这些人都是对我过不去吗?都是来整我吗?这个话起到什么作用呢?我认为是很不对的,是错误的。过去我听不进去,首长一批评我,心里不舒服,总记在心里,认为是对我过不去。(体学同志插话:胡厚民不是讲了嘛,任爱生不是说"我不愿对小将批评",我和他一路回来,我说你这个人怎么这样讲,群众代表犯了错误,我看着跑呀!你不批评他,不帮助他?他说,我这个人不愿在会议上批评人。我说你不在会议上批评,在哪里批评人家呢?他把话转了,说不愿在会议上批评人。我就说他,看你这个人说话没有毛泽东思想吧。)过去任爱生说这个话,我是听得进的,通过这次学习,我认为他这个话是非常错误的,如果上纲上高的话,就是要我抵制我自己的错误,要我对同志、首长们对我的揭发、批判、斗争不去接受,要我抵制,要我继续再犯错误,再滑下去。如果我说得更严重一些,就是挑拨我们的关系,挑拨群众和我们的关系,挑拨首长和我们的关系,就是说首长批评我,同志们揭发我,就是干我,话不多,很说明问题。所以,刘真、张华给我的毒很深,认为体学同志跟我过不去。我还受韩爱

---

27 板眼,武汉方言,即"点子""主意"之意。

晶、蒯大富那个思潮的影响，认为现在文化大革命快结束了，刘少奇那一班人心不见得死了，还有那么些不见得[派]他们服气了，还有他那一些社会基础，他那一股势力呀，还有市场的，到时候，他还是要起来搞的，要翻案的。我当时就认为陈毅、聂荣臻这些人，他服气了吗？我说也很难讲，李先念就对张体学蛮好嘛！我这个想法是非常极"左"的。认为对我们过不去，对这些首长老是怀疑。对他们对我的教导、帮助，总从反面去理解，我总站在不同的立场上，和他们得出不同的结论。比如，我们说他们"老奸巨猾"就是这个原因，好象我们年青，阶级斗争薄弱，经验不丰富，他们老引导我们犯错误，老把亏给我们吃，我们老上他们的当。我是说过这个事情的。比如在"反复旧"当中，电讯局搞个曾、刘首长北京来电，五点指示，整个武汉市都贴满了，现在查清楚这个事情了。但是当时我就给别人讲，我说不要上当，这是引导我们犯错误的。我们认为，一种可能，曾、刘首长是支持我们的，可能把"反复旧"大权接过去，争取主动。另一种可能，是引导我们犯错误的。我说了林杰那个"路线斗争引导对方犯错误。"所以，在北京京西宾馆也是这样子，我为么事不跟他们讲话呢？我跟同志们讲，你们不要跟他们讲真话，讲两句话就完了。事实上就是林杰那个话的翻版，就是政治斗争无诚实可言，不要跟他们讲。他们老找我们谈话，把我们心里话都掏去了，他不给我们讲什么东西，结果他掌握了我们。一直和这些首长是离心离德，同床异梦，老搞不到一起，老唱反腔，在革委会里，我就是老扮演的那么个反对派的角色。而且，相反认为自己是正确的。对毛主席、林副主席亲自选派的首长，不信任，把自己推到这些首长的对立面，跟他们亲不起来，跟他们爱不起来，跟他们站不到一起，说话说不到一起去。而相反的，和那一小撮特务、叛徒和一些反革命分子，却对他们爱，和他们站在一起，同情他们，根本问题是个立场问题。我还讲，"这个斗争是长期的"，有些人不一定就服气的，我们造反派是文化大革命的产物，有了文化革命就有了我们，没有文化革命，我们就没得，象文化革命生的小孩一样。刘少奇要翻了案，王任重要翻了案，首先要杀我们这些人。我这么认为的。但是，我总把这些首长，认为是跟他们一起的。人妖颠倒，敌我不分，没想到他们是跟毛主席，跟林副主席走的人。我记得体学同志给我介绍,曾司令员原来是跟着林副主席跟得很紧的嘛!跟了那长时间嘛!这些听不进去。我们上边挨了批评回去,心里不舒服,回到下边,一听到下面反映一些乌七八糟的情况,什么这里扒了哟,那里拉了哟,斗了哟。脑筋里一想,大概这个事情是这样的,他们是有组织、有计划、自下而上的都想把我们造反派搞掉,这就是"复旧",就是排斥、打击我们新生力量。现在看来,到我们那里去反映情况的一些人,到底是一些什么人呢?我们是主观的、片面的听了以后,就认为是那样子。里面有个对造反派的问题,错误的把造反派看成一个阶级,把站错队的同志看成一个阶级,这两个阶级好象不可调和似的,这简直没有一点阶级的分析。好象站到我们造反派这边的,不管是叛徒、特务,都是好的;你支持我们,我们就支持你。不管什么人,不管是好人是坏人,站错了队都不好。省、市革委会结合的时候,就充分说明了这一点。"左翼革干联"那是一些什么人?我们保的什么人,绝大多数都是特务、叛徒,而我们拚命的、不惜任何代价的为他们摇旗呐喊,为他们鼓吹。现在事实搞清楚了,这些人到底是什么货色,已经清楚了。要不是这次会,我还搞不清楚这些事情。我觉得我们群众代表,特别是我自己,到底代表什么东西呢?你是不是真正代表了广大群众的利益呢?恰恰是代表了那些乌七八糟的东西,到革委会里来了。你代表了社会上的这些社会渣滓。我还有那个理论,我认为北京那些联动分子,这都是高干子弟,他们的父母亲大多数都被打倒了的,这些人就是刘少奇的社会基础,他们这些人不服气。听一些北京学生讲,他说那些家伙顽固的很,说什么"二十年后,看谁杀谁的头",临走时还照个像。我一想这个问题,是蛮严重啊,不是一天两天的事情哩!历史的浪潮把我们推上政治舞台上来了,这个问题是蛮严重,要警惕警惕。在这样一个指导思想下,对站错队的同志老是不能正确对待,据我们厂来讲,站错队的绝大多数都是些贫下中农,都是热爱毛主席、热爱党中央的。我们把他们划成了一个阶级,好象我们是最革命、最正确,什么事情我们都要怀疑一下子,对军队也是怀疑的,对地方干部也是怀疑的,老是认为这些首长不支持我们,老压我们造反派。现在看得清楚了,我自己也是自相矛盾的,比如,那次党代会,结合到各级革命委员会的造反

第三部分

派头头都来了嘛！压了谁呢？没有压谁嘛！压的恰恰是那一小撮阶级敌人，这些人确实他有两下子，他惯用那些手法，来迷糊我们。有一个复员军人，叫陈俊佛，他到厂里去找过我三次。他第一次找我，写了一篇文章，就是什么《湖北日报》和《长江日报》有一个等号的问题，一个革命群众组织等于群众组织的问题，他要批判那个问题，他说吴焱金也同意了，朱洪霞也同意，要找我。这个人把文章给了我，我说，我看了等一下再讲，他说最好是以工代会的名义，你们这些常委在武汉市是很有影响的，用你们的名义去发表，将对武汉的文化大革命有很大好处。后来我一看这个文章，我还有一点觉悟，我认为不太恰当。我采取消极回避的办法，把他敷衍走了，不是采取抵制的办法。第二次他又找我，说你看怎么样？又拿这篇文章来了，他说："五·二七"指示、"七·二三"布告下来后，我们工代会就应该理直气壮去宣传"七·二三"布告。他还根据"七·二三"布告搞了一些为什么，还是油印的，不知是那里印的咧！他第一篇文章是由许多基层工代会签名盖章的，有南洋烟厂等，不知怎么串连了那么多单位。第二个他也要发表，他说，我们应该宣传"七·二三"布告嘛！也是油印好了的，给我看。我当时也采取消极回避的方法。第三次，他又来了，他晓得我两次没有搞他的文章，认为我不信任他，所以这次来拿了很多的政治资本。他过去在那里打过仗、立过功的，有他的照片，上面还落的有许世友，山东军区司令员许世友，很多照片，很多证明，都是有名有姓，都拍成了照片。（曾思玉同志插话：他那里人哪？多少岁数？）不晓得哪里的，大概没有职业，三十多岁。这次"反复旧"，他跳的很高，他把造反的牌子挂到，在外面募捐。有一天他去找我，我就给我们革委会讲，就说我去开会。他坐在我们厂里死不走，他看我吃饭了，大概想混餐饭吃，我不理他。后来他向我们一个老师傅要了五角钱，他走了。要不是曾司令员在一次会上打招呼，我们听了这些人的，就会偏听偏信。过去我们像这样的事情做得不少。他反映了情况之后，我们也确实感到那个地方受压，这个地方有问题。加上我头上有那些很反动的思想，总对首长怀疑，总认为他们想办法给我们过不去。所以，我上下一串连起来，觉得这是有问题。说穿了，"反复旧"也是因为这样子，"反复旧"情况我根本不了解，从北京回来后，我住在医院里，社会上一些情况根本不了解，田国汉跑到医院里给我灌呀灌，那里这里，这里那里，灌了些东西。根本就没有作过调查，根本不了解，灌了这些东西，有些人大概是冲击了，这倒是对的，包括我在内。冲击了你怎么不行呢？我们有错误、有缺点，过去打了别人的人，犯了那么多错误，别个冲击你一下子，难道就不行吗？只准你革别人的命，别人就不能革你的命？这样，我们有个很坏的指导思想，就是我们这些人动不得，一动就是"老保翻天"，一动就骂人家资本主义复辟，就是好像我们是最革命，是最正确的代表。这个指导思想在我来说很严重。就是"一次造反、永远正确"论，我这一次造反对了，那我就永远是正确的。把造反派与站错队的划为两个阶级，我这次造反了，就永远正确了；他们站错了，就永远是错的，一时站错队，永远错误；我们一次站对，就永远正确。实际上，这是典型地反毛泽东思想的。稍微有一点政治头脑的话，就认为这是非常错误的。正因为在这个错误指导下，所以，下面一拉，我拚命的干这个事情，要搞起来，我很反感，很抵触。当时我觉得干部有干部的一条线，群众代表有群众代表的一条线，我记不清是那个干部给我说过这个话，我死抱小山头，也是与这个指导思想是一致的。为么死抱小山头呢？我记不清楚了，有人给我讲，你这个群众代表有个么狠呢？过去是个普通工人呢！你有这么高的权威，是因为你背后有群众，而更重要的是你后头有个群众组织，你没有这个群众组织呀，告诉你，要把你么样就么样，你可以任人宰割。这是在解散工总时候，别人给我讲这些话。我一听，这话有道理呀！我们有个工人总部，有个"钢工总"，"钢工总"一取消的话，我们没有么事啦。所以，解散"钢工总"时我不愿意，想苦心经营自己的小山头。所以，"工代会"以后产生"工团主义"，把"工代会"凌驾于革委会之上，也是在这个反动思潮下发展起来的。所以，"工代会"我们死抓住不放，为么事呢？就是可以与革委会唱对台戏。我们"工代会"就可以蒙蔽一部分群众，可以把一些资产阶级派性大的和一些乌七八糟的人混在里面，他就给我们可以说话，凭借这一个组织，凭借这一个"堡垒"，就可以与革委会唱对台戏。你要不行，我们就应用林副主席那段话："阶级敌人如果再兴风作浪，发动群众把他们再一次斗倒就是了。"我们死抱小山头,我们狠就狠在这里,我们当时就这样子,所以,"工代会"不能取消,各级"工代会"应该有,非有不可,没得就不行了。你是代表谁呢?死抱小山头不放,总想把"工代会"和群众组织凌驾于革委会之上,争夺地位,这是刘少奇那一套,以前没有那么认识。这次通过中央批评我们是"工团主义"(这个名字我还是第一次听到),我就大吃一惊,实际上就是凌驾了,我们过去凌驾了不知道。"三反一粉碎",我们架空了革委会,我们自己不知道。在这个思想指导下,认为我们造反派是最革命的,"钢派"是最革命的。所以,我们总是正确的,总是对别人看不惯。"工团主义""工联主义"已经发展到登峰造极、非常严重的地步。从北京回来以后,下面很多地方成立了造反司令部,曾司令员有个八条,就是"反复旧"中成立的"工代会"要取消。当时,我是有抵触的,后来我才慢慢的想通一下了,觉得有点道理。但是,我开始从反面理解,大概是想把我们"工代会"全部搞掉,后来一想,我又问了别人情况,不光是"工代会"里站错队的没有,就是已经成立的"工代会",造反派也分成两派了,怎么代表群众呢?代表很小一部分人,根本没有群众基础。所以,下面的同志,各个基层,各个单位里边,有很多人死抱住"工代会"不放,跟我这个反动思潮、反动思想,有点受了我的影响。所以,我也讲过这些事情,我觉得这个思潮实际上是与《扬子江评论》一脉相承的。当时,我回来以后,我说,现在呀,文化大革命胜利了,造反派在思想上已形成了体系,政治上也取得了合法地位,问题在于组织上要落实。我还有我一套理论,我觉得刘少奇这个反革命修正主义分子被打倒了,首先是从政治上把他搞倒了,从思想上把他搞倒搞臭了,但是最后总还是从组织上处理他,把他组织上开除出党,并永远不准其重新入党。那么反过头来,我认为也是这样子,造反派从文化大革命中涌现出来的,政治上取得了合法地位,最后也应该从组织上使毛主席革命路线取得胜利。我有那么个理论,所以,不管是什么人,只要是造反派,结合到革委会,一个也不能拉。这样作的目的,过去有个思想,就是怕过去一些老干部来整我们,我们也应该有我们的市场。甚至我"反复旧"之前,就错误的认为清理阶级队伍把这个冲了,那个扒了,就是把这条线破坏了,就是否定文化大革命,这实际上就是歪曲了毛主席的在无产阶级专政下继续革命的学说，中央的批评确实是很对的。歪曲了毛主席的"工人阶级必须领导一切"的最高指示，为我所用，采取实用主义的态度。事实上，是不是情况这样子呢？回过头来看看，不是这样子。现在我才开始体会到首长帮助我，我想到懊悔，我住医院，体学同志叫我到总医院去住，我那时要听了他的话，我住到总医院后，就不会犯这大错误了，我这么想。当时，我产生怀疑，我想那就把我控制起来了，又想整我一下子，"怀疑一切"相当严重。这两天想，如果那样，就不会犯这大错误。比如说体学同志吧，我在会之前（体学同志插话：你要住陆军医院，沈秘书亲自去安排的。你讲了一上午，一下午，不是说我们这些老家伙在搞你的鬼吗！我们有错误，可以检讨。在这个庄严的大会上，我们那个搞你的鬼，你可以讲一讲，揭发批判！）现在看来，首长确确实实对我们是爱护的。我自己晚上睡到想一想，回顾一下子，自己应该有所感触了，有很多事情可以说明问题，就刚才讲那个例子，就可以说明问题，就是"五•二七"指示回来以后，首长是怎么样对我们关怀的，讲这个例子，就可说明这个问题。回来后，几乎每一个星期方司令员、张纯青政委、张昭剑政委都要找我们几个头头谈一次话，了解了解我们思想情况，怕我们犯错误，把社会上的阶级斗争动向，社会上的情况，都给我们讲一讲，并指出我们的缺点，指出不符合毛泽东思想的东西。就是从"五•二七"指示回来以后，把我们从厂里接出来这样讲。我想，这些首长到底是为我们好呀，还是为我们坏呢？每个星期都把我们找得去，一谈一晚上，一谈半晚上，一谈就是一上午，一下午。他们到底是为了什么东西呢？他们既然是为了整我们，又为什么找我们去谈呢？这都不是假的，有很多人在这里嘛！象王锦铭、潘洪斌、吴焱金呀，不是给我一个人讲的，大家一起讲的，也不是为我一个人，是为了大家，为所有的群众代表，尤其是为我们这几个人，为了我这个一直顽固不化的家伙。（体学同志插话：我们从北京回来，司令员、刘政委特地给我安排一个任务，说你回去找"反复旧"的头头耐心谈话。六月份一个月什么没有干，一天三班，上午一班，下午一班，晚上一班，谈了四百多人。你们头头也可以检举我们，找你们谈话搞了什么小动作，也可批评我们的。）回顾过去一些事情来讲，不是首长在里面捣鬼，是我们两派的资产阶级派性在里面捣鬼。"钢派"怀疑首长是支"新"的，"新派"怀疑首长是支"钢"的。我们犯这严重错误，就是对首长一直不信任造成的，就是王、关、戚那个"怀疑一切""打倒一切"，林杰那几句资产阶级权术那几句话，给我的毒素很深的。确实这东西是致使我犯错误的一个很重要很重要的因素，致使我对首长的话，对同志的帮助听不进去，一直到现在犯了这么严重的错误，到这么严重的程度，我前天给体学同志讲这个事情，我一直是这么认为的。曾、刘首长要管两个省的军队工作，又要管地方，文化大革命前，他们只要把地方工作搞好就行了，现在除了把革命生产抓好以外，还要帮助教育我们。我们这些人，不是与他们同心同德的干，老是唱对台戏，他搞的好好的，我们给他一戳，崩了。他们除了搞好地方工作以外还要用很大精力来招呼我们这些人，我们这些人，专门在捣鬼，我们不但不起好作用，相反，老是起破坏作用，还老说他们要不得。我最近才有这么一点体会，他们这大年纪，你不给他分担责任，至少你不该给他添麻烦吧，比如说，搞清理阶级队伍搞得那么好，迎"九大"时，整个武汉市那么好，我们应该是同心协力，一起搞的，我们偏偏搞个"反复旧"，搞的一塌糊涂，最后落到这个结果。他们还是气量大的哟，要叫我们不得了。现在看来，这些首长对我们是关怀、爱护，怕我们犯错误，以前总认为他们要整我们，把我们置于死地。现在看来，确实是爱护我们。比如体学同志就是这样子，我在文化大革命初期，印象是比较好的，因为我们在最艰苦的时候，这是真的，不是假的，我们在陈再道发表的"二•一八"声明后，工总已经快垮台了。朱洪霞、我、李洪荣，我们这些头头都已经秧了[28]，在小房里面睡在地下，到处揪我们，走投无路的时候，就在这个时候，体学同志在京西宾馆接见了姜诗存，姜诗存很秘密地带回来一封信，这封信只有几个人看到的，看了之后烧掉了的。里面讲到工总打成反革命，他不同意，想到二十年后还要为我们翻案的。当时，我听了后，眼泪都流了，我坐在监牢里还在想，张体学是不是还给我们翻案哪？给我的印象是很好的。为什么又变了呢？我

---

28 秧了，武汉方言，即"蔫了""不行了"之意。

对体学同志的态度变,刘真那个狗日的对我影响太深了,不光是我一个人流毒很深。还有受到王、关、戚的思潮,加上资产阶级派性,自己有私心杂念,产生种种怀疑。我认为他是最了解湖北情况,曾司令员是沈阳来的,刘政委搞军内工作的,最熟悉地方工作的,还是体学同志,过去在省委工作。我的情况他也了解。(体学同志插话:文化大革命初期,你们是个主要组织,我把几个坏人就告诉你们了,要你们千万不要与他们来往,我说你打倒我可以的,那些不是好家伙。对"钢二司""九·一三""工总"我都讲了,对"华农"我讲了,对"湖大"我也讲了。你们有个理论,张体学是敌人,敌人反对的,你们要拥护,敌人拥护的,你们要反对,篡改毛主席的最高指示。)想一想这些问题,现在也很痛心,你比如说,体学同志跟朱洪霞讲,朱洪霞天天回去就说:"体学同志不错呀!"我说:"你莫听他的,你这个人,听不得两句好话,他老奸巨猾,板眼多的很哩!"朱洪霞就说:"是的,是的,是那个事情。"我们就是这样离心离德。由于我思想上装这些东西太多了,思想顽固,所以,一直转不过弯来。听不进去,老犯错误,老不改,老不承认错误。自己还美其名曰:"我是正确的,我是对的",那个给我讲,我可以跳几丈高与他辩论。这样的事情确实还是比较多的。当时我把这一些首长带着对立的情绪来看待,他们说的事情,我们要怀疑,他们说的事情,我们要研究,他们说的事情,我们非要看一看到底是个什么事情。离心离德,当时,我记得在京西宾馆的时候,我们的怀疑更加严重了,张体学老奸巨猾哩,我们要认真对付。所以,我说我们要小奸巨猾,比他更猾一点,来对付他。一直和这些首长离心离德。我们自己狂妄自大,目中无人,首长革命几十年,我们搞了几年的毛孩子,根本就不懂得什么东西,结果把这些首长看不到眼里,狂妄自大,目中无人,对首长很不尊重,我是最严重的,对曾、刘首长和其他首长很不尊重。所以,我犯错误的根源呀,就是王、关、戚那个思潮"怀疑一切""打倒一切"的影响,对干部不信任,对军队没感情,就认为这样子,认为他们在整我们。我老在准备,准备挨斗,准备挨整,准备坐牢。大家不是揭发有这句话吗?说:"把我关在牢里,二十年以后还要干。"我在那个省柴就讲了的,我当时认为美其名曰,我是革命的,我是对的,我自己认为美其名曰,我是捍卫毛主席革命路线的,我说,我既然是革命的,我怕么事呢?弄到牢里去坐二十年,出来还不是要干。自己认为很对的,好象自己是很革命的,站在反动的立场上,与首长相对抗,一直使"**抓革命,促生产**"受到破坏,对首长的话、首长的指示,除了反面的理解以外,还多少要分析分析,研究研究。

开这次大会,除了在大会上同志们对我的揭发批判以外,体学同志、参谋长晚上找我谈到非常晚,三点钟,大半夜,他白天搞了,晚上还找我谈,辛辛苦苦地、苦口婆心地启发诱导。在参加会之前,我是抱着挨整的思想的,认为这回我大概差不多了。我的问题是相当严重的,说个不客气的话,已经是相当反动了,法办多多有余,不管从政治上来讲,还是从经济上来讲。首长为什么还这样对我苦口婆心的讲一晚上呢?是为我好,是为我改正错误,为我重新做人,我想下面还有很多头头,专县头头,也受我思想影响很多的,我自己确确实实的有些感受,受极"左"思潮影响,相当反动的,一直走上犯罪的道路。另外,我还有一点体会,一个教训。林副主席讲了,紧跟毛主席就是胜利。"七·二〇"以前,固然我们有缺点、有错误,但是我们大方向总还是对的;"七·二〇"后我们为什么老犯错误呢?一次一次犯错误,一次又比一次犯错误严重,为么事犯错误咧?就是因为自己没有紧跟主席伟大战略部署,背离了、破坏了毛主席的伟大战略部署,所以老犯错误,一直造成了严重恶果。所以,我觉得要紧跟,要听毛主席为首、林副主席为副的无产阶级司令部的话,如果不紧跟,就垮台,就会走向反面。另外一个教训,就是资产阶级派性。去年去北京时,六机部军管会主任给我讲了一段话,当时我理解不了。他说北京的"五大领袖",是最早造反的,他说你们最早起来造资产阶级反动路线的反的人呀!到了运动后期是资产阶级派性最大,最足,最极"左"。我当时理解不了,现在看来是这么回事。过去认为自己是一贯正确,所以资产阶级派性不晓得几大[29],到了后期,就相当极"左",老是自己的山头亲,小团体亲,对革委会、对首长没得感情,想到的是我们过去所谓的"派性"的战友,想到的是那些"派性"组

---

29 几大,武汉方言,即"多大"之意。

织，资本主义的小山头，就是个人主义。我自己有个教训，我们过去是个工人，个人主义随着地位的变化，对革命带来的损失也起变化的，过去我们当工人，在一个车间、一个小组里面，有点个人主义，对革命、对党、对人民造成的损失顶多是影响到你那个小组，或者影响到你那一个厂。但是，当我们的地位变化以后，有一点个人主义，将会为（给）革命造成更大的损失，给人民、给党造成损失就越大，这个是成正比的。假如说我们当工人的时候，给革命造成损失一倍的话，那么现在处于省革委会一个负责人，一个群众组织头头，为革命造成的损失将成百倍，成千倍，成万倍，是不可挽回的。许多事实不充分说明了这一点吗？我们搞"反复旧"，给革命造成几大损失呢？所以教训特别深。

三个反复，我都是充当了罪魁祸首，对人民犯了罪，对毛主席、林副主席亲自选派的人、相信的人爱不起来，对一小撮反革命、叛徒，恨不起来，为他们鸣冤叫屈，或者与阶级敌人睡在一起、吃在一起，敌我不分，认友为敌，严重的丧失了工人阶级的立场，使自己堕落成为反动思潮的代言人，破坏了革命的大联合，破坏了革命的三结合，破坏了军民团结，破坏了"九大"，破坏了清理阶级队伍，破坏了无产阶级文化大革命，破坏了无产阶级专政，对人民犯下了不可饶恕的罪行。由于我的错误相当严重，认识开始有一点，很差的，我还要继续学习，要求同志们、首长们，对我的错误继续揭发批判，肃清流毒。我觉得我的错误是相当大的、相当严重的，我在这里要求军区首长、省革命委员会给我严肃的处理。对我的处理，我完全服从。我深深认识到我是犯了罪，错了，要求严肃处理我。并保证今后好好地改造自己，好好改造世界观，脱胎换骨，重新做人，来回答同志们对我的教育，对我的帮助，对我的爱护。检讨的很不好，很不彻底，是初步的态度，希望首长、同志们对我帮助教育。

（曾思玉同志说：胡厚民今天讲了四个小时，敢于正视自己的错误，讲了些犯错误的原因，这里边最大的原因，除了你自己讲的一些原因之外，从你主观上来讲，你这个人，就是自高自大，目中无人，恐怕在我们湖北，我碰到的是相当典型的一个。你是从来不检讨错误的，一是不讲话，一是少讲话，就是承认错误，也只说两句不痛不痒的话,我们相处两年多了,这次同志们对你的批评,是在一千多人面前给你的帮助,不管同志们怎么批评,戴什么帽子,要正确的理解,正确对待同志们的批评。一个同志既是革命的动力,又是革命的对象。现在我觉得这么个问题,你回顾一下,本来湖北的形势,的确在我们毛主席、林副主席、党中央、中央文革、中央军委发布的号令、指示的指引下,不断向好的方面发展。为什么经常出现反复呢?原因确实是一小撮阶级敌人在那里捣鬼,群众组织头头当中一部分人犯错误,这也是个原因。毛主席在视察三大区,讲的清清楚楚的,你们看了嘛,就是听不进去,所以你就栽筋斗。拿胡厚民来说,你就是陷到泥坑里去了,现在我们一千多人,尽力在拔你,再不拔就掉下去了,那就要淹死了。检讨不管深刻不深刻,深刻还要一个认识过程。我有一个看法,你在湖北全省人民的代表的面前讲了,大家听到了,现在就是说了话要算数,你自己也表示了决心,痛改前非,现在就是忠不忠,看行动,实践检验一切。)

根据湖北省革命委员会 1969 年印发的铅印材料刊印。

彻底清算"决派"前台黑指挥朱鸿霞的反革命罪行

(一九七〇年三月十日)

根据伟大领袖毛主席批示照办的中央"一·三一"指示、"二·五"指示的精神，我们强烈要求武汉军区首长、革委会，将反革命地下组织"决派"的黑后台任爱生，"决派"的前台黑指挥朱鸿霞，武汉"五·一六"前台黑指挥杨道远，"决派"分子胡厚民清除出省革委会，交广大革命群众批深批透，斗倒斗臭，彻底肃清流毒，并实行无产阶级专政！

中央"九·二七"指示指出："武汉市出现的所谓'北斗星学会''决派'这类地下组织，幕后是由一小撮叛徒、特务、反革命分子假借名义、暗中操纵的'大杂烩'。那些反革命分子的目的，是妄图推翻无产阶级专政和社会主义制度，破坏无产阶级文化大革命，搞反革命复辟。他们不择手段，散布各种反革命的流言蜚语，混入群众组织进行挑拨离间，大刮经济主义、无政府主义的妖风。对这类反革命的地下组织，必须坚决取缔。"根据"九·二七"指示的精神，取缔了反革命地下组织"北、决、扬"，狠狠打击了一小撮反革命分子，这是毛泽东思想的伟大胜利，是无产阶级真正的伟大胜利。可是，反革命地下组织"北、决、扬"的前台黑指挥朱鸿霞，至今还在招摇撞骗，逍遥法外。毛主席教导我们："假的就是假的，伪装应当剥去！"下面向同志们揭发批判朱鸿霞的反革命滔天罪行，还朱鸿霞反革命的本来面目。

一、朱鸿霞是"北、决、扬"的前台黑指挥之一

伟大领袖毛主席教导我们："以伪装出现的反革命分子，他们给人以假象，而将真相隐（荫）藏着。但是他们既要反革命，就不可能将其真相隐（荫）蔽得十分彻底。"

朱鸿霞就是一个以伪装出现的反革命分子。他打着"造反"旗号，

干着反革命勾当，做尽了坏事，是反革命地下组织"北、决、扬"的前台黑指挥！

朱鸿霞亲自召开黑会，密谋发展"决派"组织，建立"决派"军队，还准备到大别山打游击。一九六八年二月五日，省革委会成立，朱鸿霞钻进革委会当了副主任。但他为了颠覆无产阶级专政，妄图复辟资本主义，竟在六八年四月，在汉口某工厂开了一次黑会。会议主持人有朱鸿霞、胡厚民、姜诗存、张跃忠。会议主要内容，是发展"决派"组织问题。朱鸿霞在会上作黑报告攻击："曾刘现在还没有转过来，武汉军区为陈再道翻案"，"我们现在没有权，要抓枪杆子，回去后要整顿和发展'决派'组织，如果'决派'失败了，就拉到大别山上去打游击。"真是恶毒之极，反动透顶！曾刘首长是毛主席、林副主席派来主持武汉军区和湖北工作的，我们广大工人、贫下中农、广大指战员坚决拥护，坚决支持！反对曾刘首长，就是反对毛主席、林副主席，就是分裂、破坏无产阶级司令部，就是反革命！打倒反革命分子朱鸿霞！

"决派"的反革命纲领，是"三个反对""三个重建"，为了实现这个反革命纲领，朱鸿霞亲自抓"决派"的文武两个班子。武班子就是"决派"武装。朱鸿霞秘密作黑指示，要"整顿和发展'决派'组织"，建立"决派"武装，大抓"枪杆子"，"决派"军队的司令刘万太[1]（汉阳区革委会副主任），就是朱鸿霞的心腹，得力打手，是"江城前哨"里面杀人不眨眼的刽子手。朱鸿霞封这个反革命分子为司令，配备了一套人马，准备建立反革命根据地，妄图搞反革命夺权。他大抓文班子《扬子江评论》，并亲自为《扬评》审稿，许多毒草文章，都是经过朱鸿霞审批后出笼的。这是道道地地的反革命活动。

朱鸿霞对广大革命群众疯狂镇压，大搞资产阶级专政，一九六八年夏秋之间，朱鸿霞与反革命分子鲁礼安、冯天艾秘密策划，勾结省话剧团一小撮反革命分子，大搞武斗，指使"决派"的赶（敢）死队将省话剧团的革命群众赶出大院，强行占住省话剧团三个多月。省话剧团只有108人，被打的16人，重伤7人，其中有6个是共产党

---

[1] 刘万太，一作"刘万泰"，1942年出生。文革前为武汉市红星帽檐厂工人，文革中为"工总"汉阳办事处一号勤务员、汉阳区革委会副主任。

员。被打的都是历次政治运动中的积极分子,都是我们的阶级兄弟。他们在省话剧团私设公堂,非法拷打审讯革命群众。贫农出身的共产党员张文甲[2]同志,被他们打的死去活来,打完后,关在他们私设的牢房里。这伙暴徒却去大吃大喝,庆祝他们打人的"胜利"!对广大革命群众实行法西斯专政,残酷之极。

"决派"分子鲁礼安、冯天艾、甘勇、杨秀林、蔡万宝等人,长期住在省话剧团,干尽了坏事。《扬子江评论》上的大毒草,四评"×氏人物",就是朱鸿霞支持的这些"决派"分子强占省话剧团后,在省话剧团炮制出来的。三省二市的"七·二九"黑会,也是在省话剧团召开的。这次黑会是北航黑会的继续,矛头对准周总理、张春桥同志,妄图分裂无产阶级司令部。省话剧团一度成了"北、决、扬"的黑据点、黑窝子。后来,武汉警备区根据革命群众的要求,派解放军去调查,胡厚民就调动"敢死队""决派"分子,围攻、跟踪、叮(盯)哨(梢),不准进门,竟胡说什么:"我们是这里的主人!"真是反动之极!这不正是法西斯的强盗逻辑吗?"决派"分子就是一伙明火执仗的强盗匪徒!朱鸿霞就是这伙强盗、匪徒的前台黑指挥之一!

党中央首长、曾刘首长,多次点了反革命地下组织"北、决、扬"的名,警备区根据广大革命群众要求,逮扑(捕)了罪恶累累的"决派"头子鲁礼安后,朱鸿霞如丧考妣,四处鸣冤叫屈,大肆放毒胡说什么:"鲁礼安的大方向是正确的。鲁礼安对曾刘的看法是对的!"公开为反革命分子鲁礼安辩护,招魂。朱鸿霞还亲自到黄石市,与"决派"分子一起照相、会餐,给"决派"下黑"指示",鼓动他们"好好干"。回到武汉后,朱鸿霞、杨道远、胡厚民就秘密策划,组织"营救鲁礼安战团",武装游行示威,大造反革命舆论,给武汉军区、省革委会和警备区施加压力。反革命气焰极为嚣张。

为了达到反革命分子鲁礼安翻案的目的,朱鸿霞到处活动,制造反革命舆论。一九六八年九月三日,朱对历史反革命分子曹民俊说:"《扬子江评论》的问题,我个人还有看法。前天,他们把最过硬的王牌材料,什么鲁礼安攻击毛主席的拍照材料拿出来,我也没有看出

---

2 张文甲,湖北省话剧团"狂造"成员。

什么反革命的问题。是不是反革命,你们可以思考。"公开为反革命分子鲁礼安涂脂抹粉,开脱罪责,公开对抗曾司令员"八·二二"讲话!疯狂破坏无产阶级专政!

后来,朱鸿霞又大耍反革命两面派手法,假批真保。党中央"九·二七"指示下达后,广大革命群众纷纷起来,一场围剿"决派"及其黑后台的人民战争打响了。朱鸿霞眼看明保鲁礼安不行了,就大搞假批真保,妄图稳住阵脚。朱鸿霞对他的心腹人员说:"要争取主动,对《扬评》一定要表态。吴焱金有一次在常委会上说:'《扬评》我就是批不起来,因为它支持我。'结果很被动。刘政委在一次会上点了他,我就连忙站起来说:'我们对《扬评》的态度从来就是很鲜明的,从来都是要批的'。这样自己就主动了。"从这些黑话可以看出,第一,朱鸿霞要批《扬评》是假,死保鲁礼安是真。批是一种障眼法,目的是为了使他们这一小撮不被动,保自己。第二,指出鲁礼安的后台是王盛荣,罪恶是"多可论",目的在于丢车保帅,抛出中央点名的王盛荣,保住其它的黑后台。对王荣盛呢,只揭"多可论",别的罪行不揭发,可以达到稳住阵脚的目的。这就是朱鸿霞在"决派"问题上,同我们进行斗争的反革命策略!

胡厚民是"决派"的一名重要头目,朱鸿霞也是死保的。中央首长、曾刘首长,多次点过胡厚民的问题。特别是省革委会贯彻、落实"九·二七"指示后,朱鸿霞还公开散布说:"我和胡厚民是有感情的。我以为他是英雄,将来是一员干将,'北、决、扬'中央点名后,我就不敢公开说他好了,但说胡厚民坏是不可能的。"同志们,胡厚民是罪恶累累的现行反革命分子,朱鸿霞吹他是"英雄"!"将来是一员干将"。什么"英雄""干将",就是一个罪大恶极的反革命。胡厚民不是有个"三个长期斗争"吗?胡厚民不是说过:"二十年后老的死完了,掌权的就是我们"吗?"将来是一员干将",就是说在以后,胡厚民、朱鸿霞、杨道远这一小撮反革命分子,要搞反夺权,复辟资本主义,实行法西斯专政!这些人掌了权,我们广大工人、贫下中农,就要重吃二遍苦,重受二遍罪,整个社会主义江山就要改变颜色!同志们,我们能让这一小撮反革命分子篡政掌权吗?不能,绝对不能!我们必须加强无产阶级专政,对这一小撮反革命分子实行无产阶级专政。打倒朱鸿霞！打倒任爱生！打倒胡厚民！

"决派"的重要头目，专管制造反革命舆论的田国汉被扑（捕）后，朱鸿霞也是死保的。他对田国汉的臭老婆杜丽娟说："老田是共产党员，工人，他不会是反革命，我要替他说话的。"他做贼心虚，觉得太露骨了，于是又跟杜丽娟打电话交代："你不要说是我说的，不要说你到我家里来了！"他们暗地活动，为反革命分子田国汉翻案，直到去年开省扩大会议，朱鸿霞还通过他下面的黑爪牙，暗地组织什么"营救田国汉战团"！大小"决派"头目，也经常与朱鸿霞联系，"决派"干的坏事，是朱鸿霞指挥干的。朱鸿霞是"决派"的黑掌柜，前台黑指挥之一！这些罪恶必须彻底清算。

二、恶毒攻击、反对中国人民解放军，妄图毁我钢铁长城

伟大领袖毛主席教导我们："没有一个人民的军队，便没有人民的一切。"中国人民解放军，是无产阶级专政的柱石。国外的帝、修、反和国内的一小撮阶级敌人，对中国人民解放军，怕得要死，恨得要命。朱鸿霞要搞"三个反对""三个重建"，解放军就成了他不可逾越的鸿沟。他拚命反对中国人民解放军，使用最恶毒的字眼，攻击中国人民解放军，咒骂曾、刘首长，挑拨军民关系，破坏军民磐石般的坚强团结。

毛主席教导我们："军队是国家政权的主要成分。谁想夺取国家政权，并想保持它，谁就应有强大的军队。"朱鸿霞为了毁我钢铁长城，建立"决派"武装，大搞窃取我军事情报的反革命活动。"七·二〇"以后，特别是省革委会成立以后，朱鸿霞、杨道远、胡厚民等人，还在邮电局建立秘密的情报小组，窃取我军事、政治、经济等机密。情报组下面，分区设立联络站，有秘密情报联络员，每个情报员编有代号，没（设）有惩奖专卡，每个情报员与情报组是单线联系，对话全是暗号、秘语。他们这一套，与国民党的军统、中统特务一个样。这个情报组窃取了解放军大量军事情报，如关于武汉部队的调动、编制、装备情况、领导干部情况等等。毛主席批示照办的"一·三一"指示指出，"窃取军事情报"，就是反革命分子，朱鸿霞、杨道远、胡厚民秘密建立的情报组，专门窃取我解放军的情报，他们是一小撮货

真价实的现行反革命分子,必须揪出来斗倒斗臭,并实行无产阶级专政!

朱鸿霞为了毁我钢铁长城,接受了王关戚的黑指示,大搞"揪军内一小撮",勾结一小撮阶级敌人煽动不明真相的群众,冲击中国人民解放军。他伙同杨道远、胡厚民、杨连成³等反革命分子,在武测⁴秘密开黑会,策划反军、乱军,"揪军内一小撮",搞什么"顺藤摸瓜,摸到哪算哪!"会后,分头传达,还派人跟革干联的张华汇报,张华听了十分嚣张地说:"对,对,顺藤摸瓜,一定要摸到曾、刘、张那里去!"从此,全省范围内,出现了抢枪乱军的反动事件,大搞冲击军事机关,抢夺解放军的装备。朱鸿霞仅分给武重祝孝先的枪枝(支),就有三千枝(支)。他们对解放军的广大指战员,进行揪斗、殴打、游斗、扒军衣、摘领章,并对解放军下毒手,打死打伤很多指战员。朱鸿霞这一小撮坏蛋,冲击解放军,妄图搞垮钢铁长城,同帝、修、反一唱一合(和)。

"五·二七"指示下达以后,朱鸿霞一手策划,制造了一起反军乱军的严重反革命事件。毛主席、林副主席批示军委任命授予武汉部队某部战士李全洲同志为"无限忠于毛主席的好党员"的光荣称号,武汉军区于六九年八月二号在汉口召开命名大会,号召武汉部队和我省广大军民,学习李全洲同志的光辉事迹和优秀品质。朱鸿霞一手策划,在大会上散发武染捏造事实,诬蔑解放军的传单,妄图给解放军脸上抹黑,诽谤人民解放军的崇高声誉。这是一起直接反对中央军委,反对伟大领袖毛主席、林副主席的反革命事件,朱鸿霞就是罪魁祸首。

为了毁我钢铁长城,朱鸿霞大造反军乱军的舆论,恶毒咒骂人民解放军。曾、刘首长多次指出朱鸿霞的严重问题,想挽救他,他就怀恨在心,诬蔑曾、刘首长"在湖北搞独立王国,是土皇帝。"朱鸿霞叫嚷"清理阶级队伍,压了造反派",李副司令员严正指出,"清理阶级队伍好得很,这是无产阶级专政",他就恶毒攻击李副司令员是"鸠

---

3 杨连成,文革前为第一冶金建筑公司一公司加工厂技术员,文革中为"九·一三"勤务组成员。

4 武测,即武汉测绘学院。

山"；军区三办在三支两军工作中，做了大量工作，狠狠打击了一小撮反革命分子，朱鸿霞就恶毒攻击军区"三办是搞特务的"；省革委会的军代表，做了大量工作，起了顶梁柱的作用，使一小撮反革命分子想架空革委会的阴谋没有得逞，朱鸿霞就恶毒攻击革委会是"军政府"，真是恶毒之极，反动透顶。毛主席教导我们："凡是敌人拥护的，我们就要反对，凡是敌人反对的，我们就要拥护！"[5]反革命分子朱鸿霞，咬牙切齿，恶毒咒骂我们的亲人解放军，就是因为解放军坚持对敌狠对己和的原则，保护了人民。朱鸿霞恶毒咒骂、攻击、诬蔑解放军，绝不是偶然的，是他的反革命立场决定的。这是朱鸿霞反革命本来面目的大暴露！谁反对人民解放军就打倒谁，打倒朱鸿霞！

"决派"的前台黑指挥朱鸿霞，对我们的亲人解放军，有着刻骨仇恨。他多次恶毒咒骂解放军是"披着黄皮的狼"！这同反革命分子任爱生是一个腔调。他恶毒攻击三支两军的解放军同志，是"麻子兵""支保兵"！同志们，什么人才这样恶毒咒骂解放军？只有美帝国主义、苏修社会帝国主义和一切反动派。朱鸿霞咒骂解放军用的语言，跟帝、修、反一样狠毒，朱鸿霞就是帝、修、反进革委会的"别动队"！打倒美帝！打倒苏修！打倒一切反动派！打倒朱鸿霞！

伟大的人民解放军，是毛主席亲自缔造、毛主席和林副主席亲自指挥的军队，拥护或反对中国人民解放军，这是对伟大领袖毛主席、林副主席的态度问题。朱鸿霞一而再、再而三的反对、攻击人民解放军，就是直接反对、诬蔑我们伟大领袖毛主席、林副主席！朱鸿霞反对人民解放军的滔天罪行，必须彻底清算！

"军民团结如一人，试看天下谁能敌"！朱鸿霞对军民团结极为害怕，妄图挑动群众反对解放军，反对军宣队，疯狂破坏军民团结。他煽动说："现在看来，解放军呀，……根本未转过来。""反复旧"前，武重批斗了有四条血债的现行反革命分子祝孝先，朱问是谁主持批斗的，有人说是军宣队，朱鸿霞暴跳如雷地说："管他军宣队，什

---

5 这段语录与原文有出入，原文是："凡是敌人反对的，我们就要拥护；凡是敌人拥护的，我们就要反对。"见《和中央社、扫荡报、新民报三记者的谈话》（1939年9月16日），《毛泽东选集》第2卷，人民出版社，1966年7月，第553页。

么队,给他点名贴大字报,不要打被动仗。"还煽动说:"下面搞错了,根本问题在曾刘那里。"在朱鸿霞的煽动下,武重革命、生产的大好形势,遭到严重破坏,武重成了全市闻名的"老大难"单位之一。在军宣队做了大量工作,继续发动群众批判朱鸿霞、祝孝先之后,特别是把朱鸿霞、祝孝先等送到北京学习班后,武重广大职工群众进一步发动起来,革命、生产形势一片大好,越来越好。这说明,朱鸿霞、祝孝先这一小撮反革命分子,已成了武重继续革命的"绊脚石""拦路虎",必须搬开,必须打倒。

去年十二月,朱鸿霞还在群众中煽动说,只能"相信解放军的大多数",这是王关戚"揪军内一小撮"的变种,是道道地地的反革命言论。

我们的解放军,是用毛泽东思想武装起来的,非常革命化、战斗化的,举世无成双的,是有高度集中统一的战斗集体。朱鸿霞为了毁我钢铁长城,妄图挑拨、破坏军内的坚强团结,他公然在群众中挑动说:"穿黄裤子的(陆军)和穿兰(蓝)裤子(空军)是有矛盾的";"军区三办是支新的,警备区是支钢的"等等,妄图破坏解放军的内部团结,破坏广大革命群众对解放军的无限信任。解放军永远是革命群众学习的榜样。过去,解放军在毛主席、林副主席的领导下,南征北战,打出了社会主义江山,立下了汗马功劳;在文化大革命中,三支两军,又立下了丰功伟绩,将来要靠这支军队彻底消灭帝、修、反,我们广大革命群众,对解放军一千个信得过,一万个信得过。

朱鸿霞一再煽动"揪军内一小撮",窃取军事情报,建立"决派"武装,疯狂破坏军民团结,恶毒攻击人民解放军,其罪恶目的,就是妄图毁我钢铁长城,建立他们的反动武装,阴谋复辟资本主义,实行资产阶级专政。

三、对抗党中央,反对伟大领袖毛主席

毛主席教导我们:"阳奉阴违,口是心非,当面说得好听,背后又在捣鬼,这就是两面派行为的表现。"[6]朱鸿霞对毛主席的指示,对

---

6 引自《中国共产党在民族战争中的地位》(1938年10月),《毛泽东选集》第2卷,人民出版社,1966年7月,第498页。

党中央的声音,一向是"阳奉阴违,口是心非"的。

(一)疯狂破坏革命大联合、三结合。"七·二〇"以后,毛主席、林副主席派曾刘首长主持武汉军区和湖北工作,中央首长在"八·八"座谈会中指出:曾刘首长领导湖北、武汉运动,希望武汉的革命群众组织迅速实现大联合。朱鸿霞表面接受,暗地破坏,与革干联的刘真等人秘密策划,大搞什么"钢化江城,钢化湖北,钢化全国",并亲自带领三万余人,搞武装示威,妄图压垮一方。并于一九六七年九月四日成立"催指",朱鸿霞自任总指挥,鲁礼安任宣传部长,革干联的孟夫唐、刘真、张华、任爱生等,当上了顾问。扬言要由"催指"领导全湖北的运动,公开同毛主席、林副主席派来的曾刘首长对抗,搞反革命夺权。

毛主席视察三大区的指示发表后,许多基层实现了革命大联合。朱鸿霞公开对抗,于一九六七年九月二十三日在武重召开头头会议,说什么"都回本单位'大联合',是拆了钢工总的台"。他亲自到已联合的江汉、江岸进行煽动,使这些基层的大联合遭到破坏。

省市革委会成立后,朱鸿霞在一九六八年四、五月间,接过"三反一粉碎"的口号,在武昌司门口广播放毒,扬言"要清算老机老保",把矛头指向革命群众,指向革命干部,指向解放军,指向新生的红色政权革委会,他亲自带头搞火把游行,抢占据点,煽动杀向社会,使革命的大联合又遭到破坏,革命和生产受到严重干扰。

在此期间,朱鸿霞为张华、刘真没有结合鸣冤叫屈,对毛主席批示结合的革命领导干部张体学同志进行人身攻击。还策划夺厅局的大权。一九六八年三月十一日对吴焱金说:"我们在省市革委会没有权,在厅局要是不成立革委会,那权又落到干部手里了,我们就成了空架子。老吴,你去串联一下,造反,造反!"同年三月十五日,他们在三十三个厅局成立了夺权指挥部,三天内夺了工业厅、二轻局等四个厅局的权,使这些单位的大联合再次遭到严重破坏。

(二)大搞反夺权,妄图用"工代会"取代革委会。在党的"九大"期间,朱鸿霞与胡厚民、李想玉、吴焱金秘密策划后,刮起一股"反复旧"的妖风。朱鸿霞多次在街头公开放毒,把矛头指向"三红"。他还到青山、安装公司、国棉二厂、肉联、武锅、武汉客运站制配厂、武汉机械学院、武汉邮电学院等单位,大放厥词,全面否定军区、省革委会的大方向,破坏毛主席的伟大战略部署。策划成立"工代会",妄图用"工代会"取代革委会,凌驾于党的领导之上。在朱鸿霞的授意下,市"工代会"背着省市革委会,部署各区、各基层成立联络站或造反司令部,大搞反夺权,架空了不少基层和单位的革委会。

(三)公开对抗"五·二七""九·二七"等指示。毛主席批示"照办"的"五·二七"指示中明确指出"反复旧"的错误是一凌驾、两歪曲、三指向,朱鸿霞胆大包天,公开对抗,胡说什么:"'五·二七'指示是中央根据国际形势决定的,如果是支持了'反复旧',军队乱了,中央就不好办了。"他继续策划"反复旧",上窜下跳,极其猖獗,前后开了八次黑会。六九年五月三十一日,朱鸿霞、李想玉、胡厚民、田国汉、吴焱金在银行开黑会,建立情报网;六月二十八日,朱鸿霞、胡厚民等,到新洲[7]召开八区工代会头头黑会,研究继续"反复旧";八月十七日、二十二日,朱鸿霞、胡厚民、郭鸿斌、田国汉、胡崇元等,在东湖召开八区工代会头头会议,布置如何"反复旧"问题;九月四日,朱鸿霞召集文艺界"反复旧"的头头张德义[8]等在朱家里,布置如何"反复旧"问题;九月七日,朱鸿霞、祝孝先等,又在东湖开黑会研究如何把"反复旧"进行到底的问题。同志们,只从前面提到的几次黑会,可以看出,朱鸿霞对毛主席批示的"五·二七"指示,公开对抗、抵制、破坏,达到了何等疯狂程度。一再干扰、破坏毛主席战略部署落实的罪魁祸首之一,就是朱鸿霞这个反革命分子!

毛主席批示"照办"的"九·二七"指示,广大革命群众欢欣鼓舞,闻风而动,一千个照办,一万个拥护。朱鸿霞顽固坚持反动立场,公开诬蔑破坏。当时,在京参加国庆观礼的湖北代表团,传达"九·二七"指示后,代表们畅谈自己的认识和激动心情,唯独朱鸿霞默不作声,极其仇恨。后来,他以暴露思想为名,行攻击之实,说什么"你

---

[7] 新洲,即新洲县,位于武汉市东北部,隶属黄冈地区。1983年由黄冈地区划归武汉市。
[8] 张德义,一作"张德溢"。

们过去搞胡厚民，逼我'反复旧'，现在又搞我，还不知道我干什么？"他说叫他在京参加国庆观礼，住在毛主席身边是"整他"，大吵大闹的要走。朱鸿霞在中南海，竟敢如此猖狂，真是反动透顶。"逼"你干什么？！你反对毛主席，你是反革命，就要把你揪出来，斗倒斗臭，实行无产阶级专政。

就是这个坏家伙朱鸿霞，恶毒攻击党中央，说什么陈爱娥参加"九大"，党中央最了解湖北、武汉的情况。朱鸿霞这样的诬蔑，就是妄图破坏党中央的崇高威信，妄图煽动群众对党不信任。

北京，是指导世界革命的中心，中南海，是全世界劳动人民敬仰的革命圣地。可是，反革命分子朱鸿霞，带领现行反革命分子王光照等多人，以抓陈再道为名，疯狂冲击我们伟大领袖毛主席住地中南海。后来，他又带领一伙暴徒，在首都拦劫陈伯达同志的汽车，妄图达到不可告人的反革命目的。根据"一·三一"指示精神，对朱鸿霞这种现行反革命活动的罪行，必须彻底清算！

朱鸿霞出于反革命需要，还造了大量政治谣言。他造过周总理的谣，造过吴法宪、李作鹏同志的谣，造过潘副政委的谣，最不能容忍的，是造我们伟大领袖毛主席的谣。去年国庆观礼，朱鸿霞造谣说，他是知名人士，是毛主席点名要他去观礼的。这完全是胡说八道。中央明文规定，各省市、自治区正副主任不去，只让一名常委带队，是曾刘首长请示中央让他去的。这个政治投机商、反革命两面派，竟敢借此造谣惑众，妄图抬高身价，真是罪大恶极！

四、对革命群众实行资产阶级专政，大搞阶级报复

伟大领袖毛主席教导我们："对广大人民群众是保护还是镇压，是共产党同国民党的根本区别，是无产阶级同资产阶级的根本区别，是无产阶级专政同资产阶级专政的根本区别。""七·二〇"以后，朱鸿霞接受王关戚的黑指示，大搞"打击一大片，保护一小撮"，疯狂镇压革命群众，大搞阶级报复。

为了镇压革命群众，朱鸿霞大造反革命舆论，到处放毒说："'七·二〇'是革命与反革命的分水岭"，把广大工人、贫下中农、革命干部，打成"反革命""国民党""匪徒"，公开对抗毛主席的"站队站错了，站过来就是了"的最高指示，对广大革命群众实行资产阶级专政。在朱鸿霞的煽动下，武汉市、湖北省到处出现了以"揪坏头头""老保"为名，残酷迫害革命群众的反动事件。

朱鸿霞的黑手伸到地县区社。广济县[9]一小撮阶级敌人，亲自到武汉接受朱鸿霞的黑指示，回去刷了两条标语："朱鸿霞支持我们，打倒保守派！打死老保派"；"任爱生支持我们，打死几个老保没有关系！"就这样，一小撮阶级敌人大搞阶级报复，对广大革命群众下毒手，血腥镇压，疯狂镇压。他们白天抓人，夜晚杀人，或白天明火执仗，公开杀人。广济县前后被杀害的阶级兄弟有三百一十多人，被打伤、打残的有七百余人。被害的革命群众中，绝大部分是工人、贫下中农，不少是党、团员，历次政治运动中的积极分子！这笔血债，就是朱鸿霞的"打死老保派"，任爱生的"打死几个老保没有关系"造成的。血债要用血来还，向朱鸿霞、任爱生讨还血债！

广济的一小撮反革命分子，根据朱鸿霞、任爱生的黑指示，残酷迫害革命群众，心狠手毒，跟国民党、日本法西斯一样。在他们的屠刀下，几岁小孩也不能幸免。有一户贫农，一家六口正在吃饭，一小撮反革命分子认为是"老保"，用手榴弹将全家炸死。有一个湾子六十多户，被认为是"老保窝子"，一小撮阶级敌人对他们实行"三光"政策，六十多户，烧的只剩三户，广大劳动人民被害的家破人亡，离乡背境（井），惨不忍睹。毛主席教导我们："没有贫农便没有革命。若打击贫农，便是打击革命。"[10]朱鸿霞、任爱生操纵广济的一小撮阶级敌人，疯狂杀害贫下中农，实行狠毒的"三光"政策，同国民党进攻革命根据地一样，同日本法西斯强盗进攻解放区一样！

朱鸿霞到处散布"一次站队定局论""站队站对了，一切都对了，站队站错了，一切都错了"，划分"造反阶级，保守阶级"，"对保守派要有刻骨仇恨"等等。在朱鸿霞的煽动下，武汉市汉桥区，也刮起

---

9 广济县，位于长江中游北岸，隶属黄冈地区。1987年10月撤销广济县，设立武穴市。

10 这段语录与原文有出入，原文是"没有贫农，便没有革命。若否认他们，便是否认革命。若打击他们，便是打击革命。"见《湖南农民运动考察报告》（1927年3月），《毛泽东选集》第1卷，人民出版社，1966年7月，第21页。

了一股大抓"坏头头"，"打死几个老保没有关系"的黑风。他们私设牢房、监狱，任意抓人，非法拷打、审讯、杀害。一小撮阶级敌人，还在汉阳独山挖了活埋人的大坑，把几个阶级兄弟抓去活埋，只是因为车子在路上出了毛病，又遭到采石工人的坚决反对，一小撮阶级敌人的阴谋才未得逞。同志们，为什么一小撮阶级敌人如此猖狂，大搞阶级报复呢？就是因为有朱鸿霞、任爱生在背后支持、掌（撑）腰！这两个坏家伙，就是汉桥区杀人凶手的黑后台，黑掌柜！罪魁祸首。

一九六八年二月，省革委会在毛主席、党中央的关怀下，光荣诞生了。广大革命群众紧跟毛主席的伟大战略部署，继续干革命，形势一片大好。这时，朱鸿霞又跳出来了，大造反革命舆论，说什么"老保翻天了""右倾了""老机摘桃子了"等等，把紧跟毛主席伟大战略部署的广大革命群众，打成"老保""老机""老右"。他伙同胡厚民、杨道远、任爱生等一小撮混进革委会的反革命分子，大搞所谓"三反一粉碎"，又一次大搞阶级报复，大搞白色恐布（怖），对广大革命群众实行资产阶级专政。

在朱鸿霞对"翻天老保不能手软"的煽动下，全省上下，出现了对革命群众挂黑牌、游街、用鞋打自己的嘴巴、戴高帽、罚站、站板凳、架飞机、钉竹签、灌辣椒水、割耳朵、挖眼睛等几十种刑罚。残酷迫害革命群众。朱鸿霞为了对革命群众实行资产阶级专政，于一九六八年二、三月间，在硚口武汉体育馆，成立了"江城前哨"，他亲自挑选了一批武斗干将，组成专业武斗队——"捍三红"，任意抓人，私设公堂，严刑拷打。仅六八年四月下旬的一天，就关押了四十多人，这些被抓的同志，都是紧跟毛主席的伟大战略部署的革命群众！凡是被抓进"江城前哨"的人，轻的被打伤、打残，重的活活折磨致死，群众称朱鸿霞、胡厚民的"江城前哨"是"渣滓洞""白宫（公）馆""人间地狱"！

朱鸿霞经常到杀人不眨眼的"江城前哨""视察"，打气。这个专业武斗队白天睡觉，晚上出动，专搞打、抓、抢。一九六八年五月三日，攻打中原机械厂时，朱鸿霞调"江城前哨"专业武斗队打先锋，由他的老婆和胡厚民的姐姐直接指挥，打死打伤十多个革命群众，还打伤了七个制止武斗的解放军！朱鸿霞为了更残酷的镇压革命群众，他亲自策动抢枪,六八年五月四日,他在"江城前哨"的暗室里,召集"决派"武装的司令刘万太、武斗干将赵华、刘胜江、胡崇元等二十余人开会,密谋抢枪。他们把枪抢出后,随意放枪,在武汉市被冷枪子弹打死的群众,就有一百多人。朱鸿霞就是这笔血债的罪魁祸首之一。

"三反一粉碎"的妖风,刮到荆(州)沙(市)地区。由朱鸿霞亲授战旗的现行反革命分子梁付祥出面,胡厚民长途电话遥控指挥,制造了荆沙地区有名的"八·三一"事件。他们狗胆包天,狂叫要解散由党中央批准的"荆沙警备区",非法成立伪"警备区",现行反革命分子梁付祥当了司令。他们抢了战备武器仓库,占领军分区,专打紧跟毛主席伟大战略部署的革命群众。从荆州城内打到城外,从城外打到沙市,六八年八月三十一日开始,九月二日结束,整整打了三天三夜,打死打伤一百三十多人,烧棉花九千多担,开炮的炮手,就是国民党的伪炮兵连长。一小撮阶级敌人乘机砸烂了战备油田的贵重机器,抢了战备油田的图纸,到处抓人、杀人,搞得荆沙地区一度关门闭户,交通断绝。革命群众说:"'八·三一'事件,问题在于荆沙,根子在武汉!"是武汉的那些人在策划呢?就是朱鸿霞、胡厚民、任爱生、杨道远这一伙钻进革委会的反革命分子!

毛主席教导我们:"要准备一副清醒的头脑去对付对方采用孙行者钻进铁扇公主肚子里兴妖作怪的政策。"[11]省革委会成立后,为什么会出现多次反复?就是朱鸿霞这一小撮阶级敌人,打着红旗混进了革委会,在"肚子里兴妖作怪",大搞阶级报复。我们对付的办法,就是放手发动群众,把他们斗倒斗臭,实行无产阶级专政,不如此,就会出现毛主席早已指出的"庆父不死,大乱不止",还会有大的反复。无情的事实不正是这样吗?!

一九六九年三、四月间,具有历史意义的党的"九大"胜利召开了。当时全省军民,以实际行动热烈欢庆"九大",革命、生产形势一片大好。可是,朱鸿霞这一小撮钻进革委会的家伙,人还在,心不

---

11 转引自《在中国共产党第七届中央委员会第二次全体会议上的报告》(1949年3月5日),《毛泽东选集》第4卷,人民出版社,1966年7月,第1374页。

死，第三次跳出来，以朱、李、吴的名义，抛出大毒草《人类解放我解放，洒尽鲜血为人民》的大字报，把广大革命群众、革命干部，紧跟毛主席的伟大战略部署，参加斗、批、改，说成是"复旧了""复辟了"；把清理阶级队伍，说成是"整了造反派"；把从各级革委会清洗出去的个别阶级敌人，说成是"拆了台，要补台"！他们勾结一小撮阶级敌人，煽动不明真象（相）的部分群众，把不支持他们反革命行动的同志，打成"新保"，再一次大整革命群众、革命干部，大搞阶级报复。

武重是朱鸿霞所在单位，打人特别凶狠。在"新老造反派团结起来，对付新保"的煽动下，一小撮阶级敌人把矛头对准紧跟毛主席伟大战略部署的广大职工，连家属也不放过。这个厂有的家属也行凶打人，就是朱鸿霞直接下的黑指示。有一个家属，原是群众组织的头头，对朱鸿霞说："我们家属婆婆妈妈的，打人不好吧！以后犯错误咋办？"朱鸿霞恶狠狠地说："不要怕，不打明伤，打屁股不要紧的，叫他们知道我们的厉害。"就这样，武重从厂内到厂外，从家属区到单身宿舍，到处打人。全厂被打的职工和家属，有三百余人。有的肠子被打断，有的肋骨被打碎，还不准被害者医治！更为严重是，他与祝孝先一起，在一九六九年六月十三日，策划了"六·一三"流血事件，挑动厂内部分工人、技校学生，与沙湖渔民武斗，打死了四个阶级兄弟。妄图给军宣队"一个下马威"，把刚刚进驻的军宣队撵走。事后，朱鸿霞还给祝孝先打气，出主意，让祝假装腿被打坏，上了石膏，制造假象，企图挑起更大的武斗。这一阴谋被军宣队和广大革命群众揭穿，反革命企图才未得逞。毛主席教导我们，在阶级社会里，"爱"和"恨"是有阶级性的。[12]朱鸿霞顽固坚持反动立场，对紧跟毛主席伟大战略部署的革命群众，咬牙切齿，恨得要死，任意打伤、打残、打死，这就是阶级报复，就是现行反革命！

在所谓"反复旧"期间，朱鸿霞的黑手，还伸到了监利。任爱生、朱鸿霞，就是监利流血事件的黑后台。监利的"上访团"到过朱鸿霞

---

[12] 这条语录的原文是："在阶级社会里，也只有阶级的爱，……"见《在延安文艺座谈会上的讲话》（1942年5月），《毛泽东选集》第3卷，人民出版社，1966年7月，第809页。

家里，接受黑指示，回去后，大搞阶级报复，残酷镇压广大革命群众和革命干部。据不完全统计，监利县被杀害的革命群众十八人，被打伤的工人、贫下中农有三千多人，朱鸿霞欠的这些血债，必须彻底清算！

毛主席教导我们："这个仇恨共产党、仇恨人民、仇恨革命达到了疯狂程度的反动集团，绝不是真正放下武器，而是企图继续用两面派的方式保存他们的'实力'，等待时机，卷土重来。"[13]现在，朱鸿霞、任爱生、杨道远、胡厚民这些仇恨共产党、仇恨劳动人民、仇恨革命达到疯狂程度的反革命分子，在北京学习班，仍不老实交代问题，继续采用反革命两面派的手法，妄图蒙混过关，卷土重来。对这一小撮现行反革命分子，杀人不眨眼的刽子手，我们必须发扬"痛打落水狗"的精神，继续狠揭猛批，批深批透，彻底肃清流毒！

五、揭开朱鸿霞"闯将"的画皮，还其反革命的真实面目

毛主席教导我们："看它的过去，就可以知道它的现在；看它的过去和现在，就可以知道它的将来。"[14]我们看一看朱鸿霞的过去是个什么样的人，就不难看出他的反革命真面目。

朱鸿霞是武汉重型机床厂的一名锻工，游民出身（他自己报的是城市贫民）。

在一九五七年反右派斗争时期，因他站在资产阶级的反动立场上，散布大量的反动言论，诽谤诬蔑说：中国没有"自由"，要坐在小船上漂到一个"自由"的世界去。还说：南斯拉夫——铁托修正主义集团是真正的"民主"，那里的工厂由工人管理委员会管理，工人管理委员会都是工人选出来的，要学南斯拉夫那样。还写大字报谩骂："团支部是党支部的打手，要团支部放下屠刀，立地成佛。"毛主席教导我们说："世界上只有具体的自由，具体的民主，没有抽象的自由，抽象的民主。在阶级斗争的社会里，有了剥削阶级劳动人民的自由，就没有劳动人民不受剥削的自由，有了资产阶级的民主，就没

---

13 引自《关于胡风反革命集团的材料》，人民出版社，1955年6月，第87页。
14 引自《抗日战争胜利后的时局和我们的方针》（1945年8月13日），《毛泽东选集》第4卷，人民出版社，1966年7月，第1070页。

有无产阶级和劳动人民的民主。"[15]朱鸿霞所谓的自由世界就是资本主义世界；他要的民主就是修正主义的民主。因此，他对我们伟大、光荣、正确的中国共产党，对我们伟大的社会主义祖国，对我们伟大的社会主义制度怀有刻骨仇恨。他所要寻找的"民主"和"自由"，就是要复辟资本主义，搞资本主义专政，就是要我们无产阶级和广大人民群众，吃二遍苦，受二茬罪。朱鸿霞所响（向）往的"自由""民主"，永远也不会得逞的。毛主席教导我们说："社会主义制度终究要代替资本主义制度，这是一个不以人们自己的意志为转移的客观规律。不管反动派怎样企图阻止历史车轮的前进，革命或迟或早会发生，并且将必然取得胜利。"[16]

一九五九年，他对没有升他的级，非常不满，写了一首黑诗："龙游浅水遭虾戏，虎落平原被犬欺。有朝一日凌云志，敢奚卫星是儿戏。"这首黑诗道出了他反革命的狼子野心。他认为在我们这个无产阶级专政的国家里不得"志"，没有被提升。他把自己美化做"龙"和"虎"，用"虾"和"犬"来恶毒攻击、咒骂我们的党，我们的国家，我们的社会主义制度，真是恶毒至极。

在一九六一年、一九六二年期间，他散布什么"右派中也有冤枉的"，并且说"中国万事不如人家，日本人投降是美国原子弹的威力。"一九六二年十二月有人看《人民公敌蒋介石》，朱鸿霞见了说："你莫说蒋介石臭，人嘛，要么流芳百世，要么遗臭万年，蒋介石还是出了名。"朱鸿霞站在反党反人民的立场上，公然为右派鸣冤叫屈，为他在反右时被划为"中右"进行翻案，为帝国主义涂脂抹粉，肉麻吹捧人民公敌蒋介石，与帝修反遥相呼应，为颠覆无产阶级专政散布了大量的反革命舆论，真是罪该万死！打倒帝、修、反的忠实奴才和走狗朱鸿霞！

为了制造反革命舆论，在一九六一年，朱鸿霞还伙同几个思想反动的人纠合在一起，成立了一个什么"励志学社"，他当了社长，后

---

15 引自《关于正确处理人民内部矛盾的问题》（1957年2月27日），《毛泽东选集》第5卷，第367页。
16 引自《在苏联最高苏维埃庆祝十月革命四十周年会议上的讲话》（1957年11月6日），1957年11月7日《今日新闻》。

经厂保卫科发现，勒令解散，给他当头一棒。在伟大的"四清"运动中他有不少反动言论，本应给予处分，因考虑他年轻，组织上讨论的意见是"如果再不犯错误，可以既往不咎，如果以后再犯，可以联系追查"。他就这样地隐藏了下来。文化大革命中又作了充分的表演。

朱鸿霞生活腐化，道德败坏。过去住在工人宿舍区，文化大革命中占住了原厂领导干部住的小楼，别人进他的屋内先要在门口脱了鞋子才能进去。他在肉联吃肉就欠了几百元钱，还欠了不少的粮票，在工人疗养院开不提"反复旧"的"反复旧"黑会，同样是大吃大喝，一天八角钱的伙食，七天他们就欠下了一百元钱和六十斤粮票，还有三张支票没有下落。大挖社会主义墙脚，乘文化大革命之机，大发其财。

更有甚者，朱鸿霞还在汉口××饭店设有专门房间，和李钢打皮绊[17]，李钢是个什么人呢？她是汉阳区业余学校的一个教员，真名叫李小云，是个地地道道、货真价实的反革命，在三年文化大革命中收集我大量的经济情报、政治情报和军事情报，进行反革命活动。她的第二个男人是个大坏蛋，离了婚；第三个男人又离了婚。朱鸿霞和这个女人鬼混，打得火热，原打算和她三年以后结婚，后来叫她找个傻男人，受李钢控制，为他和李钢长期鬼混搞反革命活动制造条件，还带着李钢到一些机关去，到我们军事部门去作"报告"，大放其毒。

朱鸿霞是个地地道道的个人野心家、阴谋家。在成立省抓指[18]时，说："湖北省革委会相当于过去的湖北省委，将来就是代替湖北省委的位子，抓指将来要代替湖北省人委这个位子，所以这个总指挥我们当了（原文如此——本书编者注）。"他的同伙大肆为他篡党篡政鸣锣开道，吹捧他是什么"闯将""优秀代表"等等；他的家里也在为他摇旗呐喊，他的老婆在公开场合多次散布什么"告诉大家一个好消息，朱鸿霞现在身体很健康""我代表老朱向大家问好"，还恬不知耻地说什么"我的爱人身体最健康，他是我心中最白最白的白月亮"。他爸爸叫他要"当上王任重那样的官"。

通过以上事实，朱鸿霞在历史上就有着反党、反人民、反毛泽东

---

17 打皮绊，武汉方言，即不正当的男女关系。
18 抓指，"抓革命促生产指挥部"的简称。

思想的言行，在伟大领袖毛主席亲自发动的这场史无前例的无产阶级文化大革命中，他打着造反的旗号，混入群众组织。

朱鸿霞在文化大革命中表演得已经够充分的了，他所犯的罪行，罄竹难书，是该彻底清算的时候了。联系他的一贯表现看，他造反为的是要实现他所追求的南斯拉夫修正主义集团，美帝国主义所谓自由和民主，他要实现他的"凌云志""流芳百世"这不是很明显了吗！他的反革命面目已被广大革命群众所识破，他根本不是什么"革命闯将"，他是一个地地道道的个人野心家、阴谋家、大流氓、坏头头、钻进革委会的一个货真价实的反革命分子。

我们要奋起毛泽东思想的千钧棒，以"一·三一""二·五"指示为指针，以痛打落水狗的精神，把朱鸿霞这个反革命分子揭深揭透，彻底肃清流毒，不获全胜，决不收兵！

一九七〇年三月十日

根据打印材料刊印。

关于巴河一司基本情况的调查

（一九六七年十二月十五日）

鄂军支发字 11 号

毛主席亲自发动和领导的无产阶级文化大革命，一年多来取得了决定性的胜利，广大的无产阶级革命派奋起毛泽东思想的千钧棒，彻底摧毁资产阶级的司令部，打倒了党内大大小小的走资派。广大的无产阶级革命派积极响应伟大领袖毛主席的伟大战略号召，以"斗私批修"为纲，各地逐步实现了革命形势大好，不是小好，形势越来越好。

但是，经过一年多来的无产阶级文化大革命运动阶级斗争的考验，各派政治力量都按照自己的本来面目，进行了充分的表演和排队，无产阶级革命派，坚决按照毛主席所指引的方向，奋勇前进，一切反动势力、社会上的牛鬼蛇神，无疑地要拼命地反对毛泽东思想，干扰毛主席的无产阶级革命路线，极力地阻拦革命的历史车轮向前发展，而朝着革命的反面[而]滑。

在大好形势下，敌人决不会甘心于自己的灭亡，同时也预计到自己快要灭亡的时刻到来，于是就登台表演，在巴河地区操纵了不明真相的人民群众，分成两派，挑起群众斗群众。从九月份以来，在巴河地区多次发生武斗，造成了流血伤亡事件，从而干扰了当前斗争的大方向，打乱了毛主席的伟大战略部署。

根据巴河地区的情况，和广大革命造反派的要求，我×连奉上级指示，于十一月六日晚，进驻了巴河，我们带着毛主席最新最高指示"八•二五号召""九•五命令"，深入到工厂、农村、机关、学校、商店广泛地接触群众，进行了大力地宣传，并对巴河地区两派组织"革联钢总指"与"巴河一司"进行了一个多月的调查，在调查过程中，由于坏人煽动部分不明真相的群众对我们进行封锁情况，使（给）我们在调查工作中带来了阻力。现将我们从多方面调查巴河一司所悉的情况向首长汇报如下：

八月份以前的巴河一司

"巴河一司"正式成立于三月一日，是由张本元[1]、刘祖华、陈文启等领导，以巴河镇滨江大队为主体的广大的农民革命群众组成，它顶住了二月黑风，又顶住了三月逆流，斗争矛头一直对准党内走资本主义道路的当权派，坚决紧密地同巴河地区的所有造反派组织并肩战斗，在巴河地区不愧为造反派组织之一。在向陈再道之流作斗争的漫长艰苦岁月里，和巴河地区的其他造反派组织结成了战斗的友谊，为巴河地区无产阶级文化大革命运动作出了巨大的贡献。

在七月上旬，巴河地区的两条路线斗争更加尖锐复杂了，为了团结一致，共同对敌，在革命的大批判中实现了革命的大联合。当时由"一司"和"东方红公社"（革联造反派组织）倡导和协商，在武汉造反派和浠水革联的支持帮助下，经过一段时间的筹备和组织，在七月十五日以"巴河一司"为主体的巴河地区红色造反总指挥部（简称"钢总指"）正式成立了，"钢总指"的联合成立，是巴河地区造反派组织联合的产物，是广大造反派在斗争中取得的又一新的成就。

七月十五日，巴河地区造反派联合以后，更进一步地推动了巴河地区无产阶级文化大革命运动的向前发展，进行了以下几项大的活动：（1）为"伍洲总部"翻案，为王仁舟平反；（2）矛头对准党内走资派，打倒陈再道；（3）"七·二〇"事件发生后，举行了声讨陈再道，欢呼谢付（副）总理等胜利回到北京，声援武汉造反派等活动；（4）通过以上活动瓦解了当地保守组织"红旗总司"，使巴河地区的无产阶级文化大革命运动沿着毛主席所指引的航向胜利前进。

"巴河一司"与"钢总指"的分裂

由于阶级斗争错综复杂，"一司"某些头头受到派性和山头主义的影响，放松了阶级警惕性，被老保组织大肆吹捧，保守派看风使舵，当时在巴河街上出现了"巴河一司是浠水造反派的骄傲"，"是全

---

[1] 张本元，巴河供销社干部，"巴河一司"主要负责人之一。

省全国的骄傲"等大幅标语,保守派的捧场,使"一司"中的个别头头产生了动摇,多次找借口说:"钢总指(红总指)里有野心家"等等,"一司"张本元就提出过"是钢总指(红总指)领导巴河一司,还是巴河一司领导钢总指"的问题。"一司"有的负责人提出要取消"红总指"的名称,说什么"巴河一司全省、全国出名,钢总指不出名"等等。当时,站在"钢总指"一边的人就不同意"一司"的提法,因为钢总指(红总指)是大联合的产物,为此,巴河地区的群众对组织领导权名称,有些争论,观点就有所分歧。

毛主席教导我们说:"一个工厂,分成两派,主要是走资本主义道路的当权派为了保自己,蒙蔽群众,挑起(动)群众斗群众。(群众)组织里(头),混进了坏人,这是极少数。有些群众组织受无政府主义的影响,也是一个原因。"[2]阶级敌人将快要灭亡的时候,总要作最后的挣扎,总要寻找机会表现自己。

正当巴河地区群众有些争论将形成两派时,八月十四日,王仁舟来到了巴河一司,使巴河的文化大革命发生急剧的变化,巴河一司就开始背离毛主席的革命路线直下而滑。

王仁舟操纵巴河一司后以极右和极"左"的面目出现,利用我国社会主义建设时期的三大差别等笼络群众,大树个人权威,极力封锁党中央的声音和毛主席的指示,反对毛泽东思想,纠集社会上的牛鬼蛇神,把保守派拉进革命群众组织里头,大肆排挤革命领导干部,大肆围剿革命群众,大揪军内一小撮,为实现他个人政治野心的目的,把浠水变为他独掌的"天地",蒙蔽大量的群众,干出了许多不合乎毛泽东思想的事情。

"一司"广大群众不明真相,被王仁舟、张新民操纵以后,巴河两派群众产生了严重的对立情绪,至今发展势不两立的地步。从根本上"钢总指"和"一司"有了原则上的分歧,派性斗争发展到两条路线斗争。"钢总指"与"一司"争论的焦点和斗争的分歧是:

1. 浠水人武部是支左红旗还是黑旗的问题(前者认为是红旗,后者认为是黑旗)。一司的理由是 8 月 13 日分枪问题,人武部未发

---

[2] 引自《视察华北、中南和华东地区时的重要指示》(1967 年)。

给巴河区。

2. 浠水县夏龙翔、黄凤姣是革命领导干部还是赫鲁晓夫式人物的问题（前者认为是革命领导干部，后者认为是赫鲁晓夫式的人物）。

3. 巴河地区的权由谁掌的问题（前者认为群众公认真正的革命派掌，后者认为必由一司掌）。

4. 关于王仁舟的言论问题（前者认为很多是反毛泽东思想的，后者认为都是马列主义）。

5. 浠水人武部政委要不要揪的问题（前者认为，邵堃有错误，改了，同时是军内，不能揪；后者认为邵堃是两面三刀人物，知错未改，是县委常委之一，不属军内，应揪）。

由于两派群众在斗争上，有原则上的分歧。两派之间斗争的矛盾逐步扩大上升，逐步变质，在八月十六日，"一司"就正式从"钢总指"里分裂出来了，以"钢总指"为一派的，要紧跟毛主席的伟大战略部署，坚决按毛主席指引的方向前进；以"一司"少数坏人王仁舟、张新民、邬松华和当权派林玉阶、魏超、裴希楷为一派的，蒙蔽不明真相的群众，打乱毛主席的伟大战略部署，干扰毛主席的革命路线，转移斗争的大方向，极力与毛主席所指引的方向背道而驰，急剧下滑。现将"巴河一司"王仁舟、张新民之流干的坏事作如下汇报：

一、巴河一司八月中旬分裂后组织概况。

巴河一司分组织部、武装部、宣传部、后勤部组成，下属各公社为总部，大队为兵团，小队为纵队。

巴河一司直属有三十人的警卫团，警卫团人员每人发录（绿）黄色帽一顶。

其任务：白天、夜间担负巴河镇及司令部的岗卡、巡逻、抓捕人；一司头头出外警卫随跟。直辖敢死队（暗杀队）260多人，每人持有短刀一把，出外随身带。

一司司令部直管武装部，下属各公社为武卫连，大队为武卫排，小队为武卫班，有的七人为一小组，但编制的人数不一。发生武斗当急先锋，随时受调派。

巴河一司所属群众约二万多人。

八月，王仁舟操纵"一司"以后，组织路线上以极右的面目出现，大肆扩充势力，收罗社会渣滓，大量吸收保守组织和保守派头头。该组织从八月后得到了膨胀性的发展。保守组织改头换面，原班人马加入了一司，有以下组织：换新天总部，红旗总司骨干分子，乾坤赤，金猴，红色银行骨干分子从头越，追穷寇，红旗革司部分人员等保守组织。保守头头未经反戈一击（原文如此——本书编者注），"一司"采取"一收、二保、三利用"的手段扩大自己的队伍。

张新民：家是工商业成分，个人学生成分，其两个叔父，系历史反革命，解放后被我政府镇压，自文化大革命开始以来，是红旗总司保守组织政治主任，炮打中央文革黑炮手，百万雄师应声虫，"二·一五"镇压伍洲运动的急先锋，经王仁舟一次谈话，现任一司二号头头，王仁舟的第一号干将。

李汉银：县机械厂（工）人，是红卫总部保守头头，因群众要揪斗，李害怕，私自跑到"一司"，经王仁舟安排，在伍洲总部负责工作。

周卧云：县公、检、法政法兵团的一号保守头头，因"二·一五"镇压伍洲运动，革命群众要斗，要他消毒。王仁舟强抢而保，收买整浠水革联材料一份。

朱炳焕：县公安局副局长，革联钢总指揪来革命群众斗争批判。而王仁舟在八月十六日带敢死队冲击会场，将朱抢回，安排在一司头头陈文启家，经王仁舟谈话，而朱整了浠水人武部一份材料。

裴希楷：原巴河区区委委员，后任区文化干事，家庭地主成分，个人右派分子，革命群众坚决打倒的对象，而"一司"保起来，安排在"一司"宣传部工作，为"一司"核心组成员之一。

魏超（专业军人）：合作社总支书，"从头越"保守组织幕后操纵者，革命群众要斗倒、斗臭他，"一司"保起来，安排在"一司"后勤部工作，也是"一司"核心组成员之一。

林玉界（转业军人）：原任职务，因工作作风恶劣，后降任巴河镇书记，此人群众一直没机会揪斗，而"一司"将其安在武装部工作，是"一司"核心组成员之一，他常训练"一司"群众搞武斗。

八月以后，巴河一司组织内部，极为复杂，部分人员不纯，但只要同意"一司"观点,不反对王仁舟的人,不管是群众、当权派、地、富、反、坏、右分子,都是革命的了。如果不同意"巴河一司"观点,反对王仁舟的人,不管群众什么人也都不是革命的,是当权派要斗,是群众要抓。所以巴河区、社的所有领导骨干一律排挤在外,有单位不能回,群众有家不能回,从八月后有长期流串(窜)在外。

在政治上,王仁舟之流以极"左"的面貌出现。毛主席说:"目前的主要任务就是大批判,大斗争,大联合,尽快地实现'三结合'。"而巴河一司少数坏人王仁舟、张新民之流,直接违背毛主席最新指示,大搞分裂活动,放弃党内走资派不斗,革命的大批判不搞,大揪军内一小撮,坚决要打倒浠水人武部政委邵堃,否认人武部的支左大方向,拔掉浠水人武部支左红旗;否认夏龙翔、黄凤姣是浠水的革命领导干部,认为他们是赫鲁晓夫式的人物,是打倒对象。把巴河革联钢总指打成"保守派",现在大讲特讲:"有巴河一司在,老保休想翻天。"八月以来,"一司"见了革联的标语、大批判专栏就撕掉。目前在巴河地区只许有"一司"群众说话,不许革联群众吭声。"一司"在巴河地区对造反派群众实行独裁政策。

二、挑动农民武斗,对革命造反派实行围剿镇压。

毛主席教导我们说:"要文斗,不要武斗"。王仁舟、张新民、邬松华之流,无视毛主席的指示,煽动不明真相的群众,大量制造凶器,大搞武斗。所属一司战斗队员,每人都有一把长矛或大刀等杀人凶器,大抢各地的武器、弹药,在巴河地区横行霸道,实行白色恐怖。十一月以来,由王仁舟亲自决策布置,张新民、邬松华亲自指挥挑起了"十一·五、十一·六、十一·七、十一·二六、十一·二八、十二·七"等数次大型武斗,造成了在贫下中农之间不必要的流血伤亡,据统计,十一月以来,在武斗中双方死人九名(革联三人,一司六人);伤者初步统计63人(革联三十人,一司三十三人),重伤者已住院,轻伤者不能劳动,在家养伤。

十二月七日晚,王仁舟在武汉红旗大楼训练的农民返巴河,亲自制订武斗计划,调集各公社农民600余人,手持凶器,由张新民亲自指挥攻打"革联"搬运站。"一司"四十多枚手榴弹和长短枪齐发,经二小时的攻击,将"革联"搬运站办学习班的二百多名群众一一举手抓捕,有的经非法审讯后才放回,当场"革联"群众重伤五名。经巴河一司进攻搬运站后,搬运站的建筑物和屋内的工作人员办公工具和吃睡的工具所有国家财产全部(被)捣毁和抢走,现场和武汉的红水院[3]相似。同时,"革联"群众所管的国家财产、钱、粮、公用物质全部抢光,私人的所有财产(如好布、好衣、好鞋、好被、好的一切用品)全部洗劫一空,使国家财产遭受到巨大损失,群众的生命财产没有保障,见此情景,许多群众痛哭流涕。

"一司"的坏头头和少数不明真相的群众,抵制毛主席的最新最高指示和中央的"六·六通令",到处行凶抓人、打人,围剿巴河地区的革命造反派,压制不同意见的群众,在巴河实行白色恐怖,用武力征服人心。从八月份以来,"一司"挑起了多次武斗,大肆抓捕"革联"群众,至今为止,共抓 250 人左右,对抓捕的群众施行了种种迫害,第一步进行非法审讯,第二步进行殴打,第三步劳动改造,劳动管制。

目前在巴河地区,"一司"见了"革联"的群众就抓,然后审讯、殴打、关押。现在正实现"一司"头头的狂言:"在巴河不能允许有两派观点的人存在,把所有在巴河的'革联'人赶走。"

三、挑动农民进城,破坏抓革命促生产。

毛主席教导我们说:"抓革命,促生产","七八九三个月形势发展很快,全国的无产阶级文化大革命形势大好,不是小好。整个形势比以往任何时候都好。"

王仁舟、张新民之流反对毛主席这一伟大指示,丑化无产阶级文化大革命。王仁舟之流挑动 300 余名不明真相的农民群众利用在"11·5、11·6、11·7"武斗中的死尸,为了捞取政治资本,于十一月七日抬尸进城闹事,先经黄州,后到武汉抬尸游行,丑化无产阶级文化大革命,以农村包围城市,强占红旗大楼,封闭党的宣传工具——湖北日报报社。这一行为是由王仁舟一手挑起来的,是直接违犯

3　红水院,即武汉水利电力学院。

毛泽东思想的。同时，不顾武汉广大造反派的警告，至今还陆续不断地抽派大量农民继续进城，离开生产岗位，严重地影响了本单位的斗、批、改，严重地影响了秋收、秋耕，目前还有大量的稻子倒塌在地，没有力量收管。如汤铺公社白畈一大队前一阶段抽派了100余名农民进城，使生产队的革命无人抓，生产无人管，严重地破坏了毛主席"抓革命，促生产"的伟大战略号召。

四、欺骗群众，派粮派款，压榨农民的血汗。

自八月王仁舟、张新民之流上台以来，大刮经济主义妖风，变相地剥削农民，采取极不适当的手段，造谣撞骗贫下中农的钱、粮。他们说："一司受压，要革命没有开支费用，外地学生到巴河避难没有饭吃，解放军到巴河要粮。"等等，群众信以为真，有的社员群众立即将钱、粮送到一司司令部。据我们调查，自九月至今为止，前后进行了三次捐款，其中十一月份，我们深入7个公社，进行了对"一司"群众摸底，数字综合是：现金1552元，大米2729斤，稻谷6216斤。从群众中要来的钱、粮，大体用于三个方面：（1）部分用于司令部的办公开支；（2）"一司"头头出外旅差费用；（3）用于"一司"司令部办公人员（包括头头、外地人员、警卫团、文工团人员）。

他们向农民群众派粮派款的办法有三种：（1）义务；（2）支援；（3）扣除（抽于集体）。

五、强行抢夺国家和人民财产，非法接管国家机关。

王仁舟、张新民之流，大肆进行打、砸、抢、抓的政策，对不利于他们机关，多次袭击或接管；对不同意他们观点的人，采取高压排挤手段。自八月以来，"一司"强占和接管了区委会、区公所、邮电所、广播站、搬运站、交通站、派出所等办公机关，占用了所有宣传和办公工具，排挤赶走了银行、船厂（全部人员）、粮店、合作社、卫生院、木业社、竹器社所有的"革联"人员；抢夺了"革联"群众所管的国家、单位的部分钱、粮，以及私人的财产。由于这些群众被赶跑在外，国家和私人财产损失数字无法统计。最近，封闭了巴河公社粮店、合作社，使广大人民群众从八月以来长期听不到党中央和毛主席的声音，巴河地区经济瘫痪，市场货物缺乏。许多单位现已停工停产，给人民群众的生活造成很大的困难。在巴河地区出现这种情况：有的群众见了我们就哭诉着说："巴河什么时候能联合啊！"有的群众非常痛恨和反对"一司"这种行为，但由于压力大，敢怒不敢言。

六、违抗"九·五命令"，拒不上交武器。

根据中央"九·五命令"的精神，广大群众的迫切要求，我部立即进行宣传，收交（缴）武器，制止武斗，经我部大力宣传毛主席的最新指示和"九·五命令"后，"革联"所有武器已基本上交完，但"一司"拒不执行，总是找借口，找客观，讲价钱，拒不上交封存，我们多次找一司头头做工作，找"一司"头头张本金，要求"一司"坚决执行"九·五命令"，上交武器，而张本金说："巴河地区的阶级斗争极为复杂，问题严重，我们'一司'有血的教训，邵欠子不倒，有阶级斗争存在，我们就要实行文攻武卫的方针，武器就不能交。"

根据情况，我们采取发动群众、宣传群众，让群众自己起来上交武器，经过深入宣传后，有的群众就准备送交武器，"一司"头头看群众的情绪，立即向广大群众施加压力，向群众下命令说："没有司令部的命令，武器一律不要上交。"同时利用一切宣传工具，向广大群众大造舆论说："一司的一枪一弹是鲜血换来的，要实行文攻武卫，防止邵欠子之流镇压革命群众，武装保卫秋收。"等等。同时，向广大群众发布命令，下令下属一司各总部，立即将其枪枝（支）、弹药上交司令部封存；并规定凡有持枪、带弹药武器介入"一司"所辖地区者，不与"一司"所属组织联系，司令部授权"一司"全体战士将其枪枝（支）、弹药一律夺之等五项命令。最近，大量地制造土枪和手榴弹。

"一司"拒不上交武器，至今连续地挑起武斗，我们认为"一司"使用武力征服巴河地区的广大革命群众，继续扩大事态，企图实现他们一定的政治目的。

七、挑拨军民关系，把矛头对准解放军。

人民解放军，是毛主席亲手缔造和领导的、林副主席亲自指挥的人民解放军，我们这个军队来自人民群众，又服务于人民群众，军队和人民群众的关系,是鱼水相依、血肉相联的关系。毛主席说:"没有一个人民的军队,便没有人民的一切。"巴河一司内的坏头头和少数坏人直接把矛头对准我部,利用一切的宣传工具:广播、小报《五洲星火》恶毒地攻击我××××部队和浠水人武部,说:"××××部队根本不是毛主席的军队,根本不是支左的","××××部队立场有问题,屁股坐歪了,支保了","一司"头头在群众中大肆煽动说:"××××部队表了态,支持革联,说巴河一司是反革命组织(我部没有表态)",挑动群众对我部产生严重的对立情绪,挑动部分不明真相的群众,揪我部'一小撮',说我部广大战士是好的,不好的只是少数。有的群众并点名要抓我部的一个胖子(指×副参谋长),王仁舟在红旗大楼对广大社员说:"你们回去,打死××××部队几个没有关系。"

十二月五日,由张新民调集兰溪区北永公社八一兵团,近200名不明真相的群众,又派一司司令部文攻武卫警卫团30余人,对我部进行围攻,将我接待室团团围住,并冲击占领,几次冲击我×部,恶毒地辱骂战士是"麻子兵""保皇兵",个别人向战士吐口水,要赶我部出巴河。十二日,对我部围攻达一整夜和一上午之久,街上标语时常出现:"保欠子(指邵堃),滚出巴河""镇压农民的刽子手滚出巴河"等大幅标语。

十二月七日上午,"一司"任意抓捕"革联"一人,我一排长等二人到一司司令部找邬松华,(要求他)按毛主席最新指示、"六·六通令"办事,不要抓人,立即放人。而邬松华反过来向我一排长等二人说:"昨天有两个美国人要回美国去,我对那两个美国人讲了,告诉你们美国政府决定政策的人们,我们的解放区禁止你们到那里去乱跑。"一司不但不放人,反而向我提出变相的警告。

每次发生武斗,当我战士去宣传毛主席的指示,制止武斗时,一司不明真相的群众把长矛、大刀对准我战士,有时我战士阻拦"一司"抓人时,我许多战士多次受到少数坏人的毒打,每当"一司"抓人到司令部审讯、欧(殴)打,我要求"一司"按毛主席的指示办事放人时,他们坚决不要我战士进一司司令部,并破口大骂,叫我战士滚开。他们大抓浠水县人武部"一小撮",说"人武部是支左黑旗

"邵堃是动摇分子，两面三刀的人物""坚决摧垮人武部，打倒邵堃"等等。

八、关于王仁舟的反动言论。

毛主席说："凡是错误的思想，凡是毒草，凡是牛鬼蛇神，都应该进行批判，决不能让它们自由泛滥。"我们在广泛地和两派群众接触、调查情况的过程中，两派群众都同样反映出王仁舟的反动言论和观点。

王仁舟说："毛主席的亲密战友是林彪，我的亲密战友是余衍友"。

（县公、检、法政法兵团保守头头周卧云揭发）

"毛主席著作好似红辣椒，有人爱，有人不爱，中国人爱，外国人不爱。"

（县公安局副局长朱炳焕揭发）

"什么是政治，政治就是骗。"

（一司头头张本金揭发）

"谁掌握了政权，就意味着掌握了剥削"。

（一司头头张本金揭发）

"买高音喇叭，宣传毛泽东思想，好比划龙船一样。"

（一司陈任华反映）

"毛主席视察了三区、六省市，我王仁舟二十天视察了七省，回来并作了最新指示。"

（革联陈仁汉揭发）

"公社当权派是死老虎，搞武斗就是搞活老虎"。

（一司陈千九反映）

"我对毛主席好比热水瓶一样，外面冷内面热"。

（一司左团金反映）

"革命是非，政治是骗。"彭汉明问王仁舟为什么重用张新民，王仁舟说："毛主席为什么收李宗仁？"

（一司和平总部头头彭汉明反映）

"公粮不要交给国家,交了群众没有吃的,要交给司令部。"
（一司王富友反映）

"农村文化大革命十条是草案,毛主席没有定案,十条草案说整地、富、反、坏、右的,十六条规定整党内走资派的。没有明文规定整地、富、反、坏、右,只有十六条才是中央文件。"

（一司王友利反映）

王仁舟大树特树个人权威,和毛主席相提并论,大发反动言论,极力抵制毛泽东思想,反对毛主席,并极力蒙蔽群众,镇压群众,逐步将巴河一司变为他的御用工具,使巴河一司这个造反派组织节节下滑,背离毛主席的革命路线。他挑起群众斗群众,挑起两派进行针锋相对、势不两立的斗争。一司在巴河到处抓捕群众,到处行凶打人,实行白色恐怖,巴河当前处于"鸟飞要打,革命派行走要抓"的局面。只有一司群众来往才有自由。

××××部队[4]××支左办公室
一九六七年十二月十五日

根据浠水革联第四办公室、巴河钢总指1968年8月编印的《有关浠水巴河一司部分材料》刊印。

4　××××部队,即8201部队。

武汉地区无产阶级革命派关于"巴河一司"无理封闭《湖北日报》的联合声明

（一九六七年十二月二十二日）

　　湖北、武汉地区的无产阶级文化大革命形势空前大好，无产阶级革命派正以巨人的步伐向大联合进军，向省市革委会迈进，天天都有振奋人心的好消息不断从祖国各地传来。目前，一个更令人鼓舞的大好消息已从中央传来，在庆祝我们伟大领袖毛主席七十四寿辰和无产阶级文化大革命取得的辉煌成绩的时刻，将开展一项意义十分重大的政治活动，全国各报在十二月二十六日至一九六八年元月十六日的二十天内将刊登我们伟大领袖毛主席生平从事革命活动的照片数百套，其中很多是江青同志保存下来的珍贵照片。这是我们大树特树毛泽东思想的绝对权威的具有重大政治意义和伟大历史意义的活动。但是，十分遗憾，作为传播毛泽东思想的新生湖北日报被王仁舟、张新民所操纵的巴河一司，于一九六七年十二月十二日无理封闭了。王、张之流自从十一（二）月十二日无理占据红旗大楼以来，一直无视曾、刘首长、湖北省军区、武汉警司和武汉地区广大无产阶级革命派的多次劝告，现在竟冲击联（合印刷）厂，霸占排字间，使得湖北日报被迫停刊，这是一场严重的政治事件，给革命带来了极大的损失，对此，我们武汉地区无产阶级革命派表示强烈抗议，并发表联合声明如下：

　　一、新生湖北日报是由无产阶级革命派掌握的报纸，它是宣传毛泽东思想捍卫毛主席革命路线、大树特树毛主席绝对权威的重要阵地。它担负着全省范围内的宣传毛泽东思想的重大任务。特别是目前即将开展全国范围内的轰轰烈烈的大树特树毛泽东思想、毛主席革命路线和伟大领袖毛主席绝对权威的革命活动已迫在眉睫，湖北日报同时也必须参与这一重大活动。因此，我们强烈要求新生的湖北日报必须无条件地立即复刊。

二、巴河一司的部分群众在坏头头王仁舟、张新民的蒙蔽下,无理强占红旗大楼,封闭湖北日报,是十分错误的,我们表示坚决反对,并强烈要求他们退出红旗大楼和联合印刷厂。我们衷心地希望巴河一司中要革命的群众按"中共中央(12·4)关于今冬明春农村文化大革命的指示"办事,迅速回浠水抓革命促生产,回本地解决问题。

三、我们严正警告巴河一司的坏头头王仁舟、张新民,你们必须老老实实滚出武汉,并限令巴河一司必须在一九六七年十二月二十四日中午十二时以前退出联合印刷厂(具体是排字间),否则,我们将采取必要的革命行动,一切后果将由王仁舟、张新民之流承担。

武汉地区无产阶级革命派
钢工总、钢九·一三、工造总司
红代筹:钢二司、新华工、新湖大、新华农、三司革联、中学红联
公安联司、省直红司、新一冶、长办联司、新中原、红农司、钢农总、湖北日报捍总

一九六七年十二月二十二日

根据铅印传单刊印。

坚决镇压反革命政治狂人王仁舟

（一九六八年九月十八日）

《新湖大》报编辑部　《新湖大》杂志编辑部

　　王仁舟何许人也？这个浠水巴河一司的坏头头，是个披着革命造反派外衣的现行反革命分子，是个十足的反革命政治狂人。王出身于一个破落的地主家庭，曾混入北京外国语学院。在大学读书时，就恶毒攻击我们的伟大领袖毛主席，攻击党的总路线和党的方针政策，胡说什么"总路线要修改，两条腿走不通""同时并举肯定行不通，同时并举就一蹦一跳的了。"他攻击毛主席提出的一分为二是分裂国际共产主义运动，攻击我们党的外交政策是实行共产主义扩张。为了替自己的流氓行为辩护，他无耻地诬蔑"到了共产主义男女两性""没有什么固定的制度"。党组织发现他的错误后，多次对他进行教育，他拒不接受，顽固坚持错误，最后被开除学籍，遣送回乡生产。

　　这个文化大革命之前根本不出名的反动的资产阶级知识分子，在武汉七·二〇事件以后，一跃成了鄂东以至武汉显赫一时的人物。因为这个家伙在无产阶级文化大革命期间，欺骗一部分农民群众，篡夺了浠水巴河一司的领导权，不断在浠水巴河地区制造武斗，并与鄂东邻县其他坏蛋勾结在一起，建立了所谓三省八县联防指挥部，制造大规模武斗。

　　为了丑化无产阶级文化大革命，扩大其反革命政治影响，他挑动农民进城，策动将武斗中死亡的尸体抬到武汉，通过湖大八月公社某些人将尸体抬进我校校园，又抬到湖北、武汉军区、红旗大楼等地示威，激起了武汉地区和我新湖大无产阶级革命派和广大革命群众的无比愤慨。与抬尸进城的同时，王仁舟还组织好几百受蒙蔽的农民群众，抢占红旗大楼，封闭了新生的《湖北日报》，公开封锁以毛主席为首、林副主席为副的无产阶级司令部的声音。所有这一切，都遭到了武汉军区曾、刘首长的批评，以及武汉地区广大无产阶级革命派和革命群众的抵制和反对。但是，另一方面，却得到了以反革命分子鲁礼安为首的"决派"、湖大八月公社及其他组织的某些人的支持。他们极其肉麻地吹捧这个反革命政治狂人是什么"革命闯将""农民运动的杰出领袖"，胡说什么"巴河地区是全国农民运动的典范"，等等。就这样，一个从不耻于人类的狗屎堆爬出来的反动知识分子，一时飞黄腾达，居然成了风云一时的"大人物"。本来就是野心勃勃的小丑王仁舟也自以为有了政治资本，就更加疯狂起来。他大肆制造一系列的反革命舆论，恶毒攻击毛主席，攻击毛泽东思想。他极力鼓吹反动的极"左"思潮，鼓吹反动的"多中心即无中心论"，疯狂炮打"三红"，把斗争矛头直接指向以毛主席为首、林副主席为副的无产阶级司令部，指向伟大的中国人民解放军，指向新生的革命委员会。他疯狂地反对工人阶级领导，挑拨工农关系，破坏工农联盟，妄图颠复（覆）无产阶级专政。他纠集一小撮牛鬼蛇神，在浠水巴河地区实行白色恐怖，大搞法西斯统治，使巴河地区变成了资本主义复辟的一面黑旗。王仁舟罪行累累，十恶不赦。下面我们对他的反革命罪行分几个主要方面进行初步揭发和批判。

一、恶毒攻击毛主席、攻击毛泽东思想，疯狂抵制和反对中央的政策法令

毛主席是当代最伟大的马克思列宁主义者，是中国和全世界革命人民的伟大领袖。毛泽东思想是在帝国主义走向全面崩溃，社会主义革命走向全世界胜利的时代的马克思列宁主义。毛泽东思想是反对帝国主义强大的思想武器，是反对修正主义和教条主义的强大的思想武器。毛泽东思想是全党、全军和全国一切工作的指导方针。我们的时代是毛泽东思想的新时代，我们所取得的一切胜利，都是毛泽东思想的伟大胜利。中国赫鲁晓夫刘少奇及其在各个地区的大大小小的徒子徒孙们，对伟大的毛泽东思想，怕得要死，恨得要命，为要复辟资本主义，他们总是首先恶毒攻击我们伟大的领袖毛主席，攻击伟大的毛泽东思想。反革命政治狂人王仁舟，就是其中的一个。

王仁舟这个对党对社会主义怀着刻骨仇恨的反革命分子，像疯狗似的到处狂吠，用最恶毒的语言攻击和反对我们的伟大领袖毛主

席。他歇斯底里的咒骂"×××要不保持晚节，就要变质，就要剥削人民。"恶毒诅咒"毛主席发动的这场无产阶级文化大革命可能落得像巴黎公社一样的结局。"（按：王仁舟说的结局指的是失败）就是这个王仁舟狗胆包天，经常在开会时，不向毛主席致敬，不祝毛主席万寿无疆，说什么"这一套完全是资产阶级的假情假意，这是资产阶级扒手想出的鬼心思。"反动气焰，多么嚣张！我们决不允许这个反革命跳梁小丑侮辱中国人民和全世界人民心中最红最红的红太阳、我们的伟大领袖毛主席。正是在毛主席的英明领导下，在毛泽东思想的光辉照耀下，中国革命和世界革命取得了一个又一个的伟大胜利。毛主席亲自发动和领导的这场史无前例的无产阶级文化大革命，所向披靡，开辟了国际共产主义运动的新纪元。毛主席的光辉思想，指导着全世界革命人民胜利前进。我们就是要以无限热爱、无限信仰、无限崇拜、无限忠诚毛主席的一颗忠心，祝愿毛主席万寿无疆！高呼"毛主席万岁！万万岁！"谁反对毛主席，我们就坚决砸烂他的狗头！

为了反革命的需要，王仁舟经常变换其反革命手法。有时他打着拥护毛主席的旗帜，疯狂地反对毛主席和以毛主席为首、林副主席为副的无产阶级司令部。他说："我光听毛主席的话，其他什么人的话都不听。"又说："我学了很多马克思、恩格斯、斯大林著作，依我看真正掌握了列宁主义、毛泽东思想的人少得可怜。像×××……他代表的是右派势力。"王仁舟恶毒攻击毛主席的亲密战友、我们的林副主席，恶毒攻击我们敬爱的周总理和中央其他首长，就是反对毛主席，请看看他这段反动透顶的叫嚣吧："你们听我的话就是了，我是唯物主义的，我是无产阶级者，听我的话就是听毛主席的话。"不仅如此，他还狂妄地自封为"统帅"，把其狗党张新民封为"副统帅"（张新民出身于工商业资本家，两个叔父被镇压，本人一贯反党反社会主义，是巴河地区原保守组织的第一号坏头头，后为王仁舟看中重用，收罗为巴河一司的二号头头），凌驾于毛主席和林副主席之上。真是反动至极，罪该万死！在王仁舟大树特树个人权威的反革命活动下，浠水各地不断出现了侮辱毛主席和林副主席的反动标语，不断出现了"王仁舟万岁！万万岁！""×××（中国赫鲁晓夫）万岁！"的反动标语，王仁舟的狼子野心，昭然若揭。王仁舟死有余辜！这个罪大恶极的反革命分子决逃不脱人民的惩罚!

王仁舟还狂妄叫嚣:"真正的马克思列宁主义在我这里""我要为世界革命摸索出一条新的道路"。呸!真是死不要脸,无耻绝顶!现在我们就来看一看这个反革命狂人贩卖的究竟是什么"主义";他所要"摸索"的究竟是什么"道路"吧!

毛主席教导我们说:"**凡是要推翻一个政权,总(是)要先造舆论,总要先做意识形态方面的工作。革命的阶级是这样,反革命的阶级也是这样。**"王仁舟正是一个制造反革命舆论,企图实现反革命夺权的典型。他恶毒攻击伟大的毛泽东思想,散布一系列的反动言论,以指导其反革命活动。

就是这个王仁舟,提出反动的"革命是'非'、政治是骗"的谬论。胡说什么"政治就是你欺骗我,我欺骗你""谁个骗得高,谁就会赢"。

毛主席教导我们说:"**革命是暴动,是一个阶级推翻一个阶级的暴烈的行动。**"[1] 没有革命,就没有社会历史的发展;没有无产阶级革命,就不能解放全人类。革命好得很,而决不是什么"非"。地主阶级的孝子贤孙、反革命分子王仁舟,眼看这场无产阶级文化大革命的烈火,烧到他所代表的反动阶级和自己的头上,便以百倍的仇恨,反对革命,否定革命。但革命烈火,势不可挡,他疯狂地反对革命,只能是飞蛾扑火,自取灭亡。

毛主席指出,政治是有阶级性的,政治就是阶级斗争。作为一个阶级推翻一个阶级的革命,就是最大的政治。无产阶级对资产阶级的斗争,是依靠伟大的舵手毛主席,是靠战无不胜的毛泽东思想这个集中了人类最高智慧的伟大真理,靠毛主席的英明的无产阶级革命路线,靠掌握了毛泽东思想的亿万革命群众取得胜利的,而决不是什么"谁骗得高,谁就会赢"。王仁舟的"政治是骗"的反动谬论,一方面是他所代表的反动剥削阶级虚伪本质的自供状;另一方面,其罪恶用心就是企图利用这一反动谬论,歪曲无产阶级专政的阶级内容,把以毛主席为首、林副主席为副的无产阶级司令部,污蔑之为依靠欺

---

[1] 引自《湖南农民运动考察报告》(1927年3月),《毛泽东选集》第1卷,人民出版社,1966年7月,第17页。

骗。他公然叫嚣，中央的指示有"欺骗性""煽动性"，他挑拨群众"不要听它"。由此可见，王仁舟的"革命是非，政治是骗"论，是为颠复（覆）无产阶级专政的社会主义制度，实现资本主义反革命复辟造舆论，是货真价实的资产阶级政治。

就是这个王仁舟，提出反动的"谁掌握了政权，谁就意味着剥削"论。胡说什么无产阶级政权，"要压迫另一阶级，在经济上也就存在着剥削"，疯狂反对毛主席关于无产阶级专政的学说。毛主席教导我们说**"革命的专政和反革命的专政，性质是相反的。"**[2]无产阶级是最革命、最先进、最大公无私的阶级，是整个社会发展的伟大推动力量，在社会主义社会，它又是革命和建设的唯一领导阶级。无产阶级对于阶级敌人就是要压迫，就是要专政，强化人民的国家机器，正是为了消灭剥削，消灭阶级。王仁舟疯狂反对无产阶级专政，为阶级敌人叫苦，只能说明他本人就是专政的对象。

就是这个王仁舟，提出反动的"农民是革命的领导力量"论。胡说什么解放后"农民经济地位最低、最受压迫、最受剥削，他们最革命"，而"工人阶级现在成了国家的统治阶级了，他们的地位改变了，自己当了领导阶级，再不要革命了"，农民"只有武装夺取政权，才能翻身。"这是彻头彻尾反毛泽东思想的反革命言论。毛主席在一系列的光辉著作中，对在无产阶级革命和无产阶级专政下，工人、农民的地位和作用，都作了极为精辟的论述，指出工人阶级**"最富于革命的彻底性"**，**"人民民主专政需要工人阶级的领导"**[3]，需要**"以工农联盟为基础。"** 王仁舟却狗胆包天，竟然污蔑工人阶级，丑化无产阶级专政，破坏工农联盟号召农民用武装夺取工人阶级的领导权，真是反动透顶。必须指出，王仁舟并不是真的关心农民，他的这一整套反革命言论，是为他以及他所代表的解放以来直到目前一直受着无产阶级专政"压迫"的地主阶级、资产阶级在全国范围内实现反革命夺权服务的，一旦他的阴谋得逞，农民确实要受剥削受压迫了。目前在

2　引自《论人民民主专政》（1949 年 6 月 30 日），《毛泽东选集》第 4 卷，人民出版社，1966 年 7 月，第 1415 页。

3　引自《论人民民主专政》（1949 年 6 月 30 日），《毛泽东选集》第 4 卷，人民出版社，1966 年 7 月，第 1416 页。

他所统治的巴河地区,已经出现了这种情况。广大工人、贫下中农决不会放过这个反革命跳梁小丑,王仁舟的罪恶阴谋必定彻底破产。

就是这个王仁舟,提出反动的"全面皆兵"论。胡说什么"人民战争要讲'全面皆兵',不能讲'全民皆兵'。毛主席提'全民皆兵',没有阶级性,我们要搞全面武装。""'全面皆兵'是最大的阶级性。凡是拥护我的,不管地主、富农、不管男女老少,都要全面武装起来,搞武装夺取政权,实现农村包围城市,这是我的新创举。"什么"新创举"?这是明目张胆地攻击毛泽东思想,明目张胆地干反革命勾当,这是最反动,最赤裸裸的反革命言论!**全民皆兵**"是毛主席的伟大战略思想,是要武装革命人民,保卫社会主义江山,它的阶级性鲜明得很。王仁舟却污蔑为"没有阶级性""不能讲'全民皆兵'。"很清楚,王仁舟就是怕"**全面皆兵**"专他们一伙的政,所以他就搞一个对地富反坏右实行武装的"全面皆兵",实行农村包围城市,武装夺取无产阶级政权。这就充分暴露了王仁舟反革命的真面目。

就是这个王仁舟,提出反动的"群众分化"论。胡说什么无产阶级文化大革命"形势好,就是群众分化了,群众对立得很","一个地方有两派存在,是大好形势的最好表现"。这是对毛主席指示的恶意歪曲。毛主席指出:"**形势大好的重要标志是人民群众充分发动起来了。**""**大家都在关心国家大事。**"由于亿万人民群众都在积极学习最高指示,毛泽东思想深入人心,思想面貌大大改变,革命大联合和革命三结合喜报频传,阶级敌人纷纷落网,形势一片大好。但是敌人是惟恐天下不乱,形势越好,对他们越不利,王仁舟的所谓"群众分化"论,就是把水搅浑,群众对立起来,**鹬蚌相争**,他便可坐收渔翁之利。他便好拉一派势力,扩大武装力量,实现其反革命夺权的罪恶阴谋。正因为如此,他极力反对毛主席关于革命大联合和革命三结合的指示,污蔑为"议会道路",叫嚣"坚持武装斗争就是胜利。"这一切只能说明王仁舟反对毛泽东思想是多么的猖狂!

王仁舟所散布的一系列的反革命言论,集中到一点,就是恶毒攻击毛主席关于无产阶级革命和无产阶级专政的学说。他所"探索"的"道路",最根本的一条,就是企图在农村搜罗牛鬼蛇神,组织反革命武装包围社会主义城市,用反革命暴力夺取无产阶级专政。

王仁舟为了大搞独立王国,实现反革命夺权,还疯狂抵制和反对中央的命令、指示。他大肆叫嚷"中央的指示有的就是带有欺骗性的,有的还带有煽动性的,……我们对中央这些指示不要听它。"甚至他还煽动群众说"我们干革命(按:应该说是反革命)要四不怕:不怕中央指示,不怕中央命令,不怕中央通令,不怕中央政策。"更恶毒的是,他最近公然在省革委会举办的毛泽东思想学习班上,恶毒攻击毛主席亲自批发的"七·三""七·二四"布告,说什么"要我们上交武器是阶级敌人的一个大阴谋"。肆无忌惮地把我们党中央污蔑为搞"阴谋"的"阶级敌人"。他不仅是这样说,而且是这样作,他竟然在参加省革委会学习班学习期间,胆大包天地私自跑回浠水,亲临前线,指挥武斗,肆意践踏中央的两个布告。王仁舟的反革命立场是何等鲜明,何等顽固啊!王仁舟这个反革命政治狂人,已经疯狂到无以复加的程度,他狂叫要牺牲浠水一半人(全县 60 多万人)搞武装夺取政权;他公开叫嚣要向毛主席夺权,要上天安门讲话;他叫嚣要带兵打世界,我们再也不能容忍这个现行反革命分子如此放肆地胡作非为,乱说乱动了,对于他决不能施"仁政",必须坚决实行无产阶级专政。毛主席教导我们:"**夺取了国家权力的工人阶级和人民大众,必须镇压一切反革命阶级、集团和个人对于革命的反抗,制止他们的复辟活动,禁止一切反革命分子利用言论自由去达到他们的反革命目的**"。[4] 现在,该是把这个罪恶累累,反动透顶的反革命狂人押上无产阶级专政的审判台的时候了!

二、猖狂反对伟大的中国人民解放军,妄图毁我钢铁长城

毛主席说:"没有一个人民的军队,便没有人民的一切。"这是一个伟大的真理。在革命战争的年代里是这样,在无产阶级文化大革命中也是这样。人民解放军是无产阶级专政的重要工具,是无产阶级文化大革命的擎天柱。阶级敌人凭其反革命的嗅觉,为了实现他们颠覆无产阶级专政,复辟资本主义的狼子野心,总是把矛头指向伟大的人民解放军,妄图毁我钢铁长城。反革命跳梁小丑王仁舟也不例外,他

4　引自《关于胡风反革命集团的材料》,人民出版社,1955 年 6 月,第 68 页。

费尽心机,制造反动谬论,挑拨革命群众同人民解放军的鱼水关系,煽动一些不明真相的群众把矛头对准人民解放军。这里只把他所制造的几条主要谬论拿出来示众:

第一,他狂吠人民解放军"是为特权阶层服务的军队"。这里,王仁舟公然抹煞人民解放军的无产阶级性质,恶毒攻击以毛主席为首的无产阶级司令部,公开反对人民解放军为广大工农革命群众服务。真是反动至极!

以毛主席为首、林副主席为副的无产阶级司令部是广大革命人民利益的集中代表者。没有这样一个核心,社会主义事业就不能胜利。由这个核心领导的人民解放军,必然要在无产阶级司令部的号令下统一意志,统一步伐,统一行动。只有这样,才能保证这支革命军队的无产阶级性质。王仁舟老流氓骂人民解放军"是为特权阶层服务的",其反革命本意就是妄图取消以毛主席为首的无产阶级司令部的领导,改变人民解放军的无产阶级性质。

伟大领袖毛主席早就指出,人民解放军"**不是为着少数人的或狭隘集团的私利,而是为着广大人民群众的利益,为着全民族的利益,而结合,而战斗的。紧紧地和中国人民站在一起,全心全意地为中国人民服务,就是这个军队的唯一的宗旨。**"[5]中国人民解放军就是按照毛主席所规定的宗旨建立和发展起来的。她是一支穿上军装的工农,来自于工农,服务于工农。四十年来,"**它除了打仗消灭敌人军事力量之外,还要负担宣传群众、组织群众、武装群众、帮助群众建立革命政权以至于建立共产党的组织等项重大的任务。**"[6]在无产阶级文化大革命中,在"三支""两军"工作中,人民军队又立下了不朽的功勋。正因为这样,广大革命群众和一切革命组织都无限热爱和信赖人民解放军。可是王仁舟之流出于反革命的本性,对于全心全意为广大革命人民服务的人民解放军,对于鱼水相亲的军民关系恨得要死,怕得要命,狂吠什么人民解放军"是为特权阶层服务的军队",这就充

---

5 引自《论联合政府》(1945 年 4 月 24 日),《毛泽东选集》第 3 卷,人民出版社,1966 年 7 月,第 940 页。
6 引自《关于纠正党内的错误思想》(1929 年 12 月),《毛泽东选集》人民出版社,1966 年 7 月,第 84 页。

分暴露了他对伟大的人民解放军,对于伟大的革命人民的刻骨仇恨,顽固与革命军民为敌的反革命面目。

第二,他狂吠:"枪杆子为少数人掌握是资产阶级专政""群众掌握枪杆子才是无产阶级专政""群众掌握枪杆子就不受压迫了"。这几句黑话是什么意思?王仁舟自己有一段不打自招绝妙的自供,他反骨毕露地说:"只要拥护我的,不管什么人,不管地主富农,都要实行全面武装"!这难道还不够清楚吗?王仁舟的罪恶目的就是要让他们这伙牛鬼蛇神掌握枪杆子来专无产阶级的政。只有这样,他们这伙难兄难弟才"不受压迫了"。好一副狼子野心!

中国人民解放军和她所掌握的枪杆子是无产阶级用来压迫一切剥削阶级的专政工具,他行使无产阶级司令部的权力,即广大革命人民的权力。因此,枪杆子只能牢牢掌握在工人阶级和贫下中农的优秀子弟手里,这是关系我国社会主义江山是否改变颜色,关系我国亿万革命人民命运前途的大问题。对于王仁舟之流,不仅不能允许他搞什么全面武装,就是搞一条枪也不行,半条也不行!相反,他们胆敢动人民解放军一根毫毛,我们就坚决镇压,斩断他的魔爪!

第三,他狂吠:人民解放军"都是受的资产阶级军事路线的教育""是受走资派的影响"。住口!这更是反动透顶、一派胡言。人民解放军是我们伟大领袖毛主席亲手缔造、林副主席直接指挥的举世无双的伟大革命军队。她从诞生以来,一直是在伟大领袖毛主席的无产阶级建军路线指引下战斗和前进,在毛泽东思想哺育下成长和壮大的,尽管混进党内的大野心家、大军阀彭德怀、罗瑞卿之流妄图按照资产阶级军事路线来改变我军的无产阶级性质,但是,他们的阴谋受到了广大指战员的坚决抵制和强烈反对,在人民解放军中占统治地位的始终是毛主席的无产阶级革命路线。王仁舟这个反革命阴谋家在这里企图用偷天换日的办法,打出"造资产阶级反动军事路线的反"的旗号,掩盖其猖狂反对人民解放军、毁我钢铁长城的反革命罪恶勾当,这是绝对不能得逞的!

第四,他狂吠:当前斗争大方向是揪军内一小撮。他到处煽阴风,点鬼火,说什么"浠水人武部是黑旗""军队团以上干部都有军阀作风""是日本帝国主义""是鬼蜮"。千方百计妄图搞垮浠水人民武装部这面"支左"红旗。他恶毒的咒骂我们伟大领袖毛主席亲自委派的武汉军区负责人"是站在农民的反面，是替法西斯卖力。"他还狂吠："我们大家要下定决心，一定要打败"他们。反动气焰何等嚣张！伟大的中国人民解放军是一切阶级敌人、反革命分子进行反革命夺权、复辟资本主义的不可攻克的钢铁长城，王仁舟之流对人民解放军恨之入骨，发出"揪军内一小撮"的叫嚣，就是妄图刮起乱军妖风，搅乱我们的军队，毁我钢铁长城，以实现反革命夺权的狼子野心。他曾经直言不讳地供称："打倒人武部只是手段，并不是我的目的。"这不是一语泄天机吗？

第五，他狂吠"我要建立一支新型的军队"。果真，他也有一只军队，不过这是一支反革命武装。他的"新型的人民军队""发展的对象，是以新的阶级为主要对象"。所谓"新的阶级"，就看是否"跟我老王一路走"，"凡是拥护我的，不管是地主、富农，都要全面武装起来"。王仁舟的一支武装就是以地富反坏右、走资派为骨干的一支地地道道的地主武装，地地道道的还乡团。他正是依靠着这支反动武装统治着巴河地区，对革命群众实行打、砸、抢、抄、抓，对贫下中农实行资产阶级专政，顽固对抗以毛主席为首的无产阶级司令部的一系列号令，把一个好端端的巴河弄得乌烟瘴气，一片白色恐怖，一度成为针插不进，水泼不进的"独立王国"。

"军民团结如一人，试看天下谁能敌"，一切自不量力妄图与伟大的人民解放军较量一番的家伙到头来都只落得在这个伟大的钢铁长城面前碰得头破血流，粉身碎骨。王仁舟的祖师爷——蒋介石的八百万军队尚且不值一碰，一败涂地，何况你王仁舟这样一个无头苍蝇呢！"狂犬吠日堪笑指"，**蚍蜉撼树谈何易**！王仁舟，你去嗡嗡地悲鸣抽泣吧！

三、反对工人阶级领导一切，破坏工农联盟，妄图颠复（覆）无产阶级专政

政权问题是一切革命的根本问题。我们伟大领袖毛主席早在1949年就明确指出："总结我们的经验，集中到一点，就是工人阶级

（经过共产党）领导的以工农联盟为基础的人民民主专政。"[7]王仁舟这个现行反革命分子，疯狂地反对工人阶级领导，恶毒地挑拨工农关系，破坏工农联盟，叫嚷要搞"农村包围城市，武装夺取政权，"这就充分暴露了他妄图颠复（覆）无产阶级专政，复辟资本主义的狼子野心。

工人阶级是我们国家唯一的领导阶级。"**因为只有工人阶级最有远见，大公无私，最富于革命的彻底性。整个革命历史证明，没有工人阶级的领导，革命就要失败，有了工人阶级的领导，革命就胜利了。**"[8]毛主席在最新指示中教导我们："**要充分发挥工人阶级在文化大革命中和一切工作中的领导作用。**"坚持工人阶级领导还是反对工人阶级领导，是区别真正的无产阶级革命派和一切反动流派的试金石。

反革命分子王仁舟，从反动阶级的本能出发，胡说什么"工人阶级现在成了国家的统治阶级，他们的经济地位改变了，自己当了领导阶级，再不要革命了。"这是对工人阶级恶毒的污蔑和攻击，是反对工人阶级领导的反革命理论。工人阶级从长期革命斗争实践中深深懂得："**无产阶级只有解放全人类，才能最后解放自己**"。因而，他们决不因为自身地位的改变而放松对国内外阶级敌人的斗争。在无产阶级文化大革命中，用毛泽东思想武装起来的工人阶级，最有首创精神。他们对毛主席最热爱，最忠诚，捍卫毛主席的革命路线最勇敢，跟毛主席的伟大战略部署最紧，落实毛主席的指示最迅速；他们对旧社会、对中国赫鲁晓夫最痛恨，批判资产阶级最坚决、最彻底。所有这些，难道不是活生生的现实吗？这正是工人阶级对王仁舟的污蔑的最有力的回击。

工人阶级的领导是经过无产阶级的先锋队——伟大的中国共产党来实现的。以毛主席为首、林副主席为副的无产阶级司令部，是全党、全军、全国和广大的革命人民唯一的领导中心。毛主席的无产阶

---

[7] 引自《论人民民主专政》（1949 年 6 月 30 日），《毛泽东选集》第 4 卷，人民出版社，1966 年 7 月，第 1417 页。

[8] 引自《论人民民主专政》（1949 年 6 月 30 日），《毛泽东选集》第 4 卷，人民出版社，1966 年 7 月，第 1416 页。

级革命路线,毛主席的各项指示,最集中地反映了工人阶级、贫下中农和广大劳动群众的利益和迫切要求。对无产阶级司令部的每一个战斗号令抱什么态度,是坚持工人阶级领导一切还是反对工人阶级领导的重大原则问题。王仁舟公开煽动群众说:"对于那些通知、命令、公告不要迷信,它没有群众性"。就是他,对抗毛主席"**抓革命,促生产**"的伟大号召,煽动群众抬尸进城,丑化无产阶级文化大革命;就是他,公开违抗九·五命令,拒不交枪,制造大规模武斗;就是他,肆意践踏七·三、七·二四布告,大搞打、砸、抢、抄、抓,肆意破坏国家财产,危及人民生命安全,如此等等,不是在行动上反对工人阶级领导又是什么呢?

王仁舟这个反革命跳梁小丑,在猖狂地抗拒工人阶级领导的同时,还恶毒地挑拨工农关系,破坏无产阶级专政的基础——工农联盟。他胡说什么:"农民冒翻身""现在我们国家的农民和资本主义国家的农民一样,都受压迫。"又说:"在现阶段,农民是最无产者,是最革命的,必须作为革命的领导力量。"这是彻头彻尾的反毛泽东思想的反动言论。

贫下中农是工人阶级最可靠的同盟者。贫下中农只有在无产阶级领导下,才能得到解放;而无产阶级只有和贫下中农结成坚固的联盟,才能领导革命达到胜利。我国民主革命的历史,也证明了这个真理。我国亿万农民,在伟大领袖毛主席的领导下,经过长期革命斗争,早已推翻了压在自己身上的三座大山,在政治上、经济上得到了解放,做了国家的主人;又在伟大领袖毛主席的领导下,经过无产阶级文化大革命,粉碎了中国赫鲁晓夫复辟资本主义的罪恶阴谋,正沿着社会主义的康庄大道奋勇前进。在这个时候,王仁舟却咒骂我们国家的农民和资本主义国家的农民一样,还没有翻身。这是什么语言?这难道不是国民党反动派的语言、帝国主义的语言、修正主义的语言吗?

王仁舟说什么"农民要成为领导力量",这是骗人的鬼话。其实,他所说的要农民领导是假,要他王仁舟的领导是真。王仁舟究竟是那路"英雄"?他决不是贫下中农的代表,而是地富反坏右的一个小小的代表人物,是一个比陈里宁有过之而无不及的反革命政治狂人。他曾狂叫："马克思、恩格斯所领导的农民运动不彻底,毛主席也不彻底,我要在巴河地区尝试一下。"他又曾胡说："毛主席在湖南领导农民秋收起义,我们这次也是领导农民秋收起义。"真是狂妄至极,反动透顶!恬不知耻地自封为"统帅"的是这个王仁舟;狂妄地宣称:"现在要重新站队,跟我老王一路走,才能算是真正的革命的",又是这个王仁舟,疯狂地叫嚷:"要把全国搞成一个观点,统一以后,我带兵去打外国"的,也是这个王仁舟;"对反对我的人,不论是群众、干部,一律专政,打、骂都可以随便使用"的,还是这个王仁舟。请看,王仁舟自己勾画的这副反革命政治狂人的嘴脸,不是跃然纸上了吗?他一方面污蔑工人、贫下中农的子弟兵——解放军有反动血统论;一方面又称赞地富反坏右造反最凶,要把他们培养成为接班人。请看,王仁舟的反革命立场是何等坚定,他的反革命爱憎又是何等鲜明!

王仁舟还曾明目张胆地宣布:"凡是拥护我的,不管是地主、富农,不管是男女老少,都要全面武装起来。"人们不禁要问:王仁舟要把地富反坏右"全面武装起来",到底想干些什么?这个问题,王仁舟不止一次地作过回答,那就是要"搞武装夺取政权,实行农村包围城市"。

大家知道,"**农村包围城市**",这是毛主席在民主革命时期制定的伟大的战略方针和政治路线。那时,城市是国民党反动派盘踞的地方,是反革命的政治、经济、文化中心。今天,我们国家起了天翻地复(覆)的变化,不仅早已赶走了帝国主义,结束了蒋家王朝在大陆的统治,而且在这次文化大革命中,又砸烂了刘邓资产阶级司令部,建立了革命的红色政权。城市已是无产阶级的天下。王仁舟还要搞什么"农村包围城市",岂不是要包围无产阶级司令部,包围红色政权吗?他要搞什么"武装夺取政权",岂不是夺毛主席的权,夺无产阶级的权吗?这是工人阶级、贫下中农和广大革命人民所绝对不能容许的。

王仁舟曾在一次群众会上宣称:"现在是非常时期,我们要在巴河实行军事共产主义,就是共产"。王仁舟的难兄难弟鲁礼安之流,也曾狂热地吹捧王仁舟一度统治的巴河地区是"农民革命运动的典范"。现在，就让我们来看一看，他们所鼓吹的"共产主义""农民革命运动的典范"，究竟是什么样的货色!

王仁舟自 1967 年 8 月篡夺了巴河一司的领导权之后，就网罗了一小撮形形色色的坏蛋，形成了一个反革命领导集团，把巴河一司这个群众组织变成了在巴河复辟资本主义的工具。王仁舟这个反革命分子就成了巴河地区的土皇帝。他公开对抗以毛主席为首、林副主席为副的无产阶级司令部的一切号令，对上实行严格封锁，对下实行个人独裁。他极力鼓吹"以我为中心"的反动理论，胡说什么"在这非常时期，权力一定要集中到一个人或两个人手里"，在巴河地区竟出现数十条"打倒×××，瓦解共产党!""打倒××，拥护王仁舟!""×××（中国赫鲁晓夫）万岁!""王仁舟万岁、万岁、万万岁!"等反动透顶的口号和标语。其反革命气焰，甚嚣尘上。

王仁舟为了维护他的反动统治，实现他的反革命政治野心，还组织了一支反动武装，区有武卫连，公社有武卫排，大队有武卫班。凡是拥护王仁舟的，不管地富反坏右，他统统搜罗起来，充当他的打手。这支反动武装，在王仁舟的操纵和指挥下干尽了坏事。他还私设公堂、私设监狱，并公开叫嚷："私设牢房怕什么？凡是反对我们的人，你们可以把他们捉出来，轻则示众，重者送去劳改。本区劳改不行可以送往外县劳改。"连去巴河执行任务的解放军，也曾被他们扣押而剥夺其发言权。请看，这不是地地道道的国民党专政、法西斯专政吗？

在经济上，王仁舟一面煽动抗粮抗税，还美其名曰"藏富于民"；一面又胁迫群众捐钱捐粮，还胡说"这是毛主席的号召，叫'自力更生'。出不出钱是爱不爱毛主席、拥不拥护文化大革命"的问题。王仁舟这种打着红旗反红旗的卑鄙伎俩，实在令人发指。王仁舟所操纵的巴河一司，还大肆抢劫国家财产，在短短的几个月时间内，他们到银行、商店、邮局、交通、粮食等部门抢劫达 81 次之多，计抢走国家物资价值 30 多万元，粮食 40 多万斤。此外，抢劫私人财物不计其数。这不是地地道道的土匪行为又是什么呢？

以上情况表明：王仁舟统治下的巴河，对上封锁，对下高压，实行白色恐怖，大搞武力统治，完全是坏人掌权，好人遭殃！王仁舟不是声称他在"尝试"什么吗?巴河地区就是他复辟资本主义的试验场!鲁礼安之流不是吹捧巴河地区是什么"典范"吗?巴河地区就曾经是一个资本主义复辟的"典范"!在我们国家中,能允许这种与毛主席的无产阶级司令部相对抗的"独立王国"存在吗?不能,不能,绝对不能!巴河地区的广大贫下中农,已经看清了王仁舟的反革命面目,这个家伙决不是什么农民的朋友,而是贫下中农的死敌。让我们奋起毛泽东思想的千钧棒,把被王仁舟之流标榜为"共产主义""农民革命运动的典范"的"独立王国"砸它个稀巴烂!让毛泽东思想的伟大红旗在巴河地区高高飘扬,永远飘扬!

根据新湖大革委会、武汉红代会新湖大总部1968年9月18日出版的《新湖大》第101期刊印。

揭发、控诉反革命坏头头王仁舟的滔天罪行

（批斗反革命坏头头王仁舟大会上的发言）

（一九六九年十二月）

武汉热电厂　张复华

按：从热电厂张复华同志揭发的反革命份子王仁舟的滔天罪行，可以看出我们和"北、决、扬"的斗争，是一场你死我活的阶级斗争，反革命份子王仁舟这个反面教员告诉我们：千万不要忘记阶级斗争，千万不要忘记无产阶级专政，千万不要有资产阶级派性。否则，就会亡党亡国，就是千百万人头落地。现将此材料印发到车间，望认真组织职工阅读。

武钢革委会政工组
一九六九年十二月十五日

同志们，我以万分愤怒的心情，在这里揭发、控诉这个"决派"头目现行反革命分子，贫下中农的死敌王仁舟的滔天罪行。

伟大领袖毛主席教导我们说："**以伪装出现的反革命分子，他们给人以假象，而将真象隐（荫）蔽着。但是他们既要反革命，就不可能将其真象隐（荫）蔽得十分彻底。**"这个一贯自称所谓"革命"的现行反革命分子，尽管他乔装打扮，极尽伪装，对巴河贫下中农实行法西斯统治的"决派"头目王仁舟，终于被毛泽东思想武装起来的革命人民揪了出来，这是毛泽东思想的伟大胜利！是无产阶级文化大革命的伟大胜利，是贯彻党中央"九·二七"指示的重大胜利。

我坚决拥护省市革委会将这个现行反革命分子坏头头依法逮捕，严加惩办。

"决派"头目王仁舟，睁开狗眼看一看，我是谁，我就是被你这个有着"革命"旗号接过革命口号，打着"红旗"反红旗，毒害欺骗蒙蔽群众，我就是被你欺骗毒害的一个。我在你到汉封闭湖北日报期

间，为你摇旗呐喊，为你造反革命舆论，对你进行过无耻的吹捧。这些，我很长一个（段）时间没有识破你的反革命面目，我跟你帮着干的事现在我才知道，那是对党，对人民的犯罪，对我们伟大领袖毛主席的犯罪。

通过（对）党中央"九·二七"指示的学习，和驻厂解放军毛泽东思想宣传队耐心的帮助和教育，全厂广大革命职工对我的挽救，我才提高了觉悟，提高了认识，擦亮了眼睛，今天我要揭发、控诉你毒害我的罪行，揭发你勾结我厂现行反革命分子杨国斌在我们武汉热电厂所犯下的滔天罪行。

一九六七年十一月十三号下午，也就是湖北日报被封闭的第三天下午，这个王八蛋"决派"头子王仁舟，他窜到他的恩人我厂现行反革命分子杨国斌家里，跟他进行密谋策划之后，利用我也是巴河家乡人关系，把我找到他的家里，介绍认识，两个现行反革命分子对我吹捧拉拢了一番，要我跟他写一个呼吁全市造反派支持他抬尸游行，封闭湖北日报的东西，我就问"你们进城跟警司打过招呼没有"，这个混蛋怎么说呢，"造反嘛，还打什么招呼。"我厂的现行反革命分子杨国斌帮腔说"你真苕，造反打招呼，那何谓造反。"两个混蛋一唱一和，他们还说什么"农民进城造反，是六十年代的第一次，过点火，没有什么关系。"真他妈反动透了，你们是造反吗？是造无产阶级的反！王仁舟口授了四条具体要求，塞给我他们事先印好的反革命传单作依据，起草了"告全市人民书"，这确实是棵反党、反社会主义、反毛泽东思想的大大毒草。它把矛头对准警司，对准曾、刘、方、张首长，对准湖北军区，对准浠水人武部和浠水革命干部，对准《湖北日报》的。它的目的就是要军权，要枪杆子，就是要搞他们的"决派"武装。也就是这个"决派"头子王仁舟所说的"一句话，要《湖北日报》作检查是假，要枪杆子、要军权是真。"

这棵毒草，本来是现行反革命杨国斌答应共同起草的，可他第二天溜了，现行反革命分子王仁舟派他手下一个女的逼在那里要稿子，没有办法，我一个人根据他的传单和提的四条具体要求就写了，现行反革命分子杨国斌通过王仁舟设在张克勤那里的办公室交给了这个"决派"头子王仁舟看过后定稿，并作了修改。第一次打印了460份，事后他们又多次翻印，不仅在红旗大楼散发，而且传到省外、市外流毒全国，毒害了很多革命群众。

反革命分子王仁舟你听着，你抬尸游行，封闭宣传毛泽东思想的《湖北日报》，不仅是丑化了无产阶级文化大革命，而且更毒的是破坏了湖北、武汉地区的革命大联合和革命三结合，破坏了我们伟大领袖毛主席解决七·二〇事件后湖北、武汉地区的大好革命形势。你跟帝、修、反帮忙，唱的一个调子，破坏了毛主席的伟大战略部署。湖北、武汉革命大联合和革命三结合比全国实现要晚，就是你，你们"决派"搞的鬼，就是你封报，使湖北3200万革命人民听不到毛主席声音，看不到毛主席号令，你是封锁宣传毛泽东思想的罪魁祸首。

由于你长期霸占宣传毛泽东思想的红旗大楼，武汉的革命人民冲了你们搞反革命的据点，六七年十二月二十四日红旗大楼被冲以后，群众到处抓你这个混蛋，王仁舟这个现行反革命分子化装由汉口坐船跑到青山码头起岸，又一次跑到现行反革命分子杨国斌家里，同他又进行策划，当时又把我找去，策划什么呢？就是准备再次造反革命舆论，这次我进行了坚决抵制，我说："你们趁这个机会撤出来算了。"这个反革命分子听后很不满意，暴跳如雷，事后又跟反革命分子杨国斌勾结，冲后不仅不撤反而还从巴河又调来一批农民办什么"60年代农民讲习所"，公然与我们伟大领袖毛主席分庭抗礼，真他妈的狗胆包天，狂妄至极，罪恶累累。我看他很怕死，所以晚上我对他说"外面到处捉你，在这儿住着不保险"，事后杨国斌送了一件棉衣给这个现行反革命分子王仁舟，并跟他化装，打电话给张克勤，由张克勤这个反革命派汽车接跑了，把他放跑了。反革命分子王仁舟之所以长期霸占红旗大楼不走，就是想破坏省市革委会的成立，他自己胡说什么"有我在武汉，省、市革委会莫想成立。"这个豺狼多么恶毒，多么反动。他在汉口之所以混了一个时期，就是王盛荣、鲁礼安、张克勤、田国汉、严琳和我厂那个反革命杨国斌这伙大杂烩的支持。王仁舟霸占红旗大楼期间，就是张克勤供给吃的米，烧的煤。搞反革命宣传，也是反革命张克勤供给的纸、笔、墨、印刷厂。搞反革命联络，从火葬场抢尸，抬尸游行，也还是张克勤提供的汽车。

我的妹夫在王仁舟威胁逼迫下参加武斗，被打死了，王仁舟这个反革命就利用我对浠水另一山头的对立情绪把我拉下了水。他拼命煽动我的派性,在我厂那个现行反革命分子欺骗下我曾两次去巴河修扩大器,为他利用现代化工具扩散他的反革命言论。

我就是这样受了他的毒害,受了他的欺骗,犯了罪,我今天就要向他控诉。

现在我控诉你,自你与我厂现行反革命分子杨国斌多次勾结之后,你们在我们热电厂所犯下的滔天罪行。

王仁舟为什么跑到我们厂去的呢?就是杨国斌跟王仁舟早有勾结,我厂现行反革命分子杨国斌,就是王仁舟统治的据点巴河公社人,他的几个叔叔、哥哥,都是王仁舟的打手和娄罗(喽啰),是杀人凶手,早在一九六七年六月初,我厂那个反革命曾跑到巴河跟他们三号头头进行了密谋策划,组织了一个有几千人参加的所谓"救王团",就是所谓"营救王仁舟"这个现行反革命的所谓"造反团",冲击浠水人武部制造两次武斗,死伤十多人,蒙蔽大批农民脱产搞了什么"救王"示威,革命和生产受了巨大损失。当时正是抗旱期间,庄稼损失无法统计。这里还要揭发的是,王仁舟和武钢反革命分子张克勤,及混入市工代会的头头的黑关系,田国汉的同伙,严琳的主子市工代会这个头头的老婆,就在王仁舟扩大的统治区,浠水兰溪区的一个繁殖场工作,由她在那里领导所谓"兰溪五司"。张克勤也是浠水团陂人,也是王仁舟扩大的统治区叫"团陂二司",王仁舟六七年十一月十号蒙蔽农民进城抬尸游行就是住在张克勤的私人办公室里,冲红旗大楼,到火葬场抢尸的指挥部,也还是在张克勤的所谓办公室里。这就是他们三个人的黑关系。现行反革命分子王仁舟进城后的一切反革命活动,是他们支持的,是他们为你摇旗呐喊的。

王仁舟,你把耳朵树(竖)起来听着,你同我厂现行反革命分子杨国斌勾结犯了滔天大罪。

现行反革命分子王仁舟与我厂现行反革命分子杨国斌多次勾结之后,破坏了我厂的革命大联合和革命三结合,我厂那个现行反革命杨国斌同你勾结后,便同我厂另一个公开呼喊反动口号的现行反革命分子进行串连。这个反革命就跑到红旗大楼找你挂勾,成立了你们"决派"在我们武汉热电厂的所谓"联络站"。还有现行反革命分子鲁礼安，他也跑到我们厂作所谓"农民运动报告"，在我厂为王仁舟鼓吹了一天，放了大量的毒，我们厂另几个坏人又直接跑到鲁礼安的所谓"总部"挂勾，又暗中搞了一个"决派"联络站。一个公开发表成立公告，支持封报声明，为你抬尸游行鼓吹叫好；一个暗中个别加入"决派"，直属鲁礼安控制。大为王仁舟什么"新农村"助威。不管"王记"也好，"鲁记"也好，两个联络站都是一路货色，一样的反动透顶。就是你们勾结之后，我厂那个现行反革命分子杨国斌拼命挤入我厂红色政权——革委会，就伙同他的狗伙伴我厂坏分子、市工代会常委、混入市革委会的委员，写了一个类似鲁礼安所谓"农民运动考察报告"的大毒草"四·八看法"，他把工人阶级恶毒分成两大派，胡说什么："工资高的、原党委红人、党员是官封左派，他们是革命中的小资产阶级动摇派，是机会主义派，是今后革命队伍中的阻力"。还胡说："工资低的、收入少的、党委和领导讨厌的是'受迫害的右派'，他们是今天'革命的闯将'，是将来革命中的主力军，是当然的掌权派，是真正的左派。"等等，等等。这真是他妈的反动透顶，混蛋透了，是他们反革命的自供状，他们公然为牛鬼蛇神要权。也就在你们黑后台、老反革命修正主义分子王盛荣"小干部要解放""大干部抓住不放"的黑指示下，拼命地破坏我厂革命大联合和革命三结合，去年元月份我厂联合时，只结合了两个一般的中层干部，厂一级的一个都不结合，长期靠边站，直到去年在全厂群众要求落实毛主席"三结合"指示的呼声下，才勉强结合了原党委副书记。但他有职无权。权在那里呢？权在我厂那个现行反革命分子杨国斌手里，权就在你们"决派"手里。他在你王仁舟的授意下，他篡夺了斗、批、改大权，干部使用结合与否，都掌握在他的手里，对他们有利便于控制的就解放，就结合。对他们不利的，不好控制的就打倒，不解放，也更不结合。我厂五十六个科级以上干部挨打、挨斗三十多人，除一个叛党自杀的外，其他二十多人都没有重大问题，绝大部分都是党员，有的干部被打倒以后一个多星期，每天早上拿着瓷碗到隔壁左右讨小孩的尿喝。七·二〇以前站错队的群众挨打、挨斗的二十多人，其中绝大多数也还是党员、转业军人，这些同志一直受打击，受迫害，他们提个意见，就是"老保"翻天。

他们不仅在本厂如此,我厂二十多个青年,在他们煽动下,组织了一个"赴沙小分队",跑到沙市大闹天空,一个二百多人的棉花打包厂,打得一塌糊涂,将两个党员四个转业军人打成残废,有一个到现在还住在湖北医院,两年多不能出院,手段跟法西斯一样毒,打了不算,他们四个人把被打的人抬起一两米高往地下搭。一天半夜里跑到这个厂的领导干部家里,把他捉来,拉到荒郊野外的一个有血吸虫的臭水沟边,要人家交待所谓"罪行",不交待就将他的头插在臭水沟里,脚踩在头上,等人家臭泥巴水灌的差不多了,就拉起来,再打再问,要他"交待",就这样来回搞了四五次。搞的时候,在这个干部的屁股上杀了一刀,刀在肉内绞一绞再拉出来。同志们,惨哪!打了以后,下了四条勒令:"第一,不准说挨了打,第二,不准看病,第三,老老实实上班生产,不准请假出厂,第四,晚上写检查交待。"同志们,这是什么东西呢?这就是资产阶级向无产阶级专政。

就这样在沙市闹了五天五夜,打伤30多人,什么人干的呢?就是你王仁舟"决派"的徒子徒孙指使人干的。

他们为了搞反革命夺权,在厂里把人家打跑了,还向党中央和毛主席发了一封所谓"告急电",说什么"我厂武斗是支派不支左的结果",还要中央派人来厂解决问题,妄图嫁祸于人,把矛头直接指向伟大的中国人民解放军,真他妈的反动透顶,罪恶滔天。

现行反革命分子王仁舟同我厂现行反革命分子杨国斌多次勾结之后,破坏"七·三""七·二四"布告的贯彻落实,修筑武斗工事,搞什么"三反一粉碎",实际上就是王、关、戚揪军内一小撮的继续。去年7252部队的宣传车到我厂宣传伟大领袖毛主席亲自批示"照办"的"七·三""七·二四"布告,我厂那个反革命和你们决派分子,特别是田国汉的副手市工代会所谓"常委",我厂的坏人用一百瓦的扩大器放送黄色唱片,进行干扰,他亲自在扩大器里喊什么"七二五二好,李××坏透了"等反动口号。就在他的指挥下在红钢城砸了宣传车,抢走录音机,打了解放军,妄图封锁毛主席的声音。抢枪时我厂那个反革命杨国斌亲自到了王仁舟的巴河,两次找你策划,找你"取经",回来散布说:"巴河地形很好,三面靠水,一面靠山,易守难攻的好地方"。并说:"我要有一百人就可以把电厂搞得天翻地覆"。

他是这样说的,也是这样干的。在我厂就组织了"反迫害战斗队",你呢?你送给了他冲锋枪、手榴弹、子弹,他跟你学搞武斗,修武斗工事。白天你打一枪,我丢一个手榴弹,晚上你丢一个手榴弹,我打一枪,硬把另一派群众赶出厂外,企图迫使全厂停电。

现行反革命头头王仁舟你听着,就在你的大毒草"警(敬)告×××大人"出笼后,反革命杨国斌也跟你学,上下配合,捏造了一个恶毒攻击方司令的所谓"南京起义"的故事,你把矛头指向曾、刘首长,把矛头指向方、张首长,两个现行反革命演双簧,目的一个,就是要武装、要军权,建立你们的所谓"决派"武装。告诉你王仁舟,你们夺军权是痴心妄想,白日做梦,谁反对伟大的中国人民解放军就坚决打倒谁。

也就是你们"决派"联络站,去年七月份从厂里派九个人去北京,四个人参加了北航黑会,回来后,肆无忌惮大量放毒,揪军内一小撮,矛头指向曾、刘首长。真他妈的猖狂至极,反动透顶。

现行反革命分子王仁舟同我厂现行反革命分子杨国斌多次勾结之后,破坏了毛主席**抓革命,促生产,促工作,促战备**的伟大号召的落实,我们武汉热电厂是湖北、武汉的重点保护厂之一,是工业心脏的心脏,担负本市和本省的供电任务,是个要害厂。这个我们知道,你王仁舟、鲁礼安和你们的黑后台老反革命修正主义分子王盛荣也知道,就在你们"杀机灭康"的口号下,一个组织分成两大派,革委会也分成两大派,你打我,我打你。就是你王仁舟勾结我厂反革命杨国斌操纵一部分坏人破坏生产,使整个生产下降到四分之一,减产75%。他们为了向警司施加压力,还经常用断电和拉电作威胁,曾发生过四次重大事故,几乎全厂停电。这就是你的支持人,你的同伙,你的喽啰们干的。

也还是现行反革命分子王仁舟同我厂反革命分子杨国斌多次勾结之后,你王仁舟、鲁礼安到我厂发动所谓"痞子运动",我厂那个反革命分子杨国斌利用他掌握的斗、批、改实权,组织了一个有组织、有计划、有纲领的反革命翻案集团,直接为牛鬼蛇神翻案。用一个右派分子跟你们"决派"所谓"甄别委员会"直接联系。要翻案的是什么人呢?中南地区特务头子的副手,解放武汉时埋炸药炸水厂的武汉国民党"民众自卫队的中队长"、解放后混入党内当了工程师的特务。还有蒋经国的外甥,四八年与梅兰芳的儿子梅保久(葆玖)在上海组织"反共救国会"的反革命。他们经过两个多月的所谓"甄别"以后,宣布了82个人的所谓平反,平的是什么人呢?特务二个,没有改造好的地、富、反、坏、右十五个,现行反革命六个,劳教和劳改回家的五个,开除厂籍的八个,有重大历史问题的十一个,犯有各种错误受了处分的三十六个。特别严重的是还有六二年市公安局在我厂破获的反革命组织"民族复兴社"的现行反革命分子,什么"部长""主席"。这就是你们"决派"王盛荣、王仁舟、鲁礼安们的"甄别",这就是你们的门徒、徒子、徒孙们干的,真是他妈的乌烟瘴气,这些牛鬼蛇神所谓"平反"以后,他们横行一时,张牙舞爪,反动气焰到了无可复加的地步,真是坏人当道,好人受气。这就是你们梦想的所谓"崭新国家机器"的社会基础,与你王仁舟所谓"新农村"的样板一模一样。他们利用销毁五十天的材料,还把四清、十七年来的档案材料也烧了,完完全全地否定了十七年的无产阶级专政,全盘地否定了四清伟大成果。

现行反革命王仁舟、鲁礼安、田国汉、严琳所搞的"大杂烩"地下反革命组织"北斗星学会""决派"和反革命刊物《扬子江评论》,在我厂犯下了滔天罪行,真是罄竹难书。王仁舟这个决派头子,在我厂犯下的罪行,我们一定要清算,全厂广大职工也一定要找你清算。

现在就我知道的和亲眼看见的揭发、控诉王仁舟所统治的巴河区,成了什么样的天地。王仁舟你听着。

在这次清理阶级队伍中,查出了他的狗父王雨江,不仅是个地地道道的大地主分子,国民党区分部委员,而且是国民党蒋介石潜留下来的老反革命分子,是个长期破坏和捣乱的大坏蛋,现在广大贫下中农,已经把他扭送到公安机关,实行无产阶级专政。

浠水巴河一贯是浠水的粮、棉、油主要产区,解放以后在以毛主席为首、林副主席为副的党中央领导下,全区广大革命人民从政治上、经济上翻了身,人的精神面貌焕然一新,广大贫下中农响应毛主席**"你们要关心国家大事"**的伟大号召,积极投入了史无前例的无产阶级文化大革命,为捍卫以毛主席为首、林副主席为副的无产阶级司令部，发起了向以刘少奇为首的资产阶级司令部猛烈冲杀。然而，王仁舟这个现行反革命分子，伙同一小撮阶级敌人，地富反坏右牛鬼蛇神混入了革命队伍，篡夺了群众组织的领导权，把巴河区文化大革命引入了反革命歧途。操纵部分群众，为他搞反革命冲杀、卖命，搞了一个反革命据点，所谓"五洲新农村"，私分田地、鱼湖、柴山，农业生产一塌糊涂，国营企业和百货公司，供销合作社货币回笼收入都落到这个反革命王仁舟手里，他集结一伙坏蛋，法西斯暴徒，长期脱产，大搞武斗，大吃大喝，为非作歹，拦路抢劫，他动用国家银行的存款去全国十几个省市搞了长达一年多的反革命串联活动，现行反革命分子王仁舟强迫大量农民日夜为他修筑"战壕""碉堡""哨楼""地道"，村村设防，日夜站岗放哨，他自己睡觉，要设三道荷枪实弹的岗哨来保他的狗命，他组成了一个几百人的所谓防护团，为了供他取乐，抽调青年男女一百多人组织所谓"文攻武斗宣传队"，生活糜烂，不堪出口，把个几万口人的巴河区搞得乌烟瘴气，一团漆黑，群众敢怒而不敢言，到他被专政前，巴河区确实是他"决派""三个反对""三个重建"都实现了的、资本主义复辟了的地步，他为了欺骗群众，他把"决派""三个反对""三个重建"变成了他的黑话，就是所谓"肚子是要吃饭的""路是人走出来的""枪子是吃人的"。

现在让我剥开这三句欺骗农民的黑话的画皮，看一看这个现行反革命分子王仁舟使用这三条毒剑的滔天罪行吧。

（1）所谓"肚子是吃饭的"，这个所谓"肚子是吃饭的"是什么货色呢？王仁舟你把狗耳树（竖）起来听着，这个"肚子是吃饭的"就是你们"决派"纲领重建崭新国家机器的代名词口语化的黑话，两年多来王仁舟这个现行反革命分子将巴河变成了跟国民党统治一样的天地，抗交公粮，私分公粮，派捐派款，拦路抢劫，奸淫妇女，这就是他这个"肚子是吃饭的"罪证。他宣扬"打破城乡区域"，挑拨工农关系，胡说什么"工人钱拿多了忘记了我们农民，他们修了"，还胡说什么"要把工人、农民生活水平拉平""每人四十块钱的基本生活水平。"他是这样说的，也是这样做的。国家银行十二万块钱就是这样分的。巴河区改为"东风公社"就是现行反革命分子王仁舟想当国家主席的"尝试"，真他妈狂妄之极。在他统治的巴河，凡是不同意他观点的贫下中农、老农民,都捉来五花大绑、挂牌子、戴高帽子,遍区游行,所有的干部,从区、公社、大队、小队,国家机关干部、银行主任、合作社主任,直到搬运站站长,一句话,凡是大小单位的负责人都打成走资派,实行法西斯手段,体罚武斗,搞得人家妻离子散,流离失所。确实残酷呀!干部被他们打跑了,抓他的爱人、孩子,严刑拷打。我们大队党支部书记的爱人就被他们关了一年多,受尽了各种酷刑,两个小孩沿街乞讨。同意他的观点的,不仅可以多分口粮,不交公粮或少交公粮,不同意的,连口粮都不给,他把粮食抢去作他搞反革命的口粮储备,积满他"五洲新农村仓库"。这就是他的"崭新的国家机器",这就是他"肚子是吃饭的"反革命样板。

(2)所谓"路是人走出来的"又是什么货色呢?就是你们"决派"重建"决派党"的代名词口语化的黑话,这个现行反革命分子小蒋介石,他对我们伟大领袖、世界革命人民的伟大导师毛主席进行了恶毒的攻击和污蔑,就是他——王仁舟猖狂的攻击和咒骂伟大的毛泽东思想。"路是人走出来的"这句反革命的黑话,就是他现行反革命王仁舟欺骗广大农民攻击毛主席领导中国人民革命并取得了伟大胜利的铁的罪证,他把伟大领袖毛主席领导的革命成功学说,咒骂得说不出口,歪曲得难以想象。这个不齿人类的狗屎堆,拼命的煽动,拉拢欺骗,威胁农民进城。他本来是个反革命分子,却"培养"什么党员。是什么党员呢?是他"决派"党的党员,就是他这个口语化黑话,不知害了多少人,就是他这个"决派党"在巴河夺了共产党的权,就是他要把"路走出来",他封闭湖北日报,长期占领宣传毛泽东思想的红色堡垒——红旗大楼,就是他要把"路走出来"抬尸游行,丑化无产阶级文化大革命,他为了在全国复辟资本主义,跑遍了全国十多个省市,这就是他要走的"决派"党的路,这个反革命坏头头是多么反动,多么恶毒呀!他的"防护团"、他的"宣传团"、他的"新农村"、他的"运输队",就是按"决派"党搞起来的。

打倒现行反革命分子王仁舟!打倒王仁舟!

林副主席教导我们说:"谁反对毛主席就打倒谁,谁反对毛泽东思想就打倒谁,谁反对伟大的中国共产党就打倒谁,谁反对伟大的中国人民解放军,就打倒谁。"今天就是要打倒你这个反革命分子王仁舟。你在这方面的反革命言论，真是多得难以想象，刻骨恶毒之极，不便出口。

（3）再来看一看他的所谓"枪子是吃人的"吧，这个反革命刽子手，双手沾满了贫下中农的鲜血的反革命，所谓"枪子是吃人的"是什么货色呢？王仁舟你这个狗东西听着，"枪子是吃人的"就是你们"决派"纲领重建"决派"武装的口语化的黑话，就是"决派"武装的代名词。

王仁舟这个杀人不见血的反革命分子，为了搞武装夺权，大搞抢夺解放军的枪支弹药，妄图毁我钢铁长城，恶毒至极，反动透顶，我们伟大领袖毛主席教导我们：**"没有一个人民的军队，便没有人民的一切。"** 反革命分子王仁舟，他在实现前面的两个"决派"纲领的同时，这个现行反革命王仁舟也就知道了武装的重要性，首先想夺浠水人武部的权，没有得逞，便第一个去黄冈军分区抢了解放军的枪支弹药，组织了他的武斗专业队伍，就是所谓"武装保卫团"，这个团的人都是他召集的没有改造好的地、富、反、坏、右分子作指挥（原文如此——本书编者注），他亲自兼任"司令"，什么"军委主席""统帅"，他利用小恩小惠蒙蔽部分群众为他卖命，武卫团的人每人每月香烟一条，吃饭不要钱，不要粮票，家里口粮照常供应，凡参加一次武斗加（嘉）奖香烟一条，口粮一个月，同时还规定六岁以上、六十岁以下的都要参加站岗、放哨、参加武斗，修筑武斗据点，不去的关禁闭，扣发口粮。他们到黄冈抢了无数次枪枝（支）弹药，手榴弹用机帆船装，枪枝（支）弹药有多少呢？真是不计其数，也无法统计，大型武斗长达一年之久，双方死的人几百，都是贫下中农，革命干部。打死对方的人，暴尸矿（旷）野任其狗吃鹰刁都不准收尸，他这方死的利用国家木材做棺材，我的妹夫就是在他的淫威欺骗蒙蔽下，在去年春节一次武斗中打死的。仅他们这方被王仁舟[被]逼迫打死的就有几十人。六八年五月初他利用特务手段，知道对方在一个仓库里开会，王仁舟这个魔鬼亲自指挥架起大炮、轻重机枪向仓库猛打、猛轰，把对方打死打伤十多人，把一个水泥结构的仓库打的一塌糊涂。王仁舟这家伙，是多么残（惨）无人道呀！现行反革命王仁舟集中了巴河机帆船30多支，搞什么呢，就是以武装夺权，由农村包围城市,专门搞封锁,由武汉调往浠水县商业局的物资,王仁舟与武汉商业局一个坏人勾结之后,这个混蛋就为王仁舟这个"决派"分子效劳,他专打听调浠水物资的起运日期,而又告诉王仁舟在汉口民权路情报站,一经装船起运,王仁舟就指挥他的武卫团在巴河封河抢夺运往浠水一切商业、工业物资,有一次他们拦路抢劫了调往浠水抗旱的柴油三百九十多桶,这些船支(只)还用来到黄州、黄冈军分区抢夺枪支弹药,与黄石、鄂城、黄州、黄梅、圻(蕲)春等处的坏人作交通联络工具。

王仁舟为了实现他们"决派"以农村包围城市,对浠水县城的人民采取了跟美帝、苏修一样凶恶的经济封锁。他跟黄石坏人勾结,从黄石拦劫由火车运往浠水物资,同黄冈坏人勾结,从黄州上巴河抢劫由公路运往浠水的物资,与黄梅广济的坏人勾结,从长江拦劫由上海和长江下游调往浠水的物资,这样他对浠水县城人民实行了一个水陆封锁的包围圈,企图困死浠水县城的人民,在他的封锁下,浠水县就有一个多月没有盐吃。这就是他们"决派"所经常鼓吹的农村包围城市的铁证,是现行反革命分子鲁礼安著书立说标榜的反革命统治一时的巴河区简况。

告诉你,王仁舟!你在巴河和浠水所犯下的滔天大罪,浠水巴河的贫下中农是非常清楚的,巴河区和你所谓"新农村"中的广大贫下中农,他们在解放军宣传队和贫下中农宣传队的教育和启发下,革命形势一片大好,他们的阶级觉悟大大提高,他们要向你讨还血债!

警告你,王仁舟!你要老老实实坦白交待你在浠水、巴河、武汉和我厂,以及你在广大革命人民中所犯下的滔天罪行。今天我们就要向你清算,向你讨还血债,把你打翻在地,踏上千万只脚,叫你永世不得翻身!

打倒现行反革命分子王仁舟!

无产阶级专政万岁!

战无不胜的毛泽东思想万岁!

无产阶级文化大革命胜利万岁!

伟大领袖毛主席万岁!万岁!万万岁!

根据武钢革委会政工组1969年12月15日印发的铅印材料刊印。

揭发胡厚民在浠水巴河大搞资本主义复辟的罪行

（一九六九年）

浠水县巴河　张新民

首长，代表同志们：

我怀着对伟大领袖毛主席的赤胆忠心，对"北、决、扬"一小撮坏蛋的深仇大恨，愤怒揭发控诉"决派"总头目胡厚民在我们浠水、巴河大搞反革命复辟的滔天罪行。

就是胡厚民这个坏蛋和他的黑干将王仁舟，利用我的私心，曾经一度把我拉上了他们的强盗船，我深受他们的蒙蔽，干出了亲者痛，仇者快的事情。是伟大领袖毛主席派来了亲人解放军挽救了我，曾、刘、张首长把我拉出了污泥坑。毛主席的革命路线给了我第二次政治生命。我深深地感谢救星共产党，感谢恩人毛主席，感谢亲人解放军，我要千万遍地高呼：毛主席万岁！毛主席万万岁！！

伟大领袖毛主席教导我们："世界上一切革命斗争都是为着夺取政权，巩固政权。而反革命的拚死同革命势力斗争，也完全是为着维持他们的政权。"现行反革命分子胡厚民，在无产阶级文化大革命中，投靠关王庙，串通"五·一六"，伙同任爱生，勾结孟夫唐、刘真、张华，组织"北、决、扬"，大搞反革命破坏活动，其罪恶目的完全是为着向无产阶级进行反夺权。

这个企图篡权复辟的反革命分子，为了颠覆无产阶级专政，他打着"红旗"反红旗，在全省极力推行他的所谓农村包围城市，武装夺取政权的反革命纲领，他把黑手黑脚伸到了我们专县，疯狂叫嚣说："谁要控制湖北，谁就要控制大别山。"他早就看中了我们浠水巴河这个鄂东大别山战略要地，看重了反革命坏头头王仁舟这个复辟资本主义的急先锋，他和王仁舟紧密的勾结在一起，妄图把我们鄂东、浠水、巴河变成反革命复辟的黑根据地。他在浠水、巴河犯下了不可饶恕的滔天罪行，欠下了我们贫下中农一笔又一笔血债，他是我们浠水巴河人民不共戴天的死敌。今天,要想这个罪魁祸首一笔一笔彻底清算。

第一,现行反革命分子胡厚民幕后操纵反革命坏头头王仁舟抬尸游行,抢占红旗大楼,发起反革命地下组织"决派",炮制"三个反对,三个重建,三个长期斗争"的黑纲领

一九六七年十一月十号,反革命坏头头王仁舟蒙蔽巴河一部分农民抬着六具死尸,进城游行,丑化无产阶级文化大革命,刚到武汉,就是这个现行反革命分子胡厚民,马上幕后操纵反革命地下组织"北斗星学会"在武汉三镇大刷反动标语,公开欢迎,表态支持。并指使湖大和武钢的几个坏蛋四出联络,八方勾结,为王仁舟进城闹事摇旗呐喊。在湖北大学三号楼上,胡厚民又派了他的几个心腹干将和王仁舟勾结在一起,密谋出了一整套反革命行动计划,于是,就在现行反革命分子胡厚民的"不乱心里不舒服,乱世才能出英雄"的嚎叫声中,王仁舟按捺不住反革命嚣张气焰,十一月十二号,就抢占了全省的舆论中心红旗大楼。胡厚民,你就是抢占红旗大楼的幕后总指挥。

反革命坏头头王仁舟抢占红旗大楼的第四天,又是你胡厚民,迫不及待的指派现行反革命分子鲁礼安等人窜上红旗大楼,与王仁舟公开勾结在一起,并由鲁礼安出面在红旗大楼上写了一篇大毒草"为浠水农民发言",替王仁舟涂脂抹粉,为你们长期霸占红旗大楼打下舆论基础。在你的支持下,你的黑爪牙王仁舟在红旗大楼上趾高气扬地说:"胡厚民支持我们。"当时的那一副神气相,完全证明你胡厚民就是王仁舟的黑主子,你想赖也赖不掉。

王仁舟、鲁礼安这个跳梁小丑在红旗大楼上登台表演,你胡厚民这个黑主子在楼下暗中操纵。十一月二十号,你的一伙马前卒,就麇集在红旗大楼四楼上的一间小会议室里开黑会、密谋策划。恶毒叫嚣:"要打破城乡界限""打破行业界限",说什么"群众组织正处在大动荡、大分化、大改组的新形势下。"疯狂抵制我们伟大领袖毛主席视察三大区发出的"大联合、三结合"的最新指示。并嚣张地说:

"马上成立'决派',设立决派联络站"。会后,王仁舟、鲁礼安等人分头请示了你这个总头目胡厚民和黑后台王盛荣。第三天,就在红旗大楼五楼二号房间挂起了"决派联络站"的黑招牌,你的心腹干将鲁礼安就在里面开始了什么"办公"。于是,这个反革命地下组织"决派"就在你的暗中操纵下,在红旗大楼上成立了。胡厚民,你是道道地地的"决派"总头目,你抵赖不了。

胡厚民!就是你这个"决派"总头目的黑干将王仁舟在红旗大楼上写了一封密信派专人送到巴河,信是写给我和另一个姓宋的现行反革命分子两人的,那个姓宋的家伙就在巴河雕了第一枚"决派"图章,带到了红旗大楼(亮罪证),同志们:这就是他们的"决派图章",直径有七公分,两寸多,又大又黑,铁证如山,你抵赖不了!

你们这一小撮"决派"干将,在红旗大楼上疯狂嚎叫"要以小人物的大联合推翻大人物的小联合"。当时正是省、市革委会筹建成立的时刻,你们就是妄图阻挡新生红色政权的成立,你们的什么"小人物大联合",就是以你胡厚民为总头目的反革命大杂烩,你们要推翻的"大人物",就是我们敬爱的曾、刘、张首长,曾、刘、张首长是伟大领袖毛主席派到湖北来的亲人,是无产阶级司令部的,你们这一伙"决派"干将反对曾、刘、张首长,实际上是把矛头指向伟大领袖毛主席,指向无产阶级司令部,就是要颠覆无产阶级专政,复辟资本主义。就在反革命地下组织"决派"成立后不几天,就是你胡厚民两次派小汽车到红旗大楼接王仁舟和你密谈。你还经常派湖大的一个决派分子上红旗大楼向王仁舟面授机宜。于是,由鲁礼安在红旗大楼上起草,王仁舟执笔修改,后送给你这个决派总头目胡厚民亲自审定的"决派宣言""三个反对、三个重建、三个长期斗争"的反革命黑纲领就从红旗大楼五楼二号房间"决派办公室"里出笼了。同志们:这就是他们在红旗大楼上炮制的"决派宣言"第一稿,"三个反对、三个重建、三个长期斗争"黑纲领的实物照片,铁证如山,胡厚民你抵赖不了。

"决派"总头目胡厚民炮制了黑纲领,一小撮黑干将、黑爪牙就在八方呼应,把他的复辟希望变成了复辟行动,把我们全省曾一度搞得乱七八糟,胡厚民是"北、决、扬"的总头目、总根子,是破坏全省运动的罪魁祸首！

第二，"决派"总头目胡厚民在巴河疯狂推行"三个反对，三个重建，三个长期斗争"，为"北、决、扬"大办黑样板，把巴河搞成了在农村复辟资本主义的基地

一九六八年元月初，"决派"总头目胡厚民的黑干将王仁舟，在武汉暴露无遗，被曾、刘首长无情揭露，被武汉人民赶回到浠水巴河。胡厚民贼心不死，三月二十号亲自派了他的姐姐胡秀娟和他的心腹干将现行反革命分子潘开矿，坐小汽车从武汉专程赶到巴河，为他在农村搞反革命复辟的黑干将王仁舟撑腰打气。四月初又把潘开矿等四个"决派"分子派到巴河搞长期蹲点。十天、半月往返武汉、巴河一次，为总头目胡厚民和黑干将王仁舟秘密联系。把胡厚民炮制的黑理论拿到巴河实践，再把实践情况总结向胡厚民汇报。你胡厚民感到这还不够，一九六八年七月二十五号，亲自出马，从武汉赶到浠水巴河，公开开会演说，精心参与策划，亲自出面布置，回到武汉后，又极力到处吹嘘说："王仁舟有气魄，有独特见解，领导方法好，王仁舟有贡献，大家要向他学习。"真是狗屁胡说！八月四号你又把王仁舟找到电信局四楼亲自密谈了七个多钟头。黑干将王仁舟在你这个总头目的[进行]栽培和亲自指示下，在短短的八个月时间内，按照你的"三个反对，三个重建"的黑纲领，把我们浠水巴河搞成了一个针插不进，水泼不进的独立王国。我们巴河人民吃你这个大坏蛋的苦头吃尽了，受你的害受够了。这里，我要用浠水、巴河人民的阶级仇、血泪恨，揭发、控诉你这个"决派"总头目胡厚民在巴河大搞"三个反对，三个重建"的滔天罪行。

1. 你疯狂反对伟大的中国人民解放军，在巴河重建了一支反动决派武装。

伟大领袖毛主席教导我们："**从马克思主义关于国家学说的观点看来，军队是国家政权的主要成份。**"一切阶级敌人，在反党，反社会主义，反毛泽东思想，反对无产阶级专政的时候，总是把矛头指向人民解放军。你胡厚民，为了篡权复辟，把我们伟大的中国人民解放军视为眼中钉，肉中刺，疯狂进行污蔑攻击。你这个家伙在我们浠水对你的老婆讲："我见了穿黄衣服的就头痛。"在武汉电信局四楼上，你指着我们解放军的后背对你的黑干将王仁舟讲："这是特务。"你和你的老婆、姐姐三人吃饭，当谈到一个学生时，你这个家伙就说："这个伢儿跟解放军好，这个伢儿有右倾。"就是你这个坏蛋，抛出了"右倾的根子在军队"的反动口号，恶毒叫嚣要"根绝常备军"。你的黑爪牙王仁舟就在巴河极力呼应，嚎叫什么"解放军靠不住""要废除""要用铁扫帚扫，要扫得解放军不好过日子"。于是巴河地区大揪军内一小撮的妖风越刮越凶，反军乱军的反革命事件越搞越狠，巴河区武装部被你们接管了，浠水县人武部被你们抢了，黄冈军分区，湖北省军区，武汉大军区都被你们冲击了。区武装部长被你们赶出了巴河，县人武部政委被你们抓到巴河劳动改造，军分区首长被你们揪到巴河残酷斗争。你这个决派总头目恶毒得很，还亲自跑到巴河，阴险毒辣的说："要揪台上的，要抓大的，能呼风唤雨的，我们就是要搞曾刘，但最好不要点名，这样就留有余地，搞顺藤摸瓜嘛，摸到那一个该那一个倒霉，这策略一些。"于是巴河地区的一小撮坏蛋炮打曾刘首长的反革命事件达到了无以复加的地步，从"决派"黑干将王仁舟亲自起草的大毒草《敬告×××大人》，到以后一小撮坏蛋点名叫骂我们敬爱的曾刘首长，都是你胡厚民一手在巴河搞起来的，你这个坏蛋是炮打无产阶级司令部的罪魁祸首，是反军乱军的幕后总指挥！

在总头目胡厚民的指挥下，黑干将王仁舟在巴河赤膊上阵，疯狂毁我钢铁长城。他们对我们的亲人解放军同志实行围攻、谩骂、殴打、关押。首长、同志们：我这里仅举一个例子，就可以看出这一小撮"决派"干将坏到了何等的地步。一九六八年的一天，有两位解放军同志，路过巴河，被胡厚民的黑干将王仁舟私设的岗哨发现了，胡厚民的走狗王仁舟就在他的什么拘留证上签上了王仁舟三个黑大字，把我们的两位解放军同志抓起来，关进了他们私设的特别牢房。就在这天晚上，有一个群众，将这两位解放军同志救出来，送出了巴河。第二天一早，王仁舟这个胡厚民的爪牙，气急败坏，派人把这个群众抓到了他住的地方，他站在门口的凉台上，把双手往腰里一叉，大骂地说："是谁叫你把两个当兵的放了哇！"那个群众理直气壮地说:"这是中国人民解放军,毛主席号召我们向解放军学习,这不能关。"而胡厚民的黑干将王仁舟却把眼一翻,脚一蹬,把手一叉又大叫说:"我这里是有尺寸的地方,解放军不是一样的,我就是要关解放军。"你看,胡厚民、王仁舟这些坏蛋就是这样的仇视我们解放军,是我们革命人民不共戴天的死敌!

现行反革命分子胡厚民,你这样毁我钢铁长城,就是要重建一支反动的"决派武装"。一九六八年七月二十五号,你亲自跑到巴河大搞重新建军,你开了一个一百多人的头头和工作人员会议,亲自作黑指示说:"看起来,无产阶级文化大革命也是这样,政权要靠枪杆子才能打出来,还要靠武装来保卫,当前,就是要抓枪杆子,有了武装,革命才能成功。"并嚣张地说:"夺权嘛,归根结底是夺军权,这一点大家必须明白。"于是你的黑干将王仁舟就跟着嚎叫:"要权嘛!要军权嘛!"好大的狗胆,告诉你,胡厚民!军权是掌握在我们伟大领袖毛主席手里,你们要夺谁的权。真是反动至极,我们要坚决镇压你这个妄图夺军权的大坏蛋!

于是王仁舟就按照你这个决派总头目的黑指示,打着你的"人民武装英勇尝试"的幌子,举起你的"造反阶级论"的破旗,狂叫:"不管地富反坏右,凡属支持我们的,我都要把他武装起来。"大肆网罗牛鬼蛇神,重建了一支反动的"决派武装"。

同志们,胡厚民在巴河重建的"决派武装",设立了什么"军委",他的黑干将王仁舟狗胆包天的自封为什么"统帅""军委主席",真是反动透顶!还成立了国防部、警备司令部、高参部、武装部,(亮罪证)这就是他们设立的什么"警备司令部"的大印。真是疯狂至极!他们小队设排,大队设连,区里设团,他们欺骗男的组成专业武斗队,女的组成什么"红色娘子军",各级都由王仁舟委任了什么"政委"干部,他们私设了"兵工厂",大量制造杀人凶器,他们设立了"军需科",把防汛专款动用了一万元,抢了合作社布票六千多尺,为他的这一支决派武装,每人做一顶黄帽,一件黄军衣,一条黄军裤,一双黄裹腿,一个黄挂包。一句话,就是要从头顶到脚底下完全装备他的决派军队,胡厚民的黑干将王仁舟并疯狂叫嚣说:"我要向全国输送军事干部。"一句话,充分暴露了决派总头目胡厚民这一伙坏蛋妄图用他的决派武装取代伟大中国人民解放军的狼子野心。

这支反动的决派武装搞起来以后，胡厚民这个坏蛋亲自跑到巴河搞什么"视察"，为黑干将王仁舟撑腰打气，说什么："王仁舟在这一点上搞得不错，武卫人员一个个彪形大汉，战斗力很强，组织纪律性很好，要发展。"回到武汉后，又在很多场合吹嘘"王仁舟有气魄，武装搞得不错，有贡献，大家要向他学习。"简直是一派胡言，反动透顶！

什么"战斗力强"！什么"搞得不错"！

就是这一支决派武装，在你的幕后操纵下，大肆抢劫解放军的武器装备，光抢劫黄冈军分区军火库就有五次，抢了子弹××多万发，枪支上千条，手榴弹×万多个，更令人难以容忍的是，一九六八年三月十六号深夜，你们的这一支决派武装，在抢枪中，向我们中国人民解放军丢了五十多颗手榴弹，当场炸伤了我们解放军指战员××人，一个入伍才四天的新战士的眼睛就被你们炸瞎了，一个新战士的手就被你们炸残废了。胡厚民，你这个帝、修、反的别动队长，这样疯狂毁我钢铁长城，我们要向你讨还血债！

就是胡厚民的这一支"决派武装"，大搞白色恐怖，行凶杀人，封锁长江，拦路抢劫，强奸妇女，无恶不作，完全是土匪一般。他们横行乡里，大搞武斗，残酷屠杀我们贫下中农。光大型武斗就搞了三十整次，小型武斗更无法统计，打得我们贫下中农有田不能种，有家不能归，谷黄了不能割，棉花地里一片白不能捡，他们打死了我们贫下中农七十九人，打伤八百多人。但胡厚民的爪牙王仁舟还不满足，又提出了一个"浠水打死了一半人也要斗争"的反动口号。同志们，我们浠水县有七十万人口，他们硬要打死一半啦！胡厚民，你这个"决派武装"的黑司令，地地道道的草头王，是双手沾满贫下中农鲜血的刽子手，我们今天要向你讨还血债！

伟大领袖毛主席教导我们："**没有一个人民的军队，便没有人民的一切。**"如果没有毛主席亲手缔造、林副主席直接指挥的中国人民解放军，美帝又要在我国横行霸道，苏修的刺刀就要架在我们的脖子上，日本军国主义的铁蹄又要重新践踏我国大好河山，我国人民又要处在水深火热之中。胡厚民这个家伙疯狂反对伟大的中国人民解放军，毁我钢铁长城，重建反动的决派武装，屠杀人民群众，呼应帝、修、反的反华阴谋。同志们，我们能不能答应？

（不能）坚决不能答应！

打倒胡厚民！

伟大的中国人民解放军万岁！

2. 你疯狂反对伟大的中国共产党，在巴河重建了反动的"决派党"。

伟大领袖毛主席教导我们："**我们的党是一个伟大的党，光荣的党，正确的党。**"[1]而决派总头目胡厚民恶毒地把伟大的中国共产党污蔑成"社会民主党"，咒骂广大的共产党员是"刘修的党员"，疯狂叫嚣要用他们的决派集团取代伟大的中国共产党。总头目胡厚民在武汉叫，黑干将王仁舟就在巴河跳，他极其恶毒地攻击伟大的中国共产党，叫嚣重建一个什么"全新的党组织"。真是嚣张至极，反动透顶！

王仁舟搞的什么"全新党组织"，就是现行反革命分子胡厚民的"决派集团"。他亲自指定了五个人成立了"五人核心小组"，重建了临时"党委会"，层层都搞起了相应的"党组织"，王仁舟这个连团籍都被开除了的决派黑干将，还明确规定："我是党的发起人，我有权力召开党委会，核心小组要有人管，核心小组由我负责。"他非法召开了"党员"大会，由他去上党课，重新设计了"党的图章"模样，印制了"党员履历登记表""入党志愿书"，并亲自培养了三个所谓"标准党员"。这到底是什么党？不是很清楚了吗？由决派总头目胡厚民和黑干将王仁舟重新建立起来的党就是地地道道的"决派党"。

胡厚民的黑干将王仁舟在巴河还规定了"决派党"的发展对象和入党条件，说什么"发展党员要以我的武卫团为主，以武卫人员为主，他们不怕死，要火线入党。"什么武卫团？就是武斗团，杀人团。什么不怕死？就是替胡厚民、王仁舟效劳的亡命之徒。什么火线入党，就是屠杀我们贫下中农越多就越能参加他们的"决派党"。

我这里仅举一个例子，有一个武斗干将在一场大武斗过后，在巴

---

[1] 引自《在中国共产党全国宣传工作会议上的讲话》（1957年3月12日），《毛泽东著作选读》（甲种本·下），人民出版社，1964年6月，第505-506页。

河街上疯叫说:"我这次一枪打死一个,在火线上立了一大功,要是我这次入不了党,我今后一生也入不了党。"同志们:这是什么党?这是地地道道的杀人团,蒋介石的国民党这就是决派头目胡厚民重建的"决派党"!

这些家伙把很多共产党员长期赶出巴河,扶持他们的狐群狗党上台,王仁舟这个胡厚民的决派党徒,狗胆包天的对他的"决派党"五人核心小组的一个成员讲(他把那人的肩膀一拍说)"好好干啰,不简单啰,相当于一个中央委员啰。"一句话,露骨地道破了决派总头目胡厚民这一小撮坏蛋妄图用他们"决派党"来取代中国共产党。真是猖狂至极,罪该万死!

毛主席教导我们:"**中国共产党是全中国人民的领导核心,没有这样一个,社会主义事业就不能胜利。**"[2]大家都很清楚,没有共产党,就没有新中国,没有毛主席亲自培养的中国共产党,就没有幸福的今天,就没有一个又一个的胜利。胡厚民这个坏蛋,妄图用他的"决派党"取代伟大的中国共产党,炮打党中央,恢复旧中国。同志们:我们能不能容许?(不能!)坚决不能容许!

打倒胡厚民!

伟大的中国共产党万岁!

3. 你疯狂反对无产阶级专政,在巴河重建了反动的"决派政府"。

伟大领袖毛主席教导我们:"**我们现在的任务是要强化人民的国家机器**",而"北、决、扬"的总头目胡厚民极力歪曲和篡改马列主义的国家学说,故意抽掉阶级内容,背离时代背景,说什么国家是个祸害,提出了"现在就要消灭国家"的反动口号,说穿了就是要我们放弃对阶级敌人的专政,以便你们好畅行无阻地复辟资本主义。

就在你胡厚民的反革命黑指示下,现行反革命分子王仁舟就在巴河开始实践你的"现在就要消灭国家"的反动口号,疯狂叫嚣什么"巴河区相当于一个国家的概念,一个公社相当于一个国家的编制。"狂吠马上要成立一个"伍洲政府"。这完全证明了你们要消灭的

---

2 引自《对青年团第三次全国代表大会全体代表的讲话》(1957年5月25日),《新华半月刊》1957年第12号。

是无产阶级的国家机器,而要重建的是你们的资产阶级独立王国。于是在一九六七年八月十八号,你的黑干将王仁舟就在巴河广播讲话中狗胆包天地宣布说:"马克思早在一百多年前盼望的廉价政府,我王仁舟今天第一个在巴河成立了。"打着"红旗"反红旗,真是猖狂至极!

你们的什么"廉价政府",说穿了就是资产阶级政府,你们大搞公粮不上交,税款不上缴,强行派粮派款,自征自用,还提出了一个"千金不为多,四两不为少,有钱出钱,有力出力"的反动口号,大肆搜刮民财,连群众家里的鸡蛋、腌菜都被你们刮走了,光抢劫搜刮国家、集体现金达十二万元,两年来抗交国家公、余粮八百多万斤。不交公粮,社会主义建设怎样搞,世界革命又怎样支援,你们大挖社会主义墙脚,破坏社会主义经济基础,破坏战备,破坏无产阶级专政,真是罪该万死!

就是你的这个什么"廉价政府",打着你胡厚民"造反阶级论"的破旗,网罗牛鬼蛇神,在运动中趁火打劫,投机倒把犯当上了所谓"廉价政府"的后勤部长,你们还说什么"投机倒把嘛,他有一技之长,他是造反派,可以用来为人民服务。"真是强盗逻辑!他贪污几千块,带头抢劫国家物资,勾结混进国家财经部门里的坏人,私设了你们"廉价政府"的地下银行,盗走了国家现金十三万多元,他开设地下黑商店,地下黑工厂,等等,等等。这难道是为人民服务?不是!这是搞资本主义复辟,这是从经济领域里向社会主义发动猖狂进攻!

你胡厚民,为了推翻无产阶级专政,疯狂反对新生的红色政权革命委员会,污蔑"革命委员会是折衷主义的产物",叫嚣"要彻底摧毁革委会"。于是黑干将王仁舟就在巴河叫嚣"不走三结合的议会道路"。经过一段精心准备后,在六八年七月二十五号,你这个决派总头目就亲自从武汉专程赶到了巴河,大喊大叫,亲自动手,在巴河重建反动的资产阶级专政。

同志们,就是现行反革命分子胡厚民,七月二十五号晚上在原巴河区公所开了一个什么头头、工作人员会议,他放了一个半钟头的毒,这个家伙恶毒得很,他说:"从五个回合的斗争历史看,'钢''新'斗争是长期的,要作长期打算,你们马上把各级基层政权建立起来,越快越好，政权这个东西，一是抢，二是争，谁掌握了政权，谁就不吃亏。"你看这个家伙就是这样大肆贩卖反动的"三个长期斗争"，疯狂叫嚣要抢权！真是头顶长疮，脚底流脓，坏透了顶！

首长，同志们，胡厚民这个大坏蛋当时还把我找到了巴河米厂后山树林里密谈了近两个钟头，他恶毒得很！胡厚民，竖起你的狗耳听着！你这个坏蛋！当时对我说什么："现在'钢''新'斗争很激烈，中央要联合，实际捏不拢，你不吃掉他，他就要吃掉你，你们要赶快打出一个红彤彤的新浠水县来。不然的话，将来要联合就迟了，根据我的经验，要力争主动，要赶快把各级基层政权建立起来。"

我当时就问你这个家伙，我说："建立政权机构，没有上级领导机关批那怎么行呢？"

而你这个现行反革命分子却恶狠狠地对我讲："没有人批不怕，你们自己批嘛，你们搞一个审批组，先自己批了再说。我对你讲，你们先把政权建立起来了，以后上面不批不行，将来只补台，不拆台嘛，这条经验很好，我在武汉就是这样搞的。"一语泄天机，你这个坏蛋就是这样疯狂抢权。

当时我还问你："有的单位有两派，那一派跑了又怎么搞？"

你这个坏蛋却说："跑了更好，没有跑也要打跑，政权就是靠打出来的，他跑了以后，你们就空一两个席位嘛！即使吃不掉对方，将来要联合，就补他一两个席位，这样既主动，又是高姿态。两全其美。"同志们，这个现行反革命分子就是这样坏透顶啦！

更恶毒的是，这个家伙还说："如果你们能够把对方全部吃掉，或是把他们全部赶出浠水，把浠水县的政权建立起来，那就更好，我就亲自到浠水来祝贺你们。我对你讲，县一级政权都要拿到省革委会批，我是省革委会常委，开其他的会我总是懒得去，开审批会我是每次必到，任爱生也是支持你们的嘛，我们有权嘛，我们留心注意一点，你们一报来，我们就批了它，不要怕。我准备对王仁舟讲，你们要抓紧搞，不然就迟了。"

首长，同志们，这一席话充分暴露了胡厚民、任爱生这两个大坏蛋钻进省革委会后，想的是什么，说的是什么，干的是什么，他们就是利用窃取的部分权力，大搞资本主义复辟，真是罪该万死！

于是，王仁舟就按照胡厚民在巴河亲自炮制的抢权计划，十天时间内，就用枪杆子一个个单位围着建立"基层政权"，并狗胆包天的把我们伟大领袖毛主席亲自培育起来的巴河区八个人民公社统统砍掉了，搞了一个"决派公社"，就是所谓的"东风公社"。

胡厚民的黑干将王仁舟自封为主任，封了一百七十四名常委、委员，封了一个国民党员为总理兼外交部长，他把他自己住的地方说成是国务院，另外还搞了什么十区、二组、五部、七科、一室。

同志们：一个公社哪有那么多的委员，哪有这么多的机构，哪有总理兼外交部长，哪有什么国务院？！这就是胡厚民要重建的"决派国家"。

他们还搞了一个什么"造反大学"，叫嚣"要向全国输送干部"，你看胡厚民这个家伙的野心几大啦！

胡厚民！不管你和王仁舟在巴河搞的"伍洲政府"还是什么"廉价政府"，最后又变成了什么"东风公社"，变来变去，万变不离其宗，就是你这个决派总头目要重建的"决派政府"，是日伪汉奸的维持会，是国民党的乡公所。

毛主席深刻指出："对广大人民群众是保护还是镇压，是共产党同国民党的根本区别，是无产阶级同资产阶级的根本区别，是无产阶级专政同资产阶级专政的根本区别。"

现行反革命分子胡厚民在巴河重建的"决派政府"，完全实行的是一整套法西斯专政。

他的黑爪牙王仁舟在巴河按照他的"站错了队的群众好比国民党的俘虏兵""关起门来打"的反革命黑指示，到处设岗设卡，大搞白色恐怖，擅立了"决派政府"的五号法令，设立了"军事法庭"，残酷镇压革命群众，疯狂实行阶级报复。同志们，（亮罪证）这就是他在巴河的什么"群专委员会"的大印，他们还封了一个现行反革命分子做什么"委员长"，管这个印的，专门迫害群众！

同志们，我们巴河群众吃这个大坏蛋的苦头吃够了。光他们私设的四间特别牢房在两个月时间内就关押了一百三十五人，绝大多数是贫下中农。他们抓人用什么拘留证（亮罪证），还有释放证，还搞什么剃光头、照相、出布告。用一千多元做起来的四间特别牢房每间只有八尺高，六尺见方，没有窗户，漆黑一团，小门上大铁锁，每天只搞一次十分钟的什么"放风"，屎尿在里面屙。各种罪恶刑具都用上了，他的黑爪牙王仁舟还亲自到所谓法院里去搞什么样板审讯，表现他的法西斯手段，深夜十一点多钟，用麻布袋子把所谓的"犯人"——我们的贫下中农装起来打。于是胡厚民的打手、一小撮坏蛋照章办理，光特别牢房里的一百三十五人，被他们打死、打伤、打残废的就有八十多个。

我这里仅举一个例子，就可以看出胡厚民这一伙坏蛋几残酷哇！花园大队党支部书记、复员军人蔡以凤，被他们用莫须有的罪名，抓进了他们的一号特别牢房，在一天深夜，胡厚民的徒子徒孙，一个伪保长的儿子，将我们的党支部书记蔡以凤同志用麻绳五花大绑后，残酷毒打。当时，蔡以凤同志义正词严的说："我是共产党员、复员军人、贫下中农，我听毛主席的话，抓革命，促生产，你们为什么打人？"而胡厚民的爪牙，"决派政府"的委员、伪保长的儿子穷凶极恶地叫喊说："还那有什么党，我今天就是要打死你，打死你犯不了法。"于是，就用三八式步枪尖子戳蔡以凤同志的胸部，同志们呀，蔡以凤同志的胸部完全戳成了血饼啦，就这样被他们活活的戳呀戳呀戳死了哇！蔡以凤同志有什么罪呀！他在朝鲜战场上和美国鬼子拼刺刀都没有牺牲，而在你胡厚民的"决派"专政下，被你们活活的整死了，你们这一小撮坏蛋是法西斯暴徒，我们要向你讨还血债！

胡厚民，就是这样在我们巴河全面推行了"三个反对，三个重建，三个长期斗争"，一时把我们巴河搞成了道道地地的反革命独立王国。他还进一步在巴河大搞什么"精雕细琢"，搞了一个反革命复辟的点中之点，黑样板"新农村"。

4. 精心培植"三个反对，三个重建，三个长期斗争"的黑样板所谓"新农村"，妄图在农村实现全面资本主义复辟。

决派头目胡厚民，不仅在巴河全面推行了"三个反对，三个重建，三个长期斗争"，他还伙同黑干将王仁舟在巴河搞了一个"三个反对，三个重建，三个长期斗争"的黑样板，所谓的"新农村"，他先坐镇武汉，派出他的心腹、现行反革命分子潘开矿带着四个决派分子到黑样板"新农村"搞什么"蹲点",还派鲁礼安带十八个决派分子到黑样板搞什么"调查",写了一篇臭名昭著的大毒草:"浠水农民运动考察报告",流毒全省,妄图在全省推广。这个黑样板"新农村"搞起来以后,他亲自从武汉到这个黑样板搞什么参观视察,说什么"王仁舟的确不错,'新农村'办得好,武汉的人看了都不想回去,这是农村社会主义革命的方向。"疯狂反对伟大领袖毛主席关于"**农业学大寨**"的伟大指示。

什么"的确不错"!什么"办得好"!什么"方向"!毛主席教导我们:"**假的就是假的,伪装应当剥去。**"我今天把这个所谓"新农村"的本来面目翻开,大家看一看,就一目了然了。

这个所谓的"新农村",建在巴河伍洲公社芦花一、二队,解放前,王仁舟的地主老子、恶霸祖父就在这里欺压我们贫下中农。解放后,毛主席领导穷人翻了身,封了他家的门,没收了他家的五大财产,王仁舟一直怀恨在心。他的地主狗父王汝江在这个所谓新农村里嚎叫说:"这是我的田,这是我的地,这是我的山,我现在要搬回来。"同志们,他们选择这个地方搞什么"新农村"的罪恶目的不是很清楚了吗?就是向贫下中农反攻倒算,就是重建地主庄园,妄图恢复他们失去的天堂。

这个所谓的"新农村"怎样搞起来了的呢?是胡厚民、王仁舟用强制手段搞起来的。一九六七年十一月,王仁舟要拆一、二队社员的屋做所谓"新农村"的时候,贫下中农不同意,王仁舟这个坏蛋就大骂:"贫下中农比地主还坏些""我就要专政"。他还把"决派武装"搞来强行拆屋。贫农曾广安不愿意拆屋,王仁舟就四个月不发口粮给曾广安,还要开会斗争,逼得曾广安全家抱头痛哭。这样,这个反革命分子还不放过,一天,王仁舟就派几个黑爪牙乘曾广安不在家,硬是把他家的五间屋都拆光了,把他一家七口人全部赶到牛栏里住。同志们,我们曾光安同志是苦大仇深的贫农,过去受剥削,现在又受迫害。像曾广安这样的遭遇还有好多家。群众说:"这不是做'新农村',而是逼我们贫下中农的命。"

这个所谓的"新农村"到底是个什么样子呢?芦花一、二队原有房子一百七十六大间,而做成所谓的"新农村"后只有七十二小间,只有原来的三分之一。贫农曾继富一家八口人，以前是明三暗六的屋，而搞所谓"新农村"的时候只给二小间，逼得人家一间房子里放二张床，连路都走不开。家具器业被逼得卖的卖了，丢的丢了，搞得一家三代同房，家如水洗。胡厚民的黑干将王仁舟还以吃饭不要钱为引子，毒害群众，搞什么粮食"集中""吃大锅饭"，采取强制手段，把社员各家各户的粮食都集中起来。结果，刚过两天，王仁舟的"决派"队伍、武斗人员就跑到所谓的"新农村"，在食堂里大吃大喝，把东西吃光了，贫下中农非常痛心的说："这不是'新农村'，而是迫害我们贫下中农的陷人坑。"

胡厚民、王仁舟建"新村"，办"食堂"，是上抢国家资财，下刮集体经济，不交公粮，不完税，两年抗交欠交国家农业税六千多元。对社员实行敲诈勒索，他强用供销社、国家资金两万多元，把大队的猪圈、烤烟房都拆了，把大队的藕塘、鱼塘都霸占了，集体的公共积累搞光了。对社员施行九派，派粮、派款、派油、派菜、派柴、派草、派砖、派瓦、派工，还不准社员养猪、养鸭。结果，集体搞空了，社员搞穷了，超支户越来越多，好多社员的布票放在家里无钱买布。贫下中农个个说："这个'新农村'把我们搞苦了啊！"

在所谓"新农村"里，王仁舟按照总头目"三个反对""三个重建""三个长期斗争"的黑纲领建立了"决派党"，发展了"决派"党员，建立了"决派"武装，不仅网罗了本地的牛鬼蛇神，而且把山东、河南、安徽的流窜犯收罗起来，组成了一支反革命队伍。前年十月，我们公安机关从这个黑试点里逮捕了一个流窜犯、日伪汉奸卫五山，并在这个黑试点里搜出了这个家伙与七省、十五县、一百四十多个坏人秘密联络的联络名册。贫下中农都说："这不是'新农村'，这是牛鬼蛇神的庇护所。"

这就是你胡厚民、王仁舟办的什么"新农村"，这就是你在武汉鼓吹的什么"掌上明珠"，地地道道资本主义复辟的黑样板。我们巴河人民已经吃了你的二遍苦，受了你的二遍罪，要不是前年九月，毛主席派来了亲人解放军毛泽东思想宣传队，帮助我们砸烂了你这个黑样板，我们就要走回头路，现在我们巴河的贫下中农一提起了你胡厚民、王仁舟就人人咬牙切齿，无不痛恨，一想起你这个坏家伙要复辟资本主义,个个怒火万丈,义愤填膺。

如果让你这个反革命分子这样搞下去,按你的这个反动方向,按你的这条反革命黑路在全省推广,那就要变天,那就要资本主义全面复辟,千百万人头就要落地!同志们!我们坚决不能答应!

打倒胡厚民!

无产阶级专政万岁!

第三,现行反革命分子胡厚民破坏全省一片红,勾结王仁舟,孤注一掷,阴谋暴乱,武装夺取政权

毛主席教导我们:"在人类历史上,凡属将要灭亡的反动势力,总是要向革命势力进行最后挣扎的。"[3]一九六八年七月,毛主席亲自批示"照办"的"七·三""七·二四"布告,敲响了一小撮阶级敌人的丧钟,全省人民在曾、刘首长的正确领导下,沿着毛主席指引的光辉航向,向全省一片红胜利进军。现行反革命分子胡厚民预感到末日来临,疯狂进行破坏活动。他急急忙忙跑到巴河,亲自召开什么头头会,大叫:"要立足于打,我看全省两派联合不了,暂时表面的平静是激战的前夜,湖北要走四川道路。"真是恶毒至极。

八月三号,他派潘开矿把黑干将王仁舟从省革委会筹备全省一片红的毛泽东思想学习班里搞出来,四号胡厚民这个"决派"总头目就在武汉电信局四楼的一间小房子里向王仁舟面授机宜,他恶毒的说:"对东湖学习班不要抱什么希望,这是议会道路,希望不能寄托在这上面,应该回到巴河去实干。""当前形势很紧张,要准备受压,要顶得住,形势不好,怎么办?要掌握好枪杆子。"并还对王仁舟讲:"运动初期运动是少而精,现在夺权就要大而壮,你不要做孤家寡人,再不要局限在巴河一个区,要发展到全县去,'新农村'暂时放一下,打了仗再建设嘛,不走四川道路,起码要走广济道路,光武装防御不行,要武装进攻,要武装夺取政权。"你看这个"决派"总头目就是这样的破坏全省一片红,这样的叫嚣要打,这样的疯狂要武装

---

3 引自《第二次世界大战的转折点》(1942年10月12日),《毛泽东选集》第3卷,人民出版社,1966年7月,第840页。

抢权，真是罪该万死。

黑干将王仁舟领取了你胡厚民的这一支黑令箭，第二天，八月五号就从武汉赶到巴河，当天晚上就挑起了震动全省的浠水八月武斗，王仁舟这个坏头头，赤膊上阵，亲自指挥，按你胡厚民的黑旨意搞了一个"三道防线，五路进兵，围点打援，声东击西，拿下浠水，控制鄂东，武装夺取政权"的反革命暴乱计划。

八月武斗打了七天七夜，你们煽动了上万人停产武斗，打死我们革命群众十六个，打伤一百多人，你们这些家伙残酷得很，一个九岁红小兵上学读书被你们一枪打死了，一个六十多岁的老炊事员正在做饭，也被你们一枪打死了，一个在渠道上抗旱看水的贫农社员被你们抓住活活枪杀了，一个贫农社员在公路上行走也被你们抓住吊起来活活的打死了，打得关门闭户，打得路断人稀。人人痛恨胡厚民你这个罪魁祸首，个个咒骂胡厚民你这个杀人魔王，而你胡厚民的黑干将王仁舟却在巴河嚎叫说："打死几个人有么了不起，为我们全面武装解决浠水问题进行了一次战略尝试。"胡厚民你们这些家伙，用心何其毒也！就是这样拿我们贫下中农的性命来搞你的反革命尝试，你的双手沾满了我们贫下中农的鲜血，我们要向你讨还血债！

八月武斗，你们的罪恶阴谋没有得逞，胡厚民、王仁舟贼心不死，黑干将王仁舟就按照总头目胡厚民的"隐蔽精干，保存骨干，长期干"的反革命"三干"策略，把所有专业武斗队整编成八个支队，两个独立大队，取名叫"江北游击队"，准备上大别山当土匪，与人民为敌到底。

胡厚民！你这个家伙要上大别山当土匪是早就下了黑心思的。你对你的老婆讲："浠水一带是丘陵地区，几好打游击呀！"一九六八年、一九六九年你两次去浠水，在你老婆住的地方，经常上山观察地形。你并派潘开矿到巴河对王仁舟的心腹讲："要顶住，二十年后再干。"于是你的黑干将王仁舟就叫嚣："我革命就选大别山做根据地，进能攻，退能守""情况不好就放弃巴河，上大别山去打游击。"早在一九六七年十二月二十六号，你们这些"决派"分子就在武昌青山开了一次黑会，向农村发展你们的决派组织，会后在我们鄂东大别山一带建立了大大小小的联络站三十多处，黑干将王仁舟还勾结罗田县的"决派"分子抢了罗田人武部的枪支弹药,深夜里偷偷的用两部汽车拉到了大别山三里贩大山里埋起来了。同志们,胡厚民这一小撮"决派"黑干将就是这样一伙准备上山当土匪,向共产党打游击,向解放军打游击的现行反革命分子,我们要坚决镇压胡厚民这个草头王!

第四,现行反革命分子胡厚民煽动为王仁舟翻案,为牛鬼蛇神招魂,炮打无产阶级司令部,妄图与人民为敌到底

正当王仁舟准备第二次逃出省学习班,上山当土匪时,曾、刘首长全面剥开了王仁舟的画皮,巴河人民看清了王仁舟的丑恶嘴脸,将王仁舟扭送无产阶级专政机关。胡厚民这个王仁舟的总头目气急败坏,如丧考妣,又重蹈"营救鲁礼安"之复(覆)辙,干出了一系列的罪恶勾当。

在王仁舟被扭送的第三天,他亲自在电信局大楼上对巴河的一个坏家伙讲:"扭送是错误的,要发动农民进城。"于是巴河来了六百多人到武汉闹事,冲击军区,冲击省学习班,这都是胡厚民一手制造的。

他还把潘开矿再一次派到巴河,在黑样板"新农村"里叫嚣:"'新农村'不能垮,有'新农村'在,王仁舟的案就翻的了,要顶住。"妄图稳住阵脚。

在"九大"期间,他又把"反复旧"的妖风刮到了浠水,他不仅在武汉大搞"工代会"凌驾革委会之上,而且在巴河非法建立了什么"贫代会"[4],在浠水、巴河大搞"贫代会"凌驾于革委会之上,他煽动一小撮坏蛋冲击县革委会,为王仁舟鸣冤叫屈,在大街上抢饭吃,又一次把我们浠水搞得乱七八糟。

中央"五·二七"指示下达,击退了这股"反复旧"妖风,"决派"总头目胡厚民从北京学习班回到武汉后,贼心不死,他又对巴河的几个坏家伙讲:"周总理表态王仁舟是反革命,这是你们没有事先给我送材料来,北京学习班要凭材料说话。但你们不要怕,王仁舟还

---

4 贫代会,"贫下中农代表大会"的简称。

是要放出来的，他们要抓嘛！我们要放，总是有斗争的，你们马上把材料整好送来。"你看这个家伙，就是这样的炮打党中央，炮打曾、刘首长，炮打无产阶级司令部，他是为牛鬼蛇神翻案的总后台。不镇压他不足以平民愤！

这还不算，他还借探亲为名，亲自跑到我们浠水，在他老婆住的地方兰溪白荆果园场，恶毒的对巴河的一个坏蛋讲："某某地方的复旧最利（厉）害，那里反复旧的人就派代表骑马到北京，在中南海门前静坐请愿，他们把上衣脱光，把主席像章挂在胸前的肉上，这样，中央首长不接见不行，北京外国人多，搞不好外国人看见了就有影响。结果中央首长接见了，真实情况反映上去了，问题就解决了。我看你们巴河问题只有中央才能解决，你们派代表步行到北京嘛，像某某地方一样上北京告状。"

同志们：胡厚民这个大坏蛋就是这样挖空心思，绞尽脑汁地造谣，恶毒地炮打党中央，反对我们伟大领袖毛主席，真是罪该万死。

在胡厚民的煽动下，于是巴河的一个四清下台干部，带着三个人到了北京，他们半根稻草也没有捞到，灰溜溜的回到了巴河，但他们学会了胡厚民这个黑主子的造谣伎俩，伪造了一个"中央首长座谈纪要"，炮打中央，欺骗群众，造成了极严重的后果。你胡厚民罪责难逃！

毛主席教导我们："捣乱，失败，再捣乱，再失败，直至灭亡——这就是帝国主义和世界上一切反动派对待人民事业的逻辑，他们决不会违背这个逻辑的。"胡厚民！你这个见了棺材不落泪，进了棺材不闭眼，盖了棺材不死心的死硬分子，关王庙里的小爬虫，狡猾的狐狸。不管你怎样阴险狡诈，不管你怎样捣乱，你总逃不脱无产阶级专政的铁拳镇压，用毛泽东思想武装起来了的全省三千八百万人民，看清了你这个"决派"总头目的狰狞面目，我们浠水、巴河人民看清了你的丑恶嘴脸，我也看清了你的豺狼本性，要对你实行无产阶级专政，叫你永世不得翻身！

我们强烈要求省革命委员会、省军管会，对"北、决、扬"总头目胡厚民、死不改悔的走资派任爱生依法严惩，实行无产阶级专政！

根据1969年铅印材料刊印。

附录一："北决扬"大事记

李晓航

1966年

8月26日　鲁礼安在华中工学院校园内内贴出大字报《湖北省委右倾机会主义大暴露——评张体学省长八月二十五日在华中工学院万人集会上的讲话》[1]。

8月31日　鲁礼安贴出题为《为南下革命师生呼吁》的大字报，驳斥湖北大学文化革命临时委员会的《紧急呼吁》，支持北京南下红卫兵。当日，湖北大学临委会以一千一百五十三名"革命师生员工"的名义印发《紧急呼吁》，谴责北京南下红卫兵。呼吁说："自8月25日以来，北京二十多所学校师生相继来到我校串连。他们人数虽少，但影响很大，流毒甚广，实在令人不能容忍。"

9月2日　北京南下红卫兵及武汉部分学生400多人，在湖北省委文革小组办公室门前召开揭发控诉省委大会。4日，又组织游行，高喊"打倒湖北省委""打倒张体学"等口号。当晚，省委书记处书记王树成发表广播讲话，说"一定要按照《十六条》办事，不要动手打人。湖北省委是忠于毛泽东思想的。"

9月30日　武汉地区部分师生联欢晚会在洪山礼堂召开。张体学在会上讲话，他说："'湖北省委是张体学领导的好省委''张体学是毛主席的好学生，人民的好儿子'不要讲了，不讲更有利于发动群众，更有利于听另一方面群众的意见"，"他们喊'打倒湖北省委'可以喊，打不倒嘛！好的说不坏，坏的说不好"。"你们不要再说好了，搞得不好就帮了倒忙。要让人把话说完，把大字报写够，允许人家犯

---

[1]《新华工无产阶级文化大革命大字报选集（草案）》，毛泽东思想红卫兵新华工红色造反司令部宣传部编，1967年5月。

错误嘛！希望左派同学把脑子放得复杂点，不但要斗勇，而且要斗智。"

11月9日　鲁礼安与冯天艾等45名同学组成"长征队"，外出串连，至长沙、韶山、井冈山、瑞金、赣州、南昌等地，由南昌返回武汉。

11月16日　"二司"（毛泽东思想红卫兵武汉地区革命造反司令部）等在洪山礼堂召开批判《湖北日报》资产阶级反动路线大会，会后步行到红旗大楼，封闭了《湖北日报》。当日，中南局致电湖北省委并报中央，说："如果一旦停刊，将在政治上造成极其不良的影响。同学们要求改组《湖北日报》编委的意见，可向湖北省委指出，有不同的意见，可以继续研究，但要保证报纸照常出刊。"当日晚，武汉地区大专院校红卫兵等大批人员赶到报社，与进驻的"二司"发生严重武斗。迫于压力，张体学于18日凌晨出面交涉，承诺两点：一、承认封闭行动是革命的行动；二、答应《湖北日报》暂时停刊。

1967年

1月23日　武汉军区根据中共中央《关于人民解放军坚决支持左派群众的决定》，成立"支左指挥部办公室"，孔庆德任指挥部办公室主任。

1月26日　武汉地区造反组织联合夺湖北省委的权。下午，夺权大会在洪山礼堂举行，"工总"（毛泽东思想战斗队武汉地区工人总部）代表朱鸿霞担任执行主席。会上宣布《夺权公告》《第一号通令》《向毛主席致敬电》。张体学、宋侃夫被拉出来示众。由于夺权准备工作不充分，造反组织内部在夺权筹备委员名额分配上存在分歧，次日，"工总""九·一三""二司""红工兵""红教工"等五个组织退出大联合，发表《联合声明》，宣布"一·二六"夺权无效。

2月　鲁礼安加入新华工"红司"（毛泽东思想红卫兵新华工红色造反司令部），在《新华工》报当编辑，为该报撰写文章。

2月8日　"一·二六"夺权流产后，武汉三镇出现反对"工总""九·一三""二司"等造反派的潮流，"工人总部、二司大方向错了""工人总部、二司的头头修了"等标语在公共场所随处可见。

为扭转被动局面,"工总""九·一三""二司"等十二个组织在他们控制的《长江日报》上发表《关于武汉地区当前局势的声明》(即"二·八声明"),把部分造反组织说成是"机会主义""托派"(主要指"新华工""新湖大"),暴露了造反派内部的矛盾,导致武汉地区造反派公开分裂。当日,"工造总司"(毛泽东思想红色造反者武汉地区革命工人造反司令部)等组织包围长江日报社,试图阻止刊有"二·八声明"的《长江日报》散发,未果。武汉全市围绕"二·八声明"开展大辩论,群众组织划分为拥护"二·八声明"的"香花派"("工总""二司""九·一三"等)和反对"二·八声明"的"毒草派"("工造总司""三新"等)。鲁礼安作为"红司(新华工)"的一员,对"二·八声明"持否定态度。

2月18日 经全军文革小组同意,武汉部队针对"二·八声明"发表《严正声明》,指出"二·八声明"的大方向错了,"这个所谓声明,是一小撮别有用心的人精心策划的,是制造分裂,挑动群众斗群众,转移斗争大方向的"。强调武汉军区派部队到红旗大楼,是为了维持正常秩序,防止发生械斗,决不是支持"二·八声明",至于某些军内个别人在这个声明上签字,只能代表他们自己,不能代表武汉部队,更不能代表中国人民解放军。

2月 湖北省军区宣布解散"湖北省文艺界革命造反联合总部"及其所属组织,逮捕了总部勤务员、湖北省话剧团舞美队队长曹垦俊等。12月29日,曹垦俊获得平反。

3月17日 武汉军区逮捕"工总"负责人朱鸿霞、胡厚民、夏邦银和各分部头目数百人。

3月18日 巴黎公社起义96周年之际,鲁礼安撰写大字报《巴黎公社的启示》,贴到华工园内最醒目的地方。

3月21日 武汉部队发布《通告》,宣布"工总"是反革命分子操纵的组织,予以解散。通告说:"从即日起,'武汉地区工人总部'及其所属组织一律解散。"通告附"工总"反革命分子罪行十条。

3月24日 武汉军区向各工厂企业单位派出大批军代表。此前,已先后向华中工学院、湖北大学、武汉大学等高等院校派出军训团,并向市第一中学派出支左小组。

4月1日　鲁礼安撰文《〈天津延安中学以教学班为基础实现全校大联合和整顿、巩固、发展红卫兵的体会〉是一株抽掉两条路线斗争的大毒草》，质疑关于天津延安中学实现大联合的报告，认为该报告片面宣传大联合的意义和教学班为基础联合的好处，没有强调两条路线斗争的问题，不符合毛泽东思想。文章在校内张贴。由于这个报告是经毛泽东批准、中共中央转发的，鲁礼安这篇文章被"新华工"认为是直接针对毛泽东的，鲁礼安本人被看作是对毛泽东"不忠"，被开除出"红司"。

4月初　鲁礼安将无线电系的冯天艾等几名大学生和一些持相同想法的华工附中中学生聚拢在一起，拉起一只二十多人的队伍，成立"新华工敢死队"，队名表示在革命中率先冲锋陷阵，为革命准备抛头颅洒热血之意。

4月2日　《人民日报》发表社论《正确地对待革命小将》。这篇社论是根据武汉造反组织和北京航空学院红旗战斗队驻汉联络站提供的材料写成的。社论提出要坚决回击"社会上出现的一股资本主义复辟的反革命逆流"，鼓动造反组织翻案。社论发表后，"二司""新华工和"工总"等组织的成员纷纷上街游行，矛头指向武汉军区。

4月6日　《中央军委命令（十条）》[2]下达，武汉出现"坚决为工总翻案""打倒陈再道"等标语。"新华工敢死队"贴出《向武汉部队支左办公室中一小撮混蛋挑战》的大字报，历数武汉部队支左办公室"支保不支左""镇压革命造反派"，把矛头直指武汉军区司令员陈再道，说出了受压制的造反派们想说而不敢说的话，反响极大，迅即传遍武汉三镇。同时，鲁礼安和"新华工敢死队"也引起武汉军区的警觉，视为"眼中钉"。

同日　造反派到武汉军区支左办公室贴大字报，要揪"武老谭"，要求为"工总"翻案。

4月9日　武汉部队撤出派驻武汉大学、华中工学院、湖北大学等院校的军训团。10日，武汉市第一中学学生造反组织"新一中革

---

[2] 《中央军委命令》（十条）经毛泽东批示同意下达全军，内容包括"不准随意捕人，更不准大批捕人""不准任意把群众宣布为反动组织，加以取缔""对过去冲击过军事机关的群众，无论左、中、右概不追究"等。

司"（新一中革命造反司令部）勒令支左小组撤离该校，并于11日在武汉市抓革命促生产第一线指挥部办公室门口静坐绝食，要支左小组全部交出整造反派的"黑材料"。

4月13日　武汉军区根据《中央军委命令》（十条），释放"工总"部分被捕人员，但未释放其负责人朱鸿霞。23日，"工总"恢复，成立"工总"全市联络站。

4月　鲁礼安发表题为《二司的功与过》的大字报，为因"二•八声明"而被压制的"二司"辩护，力陈"二司"在文化大革命两条路线斗争中"功"大于"过"，其负责人也绝不是"暗藏的阶级敌人"和"坏头头"，他们的错误只是前进中的错误，其大方向始终是正确的。这份大字报受到"二司"红卫兵的热烈欢迎，被大量传抄，在各大学校园内张贴。

5月11日　新华工到洪山宾馆揪武汉军区支左办公室孔庆德。

5月16日　武汉地区"无产阶级革命派百万雄师联络站"（简称"百万雄师"）成立。"百万雄师"在一系列问题上与"工总"等造反派发生冲突。"百万雄师"认为，武汉部队支左大方向是正确的，不能把矛头指向解放军，更不能任意提出打倒军队的领导干部；过去十七年中，省、市委的成绩是主要的，大多数地方干部是好的和比较好的。两派矛盾逐渐激化，武斗不断。

5月20日　鲁礼安看了中共中央印发的《薄一波、刘澜涛、安子文、杨献珍等六十一人的自首材料》后，认为这个"六十一人叛徒集团案"属一大冤案，遂撰写《"大抓叛徒网，保护一小撮"是资产阶级反动路线的一个新的组成部分》。

5月21日　新华工"红司"发出内部通令，将"新华工敢死队"开除出"红司"。

5月底　鲁礼安陪同黄石"专揪韩东山敢死队"第一次到黄石。

6月4日　武汉部队发布《公告》，肯定军区支左大方向是正确的，重申不得为"工总"翻案；同时检讨支左工作中的某些缺点、错误，希望各群众组织求同存异，实行大联合。这时武汉地区两派群众组织观点严重对立，冲突无法制止。"工总"认为武汉部队是"假检讨，真反扑"，"百万雄师"则认为公告太软弱，不满意。两派发生冲突，武斗升级。

6月17日至19日 "百万雄师"与造反派在六渡桥发生武斗，酿成血案。

6月24日 汉阳轧钢厂、汉口友益街、武汉水运工程学院、铁四院等处连续发生大规模武斗。

6月28日 武汉军区根据中共中央办公厅26日来电，发出制止武斗的通知，仍没有控制武斗局势的发展。

本月 全市在汉口六渡桥、汉阳轧钢厂和武汉水运工程学院等地连续发生几起大规模武斗。据不完全统计，全市从6月4日至6月30日，在武斗中死亡108人，伤2774人[3]。

7月上旬 应湖北艺术学院几位女同学的邀请，鲁礼安和"新华工敢死队"进驻湖北艺术学院（武昌解放路）。该院由造反派掌权，可确保"新华工敢死队"的安全。

7月14日 毛泽东乘专列、周恩来乘专机，分别从北京到武汉，为解决武汉问题做工作。同日，刚从成都到重庆的谢富治、王力、余立金等在得到周恩来通知后也赶到武汉。

7月15日至18日 毛泽东、周恩来在东湖连续召集会议，讨论武汉问题。在15日和16日的会议上，毛泽东指示：给工总平反，放掉朱鸿霞；百万雄师是群众组织；军区对两派都要支持；不能打倒陈再道。周恩来要武汉军区主动承认犯了方向路线错误，要对部队进行教育，各群众组织要进行整风。18日晚，毛泽东同周恩来、谢富治、王力、陈再道、钟汉华谈话，指示：武汉部队要承认支左工作犯了方向路线错误，但不要开大会检讨，写个东西，到处去发；要保护陈再道、钟汉华；要做好部队以及百万雄师的工作；要设立一个接待站，专门接待群众组织来访，做好思想工作。毛泽东强调指出："在工人阶级内部，没有根本的利害冲突，在无产阶级专政下的工人阶级内部，更没有理由一定要分裂成为势不两立的两大派组织。"（同年10月发表）谈话结束后，周恩来离汉返京，谢富治、王力在送走周恩来之后，由机场到武汉水利电力学院看大字报，王力向"二司"等

---

3 《中国共产党湖北历史大事记》（1949年5月-1993年12月），中共湖北省委党史委员会编，中共党史出版社，1997年7月，第99页。

组织宣布：一、军区支左的大方向错了；二、要为"工人总部"平反；三、"钢工总""钢九·一三""钢二司""新华工""新湖大""新华农""三司革联"是革命左派；四、"百万雄师"是保守组织。19日，"三钢""三新"出动大量宣传车，用高音喇叭在武汉三镇播放王力的"四点指示"实况录音，引起"百万雄师"和支左部队的强烈不满，声讨王力的大字报、大标语贴满了武汉街头。

　　7月18日　叶群打电话给武汉空军副司令员刘丰，说"王力要去武汉，武汉的天气要变，你要紧跟王力，照他的活动去办"。[4]

　　同日晚　武汉军区释放朱鸿霞、胡厚民等人。

　　7月20日　晨，部分"百万雄师"成员和武汉驻军独立师（8201部队）战士冲进谢富治、王力的住所，把王力揪到武汉军区大院批斗。经军区负责人解围，王力得以离开军区大院。20日至23日，全市连续爆发反对王力的游行示威。这就是震惊全国的"七·二〇事件"。22日，王力在刘丰等人护送下离开武汉。

（图为谢富治、王力回到北京时中央领导集体到机场迎接的合影。正中周恩来，周的右手边依次为康生、谢富治、吴法宪、关锋，左手边依次为王力、江青、陈伯达、傅崇碧、戚本禹、姚文元、叶群。）

　　7月21日　"新华工敢死队"全体出动上街。鲁礼安带上一架"蔡司"相机，在两位华工附中学生的保护下，抓拍"百匪叛乱"的实况。他们先后在大东门、阅马场、司门口一带，躲在马路边的建筑物旁或通过临街的窗子，拍下"百万雄师"武装游行特别是攻打湖北

---

[4]　《关于湖北、武汉问题的六十个为什么》，武汉市房地工人转抄，1974年4月15日，第2页。

大学的照片。鲁礼安拍摄时，被"百万雄师"人员发现，奔跑中从长江大桥引桥斜坡跳下受伤，险些被抓。"七·二〇"事件解决后，"新华工敢死队"从湖艺迁出，在位于武昌首义路的省委干校驻扎下来。

7月24日　武汉军区向中央报送关于"七·二〇"事件的《公告》。《公告》认定"七·二〇"事件"是明目张胆地反对我们的伟大的领袖毛主席、反对毛主席的无产阶级革命路线、反对党中央、反对中央军委、反对中央文革小组的叛变行动"，"军区领导在支左工作中犯了方向、路线错误"，要求"立即为工总平反"。

7月26日　中央复电武汉军区，说："你们现在所采取的立场和政策是正确的，《公告》可以发表"。

7月27日　林彪主持会议，以中央军委名义撤销陈再道、钟汉华武汉部队司令员和政委的职务，任命曾思玉为武汉军区司令员，晋升刘丰为武汉军区第一政委。武汉城防8201一部队师长牛怀龙、政委蔡炳臣、武汉市人武部政委巴方廷也被撤销职务。8201部队被整训改编。同日，公开广播中共中央、国务院、中央军委、中央文革《给武汉革命群众和广大指战员的一封信》，信中称"你们英勇地打败了党内、军内一小撮走资本主义道路当权派的极端狂妄的进攻"，"武汉军区个别负责人在支左工作中，犯了严重的方向、路线错误……公然反抗毛主席的无产阶级革命路线，反抗中央军委的正确指示，煽动不明真相的群众，反对中央，反对中央文化革命小组，竟然采用法西斯的野蛮手段，围攻、绑架、殴打中央代表"，"这一小撮走资本主义道路当权派造成的严重政治事件，激起了武汉市的广大革命群众和驻军广大指战员的无比愤慨，受到了全国人民的严正谴责，遭到了全国陆海空三军的强大反对。""他们已经陷入亿万军民愤怒声讨的汪洋大海之中。"中央来信公布后，"百万雄师联络站"负责人全部被捕，基层组织迅速解体。

7月下旬　经"钢工总"宣传部部长田国汉引见，鲁礼安与"工总"主要负责人朱鸿霞、胡厚民、夏邦银见面，朱鸿霞对鲁礼安称"我们是生死共患难的战友"。朱鸿霞等邀请鲁礼安参加"工总"即将成立的一个造反派联合指挥部，鲁礼安未同意。

8月1日　为纪念中国人民解放军建军四十周年，武汉市五万余名造反派和解放军以及来自全国各地的造反派一起,举行大规模"拥军爱民"横渡长江活动,因秩序混乱,下水时发生拥挤踩踏,造成重大伤亡事故,大约170多人死亡[5]。

(图为渡江现场)

8月6日　中央文革小组下令派出专机将有关"七·二〇"事件后北京集会声援武汉造反派的纪录影片《北京支持你们》送到武汉首映。

8月9日　陈伯达、康生、谢富治、王力等接见武汉军区新任领导人曾思玉、刘丰和武汉地区群众组织负责人,提出:"造反派要团结,要把革命群众武装起来,把枪支发给左派;中央对武汉军区、人武部都是彻底解决的方针,对'百万雄师'和公、检、法中一小撮坏头头及证据确凿的杀人凶手要实行专政。"

8月15日　鲁礼安以"新华工敢死队"的名义写出《论武汉工运道路》一文,为多家小报转载,18日在《长江日报》刊登。文章强调在未来的大联合中,要以"钢工总"为核心。这篇文章的观点是"新派"不能接受的。

8月20日　武汉警备区成立。由空降兵第15军军部兼该警备区机构,军长方铭兼武汉警备区司令员,军政委张纯青兼武汉警备区政委。

---

5 《新湖大通讯》第40期第4版。

8月22日　"工造总司"发表《关于〈新武汉〉问题的严正声明》。《声明》说："'新武汉'同'三钢''三新''三司革联'的战斗友谊和血肉关系绝不允许任何人破坏，也是破坏不了的。""为了顾全大局，防止坏人捣乱，我工造总司郑重宣布：吴焱金同志不再担任'新武汉'指挥部总指挥的职务。"

9月5日　"新华工敢死队""钢工总武昌印刷厂《东方红》战团"联合主办的小报《激扬文字》创刊。

9月6日　《湖北日报》发表长篇通讯《浠水武装部是全省支左的模范》，并配发社论《支左的好榜样——向浠水人武部致敬》；《长江日报》发表《浠水县人民武装部坚定支左立新功》的报道和社论《一面支左的红旗》；湖北人民广播电台播发《永远忠于毛主席，永远忠于毛主席的革命路线》文稿。这引起受到浠水县人武部打压的"巴河一司"的不满，"巴河一司"与受到人武部支持的"浠水革联"的矛盾加深。

9月7日　"新华工敢死队"主办的《扬子江》杂志创刊，该刊只出版了一期。

同日　武汉"中学红联"首届代表大会召开，7212部队、"钢工总""三新""新华工红色造反团""新华工敢死队"代表分别在会上发言，鲁礼安代表"新华工敢死队"发言。

10月15日　经湖北省军区批准，浠水县成立革命委员会筹备小组。由于革筹小组结合的主要是"浠水革联"的群众和支持"浠水革联"的干部，未得到与之对立的"巴河一司"的认可。革筹小组的成立，不仅没有缓解浠水两派群众组织的矛盾，反而加剧了二者之间的矛盾，争端不断，武装冲突愈演愈烈。

11月5日至6日　"巴河一司"和"浠水革联"两派在巴驿、汤铺、和平、西河等地发生武斗，双方均有伤亡。"巴河一司"与"浠水革联"在巴河地区发生武斗，"巴河一司"死6人，"浠水革联"死3人。事后双方均先后将尸体抬到黄冈军分区告状。6日，8206部队派去一个连进驻巴河，制止武斗。[6]

6　《鄂境人民解放军"文化大革命"大事记要（1967-1976）》，未署编者，第26页。

11月7日 以鲁礼安、冯天艾为首的学生组织"北斗星学会"在汉口璇宫饭店的一个小会议室召开成立大会。"北斗星学会"成立后,还没开始活动,就受到各方面的非议和围攻。为了澄清一些事实,"北斗星学会"在湖北大学一间阶梯式大教室召开"记者招待会"(所谓"记者",是各大中学校对"学会"感兴趣的学生),鲁礼安、程林等回答有关学会的各种问题。

12月4日 曾刘首长在一个学习班上点名斥责"北斗星学会"是"奇离古怪的组织"。不久,"北斗星学会"自动解散。

12月9日 "巴河一司"将死于巴河武斗的6具尸体经黄州运到汉口,10日送到武昌,在湖北省军区门口开棺示众。12日,"巴河一司"400余人拉着6具尸体,从武昌到汉口,为"九·六"社论问题"找《湖北日报》算账",占领红旗大楼,封闭《湖北日报》。此间,省军区在军区大楼召集"巴河一司"和"浠水革联"头头开会,劝说"巴河一司"撤离红旗大楼,让《湖北日报》复刊。"巴河一司"提出撤离的两个条件:一是《湖北日报》必须公开向全省作检讨,收回"九·六"报道和社论所造成的影响;二是公开宣布浠水人武部犯了方向路线错误,撤销浠水人武部主要负责人的职务。"巴河一司"的谈判条件被省军区拒绝。"巴河一司"于是把矛头直接指向武汉军区。[7]

12月10日 鲁礼安、冯天艾等发起成立"决心把无产阶级文化大革命进行到底的无产阶级革命派联络站"(简称"决联站"),成员以"新华工敢死队"成员为主。"决联站"设在湖北大学内。25日,"决联站"主办的《扬子江评论》小报创刊。

12月20日 晚,武汉警备区首长来到红旗大楼,要求"巴河一司"尽快撤离,未果。24日,红旗大楼发生武斗,"巴河一司"退出。25日,报社以毛泽东诞辰有许多稿件为由,同"巴河一司"达成出版协议。26日下午,"巴河一司"24人冲进《湖北日报》联合印刷厂排字车间,不让出报。12月27日,报社再度被封,造成停刊13天。

---

7 《中国共产党湖北省浠水县历史》(第二卷),浠水县档案馆著,中共党史出版社,2021年11月,第266-267页。

12月23日 鲁礼安从浠水搭汽车到鄂城，乘船到黄石，在黄石二中谈农民运动和"巴河一司"的问题。当日下午乘火车返汉。

1968年

1月5日 "新派"反对封报，以武力将"巴河一司"赶出红旗大楼，"巴河一司"撤回巴河。7日，报社恢复出报。"巴河一司"占驻《湖北日报》期间，鲁礼安经人引荐，在红旗大楼与王仁舟见面交谈。鲁礼安表示支持"巴河一司"的"革命行动"，并写出一篇支持"巴河一司"的文章《为浠水农民发言》。文章说"巴河一司"进驻红旗大楼"象征农民运动高潮的到来已经不远了"。

1月13日 鲁礼安到黄石新三中给当地"炮轰派"作报告。

1月15日 武汉地区"毛泽东思想红卫兵大中学校代表大会"（简称"武汉红代会"）成立。

1月17日 武汉地区"革命工人代表大会"（简称"武汉工代会"）成立。武汉地区各工人、学生组织实现"大联合"，为省、市革委会的成立准备了必要的条件。

1月20日 武汉市革命委员会成立，方铭任主任，杨春亭、张昭剑、李长根、薛朴若、吴焱金、李想玉任副主任。

2月1日 中共中央、国务院、中央军委、中央文革小组批准成立湖北省革命委员会。曾思玉任主任，刘丰、张体学、任爱生、梁仁魁、朱鸿霞、饶兴礼、杨道远、张立国8人任副主任。

3月1日 新湖大彭勋在该校班系革命小组成员以上干部会上发表讲话，说："曾、刘首长办公室来电话，我去了一趟，讲了几个问题；1.决派发了第三个宣言，是反动的；2.狂派是很复杂的个问题；3.红三司问题：外面讲，说周总理接见了红三司的人。周总理确实接见了他们，是个女孩子。"[8]

3月17日 "巴河一司"为揪"小杨成武"，冲击浠水县武装部。20日，"巴河一司"2000余人冲击黄冈军分区，抓走科长、译电组长等7人。[9]

---

8 《"大人物"言论集》，武汉钢二司司令部，1968年6月，第5页。
9 《鄂境人民解放军"文化大革命"大事记要(1967-1976)》，未署编者，第13页。

3月29日　凌晨，鲁礼安被华工革委会从学校寝室带走，关进校内一间工房，要他交待如何操纵武斗问题。鲁礼安表示自己没有操纵武斗。

4月2日　鲁礼安乘看守人员不备，逃至华工附中躲藏，得到"红反团"（新华工毛泽东思想红卫兵红色造反团）的保护，被"红反团"持枪送出华工，辗转几天后，在汉口一位亲戚家暂住。期间，鲁礼安看到一份在华工革委会任常委的附中学生从内部弄到的一份《关于反革命跳梁小丑鲁礼安的初步材料》，为反驳材料上列举的"罪行"，以绝后患，鲁礼安一连撰写三篇题为《我回答你们》的文章，将张立国等人对他的指控逐一驳斥。附中学生在拿到这三篇文章后，印成传单到处散发，同时这三篇文章的大字报也贴满华工校园，引来大批师生围观。事后，"工总"勤务员、省革委会副主任朱鸿霞当面质问市革委会常委郭保安，为什么把鲁礼安抓起来？郭说并没有关，只是弄到一个地方向鲁了解一些情况。朱说人被限制自由了不是关是什么？还问他说鲁礼安遥控武斗有什么根据？郭说"鲁礼安确实有个对主席不忠的问题，我们掌握了这方面的证据。"朱问证据在哪里？郭说反正有证据，但目前还不便公布。

4月10日、14日至24日　湖北省革委会召开常委会和常委扩大会议，部署全省"三反一粉碎"运动。这两次会议认为，右倾翻案是当前的主要危险，强调要在全省进一步深入开展革命大批判，把党内一小撮走资派批透批臭，继续打击"二月逆流"的翻案风，坚决反对右倾机会主义、右倾分裂主义、右倾投降主义，粉碎右倾翻案风。造反派组织之间的派性斗争和武斗流血事件再度加剧，武汉地区局势再度恶化。

4月中旬　"决联站"宣布解散。[10]但其成员并未停止活动。

4月24日　黄石一位与鲁礼安私交甚好的中学生听说鲁礼安在学校挨整，邀请鲁礼安去黄石，鲁礼安和武大历史系四年级学生杨秀林、武汉七中学生廖童焕等一起去黄石。鲁礼安在黄石钢六中作了一次演讲，与"红司"头头三十余人座谈形势，要他们"不上交枪和准

---

[10]《今年七月份以前我在"决联站"及〈扬子江评论〉编辑部的一些情况》，郭仲藩，1968年12月29日，第3页。

备国内战争"。26日，鲁礼安同黄石"红司"谈关于武汉钢派和新派之争的问题。

4月28日 "钢九·一三武钢分团"等造反组织因不满《长江日报》4月26日发表的一篇关于武钢大联合的报道，封闭了该报，称要揪出"能呼风唤雨的变色龙"。

5月3日 钢、新两派在军事工厂中原机械厂发生武斗事件，事件中死2人，伤57人。时称"新中原事件"。钢派和新派矛盾进一步加深。

5月7日 新华工"红反团"几个附中学生要鲁礼安帮忙到黄石弄枪，当日鲁礼安等搭火车赴黄石。

5月16日 《扬子江评论》第8期发表《无产阶级文化大革命与叛徒考茨基派——为捍卫五·一六通知的原则性与纯洁性而作》，文中提出要揪"中派""考派"，矛头暗指周恩来。

是年上半年 鲁礼安在航空路家里接待广州美术学院的李正天（即后来的"李一哲"之一）。李正天是看了"北斗星学会"相关文章之后知道鲁礼安的。二人谈了当前的形势、高层各派别的矛盾等问题。[11]

5月18日 晚，鲁礼安和原敢死队的几名成员等十多人，乘一辆"嘎斯69"工程车去黄石联系《扬子江评论》所需纸张。途中，鲁礼安被当地"新派"组织"铁山联防"扣押。6月中旬，由武汉军区副政委张玉华带至武汉警司。8月被正式逮捕，移交湖北省第一监狱。1979年12月无罪释放。

5月22日 新华工郭保安在黄石大冶铁矿发表讲话，说："你们最近抓了现行反革命分子鲁礼安，我代表新华工无产阶级革命派向延安圣地[12]的革命派表示最崇高的感谢！这是毛泽东思想的又一伟大胜利！"又说："我们与三钢的斗争是复辟与反复辟、夺权与反夺权的

---

11 《仰天长啸——一个单监十一年的红卫兵狱中吁天录》，鲁礼安著，王绍光校，香港中文大学出版社，2005年。
12 延安圣地，黄石地区除大冶铁矿外多属"钢派"，大冶铁矿属"新派"，黄石"钢派"将大冶铁矿称作"小台湾"，大冶铁矿的"新派"将自己的地盘称作"延安"。

斗争，是国民党与共产党的斗争。"[13]

5月　《扬子江评论》编辑部迁至湖北省话剧团（武昌彭刘杨路九龙井正街11号）。7月下旬，编辑部撤到黄石办报，数日后又秘密返回湖北省话剧团。8月初，再次迁至湖北艺术学院。不久，《扬子江评论》停刊。次年9月20日，其撰稿、编辑人员悉被逮捕。

6月12日　由"钢工总武重兵团"等八十余个单位组成的"江城人民营救鲁礼安联合代表团"发出"严正声明"，向扣押鲁礼安的"铁山联防"提出抗议，要求释放鲁礼安。

6月15日　新华工革委会、红代会红司（新华工）主办的《新华工》报在当日出版的第95期上，用八版篇幅发表批判鲁礼安的两篇文章《评反革命跳梁小丑鲁礼安》《妖为鬼蜮必成灾——关于鲁礼安的一批材料》。文章发表前，鲁礼安看过样稿，针锋相对撰写了《我回答你们》之一、之二、之三。

6月21日　下午，曾思玉在湖北省革委会召开的政工会上讲话，在讲到武斗问题时，说："一些武装集团，名义上什么保卫'三红'，实际上搞小集团专政，'铁军''江城前哨''敢死队''武工队'要统统取消"，'所有武斗集团要立即解散'。[14]

6月25日　"江城人民营救鲁礼安联合代表团"组织一百多辆卡车举行武汉全市大规模营救鲁礼安的示威游行。

7月16日　《扬子江评论》出版最后一期第12期。停刊后其人员并未停止活动。

7月29日　《扬子江评论》编辑部在湖北省话剧团召开会议，研究当前形势。黄石、湖南等地造反派数十人参加。

7月　中央发布"七·三""七·二四"布告，指示"立即停止武斗，解散一切专业武斗队"，"无条件交出抢去的解放军武器装备"。

8月15日　晚，武汉市革委会常委、新华工革委会副主任、红司（新华工）勤务员郭保安在原市人委礼堂观看慰问演出后，被预先埋伏的新华工敢死队绑架。新华工敢死队要求释放鲁礼安来交换郭

---

13 《"大人物"言论集》，武汉钢二司司令部，1968年6月。
14 《曾思玉同志在湖北省革命委员会召开的政工会上的讲话》（记录稿，未经本人审阅·1968年6月21日下午3点至6点30分）。

保安。事件发生后，曾思玉、刘丰等派人专门处理这一事件。新华工革委会、红司（新华工）于16日、18日、20日连续三次给中央发特急电报，"要求对一小撮反革命分子实行坚决地镇压。"[15] 26日晨，郭保安回到新华工。[16]

8月22日　曾思玉在湖北省办的几个地区十几个县的毛泽东思想学习班和省召开的几个专业工作会议的大会上讲话。在讲到反对"多中心论"、搞好清理阶级队伍时，曾思玉点了武汉"七·二九"黑会、鲁礼安、冯天艾和《扬子江评论》的名。曾说："在北京开了一个全国性的黑会。在'七·三'布告发布前夕，六月二十三、二十五、二十七日开了三次，'七·二四'布告"发布前夕，开了第四次黑会。如此频繁的黑会，其目的就是破坏毛主席的伟大战略部署，对抗以毛主席为首、林副主席为副的无产阶级司令部，建立一个反动的全国中心。我们武汉地区有的群众组织也派人参加，在会上还签了名嘛，名字我现在不点，希望他们与黑会划清界限，站错了队，站过来。这个黑会的头头，一个是广州'旗派'的吴传斌，一个是广西'四·二二'的朱仁，现已揪回批斗。""北京黑会之后，七月二十九日，紧接着在武汉又开了个黑会。有外地外省的一些群众组织，湖北也有几个群众组织派人参加了。""一个叫《扬子江评论》的刊物大家看到了吧，（有些人说：看到了）是打着'反多中心论'的旗号而大搞'多中心论'，打着红旗反红旗，炮打无产阶级司令部，恶毒地攻击党中央，制造反革命舆论，为资本主义复辟开道。告诉同志们，武汉的黑会是谁串连的？是华工四年级学生，所谓'敢死队'的副队长冯天艾。《扬子江评论》的反动主编是谁？也是冯天艾。'敢死队'的队长是谁？是鲁礼安。经过调查、对证、核实，鲁礼安写了一张反动的大字报稿，画了一张反动的图。铁证如山，现在我们宣布，将现行反革命分子鲁礼安逮捕法办。""同志们，我看了《扬子江评论》的口号报，它胡说什么'"钢·九·一三"在奔腾的扬子江水中揪出了武汉变色龙'，变色龙是谁？他说是'台上的能呼风唤雨的'，显然是指我。我在北京时就听说有的群众组织中一些人要揪我的变色龙，我不在乎。

15　1968年8月21日《新华工》第110期。
16　《三新中总通讯》，武汉红代会红司新北中通讯编辑部编，1968年9月。

现在我表示：第一，这是对我的攻击和诬蔑，我坚决反对；第二，我本着'对敌人要狠对自己要和'的精神，假如我真能'呼风唤雨'，在一瞬间我就把这些牛鬼蛇神淹死干净！这张口号报还胡吹什么'"钢九·一三"封《长江日报》的大方向全然没错'。我说，是大错特错。""现在有的群众组织的个别头头，不仅在那里吃老本，而且头脑膨胀，害浮肿病，被《扬子江评论》这样一些糖衣炮弹打中了。"[17]

  同日 下午，湖北省革委会办的毛泽东思想学习班大会在洪山礼堂召开，曾思玉在会上作报告，再次点鲁礼安和《扬子江评论》的名，并正式宣布逮捕鲁礼安。他说："七月二十九号在武汉也开了个黑会，有外省、有湖北的，在什么地方开会，我们都知道。（用手指洪山大礼堂）这个礼堂经常有人在这里活动，他开什么黑会？就是贯彻北京那个黑会的精神，攻击'七·三''七·二四'布告，干了很多坏事，造谣撞骗，造了很多很反动的谣言。"又说："大家看了《扬子江评论》没有？《扬子江评论》的内容极其反动，非常恶毒，是制造反革命舆论，为反革命复辟鸣锣开道的。《扬子江评论》的主编叫鲁礼安，新华工四年级的学生。这个现行反革命，开始我们把他拘留起来，现在逮捕法办了。""鲁礼安写了一张反动标语，画了一张反动的画，谁反对毛主席，谁反对林副主席，谁反对中央，谁反对中央文革，我们就打倒谁！""《扬子江评论》出了二十个口号，其中第八条口号说：'奔腾的扬子江，缚住了武汉的变色龙。'变色龙指谁？（用手指自己）是指台上的本人。他说武汉的变色龙是我，这是对我的诬蔑和攻击。第一我坚决反对，第二本着对敌人狠的精神，对牛鬼蛇神，要把它消灭得光光的。""我们要提高阶级警惕，《扬子江评论》的二十个口号里面还有一条：'钢九·一三'封闭《长江日报》大方向完全没有错。我说，错了，大错特错！"[18]

---

17 《曾思玉同志在湖北省办的几个地区十几个县的毛泽东思想学习班和省召开的几个专业工作会议的大会上的讲话》（记录稿，未经本人审阅·1968 年 8 月 22 日）。

18 《曾思玉同志在湖北省革委会办的毛泽东思想学习班大会上的报告》（记录稿，未经本人审阅·1968 年 8 月 22 日下午）。

8月23日　新华工革委会发出通告，说"新华工革命委员会坚决拥护和支持武汉军区、警司逮捕法办反革命分子鲁礼安和冯天艾的正确决定"，决定开除鲁礼安、冯天艾二人的学籍和团籍。

9月8日　下午，湖北省革委会召开毛泽东思想学习班座谈会，曾思玉、张体学等负责人和"浠水革联"对王仁舟进行面对面批判。

9月11日　张体学在省农村政治工作会议上讲话。在讲到两类不同性质的矛盾问题时，他说："经过反复的调查研究，王仁舟的问题不是人民内部矛盾，而是敌我问题，他是一个坏头头。"[19]

9月18日　华中工学院召开斗争鲁礼安大会。[20]

9月21日　华中工学院召开斗争冯天艾大会。[21]

9月26日　曾思玉在省农村政治工作会议上讲话。在讲到"阶级斗争，一抓就灵"问题时，他说："毛主席批示'照办'，有的人不但不照办，还说是'大毒草'，真是反动透顶！浠水'巴河一司'那个王仁舟私设公堂，说什么'枪就是不能交，这辈子不交，子子孙孙都不交，不但不交，还要制造。'你制造武器干什么？与毛主席的战略部署完全对抗嘛！群众一发动起来，把他扭送到警备区，变成了专政对象。""还有个问题，现在我们讲清楚，武汉除了《湖北日报》、《长江日报》、'三代会'的报纸以外，其他小报统统封闭。"[22]

1969年

2月24日　为解决"巴河一司"与"浠水革联"问题，湖北省军区派熊心乐参谋长率领工作组到黄冈地区帮助工作。[23]

3月25日　武汉锅炉厂造反派在厂内贴出第一张"反复旧"大字报。接着，全市多处闹市区出现"反复旧"的标语、口号报。

19　《张体学同志在全省农村政治工作会议上的讲话》（记录稿），湖北省革委会农村政治工作会议办公室，1968年9月25日，第4页。
20　华中工学院女学生宋昨非的日记（1968年4月-1969年12月）。
21　华中工学院女学生宋昨非的日记（1968年4月-1969年12月）。
22　《曾思玉同志在省农村政治工作会议上的讲话》（记录稿，未经本人审阅），湖北省革委会农村政治工作会议办公室，1968年9月26日，第7页，第14-15页。
23　《鄂境人民解放军"文化大革命"大事记要（1967-1976）》，未署编者，第26页。

4月5日　武汉工代会召开常委会,决定进一步在全市发动"反复旧"运动。9日晚,朱鸿霞、吴焱金在六渡桥演讲,动员"反复旧"。11日晚,朱鸿霞、李想玉、吴焱金合写的《人类解放我解放,洒尽热血为人民》大字报在汉口水塔贴出,鼓动"杀向社会反复旧",震动武汉三镇,传抄不计其数。23日至31日,武汉红代会召开常委扩大会议,支持"反复旧"运动。

4月　"九大"召开期间,毛泽东问:"朱鸿霞为什么没有来?"曾思玉答:"他不是党员。"毛泽东说:"不是党员,可以照顾一下嘛!"次年8月,中央指示要朱鸿霞作为四届人大代表。曾思玉说:"他可以作为右的代表嘛!"[24]

4月27日　"反复旧誓师大会"在汉口工艺大楼前召开。

5月1日　张春桥说:"武汉反复旧不对,搞复旧也不对嘛。"[25]张的说法引起湖北当政者不满。10月,曾思玉在省革委会扩大会议上说:"有人把手伸到武汉来了,我要斩断他的黑手。"[26]次年1月,张昭剑在北京学习班召集朱鸿霞、胡厚民等人追查"反复旧"的后台时说:"这个人不是王、关、戚,也不是孟、刘、张,此人在中央,比刘、曾大,你们联系反复旧来讲嘛!不是王效禹。""联系上海嘛","你们不要有顾虑,你们是不是看这个人没有倒,你不敢讲,不要怕,我们也有后台嘛!""曾、刘也有后台嘛,你们要跟曾、刘"。[27]8月24日下午,在九届二中全会中南组会议上,刘丰不点名批评张春桥:"有的人,一不会种田,二不会做工,三不会打仗,对解放军没有感情,他懂得个屁。"[28]

5月8日　在武汉市革委会常委会议上,反对"反复旧"与支持

24　《林彪反党集团死党刘丰、活党曾思玉在湖北推行林彪的"克己复礼"极右路线的初步材料(一百条)》,劲正茂整理,1974年3月15日,第7页。
25　《林彪反党集团死党刘丰、活党曾思玉在湖北推行林彪的"克己复礼"极右路线的初步材料(一百条)》,劲正茂整理,1974年3月15日,第7页。
26　《林彪反党集团死党刘丰、活党曾思玉在湖北推行林彪的"克己复礼"极右路线的初步材料(一百条)》,劲正茂整理,1974年3月15日,第7页。
27　《林彪反党集团死党刘丰、活党曾思玉在湖北推行林彪的"克己复礼"极右路线的初步材料(一百条)》,劲正茂整理,1974年3月15日,第7页。
28　《打倒林彪死党刘丰——刘丰反革命罪行材料》(根据省座谈会议记录整理),1974年3月5日,第2页。

"反复旧"的常委之间发生激烈争论。

5月11日　武汉地区革命工代会委员扩大会议在汉江客轮上召开。会议制定《关于湖北省武汉地区目前无产阶级文化大革命若干问题的决议》,决定向市革委会派出"工人调查团"。《决议》说:"革命委员会的建设面临着复辟的危险。省、市革委会工作人员均由原来中央审批的九十多人膨胀到一千人以上。复活旧的湖北省委和武汉市委。群众总结为:拼凑老班子,恢复老样子,还走老路子。""在整个湖北省、武汉地区发动了对湖北省革命委员会常委、武汉地区革命工代会主任胡厚民等同志的长达半年之久的反革命围剿。""各级工代会组织要迅速健全起来,巩固革命大联合和革命三结合。凡是被夺权的地方要重新把权夺回来,组织起来,加强领导。""和红代会、贫代会一道,同一切反对资产阶级复旧、保卫无产阶级文化大革命伟大成果的广大革命人民一道,团结一切可以团结的力量"。[29]

5月12日　周恩来等接见湖北、武汉、省、市革委会群众代表。

5月16日　"工人调查团"发出公告,指责市革委会破坏"一元化领导","搞复旧"。17日,"工人调查团"进驻市革委会,要调查市革委会的工作组和干部情况,试图批斗一些重新工作的领导干部。

5月18日　武汉市革委会向市工代会发出通知,指出工代会的"工人调查团"进驻市革委会并发表公告和声明是错误的。

同日　《扬子江评论》在江汉路水塔下贴出大字报《沧海横流,方显英雄本色》,提出"当前的主要问题是资产阶级反动路线与工人内部右倾机会主义""不能靠谈判,而要继续战斗""镇压《扬子江评论》就是复旧的开始"。

5月19日　晨,周恩来等在北京接见湖北省、武汉市革委会部分常委和"九大"代表。针对5月11日武汉工代会《关于湖北省武汉地区目前无产阶级文化大革命若干问题的决议》问题,康生说:"从决议本身来讲,不是什么简单的错误,是一个三反决议,反对毛主席亲自主持的'九大',反对人民解放军,反对新生的红色政权,因此

---

29 《武汉地区革命工代会委员扩大会议关于湖北省、武汉地区目前无产阶级文化大革命运动中若干问题的决议》(1969年5月11日)。

是反动的决议"[30]，并指出 17 日市工代会以调查团的名义进驻市革委会是错误的。

晚　周恩来等接见原三新代表，再次指出"工代会决议是错误的。"[31]

5月22日　武汉三十三中高中生肖铁人（肖务农）创办刊物《百舸争流》。肖本人不是"决派"成员，但观点与"决派"大致相同。

同日　《扬子江评论》贴出《夏日方知扬子潮》和《工人阶级现在需要什么》两张大字报，提出"反复旧要大干特干""要把反复旧运动进行到底"。

5月27日　中共中央印发《中共中央同意"湖北省革命委员会关于解决武汉'反复旧'问题的报告"》（即"五·二七"指示）。省革委会的报告说：在"九大"开幕以后，"武汉市工代会主要负责人和省市革委会的个别同志，在极'左'思潮的影响下，在武汉市发动了所谓'反复旧'运动"，"把工代会凌驾于革委会之上，把矛头指向解放军，指向革委会，指向革命干部。这在实际上就背离了毛主席的伟大战略部署，不利于贯彻执行'九大'提出的各项战斗任务。""五·二七"指示下达后，反复旧运动中成立的群众组织全部解散，成规模的群众行动不再出现。

同日　晚，周恩来等在人民大会堂东大厅再次接见湖北省、武汉市革委会常委和"九大"代表。周恩来指出，"反复旧"运动把矛头指向省、市革委会、人民解放军和革命干部，把工代会置于一切之上，是不符合毛泽东关于"革命大联合""三结合"和"一元化领导"的。朱鸿霞等在中央领导人面前表示承认错误，改正错误。在谈到"决派"问题时，周恩来说："现在查出，确实有坏人，阶级敌人跳出来了，这也是好事，这就不同于群众，不同于你们群众组织的负责人喽，他们要为他们翻案，坏人跳出来是好事。26 日消息，他们要给有些人翻案，'决派'你们知道吗？（众：知道）'决派'写的《工

---

[30]《中央首长接见湖北省武汉市革委会代表讲话》，1969 年 6 月印。
[31]《中央首长接见湖北省武汉市革委会代表讲话》，1969 年 6 月印。据杜先荣讲："经我们向三新主要头头张立国、龙铭鑫等人反复查证，周恩来等中央首长没有单独接见过三新代表。"

人阶级现在需要什么》为'决派'翻案,为现行反革命分子鲁礼安翻案。鲁礼安是那里的?(张立国、郭保安:是我们学校的学生,他父亲、母亲都是国民党员)啊,是学生!《扬子江评论》报共收了四份,还为鲁礼安、冯天艾翻案,冯天艾是那里的呀?(张立国、郭保安:是我们学校四年级学生)呵,也是新华工的学生。《扬子江评论》是反动思潮,属于省无联类,他们批评工代会在反复旧中有些右倾思想,你们'左'了,他们说你们有右倾思想。(曾思玉:第四期他挑拨钢新关系)钢新团结,我们找几个学校座谈,也谈新钢一定要团结,那很好。他们还说:你们不要把希望寄托于会谈的结果。我们这是会谈吗?是国共谈判,到底谁是国民党?过去有些反动的说是'国共会谈',一种说法是'延安'?'西安'的问题,他说,不要妥协,不要只局限于打倒张体学。那就不光是打倒张体学,他们还要打倒一批。除《扬子江评论》外,还搞了一个刊物《百舸争流》。在浠水搞了个巴河一司。(龙铭鑫:巴河一司头头王仁舟是一个反革命分子)为现行反革命分子王仁舟翻案,还有长航分公司为日伪汉奸胡体安翻案,公开跳出来对军代表说:'你们弄得我家破人亡'。"[32]

6月1日至5日 武汉市革委会召开常委(扩大)会议,传达贯彻中共中央关于处理武汉"反复旧"问题的文件。会后,市革委会常委分头下到各区、各单位,帮助传达贯彻中央文件,做好处理"反复旧"问题的工作。[33]

6月初 《扬子江评论》贴出"工代会必须监督革委会""工代会要掌权"的口号报。[34]

9月1日 在全省通讯报道工作会议上,武汉军区潘振武副政委讲话。在讲到报纸、广播的重要性时,他说:"汉口中山大道六渡桥、水塔一带,很长时间,曾被一小撮反革命分子霸占着,搞了个《扬子江评论》,与无产阶级政权、人民解放军对立,同我们作斗争。他

---

32 《中央首长关于湖北、武汉当前无产阶级文化大革命的重要讲话汇编》(1969年5月整理于北京京西宾馆),第53-54页。
33 《中共武汉党史大事记》(1919-1987),中共武汉市委党史办公室,武汉大学出版社,1989年10月,第240页。
34 《中国共产党武汉历史》(第二卷),中共武汉市委党史研究室著,中共党史出版社,2011年6月,第438页。

们以极'左'面貌出现，散布无政府主义，欺骗群众，汉口闹市中心的这个阵地，就被他们占领着。曾司令员说了，《扬子江评论》是很反动的，要和它作斗争，它的文章一出来，就在上面写上'毒草！毒草！毒草！'但是，有的人就是不敢贴。他们在那里简直称王称霸。宣传'七·二三'布告时，一个单位去写标语被打跑了，第二个单位去写，又打跑了，警司去写标语，也挨了打，解放军还是坚持写。群众有了觉悟，见他们打解放军，把他们抓了几个，以后，他们就不敢动了。《长江日报》很快报道了两篇群众来信，文章不长，很好，很及时，使群众知道了他们在干什么。"[35]

9月11日　湖北省革委会发出《通令》，要求"凡由少数人私自建立的所谓'工代会''工代筹''革命造反司令部'和非法建立的'革委会'等组织，以及各种形式的另立山头、重拉队伍，都是非法的，要强令他们立即解散。"

9月20日　武汉市公安机关正式逮捕"《扬评》骨干分子"冯天艾、蔡安保、甘勇、周凝淳、张志扬、童丹、马业成、田国汉、严琳等九人。

同日　曾思玉指示："《扬评》问题经过一年多的调查，现在结案了。你们要注意：不要以为由此天下太平了，要加强敌情观念，不能兴高彩（采）烈，喜笑颜开，得意忘形。"[36]

9月27日　中共中央发出[1969]67号文件《中共中央对武汉问题的指示》（即"九·二七"指示）。这个指示是根据武汉军区党委给中央的请示报告作出的，但没有附上武汉军区党委的报告。报告不以省革委会的名义而用武汉军区党委的名义给中央写报告，绕开了省革委会里的造反派。指示说："在武汉市出现的所谓'北斗星学会''决派'这类地下组织，幕后是由一小撮叛徒、特务、反革命分子假借名义、暗中操纵的大杂烩。""必须坚决取缔"；"所谓《扬子江评论》，是一些叛徒、特务、反革命分子幕后操纵的反动刊物，肆无忌惮地放毒，必须查封"。这个文件下达之前，湖北省公安机关军管

---

[35]《武汉军区潘振武副政委在全省通讯报道工作会议上的讲话》（1969年9月1日记录稿，未经本人审阅），大会秘书组整理，第7页。
[36]《曾思玉黑话集》，武汉重型机床厂批林批孔办公室，1974年4月，第17页。

会已逮捕中央点名的"北决扬"有关人员和《扬子江评论》的主要编撰人员。

10月3日至28日　湖北省革委会召开扩大会议，传达贯彻中央"九·二七"指示，全省地市以上群众组织头头被扩大到会，参会人员2000余人。会议的主题是揭批"北决扬"，但"北决扬"的骨干和"幕后操纵者"未按惯例押到会场批斗，以造反派为斗争对象。70余人在大会上发言，矛头指向造反派头头，把参加"反复旧"的人当成"北决扬"分子批判。高压之下，造反派头头们放弃抵抗，检查错误，互相揭发，自诬诬人。大会后，湖北省和武汉市针对造反派头头举办"五不准"学习班，参加省学习班的有1500余人，参加市的有1300余人，各县、区、公社、系统、厂矿层层举办，参加人数达到空前规模。这些学习班，把各级群众组织头头作为"北决扬"进行清理。

10月初　湖北省、武汉市公安机关军管会成立"北、决、扬"专案办公室。

10月4日　武汉市革委会召开有线广播大会，传达贯彻"九·二七"指示精神。方铭在讲到《扬子江评论》问题时说："'北斗星学会'是'决派'的前身，《扬评》是'决派'的喉舌，是反动的理论刊物。他们不择手段，制造谣言，散布各种反革命的流言蜚语，大搞反革命复辟。他们极力鼓吹乱军思潮，妄图毁我钢铁长城；他们极力鼓吹二次革命论，散布抢枪乱军，疯狂制造造反派受压论，破坏清理阶级队伍；他们极力鼓吹所谓反考派斗争，把矛头指向无产阶级司令部；他们大肆鼓吹不搞反复旧的反复旧，破坏五·二七指示的落实。他们有一整套反革命纲领，有一整套反革命的班底。我每次会都讲过，《扬评》要批判，我们的同志要与它划清界限。""为什么《扬评》前段批判不起来呀，为什么不叫批？什么原因，什么问题，就是有人把它保护起来。""这几个人，我们在9月19日把他们[37]抓起来了（热烈鼓掌）"，"中央讲得很清楚：必须立即逮捕，依法惩办。""9月20号又逮捕了《扬评》骨干分子9人，连同去年逮捕的鲁礼安，共13人，

37　指王盛荣（"二十八个半"之一）、干毅（华中工学院教授）、周越森（华中工学院附中校长）三人。

粉碎了这一小撮阶级敌人罪恶阴谋,取得了对敌斗争的胜利。现在主要是搞了浮在表面上的敌人,还有些人我们还要看一看。在这次逮捕的9个人当中,有两个人震动大一点,阎林[38],再生橡胶厂工人,是三阳路流氓头子","田国汉,湖北印刷厂(应为"武昌印刷厂"——本书编者注)工作,《扬评》的印发和他有直接的关系。"[39]

10月中旬至1971年4月 《湖北日报》《长江日报》两家大报持续开辟大批判专栏,发表批判"北决扬"的文章,报道各地、各单位批判"北决扬"情况。在一年半时间里,共刊出关于"北决扬"的批判文章、评论、报道、照片等145篇(幅)。

10月16日 曾思玉指示:"你们一定要掌握批判《决派》《扬评》《北斗星学会》这个反动思潮的主题……联系'反复旧'等等这些问题。"[40]

10月25日 在武汉军区支左大单位负责人会议上,张玉华布置把批"北决扬"作为清理阶级队伍的重要组成部分。

10月27日 曾思玉在省革委会扩大会议上说:"你们那个工代会已经成了《扬评》的防空洞。"[41]

11月2日至29日 黄冈地区革委会召开(三级)扩大会,对与"北决扬"有牵连的"巴河一司"头目进行重点批判。[42]

11月5日 中共中央举办湖北问题毛泽东思想学习班,着重解决"反复旧"和"北决扬"问题。湖北省和武汉市群众组织负责人以及有关人员1319人(第一批)赴北京学习。这个学习班从11月开始,到次年6月结束。[43]

12月30日 武汉市革委会写出关于组织批斗王仁舟等人的情况报告。自11月28日至翌年2月27日,武汉市共组织批斗大会51

---

38 阎林,即"严琳"。
39 《方铭同志的讲话》(记录整理稿·1969年10月4日),第9-12页。
40 《曾思玉黑话集》,武汉重型机床厂批林批孔办公室,1974年4月,第8页。
41 《曾思玉同志在湖北省革命委员会扩大会上的发言》,湖北省革命委员会办事组印,1969年10月27日,第8页。
42 《中国共产党湖北省浠水县历史》(第二卷),浠水县档案馆著,中共党史出版社,2021年11月,第285页。
43 《中国共产党湖北历史大事记》(1949年5月-1993年12月),中共湖北省委党史委员会编,中共党史出版社,1996年7月,第121页。

场，参加批斗大会的达 18 万人次。[44]

1970 年

1 月 17 日　在中央办的湖北班上，陈伯达说："武汉第一位的问题是清查'5·16'"，"武汉是'5·16'的仓库、保险柜、根据地、据点、大后方"。"保险柜的钥匙在你们手里，武汉的'北、决、扬'是'5·16'变种。"3 月 11 日，曾思玉在省积代会上向全省发出大抓"5·16"的动员令，他说："武汉、黄石成了'5·16'的保险柜、根据地、据点、仓库。"[45]

1 月 31 日，2 月 5 日　中共中央发出三个关于"一打三反"的文件。曾刘将"两清一批"纳入"一打三反"运动，将清查"五·一六""北决扬"作为"一打三反"的重点。

2 月 25 日　曾思玉指示："当前要狠抓三个文件[46]……，要强调现行反革命，'北、决、扬''5·16'是我们工人阶级广大革命群众的共同敌人。"[47]

3 月 12 日　曾思玉在湖北省首届活学活用毛泽东思想积极分子代表大会上说："当时汉口六渡桥一带成了'北、决、扬'大造反革命的舆论阵地。在一次省革命委员会常委会上，我严厉批判了他们。胡厚民、朱洪霞却说，那是几个小娃娃搞的，曾、刘、张接见一下他们就完事了。我还讲过，工代会和'北、决、扬'在一起吃饭、拉屎、睡觉，吃人民的饭，干反革命的事。他们就不吭气。""从武汉地区阶级斗争事实看，'北、决、扬''五·一六'是一个反革命阴谋集团。武汉和黄石市成了它的'保险柜''根据地''据点''仓库'。"[48]

3 月 16 日　谢富治跟纪登奎讲，纪登奎跟曾刘讲："'北、决、

---

44 《中共武汉党史大事记》（1919-1987），中共武汉市委党史办公室，武汉大学出版社，1989 年 10 月，第 342 页。
45 《林彪反党集团死党刘丰、活党曾思玉在湖北推行林彪的"克己复礼"极右路线的初步材料（一百条）》，邵正茂整理，1974 年 3 月 15 日，第 5 页。
46 即 1970 年中央关于开展"一打三反"的 3、5、6 号文件。
47 《曾思玉黑话集》，武汉重型机床厂批林批孔办公室，1974 年 4 月，第 17 页。
48 《曾思玉同志在湖北省首届活学活用毛泽东思想积极分子代表大会上的讲话》（湖北省首届活学活用毛泽东思想积极分子代表大会秘书处，1970 年 3 月 12 日），第 23 页，第 28 页。

扬'与'三钢'挂钩是不行的,一联系就不得了。"同日又一次指示:"七百多人的一个工厂,有 155 个决派,这样的材料要打个问号,搞上四、五百人,你们骑在老虎上。"曾思玉说:"我骑在水牛上,愿意上就上,愿意下来就下来。"[49]

3月23日　曾思玉指示:"当前还是要狠抓三个文件的贯彻落实,你们不是说要认真总结一下这方面的工作吗?现在外地都很注意我们抓'5·16''北、决、扬'的情况,是有影响的。"[50]

5月27日　陈伯达在北京学习班说:"可以对胡厚民进行批判","批斗、批判是一回事嘛"。6月份,在一个全省会议上,胡厚民被作为"北决扬"的主要幕后操纵者、总头目、黑后台进行批判。[51]

6月6日　湖北省革委会在武昌召开扩大会议,批斗胡厚民和李湘玉等人。

7月31日　曾思玉指示:"要注意,不要急于定性,特别是决派问题,现在一个也不要点头或摇头。"[52]

1971 年

1月10日　浠水县委召开全县广播大会,动员清查"五·一六"和"北决扬"。县委 7 名常委中,有 5 人抓"两清"运动,县委书记亲自办点,还配备了 21 人的工作专班。[53]

1月17日　曾思玉在湖北省"两代会"上说:"要继续批判王、关、戚、'五·一六''北、决、扬'的反革命罪行,要把'北、决、杨'总头目胡厚民的'三个反对''三个重建''三个长期斗争'的反革命黑纲领,批倒批臭。对这个反革命地下组织及其反革命喉舌《扬子江评论》,要系统地批,深入地批,彻底肃清它的流毒。"[54]

49《这也算是揭发?!》(第九号简报),1974 年 2 月,第 4 页。
50《曾思玉黑话集》,武汉重型机床厂批林批孔办公室,1974 年 4 月,第 17 页。
51《林彪反党集团死党刘丰、活党曾思玉在湖北推行林彪的"克己复礼"极右路线的初步材料(一百条)》,劲正茂整理,1974 年 3 月 15 日,第 6 页。
52《曾思玉黑话集》,武汉重型机床厂批林批孔办公室,1974 年 4 月,第 24 页。
53《中国共产党湖北省浠水县历史》(第二卷),浠水县档案馆著,中共党史出版社,2021 年 11 月,第 286 页。
54《曾思玉同志在湖北省"两代会"上的讲话》(1971 年 1 月 17 日),第 6 页。

2月中旬 浠水县召开全县揭批大会，批斗王仁舟等。城关地区设立中心会场，各区、公社设立分会场，共有 26 万余人参加大会。至 12 月底，该县揭发出"北决扬"线索 348 人，立案 88 人，基本落实 27 人。[55]

3月1日 中共武汉军区委员会、中共湖北省革委会核心小组根据 2 月 8 日《中共中央关于建立五·一六专案联合小组的决定》，建立湖北省驻军和地方"五·一六""北决扬"专案联合小组。小组由 11 人组成，马兆昆为组长，田文、薛瑛为副组长。全省清查"五·一六""北决扬"运动全面展开。"两清"重点地点是武汉，武汉"两清"重点对象是"北决扬"。清查"五·一六""北决扬"工作自此全面展开。

4月1日 中共武汉市委成立武汉市"五·一六""北、决、扬"专案联合小组，旨在全面清查"北、决、扬"。到 1971 年底，武汉市专案小组掌握大案 26 件，各区、局及大单位掌握大案 238 件，认定属于"北、决、扬"的 74 起。[56]由于政策过"左"，标准不清，造成扩大化问题，全市认定"五·一六""北、决、扬"分子达数万人。后为落实毛泽东"搞过了一点"的指示，经过重新复查，至 1973 年审查结束时，最后认定参加"北、决、扬"组织的为 177 人，其他人都作了否定的结论。

4月25日 曾思玉指示："要认真清查'五·一六''北、决、扬'的工作，继续把'一打三反'抓紧。"[57]

9月13日 晨，林彪叛逃事件发生后，周恩来打电话给曾思玉，说：可以告诉刘丰。刘丰知道后不相信，说"不是吧！要是他，损失太大了"。[58]

---

55 《中国共产党湖北省浠水县历史》（第二卷），浠水县档案馆著，中共党史出版社，2021 年 11 月，第 287 页。
56 《中国共产党武汉历史》（第二卷），中共武汉市委党史研究室著，中共党史出版社，2011 年 6 月，第 440 页。
57 《曾思玉黑话集》，武汉重型机床厂批林批孔办公室，1974 年 4 月，第 18 页。
58 《打倒林彪死党刘丰——刘丰反革命罪行材料》（根据省座谈会议记录整理），1974 年 3 月 5 日，第 4 页。此事另一版本是："林贼仓皇出逃事件发生后，刘丰听到消息，说：'不是吧！'又说：'最好不是他，是他损失就太大了。'"见《林彪死党刘丰的反革命言行（材料汇编）》，中共湖北省委办公厅编印，

10月30日　曾思玉、刘丰、方铭、张体学等10个领导人奉命进京开会，清查、揭发林彪插手武汉的罪行。

11月17日　曾思玉等10人向毛泽东、党中央写出《学习汇报》，认为"来京学习，经中央领导同志帮助，曾思玉的态度基本上是好的，检查自己上了贼船，犯了严重的方向、路线错误。刘丰却躲躲闪闪，避重就轻，态度十分恶劣"。

11月中旬　刘丰被撤职，定为"林彪反党集团死党"，在隔离审查期间服安眠药自杀未遂，1973年被开除党籍。

11月20日　晚，毛泽东接见武汉地区曾思玉等9个领导人，指示：目前有那么一些人，跟着副统帅，跟着他上当，不光彩。还是跟着党，不要跟着个别人。统帅也好，副统帅也好，个别人容易起变化。五十年起了十次变化嘛，有许多都是跟着个别的人。我跟的是路线，你领导者路线正确，我跟，至于你路线不正确，我不跟。毛泽东在接见曾思玉时，针对"北决扬"问题指出"你那里有'北、决、扬'，要注意政策。我跟你讲了，你不相信，你又搞过了一点。"曾思玉回汉后，首先向省委书记作了传达，传达时抽调了"要注意政策"一句。

12月7日至25日　中共湖北省委全委（扩大）会议与武汉市委全委（扩大）会议同时召开。会议传达湖北省、武汉市领导人去中央开会的情况，对刘丰进行背靠背的揭发、批判。会上，曾思玉、方铭对其所犯严重错误各自作了检查。会议对曾思玉、方铭进行了批评和帮助，同时对张昭剑压制群众、捂盖子的问题进行了批评。

1972年

1月17日　中共武汉市委发出《关于扩大刘丰罪行传达范围的通知》，决定将刘丰罪行传达到党的支部。

3月2日　武汉军区"三办"主任刘志在省"两清"骨干会议上讲：这些人有反革命经验，他们是林彪集团的死党。会上放映了电影《三打白骨精》。[59]

1974年7月，第21页。
59　《这里　那时　潮起潮落——武汉锅炉厂文革纪事》，王光照著，中国文化传播出版社，2013年5月，第373页。

3月5日至4月4日　中共武汉市委召开工作会议。会议学习《毛主席在外地巡视期间同沿途各地负责同志的谈话纪要》,批判了《"571工程"纪要》。这次会议,在肯定市委工作成绩的基础上,检查了市委工作中存在的问题,其中一个问题是"斗、批、改抓得不紧,政策落实不够,在清查'五·一六''北、决、扬'的斗争中'搞过了一点'"。

3月13日　中共湖北省委印发《关于成立湖北省清查"五·一六""北决扬"专案办公室的通知》。通知说:"省委决定:撤销原湖北省驻军和地方'五·一六''北、决、扬'专案联合小组及其办事机构。在省委直接领导下,成立湖北省清查'五·一六''北、决、扬'专案办公室。"

5月17日　中共湖北省委发出《关于清查"五·一六""北、决、扬"问题》(鄂发[1972]35号文件)的指示,指出全省从1969年下半年陆续开始的清查"五·一六""北、决、扬",大方向是正确的,主流是好的,存在的主要问题是"搞过了一点"。但也有的单位对清查工作抓得不紧,决心就不大。有的"五·一六""北决扬"的骨干分子和幕后操纵者还没有挖出来。在"搞过了一点"的问题上,要落实政策,进行重点清查,清理大事件。

5月18日　曾思玉在全省政治工作座谈会上讲话。在讲到"当前政治工作的头等任务"时,曾说:"继续清查反革命阴谋集团'五·一六'和反革命地下组织'北、决、扬'的幕后策划者和操纵者。"[60]

6月5日　湖北省革委会印发全省政治工作座谈会文件《关于狠抓阶级斗争,推动斗批改继续深入发展的意见》,《意见》说:"对过去作为'五·一六''北、决、扬'问题审查的人,要按照省委文件的规定,本着重证据、重调查研究的精神,逐个进行分析,做到心中有数,为解决'搞过了一点'的问题和重点清查作好准备。对于'搞过了一点'的问题,待省和武汉市总结试点经验以后,积极慎重地加以解决。"[61]

---

60 《曾思玉同志在省政治工作座谈会上的讲话》(1972年5月18日),第12页。
61 《关于狠抓阶级斗争,推动斗批改继续深入发展的意见》(全省政治工作座

6月6日　中共湖北省委批转《全省政治工作座谈会纪要》。《纪要》在讲到全省政治工作存在的缺点、错误时说："在清查'五·一六''北、决、扬'工作问题上'搞过了一点',但也有的单位对清查工作抓得不紧,决心不大,从全省范围看,有的'五·一六''北、决、扬'的骨干分子和幕后操纵者还没有挖出来"。[62]

6月中旬　武汉市召开政工会议,会议文件《关于狠抓阶级斗争,坚决打击反革命破坏活动的意见》指出："要上挂下联……狠批现行反革命破坏活动,狠批'5·16''北决扬'的反革命罪行和极'左'思潮,狠批边反边犯的行为","认真贯彻执行省委[1972]35号文件,继续重点清查'5·16''北决扬'的骨干和幕后操纵者","凡属'5·16''北决扬'的重大事件,都定为重大案件,报上级批准。""要认真清理过去所列的大事件。经过清理,凡属于'五·一六''北、决、扬'阴谋策划、制造的重大案件,应根据省委[1972]35号文件精神,报省批准立案。"[63]

10月6日　中共湖北省委印发《批转武汉市委<关于解决清查'五·一六''北、决、扬'工作搞过了一点的问题的试点情况报告>》。武汉市委的报告汇报了武汉市1972年8月份在武汉柴油机厂、第三十六中学、歌舞剧院、硚口百货商店等十一个单位进行的试点情况,列举搞过了一点的主要表现是:一、把一些犯有极"左"思潮错误的人,当作"五·一六""北、决、扬"问题审查。审查面宽了一点。二、对受蒙蔽参加了"决派"的一般成员,有的没有及时给他们放包袱。对查无实据的审查对象,没有及时否定他们的问题,挂的时间长了一点。三、个别单位有逼供、诱供、指供现象。报告介绍了试点工作的四个步骤:一、学习文件,统一思想。二、调查研究。三、作耐心细致的思想政治工作。四、采取适当形式,对群众进行教育。

11月21日　张体学在省委扩大会议上讲话,讲了九个问题,第

谈会文件之五),湖北省革命委员会政工组,1972年6月5日印发,第4页。
62　《批转<全省政治工作座谈会纪要>》,鄂发[1972]40号,中共湖北省委办公室,1972年6月6日印发,第6-7页。
63　《林彪反党集团死党刘丰、活党曾思玉在湖北推行林彪的"克己复礼"极右路线的初步材料(一百条)》,劭正茂整理,1974年3月15日,第17页。

七个问题是"认真解决在清查'5·16''北、决、扬'工作中搞过了一点的问题",说:"各级党委要按照毛主席关于'有反必肃,有错必纠'的指示,认真搞好清查'5·16''北、决、扬'的落实定案工作,按照党的政策进行处理。""要按照毛主席的指示和党的政策,以及省委的有关文件,认真解决过去清查工作中搞过了一点的问题。要做好工作,团结一切可以团结的力量,共同对敌。"[64]

1973年

2月23日 中共武汉市委召开市直部、办、委、各区、局、大单位负责人会议,由市委负责人宣讲社会动态。近期,以朱鸿霞、吴焱金为首的造反派提出"走河南道路,达上海目的"的口号,组织大字报上街,组织游行队伍,迫使省、市委承认在"两清"问题上犯了方向、路线错误,要求省、市委有造反派席位,并准备进京上访。

7月 孔庆德在专案人员汇报会上讲:"我们清查工作,查出了五·一六是成绩,查清了不是五·一六也是成绩。这个工作还要继续搞,这是阶级斗争、路线斗争,不能半途而废。对毛主席"搞过了一点"的指示已经贯彻了两年,我们还要继续搞下去,要搞到底,大家要安心,搞这个工作累死了也是光荣的。至少还要准备搞一两年。"[65]

12月 八大军区对调,曾思玉离开武汉到济南军区任职。26日,曾思玉在其调离前举行告别会见,他说:"湖北清查'五·一六''北决扬',搞了几十万,不该斗的斗了,不该抓的抓了,我心里也难受,很对不起,这个事情搞错了,向被整的同志道歉。"[66]

1974年

1月 由代洲、郑汉卿、孟强良三人写出为胡厚民翻案的大幅标

---

64 《张体学同志在省委扩大会议上的讲话》(1972年11月21日),中共湖北省委扩大会议秘书处,1972年11月21日印发,第11页。
65 《武汉地区批林批孔联合大批判小组第一次情况汇报》,转引自《生逢其时——文化大革命亲历记》(顾建业),银河出版社,2914年2月,第271页。
66 田力伟2002年采访刘汉武的记录,转引自《武汉地区文革纪实》(下册),本书编写组,中国文化传播出版社,2020年4月,第628页。

语，贴在六渡桥、武圣路、司门口、水果湖等处。30日，郑汉卿又写一篇"胡厚民们又上战场"的文章，呼吁为胡厚民翻案。

3月3日 晨，夏邦银、朱鸿霞、吴焱金、张立国等人接胡厚民、李湘玉出狱。

3月4日 中共湖北省委印发《关于当前批林批孔运动的几点意见》（通称"七条"），其中说："在批林批孔斗争中，要认真落实党的各项无产阶级政策。在清查'五·一六''北、决、扬'工作过程中出现的错误，应由刘丰负责，干部和专案人员没有责任，群众更没有责任。应团结起来，共同揭发和批判刘丰罪行，团结百分之九十五以上的干部和群众。群众之间不要互相攻击，不要纠缠某些问题，冲淡批林批孔。"

3月14日 中共湖北省委印发《关于湖北"两清"工作中的错误问题（草稿）》（通称"六条"）。16日，这个报告草稿传达到武汉市县、团级党委，许多基层党委纷纷发表《造反公告》，表示站在革命群众一边。王克文的传达稿说："中央指示清查'5·16''北决扬'是完全正确的，但是林彪死党刘丰违背中央指示精神，在很多单位，把在无产阶级文化大革命中带头冲击资产阶级反动路线的群众组织头头和积极分子，当作'5·16'清查。由于清查面大，时间长，致使许多单位结合到革委会中的群众代表，有的撤职，有的靠边，所造成的后果是十分严重的。这实质上就是否定无产阶级文化大革命中出现的新生事物，这是方向路线错误，是林彪死党刘丰干扰、破坏，同时有省委个别主要领导人要负责任。毛主席早在1971年11月就向省委个别主要领导人指出，你那里有'北决扬'，要注意政策，我跟你讲了，你不相信，你又搞过了一点。可是省委个别主要领导人不但不认真贯彻落实毛主席这一指示，反而在1972年5月18日全省政工会议上不讲搞过了一点的错误，又提出继续清查'5·16''北决扬'幕后策划者和操纵者，致使错误不能纠正，政策不能认真落实。"[67]

3月15日 武汉造反派以"劭正茂"（"少正卯"的谐音）名义

---

[67]《王克文同志传达省委关于"两清"工作中的错误向中央报告草稿》，中共湖北省委，1974年3月14日，第1页。

整理印发《林彪反党集团死党刘丰、活党曾思玉在湖北推行林彪的"克己复礼"极右路线的初步材料（一百条）》。这个材料说："林彪死党刘丰、活党曾思玉早就上了贼船，他们伙同在一起，在湖北极力推行'克己复礼'的极右路线。九大以来，特别是九届二中全会以后，背叛九大路线，极力配合林彪发动反革命政变；攻击无产阶级司令部；否定和推翻无产阶级文化大革命的伟大成果，残酷迫害、摧残无产阶级文化大革命涌现出来的新生力量；效忠林彪，不批林、不批陈、捂盖子、整群众、整干部、保自己，转移斗争大方向。"

3月21日　中共中央办公厅针对武汉地区一部分群众抓走正在武钢作报告的中共湖北省委书记赵辛初等人的举动和汉口武圣路发生侮辱妇女的事件，作出三点指示："一、随便抓走赵辛初等人是完全错误的；二、'七·二〇'事件不能翻案；三、流氓在街上侮辱妇女要认真严肃处理。"

3月28日　中共湖北省委印发《关于刘丰的反革命罪行材料》。这个材料在讲到刘丰"极力破坏和否定无产阶级文化大革命，对革命群众实行资产阶级专政"问题时说："刘丰歪曲中央关于湖北清查'北、决、扬'的'九·二七'指示，利用清查'五·一六''北、决、扬'之机，疯狂镇压革命群众。中央'九·二七'指示明确指出：'北、决、扬'是地下组织，幕后是由一小撮叛徒、特务、反革命分子操纵的。刘丰却在省革委会扩大会上，蓄意混淆两类不同性质的矛盾，把受社会思潮影响下的一些错误，与'北、决、扬'的反革命阴谋罪行混为一谈，把矛头指向原群众组织的一些负责人，并提出要孤立他们中'个别的顽固分子'，实行'充分暴露，坚决批臭，彻底孤立起来的方针。'刘丰在会议结束时的发言中，还说：一定要'扩大大会的成果'，'估计可能有少数人，出了会场，过不了几天，会搞翻案的'，'那就再批，一定要把他批倒批臭。'结果，使许多革命群众被当作'北、决、扬''五·一六'进行了审查和批斗。""刘丰极力抵制中央的指示，狂叫湖北清查'五·一六''北、决、扬'没有出现扩大化的倾向。'他在四月一日传达中央'三·二七'通知的讲话中，胆大包天，公开散布'湖北特殊论'，扬言'湖北地区不是扩大化的问题'。并大骂正确领会中央通知精神的同志是'动摇'，是'没有学好中央文件'，是'打了败仗害怕敌人的人'。他对把中央文件向学习班群众进行传达的做法，说是'拿到反革命分子面前去宣读'，是'糊涂'。他在同年四月八日的讲话中，还提出所谓'四个不急于'，继续搞扩大化，把他搞扩大化受审查的人，长期挂起来。使很多单位结合到革委会的群众代表，有的撤职，有的靠边站，个别的监护。"[68]

同日 张立国带领"赴市委揭盖子代表团"到武汉市委，查封了市委的"两清"专案材料。[69]

3月 省委决定将"北决扬"一案交湖北省高级法院审理。[70]

4月1日 一批造反派组成"赴军区攻'曾刘办'代表团"，到武汉军区召开由军区首长和造反派代表参加的座谈会，敦促军区新任首长揭批曾刘，解决曾刘"搞过了一点"的问题。会上，负责"两清"工作的武汉军区"曾刘办"（即"三办"）马兆昆、刘志、徐建交待了"扩大化"问题。造反派将座谈会情况以简报形式向社会公布。

4月8日 晚，周恩来、纪登奎等中央首长接见湖北省委书记赵修、武汉军区第一政委王六生、河南省委第一书记刘建勋，指示："湖北省委没有犯方向性路线错误，抓'5·16'是中央的指示，湖北按照中央的指示去做了，怎么说是犯了方向性路线错误呢？湖北前段抓'5·16'中是扩大化问题。"[71]

4月18日 中央领导与湖北学习班座谈。在谈到省委"六条"问题时，"纪登奎同志插话：'六条''七条'怎么搞出来的？赵辛初同志答：省市委讨论研究制定的。韩宁夫说：'七条'不但省市委，还有群众代表参加制定的，我是知道的，'六条'是匆忙出笼的，仅在常委扩大会上念了一次，讨论时意见不统一，长江日报3月17日

---

68 《刘丰的反革命罪行材料》，中共湖北省委办公厅，1974年3月28日印发，第5-6页。

69 《"四人帮"在湖北的黑干将、现行反革命分子夏邦银、朱鸿霞、胡厚民、张立国、董会明的罪行材料》，中共湖北省委运动办公室，未署日期，第56页。

70 《中国共产党湖北省委员会关于处理"北决扬"一案的批复》，鄂文[1979]70号，1979年12月4日，见宋永毅主编《中国文化大革命文库》光盘，2022年版。

71 《中央首长关于湖北问题指示》，武昌区工农兵翻印，1974年4月18日，第1页。

就刊登了[72]。赵辛初说:'六条'是赶太急了点,我们省委有责任,我个人也负有一部分责任。""洪文同志插话:毛主席、党中央对清查'5·16''北、决、扬'指示了,我们应该坚决照办,主席讲'搞过了一点'。""你们回去把犯一般错误的'5·16''北、决、扬'加以分清,好人犯错误和坏人破坏要区别开。""总理讲:首先肯定清查'5·16''北、决、扬'大方向是正确的,主席指示过了一点,就是扩大化了,错误还是严重的,一点是个形容词,就是扩大化,总不能说过了十点吧!张玉华同志回去高姿态作检查,把北京学习班情况告诉马兆昆同志。""对'两清'问题,你们湖北为什么把它说成犯了方向、路线错误,是向无产阶级司令部反攻倒算?是站在什么立场上说出来的话?主席说搞过了一点,就是扩大化了一点。并在'六条'上调子定得那么高,已经超过了主席指示。在这个问题(上),你们要在立场上转变观点,认识达到一致,不然弄得不好又会犯错误。""姚文元同志讲:清查'5·16''北、决、扬'要继续深入深挖,在批判林彪死党刘丰、孔老二'克己复礼'反动纲领同时,就要抓住林彪在湖北《'571工程'纪要》反动纲领一股借用力量。"[73]

5月22日 晚,中央领导等在人民大会堂接见湖北汇报会人员。在讲到曾思玉和刘丰的问题时,中央领导说:"对曾思玉的错误,不是不能批评,问题是混淆了两类不同性质的矛盾。""对刘丰要很好批,没有很好批是不对的。最近看了很多材料,对刘丰揭得不深不透,批也没有很好批。"[74]

5月23日 中共湖北省委印发鄂发[1974]38号文件《中央领导同志关于湖北问题的指示要点》。指示要点的主要精神是:一、"对林彪死党刘丰的罪行,是揭还是捂,这是一个重大的原则问题。"二、"对曾思玉同志在第十次路线斗争中犯了严重错误,本人检讨较好,毛主席、党中央比较满意。"三、"遵照毛主席、党中央的指示,清查

---

72 经查,1974年3月17日出版的《长江日报》没有刊登"六条"。
73 《中央负责同志接见湖北学习班座谈纪要》(1974年4月18日),第4-5页,第7-9页,第11页,第16页。
74 《中央首长接见湖北汇报会同志的讲话》(1974年5月22日晚9:00-12:00)。

'五·一六''北、决、扬'是完全必要的。"四、"坚定不移地团结百分之九十五以上的群众和干部。"五、"大张旗鼓地宣传、落实中央[1974]13号、14号文件的精神"。六、"充分发动群众,坚决打击阶级敌人的破坏活动。"七、"搞好批林批孔运动的关键是加强党的领导。"

5月25日　中共湖北省委、武汉军区召开地、师以上干部会和全省有线广播大会,传达《中央领导同志关于湖北问题的指示要点》。韩宁夫在会上说:"遵照毛主席、党中央的指示,清查'5·16''北决扬'是完全必要的。由于林彪反党集团及其代理人刘丰的干扰破坏,湖北省的'两清'工作发生了扩大化的严重错误。错误的根子在刘丰,我们省委也有责任。当时我在市委工作,也有责任。在毛主席指出湖北清查'北决扬''搞过了一点'后,由于我对思想政治工作抓得不够,落实政策的步伐不快,问题没有解决好,我也是有责任的。在前段批林批孔运动中省委把扩大化的错误,说成是方向路线错误,当时我虽然有病没有参加讨论,但知道了以后也没有提出意见,我也有错误的。我的错误,欢迎同志们批评、帮助。"王克文讲话说:"在前段批林批孔运动中产生的缺点错误,是在揭批过程发生的问题,但这些错误的教训,必须接受。这些缺点错误,主要表现在省委起草的'六条'中,违背了毛主席的有关指示,公开点了曾思玉同志的名,把曾思玉同志的错误同林彪死党刘丰的罪行讲在一起,混淆了两类不同性质的矛盾,并把'两清'扩大化的错误,说成是方向路线错误,这在政策上、组织上都是错误的,引起了干部群众中的一些思想混乱,对运动的健康发展带来了不利影响。我是省委的负责人之一,又是武汉市委的主要负责人,对于省委工作中的错误,我负有重要的责任;对于武汉市的工作,我更负有主要责任。下面的各级党委和同志们是没有责任的。"张玉华在发言中说:"省委分工,我是搞抓'5·16'的,主要是由我负责任的。由于我政治觉悟低,受刘丰影响深,比如刘丰接受了黄永胜71年初在京西宾馆抓'5·16'大事件,通过我向全省贯彻的。我还办了一个'5·16'罪行展览,把革命群众之间的正常往来当成非法来整,当反革命来整;办'五不准'学习班,对结合到各级革委会的干部、群众办'五不准'学习班,搞监护，有的被搞死了。我对不起毛主席，对不起群众、干部，我在这里向'两清'中被搞错了的领导干部、群众赔礼道歉，并欢迎同志们继续对我批评。"张玉华又说："清查'5·16''北决扬'是完全必要的。但刘丰的干扰破坏，发生了严重错误，我根据刘丰指示，封锁了中央'20号文件'，他在71年根据黄永胜指示，大抓'5·16'，他传达很快，抓得很紧。我排了湖北武汉大事记，把群众组织内部问题当成'5·16'大事件来搞，整了领导干部和群众。军内清查'5·16'也有严重错误。我的错误主要是没有认真执行20号文件，唯恐漏掉了，继续挖。71年发生扩大化，有的同志对我提出意见，我不但不收手，还坚持四个不急于，搞了再说。71年10月，我还说：'决心要大，步子要稳，方向要明'。71年底，说'搞过了一点'，我没有执行，没有很好落实政策。"[75]

5月27日　王克文在一次讲话中说："湖北在揭批刘丰问题上主流是好的，主要问题是点了曾思玉同志的名。毛主席肯定了曾思玉同志是搞阳谋的，不应把曾思玉同志的检查订在刘丰的罪行材料一起往下发。省委'六条'我主张发，我要负主要责任。"[76]

5月29日　中共武汉市委召开各区、局书记会议，王克文讲话。王克文在讲到"两清"问题时说："'两清'问题，在北京讨论时时候，不是主要问题。中央说，'两清'是有文件的，清理是正确的，不清理是错误的，清理的大方向是正确的。中央一提，争论不大。""省委'六条'，要中央三天答复，中央批评：你们为什么限制中央三天答复。后来未答复就公布了，这是违背组织原则的。这个问题省委负责，下面不作检查，一检查会影响不同观点争论"，"'两清'复职问题，赵修原来讲了：清错了要复职，只复委员、常委、副主任。现在改了，就不复了。如：办事组长，现在不一定是办公室主任。"[77]

6月上旬　中共武汉市委组织传达贯彻《中央领导同志关于湖

---

[75]《湖北省及武汉军区负责同志在湖北、武汉军区地、师以上干部会上的讲话》，中国人民解放军地3506工厂批林批孔宣传站翻印，1974年5月。
[76]《王克文同志5月27日讲话》（记录稿，未经本人审阅），中国人民解放军地3506工厂批林批孔宣传站转抄，1974年5月。
[77]《市委王克文等领导同志在区、局书记会议上的讲话》（1974年5月29日）。

北问题的指示要点》。

7月2日　中共武汉市委印发《市委常委揭批的刘丰反革命罪行材料》。这个材料在前言中说:"今年3月19日、3月27日和6月18日,市委常委同志们在常委扩大会上、区局领导干部会上,对林彪死党刘丰的反革命罪行多次进行了揭发批判,现按照中央领导同志《指示要点》精神,将揭发刘丰的材料综合整理出来,供大家开展革命大批判时参用。"内容包括六个方面:一、积极参与林彪反党集团的反革命政变阴谋活动,死心塌地为林彪复辟资本主义效劳;二、极力破坏无产阶级文化大革命,否定文化大革命的伟大成果,反对社会主义新生事物;三、破坏军政、军民、军队之间的团结,妄图分裂党、分裂军队、分裂工人阶级队伍;四、封锁、歪曲、篡改、对抗毛主席的一系列指示,反对"党指挥枪"的原则,严重破坏党的一元化领导;五、反对毛主席"抓革命,促生产"的方针,破坏"工业学大庆""农业学大寨"的群众运动;六、刘丰生活腐化,道德败坏。

7月17日　中共武汉市委上报《关于继续纠正"清查"扩大化错误落实政策的几个问题的请示报告》。报告提出:对"两清"中确实曾作为"五·一六""北决扬"审查,现在查清否定其问题的,单位领导人要与本人谈话,代表组织赔礼道歉,要认真退还和销毁有关材料,原则上应该恢复其职务。

1975年

6月4日　赵辛初在全省广播大会上讲话。在讲到落实政策问题时,他说:"我省经过批林整风、批林批孔,纠正'两清'中扩大化的问题,在政策上已经基本落实了。当然,还有些应该解决的具体问题,各级党委要抓紧解决。"[78]

1977年

年底　中共湖北省委运动办公室下发《"四人帮"在湖北的黑干将、现行反革命分子夏邦银、朱鸿霞、胡厚民、张立国、董会明的罪

---

[78]《赵辛初同志在全省广播大会上的讲话》,中共湖北省委办公厅印,1975年6月5日。

行材料》)。这个材料将"支持反革命地下组织'北决扬'"作为朱鸿霞的罪行之一,说:"1968年元月,朱鸿霞到华中工学院参加了《决派联络站》成立大会,吹捧反革命分子鲁礼安是革命闯将。宣扬反革命分子'王仁舟在巴河搞得不错',表示'坚决支持他们'。他还亲自审阅过《扬评》第十二期清样。"[79]

1979年

12月4日 中共湖北省委批复同意湖北省法院党组《关于处理"北决扬"一案的请示报告》。报告说:"现审查结果,'北决扬'不是由一小撮叛徒、特务、反革命分子暗中操纵的反革命组织。因此,此案不作反革命组织处理,按各人的具体罪行分别处理。鉴于这些被捕前大都是青年学生或工人(临时工),入狱十多年来,经过教育,大部分对自己的问题尚能认识,故予以从宽处理。对鲁礼安、冯天艾、蔡万宝、严琳免予刑事处分,对甘勇、童丹、马业成不以反革命论处,予以释放。""本着'给出路'的政策精神,由其所在地劳动部门安排,在集体企事业工作。"[80]

鲁礼安于1979年12月18日出狱。出狱后顶父亲职到船厂工作,80年代末进入外企工作。2005年出版长篇回忆录《仰天长啸:一个单监十一年的红卫兵狱中吁天录》(王绍光校,香港中文大学出版社)。2005年底辞职从杭州回到武汉,在照顾母亲的同时进行文革研究与写作。长期的监禁对他的健康造成不可挽回的损害,经常遭受失眠症折磨。2007年1月根据医嘱开始服用治疗抑郁症的药物。4月12日失踪,亲属报警并向社会求助后始终未能找到线索。

---

[79] 《"四人帮"在湖北的黑干将、现行反革命分子夏邦银、朱鸿霞、胡厚民、张立国、董会明的罪行材料》,中共湖北省委运动办公室,未署日期,第27页。
[80] 宋永毅主编《中国文化大革命文库》光盘,2022年版。

附录二："北决扬"主要成员简介

鲁礼安：1945年出生，湖北汉口人。华中工学院船舶工程系6556班学生，共青团员。1967年2月加入新华工"红司"，在《新华工》报当编辑，为该报撰写文章。4月初因写一篇文章被"红司"开除，遂与冯天艾等组建"新华工敢死队"，任队长。9月5日，创办小报《激扬文字》。9月7日，创办杂志《扬子江》（仅出了一期）。11月7日，与冯天艾等发起成立"北斗星学会"。12月10日，组建"决联站"，创办小报《扬子江评论》。1968年3月29日，鲁礼安被华工革委会关押，后逃脱。5月18日，被"铁山联防"扣押，数月后移交湖北省第一监狱拘押。8月23日被新华工革委会开除学籍和团籍。1979年12月获释，免予刑事处分。著有长篇回忆录《仰天长啸——一个单监十一年的红卫兵狱中吁天录》（王绍光校，香港中文大学出版社，2005年）。2006年4月离家出走，下落不明。

冯天艾：诨名"天猴子"，1944年出生，原籍江苏宜兴。华中工学院无线电工程系6243班学生，共青团员。"新华工敢死队"副队长，"北斗星学会"和"决联站"的主要发起人之一，《扬子江评论》编辑部主要负责人之一。文革初参加"新华工"。1968年8月23日，被新华工革委会开除学籍和团籍，后被拘押，罪名之一是"攻击周恩来"，周得知后多次叫释放回校，但湖北省仍将其关押不放。在十年关押中一度精神失常。1979年12月获释。后因脑溢血导致偏瘫。

杨秀林：武汉大学62级历史系学生，武汉大学"三司革联"成员，"北斗星学会"发起人之一，《扬子江评论》编辑部负责人之一。1969年被捕后长期监禁。

陈林：一作"程宁""程林"，华中工学院学生，新华工"红反团"成员，"北斗星学会"发起人之一。

童斌：华中师范学院政教系二年级学生，"北斗星学会"发起人之一。

蔡安保：一作"蔡万宝"，武汉无机盐厂临时工，原"工造总司"成员，后转变为"钢派"观点。"决联站"发起人之一，《扬子江评论》撰稿人员。1969年被捕。1979年12月获释。

袁建疆：别名"袁继姜"，诨名"袁大头"，1947年7月出生，四川成都人。武汉航空路中学学生，"钢二司"成员，"决联站"发起人之一，《扬子江评论》编辑部成员。2004年5月去世。

廖童焕：一作"廖章焕""廖焕章"，武汉七中学生，"钢二司"成员，"决联站"发起人之一，《扬子江评论》编辑部组织联络员。

郭仲藩：化名"林地"，武汉大学63级学生，武大"三司革联"成员，《扬子江评论》撰稿人员。鲁礼安被拘押后，曾参加营救活动。文革后任湖北师范学院教授、黄石市人大常委会副主任。

刘海英：女，诨名"牛打鬼"，武汉居仁门中学学生，"钢二司"成员，《扬子江评论》编辑部通讯联络员。

刘丽华：女，武汉市建筑工程学校学生，《扬子江评论》编辑部联络员。

冯卫东：学生，《扬子江评论》编辑部联络员。

王结：一作"王杰"，真名"王秋秋"，女，武汉居仁门中学学生，《扬子江评论》编辑部财务人员。

查天怡：女，学生，《扬子江评论》编辑部财务人员。

郑贞芬：女，学生，《扬子江评论》编辑部成员。

罗娜娜：女，学生，《扬子江评论》编辑部通信员。

附录三：《湖北日报》《长江日报》刊载的批判"北决扬"文章篇目

一、《湖北日报》发表的批判"北决扬"文章

任何时候都不可忘记阶级斗争（本报评论员，《湖北日报》1969年10月19日第1版）

抓紧革命大批判！把社会主义革命进行到底（通栏题）(《湖北日报》1969年10月19日第3版）：

扫除思想障碍，勇敢投入战斗（工兵向阳）

湖北艺术学院革命师生在工人、解放军宣传队领导下狠抓阶级斗争，挥戈上阵，口诛笔伐反革命"大杂烩"，深挖敌人，进一步巩固无产阶级专政（本报讯）

在复杂阶级斗争中两类矛盾混在一起怎么办？认真学习党的政策，深入调查研究，湖北大学工人、解放军宣传队在带领革命师生狠揭猛批反革命"大杂烩"战斗中，正确区分两类不同性质矛盾，团结一切可以团结的人，共同对敌（本报讯）

大抓活思想，大破"无关"论——原省直机关斗、批、改指挥部十一团坚决贯彻党中央战斗号召，围剿反革命"大杂烩"及其反动喉舌《评论》，推动斗、批、改深入发展（本报讯，《湖北日报》1969年10月21日第2版）

中国人民解放军是无产阶级专政的坚强柱石——彻底批判刘少奇破坏人民军队建设的罪行（卫三红、卫红军、红向阳，《湖北日报》1969年10月21日第3版）

坚持无产阶级的革命原则——驳反动的"多可论"（驻武汉钢铁学院工宣队、院革委会，驻武汉水利电力学院工宣队、院革委会大批判组，《湖北日报》1969年10月21日第3版）

必须强化无产阶级专政——痛斥反动《评论》对马列主义国家学说的恶毒攻击（驻武汉师院工宣队、武汉师院革委会革命大批判写作组，《湖北日报》1969年10月22日第3版）

深入开展革命大批判，狠揭猛批反革命"大杂烩"，从思想上肃清流毒，从组织上深挖敌人，驻武汉大学工人、解放军毛泽东思想宣传队带领全校革命师生，坚决贯彻执行党中央最新战斗号令，狠抓阶级斗争，加快斗、批、改步伐，进一步巩固无产阶级专政（本报讯，《湖北日报》1969年10月23日第1版）

武昌造船厂采取抓领导、领导抓、层层抓的方法，推动革命大批判蓬勃发展，向反革命"大杂烩"发起猛攻（驻武昌造船厂军宣队报道组，《湖北日报》1969年10月24日第1版）

武汉低压锅炉厂广大革命工人在军宣队的帮助下，坚决贯彻执行党中央的最新战斗号令，狠揭猛批反革命"大杂烩"及其反动喉舌《评论》所散布的反革命毒素，为进一步巩固无产阶级专政而斗争（照片）(《湖北日报》1969年10月24日第1版）

省革命委员会举办毛泽东思想学习班，坚决贯彻执行党中央各项战斗号令，为进一步巩固无产阶级专政而斗争（本报讯，《湖北日报》1969年11月4日第1版）

团结起来，为了一个共同目标，就是巩固无产阶级专政（《湖北日报》《长江日报》社论，《湖北日报》1969年11月4日第1版）

誓死捍卫无产阶级专政——痛斥反动《评论》对我国无产阶级专政的恶毒诽谤（红警兵、沙红文，《湖北日报》1969年11月5日第3版）

戳穿反革命"大杂烩"的诡计（本报工农兵通讯员毛泽东思想学习班，《湖北日报》1969年11月5日第3版）

"野牛精神"是"海瑞精神"的翻版（武钢灵乡铁矿革委会大批判小组，《湖北日报》1969年11月5日第3版）

经过整党建党后新诞生的武汉食品厂食品车间党支部，用毛泽东思想武装广大党员和革命群众，投入阶级斗争第一线，充分发动群众，狠揭猛批反革命"大杂烩"及其反动喉舌《评论》，彻底肃清反革命流毒，进一步巩固无产阶级专政（照片）(《湖北日报》1969年

11月5日第3版）

坚决拥护和保卫革命委员会——彻底批判反动《评论》污蔑和攻击新生红色政权的反动谬论（武汉锅炉厂工人评论组，《湖北日报》1969年11月16日第3版）

革命委员会是贫下中农的命根子（广济县红旗公社红旗大队湖下生产队贫下中农毛泽东思想宣传队队长郭太水，《湖北日报》1969年11月16日第3版）

武昌造船厂广大革命工人在驻厂解放军毛泽东思想宣传队的帮助下，活学活用毛泽东思想，深入开展革命大批判，在彻底肃清反动《评论》的流毒的斗争中，彻底消灭资产阶级派性（照片）（《湖北日报》1969年11月16日第3版）

增强无产阶级党性，消灭资产阶级派性（通栏题）（《湖北日报》1969年11月18日第2版）：

坚决消灭资产阶级派性（驻武汉师范学院工宣队评论组）
坚决同资产阶级派性彻底决裂（省革委会副主任朱鸿霞）
武昌造船厂充分发动群众深入开展革命大批判，增强无产阶级党性，大破资产阶级派性（武昌造船厂军宣队报道组）
增强党的观念，坚决服从党的领导，华中工学院广大革命师生狠批猛揭反革命"大杂烩"，决心从思想上、组织上、感情上退"派"（驻华中工学院工宣队指挥部报道组）

坚决地、无条件地、不折不扣地贯彻党中央最新战斗号令，抓紧革命大批判，进一步巩固无产阶级专政，省革委会直属机关召开批斗反革命"大杂烩"及其反动《评论》的黑后台大会，狠狠批斗了那个操纵反革命"大杂烩"的老反革命修正主义分子等一小撮阶级敌人，大长了无产阶级志气，大灭了阶级敌人威风（本报讯，《湖北日报》1969年11月27日第1版）

坚决把反革命"大杂烩"的黑后台斗倒批臭（《湖北日报》《长江日报》1969年11月30日）

"多可论"——叛徒哲学的诡辩术（驻武大工宣队六大队二十二连大批判小组，《湖北日报》1969年12月1日第3版）

"多可论"的实质是反对革命(解放军某部田坤一,《湖北日报》1969年12月1日第3版)

坚决贯彻执行党中央最新战斗号令,为进一步巩固无产阶级专政而斗争(通栏题)(《湖北日报》1969年12月10日第3版):

用毛泽东思想和党的政策发动群众武装群众,深入开展革命大批判狠狠打击一小撮阶级敌人,驻浠水县伍洲公社贫下中农、解放军宣传队认真落实党中央战斗号令,放手发动群众,狠揭猛批反革命"大杂烩"及其反动《评论》,进一步巩固了无产阶级专政(本报工农兵通讯员毛泽东思想学习班)

一条不折不扣的复辟资本主义的道路——揭穿反革命"大杂烩"鼓吹所谓"新道路"的反动实质(驻武汉师院工宣队、武汉师院革委会大批判写作组)

巩固工农联盟,加强无产阶级专政——痛斥反革命"大杂烩"所谓"农民问题没有解决"的谬论(浠水县伍洲公社芦花大队贫农社员蔡宋媛)

彻底剥掉反革命"大杂烩"的伪装(根据本报通讯员来稿综合整理,《湖北日报》1970年1月25日第3版)

武重供销科针对阶级斗争新动向继续贯彻党中央战斗号令,狠批反革命"大杂烩",深挖阶级敌人(武汉重型机床厂革委会报道组,《湖北日报》1970年2月5日第2版)

郧县农机厂革委会牢记毛主席"阶级斗争,一抓就灵"的伟大教导,狠抓革命大批判。图为革命工人在车间狠批反革命"大杂烩"肃清其流毒(照片)(《郧阳报》供稿,《湖北日报》1970年2月10日第1版)

革命舆论大显威力,"人民战争"所向无敌——武汉锅炉厂各级领导以党中央战斗号令为武器,带领群众挥戈上阵,口诛笔伐,围剿一小撮现行反革命分子、贪污盗窃、投机倒把分子,陷敌于"人民战争"的汪洋大海之中(驻武锅军宣队、厂革委会报道组,《湖北日报》1970年2月18日第2版)

武昌车辆厂以实际行动响应毛主席的伟大号召,狠抓阶级斗争,

发展大好形势（武昌车辆工厂革委会报道组，《湖北日报》1970年5月27日第4版）

深入开展革命大批判，发挥党的政策巨大威力，武汉体育学院开展"四想四查"活动，克服麻痹松劲情绪，狠抓对敌斗争，有力地推动了斗、批、改群众运动的深入发展（本报讯，《湖北日报》1970年5月27日第4版）

高举毛泽东思想伟大红旗，深入开展革命大批判（通栏题）（《湖北日报》1970年6月6日第3版）：

要善于辨别伪装拥护革命而实际反对革命的分子（卫文新）

批臭反动的"圈圈论"（华师一营二连革命大批判写作组）

极"左"就是真右（武汉水利电力学院六中队批判写作组）

高举毛泽东思想伟大红旗，深入开展革命大批判（通栏题）（《湖北日报》1970年6月10日第4版）：

剥开画皮，还其本相（卫文新）

发扬无产阶级革命造反精神——驳所谓"造反有罪"的反动谬论（驻武昌造船厂军宣队、武昌造船厂革委会大批判写作组）

高举毛泽东思想伟大红旗，深入开展革命大批判（通栏题）（《湖北日报》1970年6月18日第3版）：

反动的工团主义必须彻底批判（武志佐）

永远为无产阶级掌好权——斥"运动后期造反派丢权下台"论（李政）

高举毛泽东思想伟大红旗，深入开展革命大批判（通栏题）（《湖北日报》1970年7月12日第3版）：

誓死捍卫无产阶级专政——彻底批判反革命"大杂烩""三反对""三重建"的反革命黑纲领（武汉大学十九连二排）

高举毛泽东思想伟大红旗，深入开展革命大批判（通栏题）（《湖北日报》1971年2月2日第2版）：

为进一步巩固无产阶级专政而斗争——彻底批判反革命"大杂

烩"恶毒攻击无产阶级专政的反动谬论（驻武汉师院工宣队、武汉师院革委会革命大批判写作组）

不许敌人歪曲巴黎公社的原则——斥反革命"大杂烩""要公社不要革委会"的反动谬论（武□文、红警兵）

要把"一打三反"运动抓紧（通栏题）（《湖北日报》1971年3月6日第3版）：

要始终抓住革命大批判不放（短评）

武汉水利电力学院活学活用毛泽东思想，革命大批判开路"一打三反"运动深入发展（武汉水利电力学院工宣队指挥部报道组）

武汉港务局江岸作业区放手发动群众，革命大批判越批越深（武汉港务局江岸作业区革委会报道组）

念念不忘无产阶级专政——彻底批判反革命"大杂烩"煽动的无政府主义反动思潮（卫红政，《湖北日报》1971年3月12日第3版）

坚决捍卫马克思主义的国家学说——对"让步"论和反革命"大杂烩"鼓吹的反动的"国家论"必须彻底批判（武汉大学二大队六连革命大批判写作组，《湖北日报》1971年4月6日第3版）

二、《长江日报》发表的批判"北决扬"文章目录

驻湖大工人解放军宣传队引导革命群众克服妨碍大批判的错误思想，奋起毛泽东思想千钧棒，批透反动思潮肃清其流毒（本报讯，《长江日报》1969年10月11日第1版）

巩固无产阶级专政，必须抓紧革命大批判（武汉空军某部红烂漫、李万庆，《长江日报》1969年10月11日第1版）

狠狠打击一小撮暗藏的敌人，进一步巩固无产阶级专政（本报评论员，《长江日报》1969年10月14日第1版）

武钢耐火材料厂革委会在军宣队帮助下深入发动群众，深挖反革命"大杂烩"中的阶级敌人，狠批反动《评论》散布的反动思想（本报讯，《长江日报》1969年10月14日第1版）

驻长红小学工宣队坚决执行党中央战斗号令，充分发动群众向反革命"大杂烩"展开猛烈进攻（本报讯，《长江日报》1969年10月

15日第2版）

汉桥区井冈山公社帮助群众扫除开展革命大批判的各种思想障碍，狠批反革命"大杂烩"刮起的无政府主义妖风（本报讯，《长江日报》1969年10月15日第2版）。

发挥革命小将先锋作用狠狠打击敌人，市三十七中积极贯彻执行党中央最新战斗号令，掀起揭发批判反革命"大杂烩"及其反动《评论》的新高潮（本报讯，《长江日报》1969年10月15日第2版）。

为进一步巩固无产阶级专政而斗争（通栏题）（《长江日报》1969年10月17日第3版）：

努力提高继续革命的觉悟，彻底粉碎反革命"大杂烩"，驻武汉大学工宣队发扬彻底革命精神狠抓革命大批判的体会

要善于辨别一切伪装的敌人（工宣队员陶学忠、熊义）

反动《评论》的毒素必须彻底肃清（本报评论员，《长江日报》1969年10月19日第1版）。

彻底批判刘少奇"有用就是真理"的实用主义——驳反动的"多可论"（驻华中工学院工宣队、华中工学院革委会革命大批判小组，《长江日报》1969年10月19日第3版）。

抓紧革命大批判，进一步巩固无产阶级专政（通栏题）（《长江日报》1969年10月20日第1版）：

充分发挥革委会的战斗指挥部作用，用党的政策组织群众进行阶级斗争，江岸机务段革委会深入发动群众，彻底批判反革命地下组织及其反动《评论》，使革命大批判的浪潮一浪高过一浪（江岸机务段革委会报道组）

汉阳织带厂革委会用党的政策宣传群众、发动群众、组织群众，狠抓活思想，团结大多数，共同对敌，通过狠批反革命地下组织及其反动《评论》，全厂革命和生产形势越来越好（汉阳区革委会报道组）

抓紧革命大批判，进一步巩固无产阶级专政（通栏题）（《长江日报》1969年10月20日第2版）：

武汉塑料五厂革命工人克服和平麻痹思想，深入开展革命大批

判向阶级敌人猛烈进攻,通过对反革命地下组织及其反动《评论》的批判,人的精神面貌发生深刻变化,推动生产蓬勃发展(武汉塑料五厂革委会报道组)

江岸机务段革命委员会举办毛泽东思想学习班,发动广大革命群众,紧跟党中央的最新战斗号令,彻底批判某反革命地下组织及其反动《评论》所散布的一切流毒(照片)

克服骄傲轻敌思想,大批判一浪高过一浪,武汉钢铁学院革命师生狠批武汉地区某反革命地下组织所散布的反动思想,进一步发展大好形势(驻武汉钢院工宣队、革委会报道组)

抓紧革命大批判,进一步巩固无产阶级专政(通栏题)(《长江日报》1969年10月21日第2版):

把党中央的战斗号令落实到每个单位——评"特殊论"(驻钢铁学院工宣队革命大批判组、武汉热电厂工人宋成尧、施永根、徐斌)

湖北大学广大革命师生在驻校工人、解放军毛泽东思想宣传队的领导下,用毛主席关于在无产阶级专政下继续革命的学说武装头脑,人人奋起,口诛笔伐,革命大字报布满全校,一场彻底粉碎某反革命地下组织及其反动《评论》的斗争正在迅速发展(照片)

谁反对毛主席就打倒谁!江岸机务段燃料厂革命工人,怀着对毛主席的无限热爱,对阶级敌人的无比憎恨,联系本单位实际,愤怒声讨某反革命地下组织及其反动《评论》的滔天罪行(照片)

武汉市江汉区长红街的退休老工人和工人家属积极行动,召开批判会,彻底清算某反革命地下组织及其反动《评论》的反革命罪行(照片)

向某反革命地下组织及其反动《评论》猛烈开火!武汉市中医院革命医务工作人员,在驻院工人、解放军毛泽东思想宣传队的领导下,遵照伟大领袖毛主席关于阶级和阶级斗争的教导,广泛深入地开展革命大批判,决心坚决执行党中央的最新战斗号令,为进一步巩固无产阶级专政而斗争(照片)

驻武汉大学工宣队抓住阶级斗争新动向深入开展革命大批判,在大批判中认真注意政策分清两类矛盾,增强党性稳准狠地打击一小撮阶级敌人，他们团结大多数，狠批资产阶级派性，以排山倒海之势压向那个反革命地下组织及其反动《评论》，做到了声势大，火力猛，挖的深，批的透，推动运动向纵深发展（武汉大学工宣队、革委会报道组，《长江日报》1969年10月22日第1版）

抓紧革命大批判，进一步巩固无产阶级专政（通栏题）（《长江日报》1969年10月22日第2版）：

彻底批判刘少奇怀疑一切打倒一切的反动谬论——痛斥某反动《评论》鼓吹的所谓"野牛"精神（武汉师范学院一、四连大批判组）

不许歪曲群众运动（武汉港革委会大批判写作小组）

我们永远走毛主席指引的道路（解放军战士周永康、江海水、王云）

无产阶级民主只给人民（武汉水运工程学院肖抒）

团结起来，共同对敌（通栏题）（《长江日报》1969年10月23日第3版）：

团结一切可以团结的力量，狠狠打击一小撮阶级敌人，驻汉阳木材防腐厂军宣队和厂革委会严格区分两类不同性质的矛盾，用党的政策宣传群众，组织群众，认真地做过细的思想工作，全厂迅速形成了一个狠揭猛批某反革命地下组织及反动《评论》的革命大批判热潮，革命工人大摆某反革命地下组织的反动性、危害性，使运动向纵深发展了一步（汉阳木材防腐厂报道组）

放下包袱，奋起对敌（武昌区支左办公室红兵文、罗照春）

没有用毛泽东思想武装起来的中国共产党就没有新中国——彻底批判刘少奇反对党的领导的滔天罪行（武汉锅炉厂工人评论组，《长江日报》1969年10月25日）

中南民族学院革命师生深挖狠批反革命地下组织中的一小撮敌人，揭中有批，批中有揭，揭得扎实，批得深透，提高了群众为巩固无产阶级专政而斗争的自觉性，推动了革命大批判和清理阶级敌人深入发展（《长江日报》1969年10月28日第2版）

省革命委员会举办毛泽东思想学习班，坚决贯彻执行党中央各

项战斗号令,为进一步巩固无产阶级专政而斗争(本报讯,《长江日报》1969年11月4日第1版)

团结起来,为了一个目标,就是巩固无产阶级专政(《湖北日报》《长江日报》社论)(《长江日报》1969年11月4日第1版)

华中农学院革委会在驻院工宣队领导和帮助下,结合当前对敌斗争举办毛泽东思想学习班,他们以阶级斗争为纲,狠抓革命大批判,狠抓活思想,用毛主席关于无产阶级专政下继续革命的伟大学说武装头脑,进一步加强了革委会的团结和革命化建设(《长江日报》1969年11月5日第2版)

抓紧革命大批判,进一步巩固无产阶级专政(通栏题)(《长江日报》1969年11月12日第3版):

彻底粉碎反革命修正主义的变幻术——驳反革命"大杂烩"鼓吹的"多变论"(武汉钢铁公司革委会大批判小组)

相信和依靠干部的大多数——彻底批判反革命"大杂烩"所谓"中国社会形成了新的官僚资产阶级"的谬论(武汉师院三连大批判写作小组)

美化叛徒就是为了搞复辟——揭穿反革命"大杂烩"为叛徒翻案的阴谋(永批修)

痛斥反革命经济主义的谬论(驻武汉测绘学院工测系工宣队、革委会革命大批判小组)

坚决捍卫毛主席无产阶级专政下继续革命的伟大学说——痛斥反动的"阶级造反论"(硚口区支左办公室工农兵大批判学习班,《长江日报》1969年12月29日第2版)

深入开展大批判,把思想整顿放在首位,武昌造船厂整党建党领导小组,在整党建党过程中紧密结合本厂阶级斗争新动向,深入批判大叛徒刘少奇的反革命修正主义路线,狠批各种右的和极"左"的资产阶级思想,提高了广大党员和革命群众的阶级斗争和两条路线斗争觉悟,增强了继续革命的自觉性(驻武昌造船厂军宣队、革委会报道组,《长江日报》1970年1月7日第1版)

加强党的观念,接受党的领导——批判各种右的或极"左"的资产阶级反动思潮（通栏题）（《长江日报》1970年1月7日第3版）：

　　坚决维护党的一元化领导——彻底批判"不是党中央讲的可听可不听"的谬论（原省直机关斗、批、改指挥部大批判小组）

　　坚决执行毛主席的建党纲领——批判"造反入党，理所当然"的错误思想（湖北省新华印刷厂工人立新）

　　中国共产党人是中国人民的中流砥柱——批判"刘修党员"的谬论（武钢钢研所大批判小组众向东）

　　坚决贯彻执行党中央的最新战斗号令（通栏题）（《长江日报》1970年1月25日第2版）：

　　还要努力作战——坚决把对反革命"大杂烩"的斗争进行到底（本报评论员）

　　市"积代会"代表高举革命大批判大旗痛打落水狗，紧密结合当前社会上阶级斗争新动向，对刘少奇在武汉的代理人宋侃夫和反革命"大杂烩"及其反动《评论》的黑后台的滔天罪行进行了愤怒声讨和深刻批判（本报讯）

　　参加市"积代会"的代表们遵照毛主席关于"不破不立"的教导，高举毛泽东思想伟大红旗，深入开展革命大批判，沿着毛主席的革命路线乘胜前进。这是代表们愤怒声讨反革命"大杂烩"及其《评论》妄图颠覆无产阶级专政的滔天罪行（照片）

　　要继续开展革命大批判（通栏题）（《长江日报》1970年1月25日第4版）：

　　彻底剥掉反革命"大杂烩"的伪装（根据本报通讯员来稿综合整理）

　　对一小撮反革命分子就是要压——彻底批臭反革命"大杂烩"所谓"十七年受压最深的就是造反精神最强的"反革命谬论（军学工）

　　狠狠打击现行反革命破坏活动（通栏题）（《长江日报》1970年2月10日第2版）：

　　第三冷冻厂放手发动群众，进一步围剿反革命"大杂烩"（武钢、

一冶工人通讯员学习班）

红光微型电机社抓住阶级斗争新动向，狠狠打击阶级敌人的翻案活动（江志左）

市干鲜菜批发部克服麻痹思想，把再一次兴风作浪的阶级敌人斗倒斗臭（江汉区财贸战线工宣队指挥部报道组）

用革命烈火烧得敌人无处藏身（湖北省柴油机厂军宣队、革委会大批判小组，《长江日报》1970年2月20日第3版）

紧跟毛主席伟大战略部署，落实党中央最新战斗号令，积极行动起来向阶级敌人发动全面进攻——出席市活学活用毛泽东思想积极分子代表大会部分代表座谈纪要（本报讯，《长江日报》1970年2月24日第1版）

穷追猛打，深挖细找，驻武汉医学院工宣队积极帮助革命群众克服畏难情绪和"差不多"思想，充分发挥政策威力，深入开展对反革命"大杂烩"的斗争，取得对敌斗争新胜利（武医报道组，《长江日报》1970年3月13日第3版）

剥开反革命"大杂烩"所谓"路线斗争专家"的画皮（武汉肉联厂革委会大批判小组、武汉大学文科教育分队，《长江日报》1970年4月7日第3版）

彻底批臭反革命"大杂烩"鼓吹的反动思潮（本报评论员，《长江日报》1970年4月16日第1版）

上挂下联狠批反动思潮，武汉制革厂用革命大批判开路，推动对敌斗争深入发展（武汉制革厂报道组，《长江日报》1970年4月17日第2版）

用阶级和阶级斗争观点分析一切，透过现象看本质，揭露敌人利用资产阶级派性掩盖罪行的阴谋，驻中南民族学院工宣队引导师生划清革命和反革命的界限，积极投入对敌斗争（民院报道组，《长江日报》1970年4月17日第2版）

彻底批判反革命"大杂烩"鼓吹的反动思潮（通栏题）（《长江日报》1970年4月19日第3版）：

政治欺骗挽救不了反革命"大杂烩"的覆灭（湖北函院革命大批

判小组）

不许掩盖政治斗争的实质（武汉水利电力学院洪向阳）

"政治斗争无诚实论"可以休矣（武汉工学院写作组）

彻底批判反革命"大杂烩"鼓吹的反动思潮（通栏题）（《长江日报》1970年5月13日第3版）：

拔掉"攻守同盟的烂木桩"——"义气"（武汉大学革命大批判组）

垂死的哀鸣——揭穿"生为我这一派生，死为我这一派死"的反动实质（韩向东）

结成"死党"也救不了"大杂烩"的命（武昌区革委会大批判写作小组）

彻底批判反革命"大杂烩"鼓吹的反动思潮（通栏题）（《长江日报》1970年5月16日第3版）：

干革命就要斗争——评对敌斗争中某些同志的"再不干"思想（市革委会举办的毛泽东思想学习班供稿）

两面派的卑劣表演——戳穿"需要哭时就哭，需要笑时就笑"的反动策略（市革委会举办的毛泽东思想学习班供稿）

鸭子死了嘴巴硬——看"一贯正确论"者的诡辩术（市革委会举办的毛泽东思想学习班供稿）

彻底批判反革命"大杂烩"鼓吹的反动思潮（通栏题）（《长江日报》1970年6月2日第3版）：

覆灭前的挣扎——彻底批判反革命"大杂烩"的反革命"三干"策略（驻武汉师院工宣队大批判组等六个大批判组）

历史是永远属于人民的——痛击阶级敌人的"将来是我们的"反革命叫嚣（江岸区革委会大批判写作小组）

不给敌人以喘息之机——彻底粉碎阶级敌人"等待时机重新较量"的反革命阴谋（江汉印刷厂工人沈飚、驻武医一院工宣队员齐学东）

彻底批判反革命"大杂烩"鼓吹的反动思潮(通栏题)(《长江日报》1970年6月6日第3版):

要善于辨别伪装拥护革命而实际反对革命的分子(文立新)

极"左"思潮必须彻底批臭——论极"左"思潮的反动性(武汉重型机床厂大批判小组等)

青山区市政工程队革命工人狠批反革命"大杂烩"散布的反动思潮,清除隐患,肃清流毒(青山区革委会中心报道组,《长江日报》1970年6月8日第3版)

谈大批判与"肃流毒"(小评论)(武汉汽车制造厂罗远兴等,《长江日报》1970年6月8日第3版)

第一皮鞋厂针对阶级斗争新动向,用革命大批判打击敌人(江岸区中心报道组,《长江日报》1970年6月8日第3版)

江岸区革委会机关结合斗争形势,反复深入批判极"左"思潮(江岸区中心报道组,《长江日报》1970年6月8日第3版)

武钢修建部二队党支部发动群众狠批反革命"大杂烩",坚决打击阶级敌人,巩固无产阶级专政(修建部报道组,《长江日报》1970年6月8日第3版)

彻底批判反革命"大杂烩"鼓吹的反动思潮(通栏题)(《长江日报》1970年6月24日第3版):

坚决捍卫党的阶级政策——彻底批判反动的"阶级成分取消论"(驻武昌造船厂军宣队大批判小组等)

文化大革命的胜利宣告了"阶级关系转化论"的破产(省"五·七"干校六团八连革命大批判写作小组)

深入持久地开展革命大批判,肃清反革命"大杂烩"的余毒(通栏题)(《长江日报》1970年7月20日第3版):

批臭"乱世出英雄"的反革命谬论(硚口区革委会写作小组)

粉碎阶级敌人"乱中夺权"的罪恶阴谋(武汉锅炉厂工人评论组)

划清革命派和反革命派的界限——痛斥所谓"叛逆性格最可贵"的反动谬论(驻武汉体院工宣队大批判组)

"友情为重"是地主资产阶级"人性论"的变种——揭穿反革命"大杂烩"鼓吹所谓"友情为重"的阴谋诡计（国棉一厂革命大批判小组，《长江日报》1971年2月18日第3版）

高举毛泽东思想伟大红旗，深入开展革命大批判（通栏题）（《长江日报》1971年2月22日第3版）：

彻底批判反革命"大杂烩"及其反动《评论》（本报评论员）

对一小撮阶级敌人就是要"压"——再批"造反派要受压"（驻武汉市农业学校工宣队评论组等）

对阶级敌人决不讲民主（武汉国棉五厂革委会大批判组等）

高举毛泽东思想伟大红旗，深入开展革命大批判（通栏题）（《长江日报》1971年3月1日第3版）：

历史的车轮定将一切反动派碾得粉碎——深入批判反革命"大杂烩"的反革命"三干"策略（武汉重型机床厂二十三、八十四、六十一连革命大批判小组）

我们是动机和效果的统一论者——戳穿敌人所谓"我的动机是好的"无耻谎言（七二一四部队红宣兵）

高举毛泽东思想伟大红旗，深入开展革命大批判（通栏题）（《长江日报》1971年3月12日第3版）：

念念不忘无产阶级专政——彻底批判反革命"大杂烩"煽动的无政府主义思潮（卫红政）

无产阶级专政胜利万岁（通栏题）（《长江日报》1971年3月21日第3版）：

我们现在的任务是要强化人民的国家机器——纪念巴黎公社一百周年，学习《法兰西内战》，彻底批判反革命"大杂烩"的黑纲领（武汉大学写作组、华中工学院写作组）

高举毛泽东思想伟大红旗，深入开展革命大批判（通栏题）（《长江日报》1971年4月7日第3版）：

党的领导高于一切——彻底批判反革命"大杂烩"鼓吹的"工代

会领导一切"的反动谬论（硚口区革委会革命大批判小组）

军队是国家政权的主要成份——痛斥反革命"大杂烩"污蔑革委会是"军政府"的反动谬论（此稿是根据各单位来稿编写的）

宜将剩勇追穷寇——彻底批判地主、资产阶级"人性论"（华中师院大冶分院写作组）

抓紧"一打三反"运动（通栏题）（《长江日报》1971年4月20日第3版）：

江岸车辆工厂党委带领广大群众活学活用毛泽东光辉哲学思想，认真做犯错误的同志思想转化工作，最大限度地孤立和打击一小撮敌人（江岸车辆工厂报道组）

附录四：主要参考文献

《毛泽东选集》（1-4卷），人民出版社，1966年7月

《毛泽东著作选读》（甲种本·上、下），人民出版社，1964年6月

《毛主席语录》，中国人民解放军总政治部编，1966年

《毛主席语录索引》，未署编者，1970年3月

《战无不胜的毛泽东思想万岁》（1-3册），新湖大革命造反临时委员会宣传部编，1967年8月

《关于胡风反革命集团的材料》，人民出版社，1955年6月

《中国农村的社会主义高潮》（上、中、下），中共中央办公厅编，人民出版社，1956年1月

《学习文选》（一、二），1967年11月·武汉

《无产阶级文化大革命伟大胜利万岁》（"两报一刊"社论集）（上、下册），1969年

《湖北日报》

《长江日报》

《扬子江评论》（小报），决派联络站主办

《扬子江》（杂志），新华工敢死队主办

《激扬文字》（小报），新华工敢死队等主办

《新华工》（小报），毛泽东思想红卫兵红色造反司令部宣传部编

《新湖大》（小报），新湖大革命造反临时委员会宣传部主办

《三新中总》（小报），武汉红代会三新中总四反联络站《三新中总》编辑部主办

《新一冶战报》（小报），武汉革命工代会新一冶《新一冶战报》编辑部主编

《把反动刊物〈扬子江评论〉拿出来示众》，湖北大学革命委员会政宣部编，1969年9月

《有关浠水巴河一司部分材料》，浠水革联第四办公室、巴河钢总指编印，1968年8月

《新华工无产阶级文化大革命大字报选集（草案）》，新华工红色造反司令部宣传部编，1967年5月

《"大人物"言论集》，武汉钢二司司令部，1968年6月

《曾思玉黑话集》，武汉重型机床厂批林批孔办公室，1974年4月

《武汉地区无产阶级文化大革命大事记》（67年1月-7月），武汉钢二司红武测，1967年8月

《江城壮歌》，钢二司武汉水利电力学院、钢二司新人印东方红兵团，1967年10月

《中国共产党湖北历史大事记》（1949年5月-1993年12月），中共湖北省委党史委员会编，中共党史出版社，1996年7月

《中共武汉党史大事记》（1919-1987），中共武汉市委党史办公室编，武汉大学出版社，1989年10月

《中国共产党武汉历史》（第二卷），中共武汉市委党史研究室著，中共党史出版社，2011年6月

《中国共产党湖北省浠水县历史》（第二卷·1949-1978），浠水县档案馆著，中共党史出版社，2021年11月

《中国共产党黄冈历史大事记》（1919-2021），黄冈市史志研究中心、黄冈市档案馆编，中共党史出版社，2021年6月

《湖北日报事件》，毛泽东思想红卫兵武汉地区革命造反司令部宣传部、武汉大学"穷棒子公社"编，1966年12月3日

《鄂境人民解放军"文化大革命"大事记要（1967-1976）》，未署编者

《仰天长啸——一个单监十一年的红卫兵狱中吁天录》，鲁礼安著，王绍光校，香港中文大学出版社，2005年

《武汉地区文革纪实》（上、下册），本书编写组，中国文化传播出版社，2020年4月

《生逢其时——文化大革命亲历记》，顾建棠著，银河出版社，2014年2月

《四十三年 望中犹记》，吴焱金口述，钟逸整理，中国文化传播出版社，2009年12月

《奉献——我经历的无产阶级文化大革命》，杨道远著，中国文化传播出版社，2016年6月

《这里 那时 潮起潮落——武汉锅炉厂文革纪事》，王光照著，中国文化传播出版社，2013年5月

《超凡领袖的挫败——文化大革命在武汉》，王绍光著，香港中文大学出版社，2009年

《中国文化大革命文库》光盘，宋永毅主编，2022年版

后 记

　　本书承蒙北京大学国史研究中心大力帮助,多位学者拨冗参与审稿,今得以正式面世。感谢华忆愿意出版这种毫无商业价值的资料性书籍。在本书成稿过程中,印红标教授提议增补官方报纸批判"北决扬"的文章篇目作为附录,并欣然应允为书稿作序;何蜀老师在百忙中对本书前言、大事记及注释提出三十四条修改意见,并将序言、前言和大事记在他主编的《昨天》上首发;吴一庆教授对注释的学术性、规范性提出了富有见地的意见;张弘先生提议附录增写"北决扬"大事记,记述与"北决扬"有关的事件、人物、会议等全景信息;王绍光老师对鲁礼安多篇文章的写作时间进行了订正;武汉学者杜先荣先生和余德亨先生对若干史实提出了匡正意见;上海学者樊建政先生提供了"北决扬"成员与上海"反复辟学会"联络的两封信件的线索;黄江军博士委派学生帮助输入了部分文字。在此,谨向以上机构和诸君的辛勤付出表示诚挚的感谢!此外,我的妻子刘君对书稿作了校对,老姐李艳霞对书稿中的武汉方言作了解释,女儿刘一林作了部分文字输入工作,也一并表示谢意!

　　由于本人知识水平有限,编辑经验不足,本书在编排和注释等方面一定存在不少问题。特别是现在还不能找到"北决扬"的全部著作,一些重要的文献难免有所遗漏,恳切希望学界同仁不吝提出批评和建议。

李晓航
2025 年 5 月 30 日

www.ingramcontent.com/pod-product-compliance
Lightning Source LLC
Chambersburg PA
CBHW060545080526
44585CB00013B/453